KB100188

조선족 디아스포라의
만주아리랑

지은이_**김영필**(金永弼, Kim Young Phil) 영남대학교 철학과를 졸업한 후 계명대학교 대학원 철학과를 졸업(철학박사)하였다. 전공은 현대 독일철학(현상학)이며, 현재 대구교육대학교 연구교수로 재직하고 있다. 저서로 『현상학의 이해』(울산대 출판부, 1998), 『현대철학』(울산대 출판부, 2005), 『한국불교와 서양철학』(한국학술정보, 2010), 『한국다문화사회와 교육』(양서원, 2012) 등이 있으며, 역서로는 『에드문드 후설』(이문출판사, 1990), 『종교철학』(이론과실천사, 1994), 『탈근대적 자아를 넘어서』(울산대 출판부, 1999) 등이 있다.

조선족 디아스포라의 만주아리랑

초판인쇄 2013년 4월 1일 **초판발행** 2013년 4월 10일
지은이 김영필 **펴낸이** 박성모 **펴낸곳** 소명출판 **출판등록** 제13-522호
주소 서울시 서초구 서초동 1621-18 란빌딩 1층
전화 02-585-7840 **팩스** 02-585-7848 **전자우편** somyong@korea.com **홈페이지** www.somyong.co.kr

값 26,000원

ISBN 978-89-5626-830-9 93910

이 저서는 2008년도 정부(교육과학기술부)의 재원으로 한국연구재단의 지원을 받아 연구되었음(NRF-2008-812-A00075).

Manchuria Arirang of Korean-Chinese Diaspora

조선족 디아스포라의

만주아리랑

김영필

책머리에

조선족 디아스포라의 한(恨)은 우리 민족의 한의 원형적 에토스로 전승되어 왔다. 우리 민족의 한의 뿌리로 형성되어 온 조선족 디아스포라의 한은 길게는 400여 년 전 노예와 포로가 되어, 짧게는 100여 년 전 일제강점기 식민으로 겪어야 했던 아픈 역사 속에 형성되어 온 길고도 슬픈 민족의 상흔(傷痕)이다. 병자호란 때 청제국에 의해 노예로 혹은 포로로 잡혀가야 했던 치욕의 역사와 을사늑약 이후 일제에 의해 강제로 이주당해야 했던 식민의 수난사가 민족의 아픈 한의 역사로 각인되어 왔다. 제국의 식민으로 경험했던 한의 역사는 약하고 힘없는 소수민족으로서 겪어야만 했던 민족의 유산이다. 식민으로서 거주국에 동화되어 살지 않을 수 없었기에 원한을 복수로 갚을 힘도 없었다. 그렇기에 그저 안으로 달래고 삭여 미래를 향한 희미한 희망의 한으로 질적인 전환을 하지 않을 수 없었다. 그렇다고 조선족은 강자에 무조건 항복한 나약한 역사의 주변인만은 아니었다. 그들은 혹독한 식민 공간에서도 민족의 정체성을 끈질기게 이어오면서 스스로 한의 역사를 미래지향적으로 새롭게 쓰지 않으면 안 되었다. 더구나 일제의 식민이면서 동시에 만주(국)의 정착민으로서 이중적 정체성을 지니고 살아야 했던 조선족 디아스포라의 한도 일제와 만주국 사이에서 이중적으로 그만큼 더 짙고 깊었다.

저자는 재만(在滿) 조선인의 이주사 속에 함의되어 있는 한의 역사를 읽고, 그 역사의 주체가 되어 온 조선인의 삶의 현장과 그 얼굴들을 돌아보려고 애를 썼다. 중국에서도 관외(關外)로, 중원(中原)의 주변으로 철저하게 소외되었던 만주 공간 속에서, 만주인과 일본인에 의해 또 다시 주변의 주변인으로 차별받아야 했던 조선인의 한의 실상이 녹아 있는 역사적 유적지와 조선족 마을 현장을 몇 군데 돌아보기 위해 발품을 팔았다.

이 책은 2008년 한국연구재단 출판지원사업(구 인문저술)에 선정되어 「재중(在中) 조선인의 한(恨)의 실상과 그 치유적 대안—현상학적 탐구」라는 제목으로 연구된 결과물이다. 이 결과물을 책으로 출판하는 과정에서 제목을 『조선족 디아스포라의 만주아리랑』으로 변경하였음을 밝혀 둔다. 이 책의 제목을 '아리랑'으로 단 것은 '아리랑'만큼 우리 민족의 정체성을 담고 있는 그릇이 따로 없기 때문이다. 최근(2013.1) 영문 *Arirang of Korea : Han, Sorrows and Hope*(이지출판사)를 출간한 미국 유타대학 종신 교수인 이정면 교수가 "우리 역사에서 '한'을 빼놓으면 무엇이 남겠는가. 한이야말로 우리 민족의 상징이나 다름없다. 그러나 아리랑은 한에 갇히거나 슬픔에 억눌리지 않고 벌떡 일어나 전진하는 의미를 담고 있다"고 말한 것이 바로 이 책의 부제인 '한(恨), 슬픔과 희망'에 그대로 담겨 있다. 그리고 '만주'라는 공간적 술어를 단 것은 '만주'라는 기표가 갖는 상징적 의미 때문이다. 물론 '만주'라는 어휘는 당시에도 지금도 지리적 위상을 뚜렷하게 갖고 있지는 않다. 물론 현재 내몽고자치구와 몽골 접경 지역에 '만주리'라는 도시가 있기는 하지만, 옛 만주국의 희미한 역사적 유물 이상의 의미를 갖지 못한다. 이 책은 동북 3성이라 불리는 옛 만주 지역 이외에도 조선의용군의 역사적 유적지가 남아 있는 중국 관내, 특히 태항산과 연안 지역도 함께 다루고 있다. 그럼에도 불구하고 '만주아리랑'으로 제목을 단 것은 우리 민족의 재중(在中) 항일투쟁사에서 갖는 '만주'라는 기표의 고유한 상징적 의미 때문이다. 만주는 우리 민족에게는 수난의 공간이면서 조국해방을 위한 희망의 공간이었다. 이 책에는 수난과 희망이 교차하였던 조선인 디아스포라의 제2의 고향이었던 만주의 역사적 의미를 민족의 대서사인 '아리랑'으로 기억하려는 저자의 의도가 담겨 있다.

저자에게는 버거운 작업이었다. 저자와 함께 현장에 동행하면서 도와준 대구교육대학교 윤리교육과 장윤수 교수의 도움을 잊을 수 없다. 여행의 많은 부분을 저자를 위해 할애해 주었고, 항상 필요한 곳에서 서로 토론하고 함께 현장에 가 사진에 담고, 중국철학 전공자로서 저자에게는 학문적 멘토 역할을 해 주었다. 특히 타국 땅에서 나라 잃은 소수민족으로서 겪어야 했던 한스런 삶이 육화(肉化)된 중국공산당 혁명성지 연안(延安) 라가평(羅家坪) 조선의용군의 토굴 앞에서 함께 눈시울을 적셨던 일들이 생생하다. 그리고 곁에서 항상 지켜보면서 힘을 준 성회경 교수, 저자와 마지막 중국 조선족 마을 탐방에 동행해 준 이선행 교수, 『만주를 가다』, 『만주의 아이들』의 저자 시인 박영희 선생과 『그 많던 조선족 어디로 갔을까』의 저자 경상북도환경연수원 정근재 부장(전 『영남일보』 기자)에게도 감사의 말을 전한다. 그리고 하얼빈 소련홍군묘역 사진을 기꺼이 제공해준 경일대학교 사진영상학부 강위원 교수님의 배려에도 감사하지 않을 수 없다.

그리고 중국 연변대학교 김관웅 교수와 김호웅 교수, 반창화 교수, 방호범 교수, 우상렬 교수의 도움에도 감사를 드린다. 특히 귀중한 사진을 기꺼이 제공해주신 작가 故 김학철 선생의 자제이신 연변인민출판사 총감(總監) 김해양 선생의 따듯한 배려도 잊지 못한다. 또한 낯선 땅을 혼자 다니던 저자에게 중국 장춘에서 마치 자신의 일처럼 배려해 준 길림성교육학원 신기득 선생, 추운 새벽 장춘역으로 기꺼이 마중 나와 준 장춘장백산잡지사 이여천 사장, 추운 날씨에도 불구하고 저자 일행의 안내를 성실히 해준 하얼빈 김기주 선생, 통화시 류하현 신흥무관학교 옛터로 안내해 준 길림성 류하현 조선족중학교 김경수 선생, 저자를 마치 가족처럼 따듯하게 자신의 집에 묵을 수 있도록 배려해준 길림성 류하현 고영길 선생 그리고 짧게 만났지만 세상을 떠난 후 그 만남이 아쉬움으로 남는 고(故) 류연산 교수 등등, 그 외에도 많은 분들의 도움이 고마울 뿐이다. 무엇보다도 나의 친구이자 동학인 중국 섬서성 眉縣 張載紀念館 橫渠書院 장세민(張世敏) 원장과 그 제자인 蕭易, 齊敏, 張馳 태백산 거사들의 깊은 우정에 감사드린다.

광복은 우리 민족에게 그저 주어진 역사적 선물이 아니다. 가혹한 국제 패권주의하에서 민족의 힘으로 오롯이 일구어낸 역사적 성취물이다. 광복은 이미 지나간 과거의 사건이 아니라 지속적으로 진행되고 완성되어야 할 인간적 혁명의 미래지향적 과업이다. 그렇기에 광복의 사건에 겹겹이 녹아 있는 민족의 한이 미래지향적으로 승화될 때 비로소 광복은 미래의 사건으로 다시 살아난다. 광복의 역사적 의미가 아직도 이념의 옷에 가려져 있을 때 광복은 진정한 광복이 아니다. 이념에 의해 깊어진 민족의 한을 미래지향적으로 승화시켜 글로벌 시대의 민족적 역량으로 재창조할 때 비로소 광복은 이념에서 자유롭다. 광복의 의미가 또다시 이념의 논리로 치장될 때, 우리는 여전히 광복의 그늘진 부분을 남겨두어야만 한다. 광복은 우리 민족만의 해방을 위한 투쟁의 산물이 아니라, 세계평화를 위한 탈민족주의적 투쟁이었다. 이러한 진정한 광복의 의미는 과잉민족주의와 양립할 수 없다. 광복의 의미가 글로벌한 가치로 새롭게 인식되어야 할 이유도 바로 여기에 있다. 지난 시절 과잉민족주의에 의해 남겨진 역사적 상흔들을 치유하고 탈민족주의적 지평으로 나아갈 때, 광복의 역사적 의미는 되살아날 것이다. 그렇기에 광복은 이념의 옷으로 가려진 인간학적 가치를 새롭게 인식하고 아직도 이념의 창살 속에서 안식의 잠을 자지 못하는 만주 디아스포라 영령들의 한을 이념의 감옥에서 풀어주는 날, 제2의 8·15는 도래할 것이다.

저자의 가족 역시 이산가족이다. 평안남도 대동군(현재 평양)이 고향인 아버님은 1·4후퇴 때 북쪽의 가족과 잠시의 이별을 약속하고 단신으로 남쪽으로 내려오셨다. 2005년 남북 이산가족 상봉 때 속으로만 삭여왔던 이산의 한을 안고, 북쪽으로 가셨다. 아버님이 북쪽에 두고 온 가족을 상봉하는 장면을 우리 가족이 TV로 보았고, 돌아오신 후 문화방송 9시뉴스로 저자의 집에서 생방송을 했었던 기억은 생생한데 아버님은 돌아오신 후 얼마 되지 않아 세상을 떠나셨다. 떠나신 후 저자의 가족에게 남겨진 아버님의 한은 생생하게 아린 경험으로 재현되곤 한다. 당신만의 한을 어느 누구에게도 풀어놓을 수 없어 홀로 평생을 통일을 향한 기도로 삭여내야만 했던 그 아픔을 못난 자식은 이제야 희미하게나마 우리가족의 아픈 역사로 되씹고 있다. 당신의 아픔을 우리 가족의 슬프지만 슬프지 않은 가족사로 공유하지 못했던 부끄러움과 함께 이 책을 아버님 영전에 바친다. 끝으로 이 작은 성과가 이 책의 행간 행간을 가득 채우고 있는 가족의 사랑에 보답하는 작은 선물이 되었으면 한다.

2013년 94주년 3·1절 이른 아침

상록동산에서 저자 씀

▍차례

서산에 지는 해는 지고 싶어 지느냐
날 두고 가시는 임 가고 싶어 가느냐

아리아리랑 쓰리쓰리랑 아라리가 났네
아아리랑 끙끙끙 아라리가 났네

만주로 가는 것이 좋아서 가나
전답얼 뺏갰웅게 울면서 가제

아리아리랑 쓰리쓰리랑 아라리가 났네
아아리랑 끙끙끙 아라리가 났네

물좋고 산좋은 데 일본놈 살고
논 좋고 밭 좋은 데 신작로 난다

눈물길 만주 길 언제나 오려나
부자 돼서 온다고 약조럴 허세

아리아리랑 쓰리쓰리랑 아라리가 났네
아아리랑 끙끙끙 아라리가 났네

—조정래, 『아리랑』 제5권, 313~314쪽

서문

한(恨)이 이념에 의해 깊어지는 것은 사실이지만, 그렇다고 한의 실상이 이념에 의해 굴절되어서는 안 된다. 한에 대한 이념적 접근은 자칫 한의 실상을 편중되게 읽을 위험성을 내포한다. 한이 민족주의와 항일서사의 관점에서만 편중되게 읽혀지면 자칫 한이 이념의 거대서사에 의해 은폐될 가능성이 있다. 특히 국가의 정체성을 성급하게 재단하기 위해 이념의 옷으로 은폐시키거나 굴절시켜 왔던 한의 역사가 새롭게 읽혀지지 않으면 안 된다.

본 글은 이념적 대립사에 의해, 김구의 광복군 / 무정의 조선의용군 중 어느 한쪽에만 방점을 찍어 왔던 것으로부터 자유로워지려고 한다. 예컨대 저자는 임시정부와 한국독립당 중심의 역사서술은 자칫 김구 / 김원봉의 역사적 균형추를 성급하게 김구에게로 옮기는 것에서 거리를 두고자 한다. 왜냐하면 항일투쟁사에서 김원봉은 당시 중국국민당정부로부터 김구와 동등한 지위로 인식되었기 때문이다.[1] 왜냐하면 이념은 민족의 독립을 위한 하나의 수단일 뿐이기 때문이다. 김구와 김원봉의 이념적 대치와 그 이후 김원봉과 최창익의 이념적 분화 등등을 괄호 쳐두고, 지금까지 상해 중심의 독립운동사에 의해 가려져 왔던 연안과 밀산 중심의 항일투쟁사를 새롭게 읽으려는 본 글의 시도 역시 이러한 이유에서이다. 민족의 한이라는 지평에서 볼 때 윤봉길의 상해 '홍구공원의거' 만큼이나 조선의용군의 태항산 '호가장전투'도 소중한 역사적 의미를 갖는다. 본 글이 조선의용군에 관심을 가지는 것도 바로 이런 맥락에서이다.

청산리전승(戰勝)은 봉오동전승의 연장선상에서 일어난 승리의 대첩이었다. 하지만 청산리대첩의 김좌진 장군에 비해 양 전투에 공을 세운 홍범도 장군에 대한 역사적 평가는 인색했다. 봉오동전승의 기록은 상해임시정부에 보고되었고, 『독립신문』은 이를 크게 보도하였다. 이처럼 임시정부의 지도하에 일어났던 봉오동전투가 김좌진의 청산리전투에 비해 소극적으로 평가되는 것은 단지 양 전투에 공을 세웠던 홍범도가 공산주의자라는 사실 때문이다. 이제 민족의 한을 이념 이전의 생생한 현장에서 들여다보기 위해 이념의 옷을 내려놓을 때가 되었다.

2011년 4월 22일 한국 교육과학기술부는 2012년부터 한국사를 고교 필수과목으로 한다고 발표했다. 그리고 2012년 2월 13일 교육과학기술부는 2013년부터 신규교사채용시험에 응시하기 위해 한국사능력검정 3급 이상을 획득해야 한다는 조건을 달았다. 교육과학기술부 장관은 "역사교과서에서 긍정적이고 미래 지향적인 내용을 강화하며 한국사와 세계사의 연계성도 높이겠다"라고 그 배경을 달고 있다. 한국인의 정체성을 바탕으로 세계로 나아갈 수 있는 긍정적인 가치관을 갖도록 하기 위

1 〈도올이 본 한국독립운동사－제8부 밀양아리랑〉, EBS, 2005.10.5.

한 조치로 발표한 것이다. 물론 이것이 근대 민족주의 사관으로 되돌아 간다는 의미는 아닐 것이다. 일국사(一國史)로서 The Korean History를 재건한다는 소극적 의미가 아니라, Global Korean History로 나아간다는 긍정적 의미를 함의하고 있다. 글로벌 시대에 맞는 미래지향적 역사 의식을 갖도록 하자는 근본 취지로 해석할 수 있을 것이다.

그런데 한국인의 정체성을 바탕으로 세계로 나아간다는 말은 무엇을 의미하는가? 한국인의 정체성이 타자지향적인 평화공존 의식을 함의하고 있는가? 식민지 시대 민족의 수난으로 얼룩진 한국 역사 속에도 이러한 미래지향적인 긍정적 계기들이 함의되어 있는가? 저자는 역설적이게도 민족의 온갖 수난을 담고 있는 한의 정서에서 실마리를 찾고자 한다. 한 걸음 더 나아가 한의 정서에는 글로벌 정체성으로 전환될 수 있는 다문화적 역량이 함의되어 있다고 한다면, 너무 지나친 자의적 해석인가?

저자는 한국인의 역사적 정체성으로 전승되어 온 한국인의 보편적 정서인 한(恨)이야말로 글로벌한 시대, 긍정적으로 회복되어야 할 미래지향적 가치라고 생각한다. 한국인의 한의 구조 속에 함의되어 있는 탈민족주의적-탈식민주의적인 미래지향적 에토스가 새롭게 읽혀져야 할 당위성도 바로 여기에 있다.

한은 우리에게 어쩔 수 없이 고유한 것이다. 한민족에게 도대체 한은 무엇인가? 그것은 한민족에 전승되어 온 역사적 유전이다. 우리 민족 고유의 한은 어원적 기원을 추적해서 다른 나라에서 찾을 수 없는 한민족의 정서이다. 따라서 언어적 기원을 찾아 한의 실상을 이해하기도 어렵다. 그것은 한이 어차피 개념의 옷을 입어야 하지만 개념의 추상을 거치는 동안 한의 실상은 굴절되어 버리기 때문이다. 그래서 시인 고은은 한을 의식화하고 이념화하는 데서 더욱 한스러워진다고 역설적으로 말한다.[2]

우리가 한을 민족의 정체성으로 이해한다고 해서 한을 민족의 수난사와 연관시켜 퇴행적이고 어두운 부분으로만 주조하는 것은 바람직하지 않다. 민족의 한의 역사를 수난사로 미화하는 것은 "고난의 수동적인 배설행위만으로 이어왔다는 자기모멸에 빠지기 안성맞춤이다."[3] 그렇다고 해서 한을 쉽사리 극복할 수 있다는 역설도 자칫하면 어용사관의 구호가 되거나 식민지사관의 역기능이 되기도 한다.[4] 한은 수동적 요소도 함의하지만 능동적인 요소도 공유한다. 한은 민족 수난사의 퇴행적 속성도 함의하지만 좌절된 희망을 미래지향적으로 새로운 희망으로 승화시키는 밝은 요소도 함의한다. 한에 대한 일원론적 해석이 필요한 이유도 바로 이것이다.

그러므로 한에 대한 지나친 민족주의적 접근은 한의 실상으로부터 멀어지게 할 수 있다. 한을 한민족만의 고유한 정서로 인식하는 것이 바로 자민족중심주의로 전락할 위험성을 동시에 가지고 있다. 물론 한이 민족의 역사적 부침(浮沈)에 따라 형성된 유산이라는 점에서 한에 대한 민족주의적 이해는 필연적이다. 하지만 한의 고유성을 지나치게 주장하여 세계사적 시야와 단절될 정도로 한을 미화시켜서는 안 된다.[5]

특히 조선인의 한을 일제에 의한 수탈론으로만 접근할 경우, 한은 이념의 다발로 추상화되어 버리기 쉽다. 동시에 한이 항일투쟁사의 관점에서만 비춰질 경우, 성급하게 이념적 추상의 전리품으로 경색될 수 있다. 따라서 한을 어느 일면으로 추상화함으로써 구체성을 추상성 뒤에 두는 '잘못 놓인 구체성의 오류(The fallacy of misplaced Concreteness)'[6]를 범해서는 안 된다. 한은 개념이기 이전의 생생한 경험이고 이념으로

---

2 고은, 「한의 극복을 위하여」, 서광선 편, 『한의 이야기』, 보리, 1988, 24쪽.
3 위의 책, 26쪽.
4 위의 책, 28쪽.
5 위의 책, 53쪽.
6 화이트 헤드, 오영환 역, 『과정과 실재』, 민음사, 1991, 60쪽

추상되기 이전의 원본적 체험이기 때문이다. 한의 생생한 실상으로 돌아가기 위해 한에 대한 일면적 접근을 극복해야 한다. 한은 시대적 상황에 따라 전승되어 온 다층적 구조를 함의하고 있다. 이 다층적 구조를 일면적으로 추상하는 것은 한을 더욱 한스럽게 하는 인위적 조작에 지나지 않는다.

그러므로 재중 조선인의 한의 실상에 다가가기 위해, 우선 한에 대한 민족주의적 가치판단을 유보하는 것이 필요하다. 이른바 '민족주의적 한론에 대한 현상학적 환원(Phänomenologische Reduktion)'이 절차상으로 요구된다. 물론 '환원'은 한의 실상으로 돌아가기 위해 한에 대한 논의들을 잠시 괄호 속에 집어넣어 보류한다는 의미이다. 한의 실상에 다가가기 위해 필요한 조치이다. 민족으로 환원되지 않는 개인의 삶이 실존했음에 주목하지 않을 수 없으며,[7] 민족의 경계를 넘어서 있는 선(先)민족적 내러티브들도 존재하기 때문이다. 민족주의의 거대담론에 갇혀 있는 일상의 내러티브들이 새롭게 조명되어야 할 이유가 바로 여기에 있다. 한의 내러티브가 과잉민족주의와 국가주의의 이념 이전에 생생하게 주어져 있음을 인식하는 것이 필요하다.

재중 조선인의 한을 이야기하면서 섣불리 한국인의 한으로 환원하지 말아야 할 이유도 바로 여기에 있다. 이런 점에서 만주로 이주해 간 조선인의 한을 이념의 도마 위에 올려놓고 흥정하는 것에서 자유로워져야 할 것이다. 특히 만주에 대한 현대적 해석의 다양성을 고려하면, 재중 조선인의 한을 다양하게 해석하는 것이 필요하다. 일본과 중국 측 학자들에 의해 주조된 식민지 근대화 / 식민지 수탈론의 이분법적 담론으로부터 자유로워져야 할 이유는 바로 이러한 이분법적 접근이 재만 조선인의 한의 다층적인 구조를 간과할 위험성이 있기 때

---

7 김백영, 『지배와 공간—식민지도시 경성과 제국 일본』, 문학과지성사, 2009, 21쪽.

문이다. 우리 민족에게 만주는 원한(怨恨)의 공간이면서 동시에 희망의 한, 즉 원한(願恨)의 공간이기도 했다. 일제의 제국주의하에 수탈당한 식민 공간이기도 했지만, 탈이념의 새로운 세계에 대한 기대와 희망의 공간이기도 했다. 어느 민족보다 깊은 원한을 품고 살았지만, 새로운 세계에 대한 희망으로 질적인 전환을 이루어냈던 怨恨과 願恨의 교차 공간이었다. '만주국'이 일본에게는 근대국가의 실험 장소이었고, 중국인에게는 괴뢰국가였지만, 조선인들에게는 소수자로서 동화(同化) / 반(反)동화를 겪으면서 다중적 정체성을 형성할 수 있었던 다문화 공간이었다는 사실도 간과해서는 안 된다. 디아스포라 조선인으로서 겪었던 이산과 정착의 매트릭스는 한을 자민족중심주의로부터 탈민족주의적인 글로벌 정체성으로 전환해갈 수 있는 조선인의 정체성의 배경이었다. 친일과 동화에 대한 지나친 알레르기는 이념에 의해 은폐된 생활세계의 한을 추상화할 위험이 있다. 일제의 만주침략에 따른 중국의 항일 투쟁의 지평에서만 조선인의 한을 다루기에는 한계가 있다. 항일투쟁사로 읽혀진 조선인의 한의 역사는 중국의 수난사와 다를 바 없다. 항일 투쟁의 관점에서만 한을 이야기하는 것은 한을 지나치게 복수를 통해 풀어야 할 '원한(怨恨)의 역사'로만 편중되게 읽을 위험성이 있다. 중국공산당의 역사 속에서 조선인 이주사나 조선족 이주사로 제한되어 읽혀질 경우, 한민족의 한의 원형이 차단될 가능성이 있다. 만주는 조선인에게는 항일의 공간이기도 했지만 친일로부터 자유로울 수 없었던 혼종의 공간이었다. 민족주의가 작동했던 공간이기도 했지만 탈민족주의적 지평이 혼종했던 공간이기도 했다. 과잉민족주의와 극단적 이념투쟁에서 자유로웠던 재만 조선인의 대부분을 차지했던 소작농민의 한의 실상에 귀를 기울이는 것도 이런 이유에서이다. 따라서 조선인의 만주 이주사를 수탈론 / 근대화론, 친일 / 항일, 동화 / 반동화 등으로 이분법적으로 접근하기보다 일원론적-전체론적(holistic) 해석에 무게를 두어야 한다.

재중 조선인의 한이 한민족의 한으로 환원될 수 없는 특이한 정서를 가지고 있다면, 이 정서를 극복하고 치유하는 대안을 무엇이어야 하는가? 한이 '실체'가 아니라 '구조'인 한에서 한에 대한 심리적-병리학적 치료는 불가능하다. 한은 구체적 대상이 없기에 원한을 풀어내는 방식으로 치료할 수는 없다. 원한은 구체적 대상이 있기에 그것을 제거하면 풀 수 있다. 하지만 한은 구체적 대상을 표적으로 삼는 것을 단념한 무형문화의 감정이기에 한에 대한 치유는 怨을 풀 듯 풀 수 없다.[8] 그렇다면 한의 극복 혹은 치유는 한이 민족의 숙명이 아니라 새로운 날을 위한 새로운 정서로 승화시켜나가는 것이다. 글로벌 시대를 살아나기 위한 한으로 역(逆)동화되어야 한은 치유될 수 있다. 조선인, 조선족, 조선족 동포로 역사적 부침(浮沈) 속에서 끈질기게 살아온 그들이 새로운 시대 한민족의 동반자로서 정체성을 형성해갈 때 한은 치유될 수 있을 것이다. 이것은 디아스포라로서 살아왔던 조선인의 다중적 정체성을 글로벌 리더로 성장할 수 있는 다문화적 역량으로 승화시켜나감으로써 가능한 것이다. 왜냐하면 한은 밖으로부터 주어진 것이긴 하지만 결국은 스스로 안으로 삭여 미래지향적으로 승화시켜나가지 않으면 치유될 수 없기 때문이다. 한은 외부로부터 주어진 원한과 원망이 가라앉아 증류되어 더 이상 복수의 구체적 대상이 희석되어 질적으로 다른 한으로 전환될 때 비로소 치유될 수 있기 때문이다.

'역사는 현재와 과거의 끊임없는 대화'라는 카(E. H. Carr)의 말을 빌릴 필요도 없이 역사는 항상 해석의 역사이다. 항상 무엇 무엇으로서 해석된, 즉 의미부여 된 역사이다. 물론 지나친 자의적 해석이 역사적

8 고은, 앞의 글, 58쪽.

사실을 굴절할 위험성이 있지만 역사적 사실에 대한 지나친 천착 역시 역사의식의 부재를 수반하지 않을 수 없다. 그러므로 역사는 항상 해석된 역사이어야 한다. 물론 해석된 역사라는 말은 역사가 역사가의 주관적 해석에 의해 그 보편성을 탈취당한 채 우연성에 노출된 역사를 의미하지는 않는다.

본 연구는 조선인의 역사를 한의 구조에서 들여다본다. 한이 우리 민족의 보편적 정서라는 점을 인식한다면, 조선인의 한의 역사는 바로 민족의 보편사로 해석되어야 한다. 만주는 민족의 한의 해석학을 가능하게 하는 생활세계이다. 민족의 생활세계적 체험이 한으로 녹아 있는 존재론적 지반이 바로 만주이다. 한의 존재론적 지반인 만주 공간으로 돌아가기 위해 만주에 대한 일면적인 해석을 차단할 필요가 있다. 이념에 앞서 조선인의 생활세계적 경험으로 돌아가 한의 실상을 규명하기 위해, 만주에 대한 기존의 해석으로부터 자유로울 필요가 있다.

만주는 일제의 근대 복지국가의 실험장이었던 반면, 한민족에게는 수탈의 공간이었다. 만주는 항일의 공간이기도 했지만 친일의 공간이기도 했다. 만주는 근대적 산업기술의 물질적 흔적들이 남아 있기도 하지만 항일의 수난의 흔적들이 남아 있는 공간이다. 그러므로 만주에 대해 일제침략사 혹은 항일투쟁사로만 해석하는 것은 자칫 '만주'가 함의하는 의미의 매트릭스를 추상화할 위험성이 있다. 바로 이러한 위험성은 한을 과잉민족주의나 이념적 추상에 의해 미화시키거나 은폐시킬 가능성을 의미한다. 한이 이념에 의해 추상화되고 자민족중심주의에 의해 민족 고유의 속성으로 미화될 경우, 한은 그 실상으로부터 멀어진다. 따라서 본 연구는 만주에 대한 근대화론 / 수탈론, 항일 / 친일의 이분법적 접근 이전의 생생한 한의 실상을 이해하는 데 초점을 맞춘다. 친일을 역사의 오욕으로 몰아 부칠 수만 없는 것은 재만 친일의 역사가 해방 이후 한국에서 확대・재생산된 것도 사실이기 때문이다. 만주에서 겪었던 일제하에서의 민족적 트라우마가 해방 이후 한국사에서 유사제국주의의 형태로 재생산된 것도 사실이기 때문이다.

조선인의 역사에는 항일 / 친일, 민족주의 / 반민족주의, 민족주의 / 탈민족주의로 자의적으로 이분화할 수 없는 혼종성이 내재하고 있다. 조선인 디아스포라의 한은 친일과 항일이라는 흑백논리로 재단될 수 없는 생활세계적 체험의 다발이다. 이념적 잣대로 추상화되어 '무채색의 배경화면'으로 처리되었던 식민지 주체 혹은 소수자-주체들의 삶이 새롭게 읽혀져야 할 이유는 한이 이념의 노예가 되어서는 안 되기 때문이다. 그리고 수탈론과 근대화론의 이분법적 구도 역시 식민지하 소수자들의 한의 실상을 해명하는 데에는 극히 외면적인 분석에 그치고 말 위험성이 있기 때문이다.[9]

만주를 우리 민족의 수난의 공간으로만 읽을 경우 한의 퇴행적이고 수동적이며 과거지향적인 면만 부각될 수 있다. 동시에 만주를 한민족이 근대적 경험을 했던 공간으로만 읽혀질 경우, 민족의 한이 지나치게 긍정적이고 미래지향적인 면만 부각될 수 있다. 만주를 항일의 공간으로만 읽을 경우 한은 원한(怨恨)과 회한(悔恨)의 공간이지만, 탈항일(脫抗日)의 지평에서 읽혀진 만주는 정한(情恨)과 희망의 한(願恨)의 공간이기도 하다. 이러한 한의 다양한 층들이 어느 한 쪽으로만 편중되게 읽혀질 경우 한은 이념의 노예가 되어 그 실상에서 멀어지게 된다.

9 김백영, 앞의 책, 20~21쪽.

제1장
한의 프롤로그

1. 한국인의 정체성으로서의 한

1) 한국인에게 한이란?

국어사전에는 거의 다 '한'을 '원한' 또는 '한탄'의 준말로 '원통하고 한 되는 생각'으로 정의하고 있다.[1] 한의 한자인 恨은 의미요소인 마음 '심(心)'과 발음요소인 어긋날 '간(艮)'으로 이루어진 글자이다. 한은 간(艮)에서 파생된 것으로 '노려보다'는 뜻을 가진 경우로 '서로 노려보

1 다시 '원망', '원통', '분통', '한탄' 등을 찾아보면 다음과 같다.
(1) 원망(怨望) : ① 남이 내게 대하여 한 일을 못마땅하게 여겨 탓하거나, 마음에 불평을 품고 미워함. ② 지난 일을 불만하여 부르짖음.
(2) 원통(寃痛) : 사랑하는 사람 또는 아까운 물건을 잃거나, 죄 없이 화를 입어서 마음이 몹시 아프고 원망스러움.
(3) 분통(憤痛) : 몹시 분하여 마음이 쓰리고 아픈 것.
(4) 한탄(恨歎) : 원통하게 여기어 탄식하는 것.

며 원망한다'는 어원을 가지고 있다. 간(艮)은 匕(비수 비)와 目(눈 목)으로 이루어진 글자로 눈을 크게 뜨고 머리를 돌려 노려보는 모습의 갑골문에 뿌리를 두고 있다.[2] 심장이 멈출 정도로 원한이 깊다는 의미도 갖는다. '恨'字의 뿌리인 '艮'字가 여러 의미를 갖고 있어서 한의 의미 역시 다양하다. 艮字는 주역의 괘로는 그침[止]을 의미하고, 마음이 머물러 있어 응어리진 상태를 함의하고 있다.

이처럼, '한'이란 개념은 다양한 내포들로 이루어져 있어 한에 대한 본질적 정의는 힘들다. 한국인의 보편적 정서로 말해지는 '한'은 어느 하나로 환원할 수 없이 다층적으로 겹겹이 쌓여진 개념임을 알 수 있다.[3] 왜냐하면 원(怨)은 결국 희망과 소망의 원(願)에 바탕을 두고 있어 怨望은 怨이면서 望이기 때문이다. 그래서 한국인에게 한은 차라리 꿈이다. 아직은 아니지만 언젠가는 이루어질 것에 대한 희망이다. 그렇기에 한이 정이기도 하다.

한국인의 정체성은 무엇인가? 한국문화의 정체성은 무엇인가? 이진우는 자신의 저서 『한국 인문학의 서양 콤플렉스』에서 한국인의 문화적 정체성을 정(情)에서 확인한다. 그러면서 그는 정은 감정적 측면뿐만 아니라 이성적인 내용도 갖는다고 말한다. 한국인의 정체성을 정에서 찾는 것은 어쩌면 당연한 것일지도 모른다. 그리고 정이 단순한 감정 덩어리가 아닌 이성적으로 동기부여 된 정서라는 주장 역시 설득력을 갖는다.

그럼에도 불구하고 저자가 보기에는, 한국인의 정체성을 정으로만 규정하는 것은 다소 형식적이고 소극적일 수 있다. 형식적이고 소극적일 수 있다는 것은 한국인의 정체성을 정으로만 말하는 것은 자칫

---

2 하영삼, 「한자뿌리 읽기(236)」, 『동아일보』, 2006.5.16.

3 '한'의 개념적 사전적 정의에 대한 상세한 논의는 다음을 참조. 서정욱, 「한국 시가문학에서의 한」, 김진 외, 『한의 학제적 연구』, 철학과현실사, 2004, 361~363쪽.

한국인의 정체성이 함의하는 다층성, 즉 다층적 의미구조를 간과하기 쉽기 때문이다. 그리고 한국인의 정체성에 대해 보다 심층적인 차원에서 구체적이고 적극적으로 해석해야 할 의미구조들을 소극적으로 평가할 가능성이 있기 때문이다.

그러므로 저자는 한국인의 정이 단순한 감정을 넘어 이성적인 것이라는 주장에 대한 심층적 해석을 하려고 한다. 정이 '이성적'이란 말은 결국 정에는 지향성(intentionality, 志向性)이 함의되어 있다는 것이다. 단순한 감정과는 달리 이성적으로 동기 지어진 의미구조를 함의하고 있다는 것이다. 한국인의 정은 표피적으로 접근해야 할 기호가 아니라, 그 기호의 의미를 형성해 온 지향적 의미연관에 대한 해석이 필요하다. 한국인에게 있어서 정은 다른 사람에 대해 사랑이나 친근감을 느끼는 정도의 개념적 정의에 머물러 이해될 것이 아니다. 차라리 정은 원한이나 한탄과 같은 타인에 대한 설움이나 원망 등을 안으로 삭이고 생겨난 것이다. 원한의 대상을 복수로 갚지 않고 오히려 그에 대한 정으로 승화시킨다. 원한의 독기가 제거되고 사랑과 화해의 지평으로까지 확장되어 남은 정서가 바로 정이다. 이런 의미에서 정은 이성적 내용을 갖는다. 즉 정은 원한을 삭여 원한을 복수로 갚지 않고 자신의 무력감에 대한 한탄으로 전환하고 이것을 넘어 복수의 대상까지 사랑하고 화해하려는 지향성을 함의하고 있다. 이렇게 보면 정은 한의 한 양태이다. 즉 한의 지향적 구조 속에서 생겨난 정한(情恨)이다. 저자는 이런 맥락에서 한국인의 정체성으로 이해할 수 있는 정의 의미구조를 지향적 지평으로 넓히고, 보다 심층적으로 분석하고자 한다.

한국인의 한은 情과 怨이 지향적으로 통일성을 이루고 있는 고유한 정서이다. 한은 사랑과 친근감뿐만 아니라 원한과 미움 그리고 설움 등등까지 지향적으로 통일성을 이루고 있는 다층적 정서이다. 이런 의미에서 한국인에게 있어서 한은 정보다 훨씬 근원적 체험이다. 저자는 바로 이 한의 지향적 구조가 함의하는 특징을 확인하고 이를 통해 한국인의 정체성을 새롭게 인식하는 계기를 마련하고자 한다.

이진우는 정을 이성과 대립된 비합리적 감정으로 이해하지 않는다. 그는 오히려 한국인의 정이 결코 서양인들이 말하듯 비합리적 감정만은 아니라는 사실을 강조한다. 그러면서 그는 인간의 본성이 구체적으로 발현된 것이 정이고 외부적 사회관계로 말미암아 실현이 봉쇄되거나 억압을 받으면 한(恨)이 된다고 말한다. 정이 한으로 발전되지 않도록 하는 것이 사회의 정의(正義)라고 말한다. 그와 동시에 그는 정은 타인을 나와 분리된 개체로 파악하지 않고 공동체를 구성하는 다른 사람들의 처지와 고통에 대한 동정심을 길러주는 것으로 규정한다.[4]

그런데 정과 한을 이렇게 구분하는 것은 한국인의 한이 내포하는 일원론적 구조를 일면적으로 해석할 위험성이 있다. 한이 정에 비해 부정적으로 규정될 가능성이 있다. 한국인의 한이 가지는 다층적 구조, 특히 그 지향적 구조를 고려한다면, 정과 한은 지향적으로 연결되어 있는 계기들이다. 타인에 대한 동정심에서 비롯되는 정이 사회적 관계에 의해 차단될 경우 그 안타까움에 따라 오는 것이 한, 즉 情恨이다. 나와 타인을 분리하는 서양인에게 있어서는 단지 타인에 대한 원한만 있을 뿐이다. 한국인의 정한은 한국인의 고유한 정서이다. 이 정으로서의 한은 타인에 대한 원한을 차라리 정으로 승화시켜 타인과 공동체를 이루려는 희망과 꿈으로 초극된 願으로서 한(願恨)에까지 이르는 지향적 연관성을 한국적 한의 실상으로 이해해야 그 정체성이 드러날 수 있다.

그러므로 한국인의 정을 긍정적인 것으로 한을 부정적인 것으로 이원적으로 분화함으로써 자칫 한이 함의하는 일원론적 구조를 놓칠 위

---

4 이진우, 『한국 인문학의 서양 콤플렉스』, 민음사, 1999, 64~65쪽.

험성이 있다. 동시에 '맺힘-풀림'의 이원적 구조 역시 한의 구조적 통일성을 간과하기 쉽다. 그리고 한을 발산되지 못한 것으로 규정함으로써 한국인의 한을 발산적 구조로 이해한다. 하지만 한국인의 한의 특성에는 발산보다 안으로의 수렴을 통한 자기초월적 승화의 모티브가 함의되어 있다. 한국인의 한이 함의하는 수렴의 미학이 간과됨으로써 한이 발산되지 못한 채 응어리져 있는 원한으로만 소극적이고 부정적으로만 이해되어서는 안 된다. 왜냐하면 한국인의 한은 발산보다는 안으로의 수렴을 통한 '자기-삭임의 미학'을 그 본질로 함축하고 있기 때문이다. 따라서 한의 구조를 '맺힘-풀림'의 구조로 이원화함으로써, 발산되지 못한 원한과 자신의 무력감에 대한 한탄을 오히려 원과 화해의 에너지로 초월해가는 지향성을 간과해서는 안 된다. 한국인의 한의 특성이 바로 이 '자기초월의 지향성'에 있다는 사실을 고려한다면 더욱 그렇다. 정이 정상적으로 발산되지 못하여 꼬여 있어 정상적인 생성의 결과를 얻을 수 없는 채 한으로 침전되어 버리는 것이 아니다. 오히려 정상적으로 발산되지 못해 한으로 침전된 정을 스스로 안으로 삭여 이전보다 더 새로운 가치로 생성해낼 수 있는 지향적 역동성이 자칫 간과되기 쉽다.

이런 맥락에서 김용숙은 한을 "희로애락과 격동을 다 표백해버리고 난 뒤의 소소한 빛 — 이것이 부동하는 기분이 아닌, 연기와 같이 땅에 착 깔려서 이미 가슴 속 어느 한 부분에 자리 잡은 것"으로 정의한다.[5] 그는 한국인의 한, 특히 한국 여성의 한이 생의 패배, 불행의 연속에서 생기는 설움의 축적이지만, 오랜 세월 동안 걸쳐 형성된 것인 만큼 그것은 이미 독기는 제거되어 있는 것으로 정의한다.

5 김용숙, 『조선조여류문학연구』, 숙명여대 출판부, 1979, 20쪽.

2) 한의 사회심리적 모티브

최상진은 한에 대한 기존의 연구성과를 검토하면서 한국인의 한이 가지는 특성을 사회심리학적 관점에서 논의하고 있다. 특히 그는 한국인의 보편적 정서인 정과 한을 구분하면서 한을 다음과 같이 정의한다.

> '恨'은 그 발생당시에는 분노, 원망, 증오, 적개심과 같은 외부 지향적 부적 감정과 더불어 자기불행 외부귀인적 특성을 가지고 있으나, 시간 경과와 더불어 심리적 재조정 과정을 통해 점차로 자책적 귀인 및 현실 초월적 셰마(schema) 형성을 통해, 지니고 살 수 있는 '恨'의식과 '恨'정서로 변질되는 특성을 지닌다. 이 점에서 초기 상태의 '恨'은 '怨'에 가까우나, 시간의 경과와 더불어 '怨'의 표적이 불분명하고 원망의 강도가 낮은 자기책임지향적 자기수용의 속성과 연계된 "그저 허무하고 서러운 일반화된 센티먼트의 순화된 형태로 변질된다"고 볼 수 있다.[6]

이처럼 최상진은 한을 한국인의 가장 심층적인 심성 특질과 민족적 감정으로 규정한다. 그는 한을 자신으로부터 분리시켜 객관화함으로써 한을 초월하는 단계로 이르는 과정을 네 단계로 설명한다. 첫 단계는 원한과 같은 복수심에 불타는 감정의 단계이다. 이 단계에서는 원한의 감정을 분출하기에는 사회적으로 제한을 받거나 복수의 대상으로부터 역공격을 받을 두려움 때문에 자신의 감정을 누를 수밖에 없는 단계이다. 두 번째는 억제된 분노나 적개심을 스스로 누르는 수용의 단계이다. 억울함과 불행의 원인을 외부에서 찾기보다 자기 자신

---

6 최상진, 「'恨'의 사회심리학적 개념화 시도」, 『1991년도 한국심리학회 연차학술발표대회 논문초록』, 1991, 346쪽.

에게 부분적인 책임을 스스로 전가하면서 감정을 약화시키는 질적 변화를 일으키는 단계이다. 세 번째는 가라앉은 분노의 감정을 다시 반성해보면서 자신의 무력감에 대한 회의를 하는 단계이다. 원한이 한탄으로 심화되는 단계라고 볼 수 있다. 이 단계에서의 감정상태는 슬픔, 흥분이 함유된 부정적 감정이 생기고 다시 가라앉고 하는 기복을 반복하면서 시간의 흐름과 함께 안정된 한으로 침전된다. 이 단계에서 한은 문학이나 예술을 통해 승화되는 해한(解恨)의 과정을 이룬다. 끝으로 마지막 단계는 한이 자신으로부터 분리되어 객관적 사실로 전환된다. 자신의 한을 마치 남의 한으로 이야기하듯이 한을 타자화 시킨다. 그러면서 심정은 평온하고 조용하고 쓸쓸하고 한적하기도 하다. 말하자면 한의 초월이 이루어지는 단계이다.[7] 이처럼 사회심리학자인 최상진은 한이 우리 민족의 고유한 보편적 정서라는 사실을 서양의 증오(르쌍티망)나 일본의 怨과는 다른, 원망과 자책이 혼합된 감정 복합으로 규정하고 있다.[8]

3) 한의 지향적 모티브

한이 한민족의 개별적 감정이 아니라 보편적 정서라고 한다면, 이것은 개별적인 주관적 감정과는 달리 한민족의 생활세계 속에서 형성되어 온 존재론적 체험구조와 같은 것이다. 한은 우리 민족 고유의 실존범주와 같은 것이다. 한은 우리 민족의 존재의미가 근원적으로 열리는 밝힘의 장이다. 한은 우리 민족의 생활세계 속에서 존재론적 의

7 최상진, 「한국인의 심정심리학」, 『사회과학연구』 제7권, 중앙대 사회과학연구소, 1994, 213~237쪽 참조.
8 박아청, 「한국인의 '자기'에 대한 의식」, 『교육인류학연구』 제2권 3호, 한국교육인류학회, 1999, 45쪽.

미구조로 형성되어 온 정체성의 토대이다.

한민족의 한의 특성은 어느 일면으로 환원할 수 없을 정도로 부정적이면서도 긍정적인, 과거지향적이면서도 미래지향적인 특성을 가진다는 것이다. 한을 희망을 버린 체념의 상태로 부정적으로만 이해할 수 없는 것이다. 체념은 한의 한 양상으로서 그 자체 부정적이면서도 긍정적인 면을 가지고 있다. 체념은 어떤 것에 대한 요구가 거절될 때 생기는 것이라는 점에서는 부정적이지만, 그러한 거절의 이유를 수긍하고 그 어떤 것과의 새로운 관계를 모색한다는 긍정적인 면도 갖는다.[9] 따라서 한은 체념이라는 부정적 측면과 집념이라는 긍정적인 측면을 갖고 있다. 체념은 이루어지지 않았지만 언젠가는 이루어질 것에 대한 기대와 희망으로 남는다.

많은 조선인들이 가난을 피하여 혹은 폭정에 못 이겨 만주 땅으로 이주해 간 후, 조국으로 돌아갈 수 없음에 체념하지만, 그 체념은 언젠가는 돌아갈 수 있을 것이라는 희망으로 전환된다. 체념은 미래의 새로운 가능성에 의해 생겨난다. 가장 좋은 것 또는 가장 바람직한 삶에 대한 포기이며 동시에 보다 나은 삶을 위한 것이다. 가난을 피하여 죽음을 무릅쓰고 건너 간 땅에서 가난과 일제의 폭정에 시달리면서도 귀향이라는 가장 좋은 것을 포기하면서 그곳을 제2의 고향으로 지금보다는 나은 삶을 위해 체념하는 것이다. 체념은 현실적 선택으로서 "보다 나은 삶"을 살고자 하기 때문에 단행된다.[10] 자신의 의지에 따라 월강하였기에 어찌할 수 없음에 대해 누구를 탓하거나 원망할 수도 없다. 자신의 체념을 구체적으로 책임질 대상을 알지 못하기에 모든 결과를 내적으로 삭일 수밖에 없다.[11] 그러면서 언젠가는 돌아갈

9 구연상, 「체념의 현상학」, 『철학연구』 제62집, 철학연구회, 2003, 152쪽.
10 위의 책, 166쪽.
11 위의 책, 169쪽.

수 있으리라는 희망으로 승화시켜 나간다. 조선인들은 새로운 가능성을 쫓아 월강하였지만 현실에서 오는 한탄과 원망 속에서 지금까지 쫓던 가능성을 포기하고 이곳에서 새로운 가능성을 향해 살아가는 것이다. 체념에 의해 새로운 가능성, 즉 행복과 희망의 가능성으로 승화되어 간다.

한은 "마땅히 누려야 할 삶의 자리를 빼앗겼을 때 오는 아픔"이다.[12] 이는 바로 고향상실에서 오는 삶의 고통이다. 국권을 빼앗겨서 고향을 떠나 만주 땅으로 이주한 삶의 역사는 바로 한의 역사이다. 일제에 대한 원망과 민족의 나약함에서 오는 한탄으로서의 한을 푸는 방법은 바깥에서 공격적이고 파괴적인 방법으로 풀기보다 안에서 푸는 방법이다. 즉 자신 삶 가운데 그것(한)을 껴안고 쌓인 것을 넘어서는 해소가 아닌 삭임의 과정이다. 삭임은 단순한 해소가 아니라, 보다 나은 가치를 창출하는 의식의 지향적 구성의 과정이다.[13]

고향을 떠나 살아보겠다고 찾아간 만주는 희망의 땅이면서도 아픔의 공간이다. 그러나 고향을 항상 그리고는 있지만, 그리고 언젠가는 돌아갈 꿈을 간직하고 있지만, 현실은 그렇지 못하다. 고향상실감에서 오는 원망과 한탄 그리고 증오를 안으로 삭여 오히려 그 땅을 제2의 고향으로 정을 붙여 살려는 정한으로 그리고 한을 한으로 소극적으로 수용하는 것을 넘어 미래지향적인 희망과 꿈으로, 그 땅에서 행복한 삶을 꾸려가기를 소망하고 바라는 한(願恨)으로 생산적이고 창조적으로 전환해 가는 삭임의 지향성이 우리 민족의 한의 원형 속에 함의되어 있다. 한을 어차피 바깥에서 풀 수 없는 정황이라면 오히려 안으로 스스로 풀고 그 한을 미래를 위한 역동적 에너지로 초월해가는

12 이청준, 「삶의 과정으로서 한(恨)」, 『코리언이마고』 제2집, 한국라깡과현대정신분석학회, 1998, 14쪽.
13 위의 글, 18쪽.

초월의 에토스가 한에 함의되어 있다.

우리 민족의 한은 그것을 지니고 그것을 소중하게 아끼며 그 한 덩어리를 조금씩 갈아 마시면서 살아온 삶의 힘이고, 희망으로 간직해온 특이한 의미구조를 함의하고 있다. 따라서 한의 의미구조에 대한 실증주의적 설명으로서는 다 퍼 낼 수 없는 침전된 의미체가 녹아 있다. 한의 현상에 함께 주어져 있는 의미구조들에 대한 해석학이 요구되는 것도 바로 한은 실증과학으로만 분석될 수 없는 의미를 함의 하고 있기 때문이다. 따라서 한을 정신분석의 대상으로 실체화한다면, 한 그 자체는 송두리째 사라져 버리고 그 자리엔 서양식의 방어기제만 덩그러니 남겨질지도 모른다.[14]

한국인의 의식구조를 지나치게 낙관적으로 혹은 비관적으로 읽을 수 없다. 한국인의 의식구조에는 어둡고 침침하며 애잔하고 서글프고 처량한 모습만 있는 것이 아니라, 어둠 속에서도 늘 낙관하며 해학을 즐기며 풍자 의식을 버리지 않고 살아 왔다.[15] 한 맺히게 한 대상을 미워하고 증오하면서도 이내 돌아서서 원망하고 증오를 품은 자신의 속되고 편협한 것을 미워하고 뉘우쳤다. 이것이 바로 회한(悔恨)이다. 원망이 회한으로 그리고 원한을 수용하면서 극복하고[勝怨] 정[情恨]으로 전환하고 나아가 관용하고 이해하며 화해하고 결국은 사랑으로까지 초월해 가는 지향적 구조가 우리 민족의 한의 정서에 함의되어 있다. 외부로부터 주어진 원망이라는 감정을 안으로 삭여 미래지향적인 삶의 힘으로 지향적으로 구성해가는 한의 구조를 단순히 프로이트적 억압가설로 혹은 맺힘-풀림의 이원적 대립구조로 환원하는 것은 성급하다. 그리고 한을 지나치게 문학적으로 미화하거나 아니면 단순한

---

14 김종주, 「한의 정신분석」, 『코리언이마고』 제2집, 한국라깡과현대정신분석학회, 1998, 74쪽.

15 김형자, 「'한'의 문체」, 『국어교육』, 국어교육학회, 1986, 257쪽.

감정덩어리로 심리적으로 추상해버리기에는 너무나 많은 복합적 의미의 층들을 함의하고 있다.

따라서 한은 그저 한일뿐이다. 개념적으로 추상하거나 심리적으로 유추하기 전에 만나야 할 삶의 과정으로서의 역사적 사실일 뿐이다. 한은 개념적으로 재단하기에 앞서 우리 민족의 고유한 보편적 정서로 전승되어 온 선(先)개념적인 생활세계적 체험이다. 원한(怨恨)으로 주어진 한이 시간적 흐름 속에서 원한(願恨)으로 지향적으로 구성되어 초월적 의미로 전환되어 가는 과정 자체가 한이다. 한을 만지작거리면서 한과 더불어 살아 온 삶 자체가 한이다. 우리 민족에게 한은 단순히 있다가 사라지는 감정과 같은 것은 아니다. 잠시 슬프고 기뻤다가 곧 사라져버리는 감정의 다발이 아니다. 그 감정들이 겹겹이 침전되어 한으로 굳어지기까지는 많은 역사적 삶의 과정들이 쌓여왔다. 따라서 우리 민족에게 한은 보편적 체험이며 삶의 과정으로서 우리의 고유한 정체성이다. '한'은 한국 고유의 토착어이다.[16] 나라 잃고 가난을 피해 만주 땅으로 이주해 갔지만, 그곳은 여전히 싸늘한 타국이다. 그 땅에서 느끼는 한탄과 자조와 체념을 그 땅에 대한 정으로 삭여내고 귀향의 희망이 사라질 때 쯤 그 땅을 제2의 고향으로 삼아 새로운 삶을 개척해야 한다는 희망과 기대 속에 인내하고 관용하며 사랑할 수 있는 한의 지향성이 우리 민족 고유의 힘이고 정체성이다.

16 위의 글, 255쪽.

2. 한의 다층적 구조

한국인에게 한은 역사적 상흔으로서 전승되어 온 것이다. 단순한 개인적인 감정이나 집단적 정서이기 이전에 우리 민족의 고유한 정체성으로서 역사적으로 형성되어 온 특이한 구조를 갖는다. 물론 한에 대한 사전적 의미는 서양이나 다른 나라에서와 같은 원한이나 한탄이라는 소극적이고 부정적인 개념으로 정의되고 있다. 하지만 한국인의 한은 개념적으로 접근하기 이전에 한국인의 고유한 생활세계적 체험의 원형으로서 역사적으로 형성되어 온 것이다. 이 역사적 발생 배경에 대해 문순태는 다음 몇 가지로 요약한다.[17]

① 불안과 위축의 역사 때문이다. 무수한 외침을 받고 안으로는 내란을 수없이 경험하면서 쌓여 온 민족고유의 정서이다. 1231년부터 1273년까지의 일곱 차례의 몽고침략을 대표로 수많은 외침을 경험했다. 특히 임진왜란과 을사늑약 때의 망국한이 그 대표적인 정서일 것이다.[18] 끊임없는 내란과 외침에 의해 우리 민족의 정서는 퇴행적인 원한과 한탄으로 형성되었다.

② 유교 중심의 계층 의식에서 비롯된 원한이다. 양반과 천인이라는 이원적 구조는 양반에 대한 천인의 원한을 형성하는 배경이 되었다.

③ 남성 중심의 계층구조가 남성에 대한 여성의 한을 형성한다. 남존여비의 이데올로기에 대한 여성의 원한은 극도의 한으로 침전되어 왔다.

---

17 문순태, 「한이란 무엇인가」, 서광선 편, 『한의 이야기』, 보리, 1988, 152~155쪽.

18 치욕스러운 을사늑약이 있던 해의 백성들의 정서를 표현하는 '을씨년스럽다'는 단어는 '을사년스럽다'가 변한 것으로 그 당시의 우리 민족의 우울하고 한스러운 정서를 잘 드러내는 말이다.

④ 사대부와 민중의 이원적 계층구조에서 비롯된 민중의 한이다. 사대부는 민중의 원한의 대상이 되었고, 관아는 민중의 복수의 대상이 되었다.

이처럼 우리 민족의 한은 원한으로 그리고 자신의 무력감에 대한 한탄으로 형성되어 왔다. 이것은 서양의 원한의 구조와 유사하다. 그러나 우리만의 역사적 상흔을 고스란히 안으로 간직하고 삭여 온 우리 민족의 한에는 서양과는 다른 특이한 구조가 함의되어 있다. 원한과 원한의 대상에 대한 복수라는 맺힘-풀림의 이원적 구조로 환원할 수 없는 다층성이 한의 구조적 특성으로 드러난다. 우리 민족은 원한을 원한의 대상자에 대한 복수로 풀려고 하기보다는 안으로 자신의 무력감에 대한 한탄으로 수용하고 이것에 그치는 것이 아니라 복수의 대상자에 대한 정으로 승화시키고 나아가서는 그와 화해하고 용서하려는 원(願)을 품은 원한(願恨)으로 가치전환을 이루어 내는 특이한 지향성을 함의하고 있다. 우리 민족만의 해한(解恨)의 과정에는 미학적 에토스는 물론이고, 원한에 쓰린 독기는 이미 제거되어 화해와 용서로 초극해가는 타자지향적 윤리가 함의되어 있다.

조정래는 한의 화해의 에토스를 『불놀이』의 찬구를 통해 그려낸다. 찬규는 한풀이가 대물림되어서는 안 된다고 말한다. 남편을 잃고 강간까지 당한 어머니가 유언으로 남긴 배점수에 대한 복수를 위해 10년 간 추적한 신찬규는 대를 이어 한 풀이에 나선다. 하지만 신찬규는 배점수처럼 한을 감정적으로 복수하는 방식으로 풀 수 있는 것으로 생각하지 않는다. 왜냐하면 한에는 감정으로만 풀 수 없는 요소들이 복합적으로 엉클어져 있기 때문이다. 신찬규는 대를 이어 한을 풀려는 것은 결국 비극적 결말에 이른다는 것을 알고 있다.

> 나(찬규)는 당신(형민) 아버지(배점수)를 용서하지 않지만 내 입장에서 미워하지도 않아요. 왜냐하면 당신 아버지가 처했던 입장을 이해하기 때문이오. 이 말은 우리 신씨 문중이 저지른 횡포가 잘못되었음을 시인하는 것이오. 그러나 당신 아버지가 자행한 행위는 분명 옳지 않았고 용서될 수 없는 일이오. 당신 아버지의 논법대로 한다면, 어마어마한 재산을 가진 당신 아버지는 이제 누구의 손에 찔려 죽어야 되는지 알겠지요? 바로 나처럼 가난한 사람들의 손이오. 이 얼마나 유치한 논법이오.[19]

우리 민족의 한이 형성된 역사적 배경은 양반과 천민, 사대부와 민중, 남과 여라는 이원적 구조에서 형성된 것이지만, 원한을 화해로 초극해가는 과정에서 이원적 분화 이전의 근원적 정서에로 돌아가려는 의지가 있다. 우리 민족의 한의 근원을 개념적 추상에 의한 이원적 분화 이전의 우리 민족의 생활세계적 원형체험에서 확인해야 할 이유도 바로 이점에 있다. 우리 민족의 한은 역사적 시련을 이겨내면서 자연스럽게 형성되어 온 우리 민족의 역사적 아프리오리(apriori)이다. 한은 개념적으로 그리고 이념적으로 추상할 것도 없는 우리 민족만의 고유한 역사적 진실이다.

우리 민족에 있어서 한은 다른 나라의 경우와 다른 내포를 갖는다. 그 발상지인 중국과 전래지인 일본이 모두 '증오와 원망'이란 뜻으로 사용하는데 반해, 한국은 이미 근세 이후부터 독자적인 개념을 가지고 확장되어 사용되는 흔적이 뚜렷하다.[20] 국어사전에는 원한과 한탄의 두 개념만으로 풀이하고 있다. 하지만, 한에 대한 사전적 의미로만 한국인의 한의 정체성을 확인하기에는 한계가 있다. 왜냐하면 한국인에게 있어서 한은 개념으로 포착될 수 없는 선(先)개념적-언어적 생활

---

19 조정래, 『한국소설문학대계 67－불놀이 외』, 동아출판사, 1995, 277쪽.
20 임헌영, 「한의 문학과 민중의식」, 서광선 편, 앞의 책, 105쪽.

세계적 경험이 녹아들어 있기 때문이다. 한국인의 역사적 삶 속에서 보편적 정서로 형성되어 온 한은 외침(外侵)과 내우외환을 수없이 견뎌내야 했던 한국인들의 삶이 투영된 것이다. 따라서 한의 구조적 실상 역시 다층적이고 다양한 복합적 특성을 함의하지 않을 수 없다.

> 한(恨)이라는 게 있다고 했다. 그건 어떻게 해서 생긴 것이고, 어떤 모양을 하고 있을까. 도저히 삭일 수 없이 억울하고 분한 꼴을 당할 때마다 가슴 깊이 피멍이 잡히고 그것이 뭉치고 또 뭉쳐져 돌멩이처럼 딱딱하게 굳어진 피멍의 덩어리가 한이 아닐까 싶었다. 그 덩어리를 쪼개 보면, 하나의 돌멩이가 여러 층을 이루고 있듯 한의 덩어리도 수십 개의 층이 제각기 다른 색깔을 띠고 있는 것만 같았다.[21]

모든 민족은 그 나름의 한을 간직하고 있다. 특히 우리 민족은 '한'이라는 보편적 정서를 깊이 간직하고 살아 온 민족이다. 〈한오백년〉이라는 민요와 정선아리랑의 가락 속에 함의되어 있는 우리 민족의 한의 정서는 우선 무겁다. 단순히 피상적인 감정으로 규정하기에는 너무나 깊은 체험이 한 속에 깃들어 있다. 한의 구조에는 어두운 면이 있는가 하면 맑은 면이 있고, 부정적인 면이 있는가 하면 긍정적인 면도 함께 녹아들어 있다. 과거지향적인 면이 있으면서 동시에 미래지향적인 면도 있다. 우리는 한국인의 이러한 복합적-다층적 구조를 그 특성으로 규정한다. 어느 하나의 단순한 감정으로 환원할 수 없는 복합적인 체험의 덩어리로 엉클어져 있다.

> 한은 마음의 깊은 상처라고만 할 수 없는 것, 거기에 무언가가 더 보태져

21 조정래, 앞의 책, 1995, 42쪽.

야 될 것 같은 그것. (…중략…) 한은 무어라 말할 수 없는 한이라는 건 (…중략…) 한은 그냥 한이여.[22]

한이라는 것은 모양이 있을까. 형체가 있을까. 부피가 있을까. 그것은 원한이 뭉치고 뭉쳐서 만들어지는 것일까. 아니, 원한만이 뭉쳐서 되는 것은 아닐 것이다.[23]

저자는 바로 이러한 한국인의 한의 특이한 구조에 대한 기존의 연구 성과를 토대로 한국인의 한의 정체성을 분석할 것이다. 특히 한의 원형을 있는 그대로 드러내어 그것이 이념적으로 혹은 문학적으로 그리고 종교적으로 개념적 추상이 일어나기 이전의 한의 실태 자체로 돌아가고자 한다. 이것은 한이 가지는 구조적 특성을 어느 한 면으로 환원하는 근본적인 오류에 저항하면서 한국인의 한이 가지는 다층성을 철학적 방법에 의존하여 분석하는 데 초점을 맞춘다. 그리고 이렇게 해명된 한국인의 한의 특성을 재중 조선인의 생활세계 속에서 확인함으로써 한민족의 정체성의 원형을 들여다보는 것으로 전개할 것이다. 왜냐하면 개념적 추상에 의해 가려진 한의 실상을 읽는 것은 개념적 사유 이전의 생활세계의 지평으로 되돌아가, 거기에서부터 우리의 민족의 삶의 원형으로 새롭게 인식하는 것이 필요하기 때문이다. 고은의 말처럼, "한의 일면을 통해서 얻어지는 가능성 자체를 한에 대한 전폭적인 미화로 오도하는 경우야말로 그런 위험스런 경우이겠다."[24]

천이두는 그의 저서 『한의 구조분석』에서 의미 있는 연구를 제시한

22 위의 책, 125・147쪽.
23 위의 책, 154쪽.
24 고은, 앞의 글, 24쪽.

다. 그는 한국인의 한이 가지는 다층적 속성을 지나치게 일면적으로 강조하여 해석하는 것은 한국인 고유의 한의 정서를 읽어내는 데는 실패한다고 주장한다. 그에 의하면 정한(情恨)론과 원한(願恨)론은 한의 일면적 속성, 즉 다정다감한 면과 미래지향적 계기만을 지나치게 강조함으로써 한국인의 한이 가지는 원망과 한탄의 계기가 간과되어 버린다. 그리고 원한(怨恨)론은 프로이트의 정신분석적 모델을 적용하여 한국인의 한을 지나치게 원망적 요소로 환원한다. 맺힘-풀림이라는 이원론적 구조로 접근함으로써 한국인의 한이 가지는 다층적 계기들을 간과하기 십상이다. 특히 프로이트의 작업가설은 한국인의 한이 가지는 특성을 드러내기에는 너무 지나치게 서양적이다. 모든 것을 트라우마로 환원하여 해명하려는 프로이트적 가설은 한의 구조를 원망과 한탄으로만 소극적이고 부정적으로 읽을 위험성이 있다. 민중적 한론 역시 원한(怨恨)론처럼 억압가설에 의해 접근하는 한계를 벗어날 수 없다. 또한 한이 가지는 생활세계적 체험을 지나치게 이념적으로 재단하는 한계를 노출하지 않을 수 없다. 물론 한국인의 한이 가지는 이러한 이념적 특성을 무시할 수는 없지만, 이것을 보편적 정서로 읽기에는 너무나 많은 다른 계기들을 간과하는 위험성을 갖지 않을 수 없다.

한은 우리 민족의 삶 속에서 역사적-구조적으로 형성되어 온 현상이기에 이에 대한 문학적 낭만화는 자칫 한의 실상에서 멀어지게 만든다. 그렇기에 한을 情恨과 같은 개인적인 심리적 현상이나 개인의 개인에 대한 복수심이나 적개심과 같은 怨恨이나 자신의 무력감에 대한 恨歎 등으로만 보는 것은 우리 민족의 한이 가지는 보편적 역사성을 간과하는 경우가 된다는 점 역시 강조되어야 한다. 한완상・김성기는 한을 극복되어야 할 것으로 그리고 풀어야 할 것으로 규정한다. 특히 민중의 한으로 외연을 구체화하여 민중이 품고 있는 한을 민중의 창조력과 생명력과 그리고 마침내 민중 의식의 활성화로 한이 품고 있는 깊은 희망을 구조적으로 이룩하는 것이 중요하다고 지적한다.[25] 그러나 이러한 접근은 한이 가지는 다층성을 자칫 간과할 위험성이 있다. 우리 민족의 한은 어느 특정계층의 한만을 상징하지 않는다. 특히 한의 구조를 맺힘-풀림의 이원적 구조로 재단하여, 한의 부정적이고 소극적인 면만 강조하는 위험성을 노출한다. 물론 민중의 한이 우리 민족의 역사 속에서 민족적 에너지로 역할을 해왔다는 사실을 부정할 수는 없다. 그러나 이러한 이념적 접근은 우리 민족의 보편적 정서인 한을 변혁의 역동적 동인으로 지나치게 이념적으로 미화하는 위험성도 함께 갖는다.

3. 한의 현상학적 함의

저자는 한의 이러한 구조적 특성을 현상학의 '지향성'에서 확인한다. 현상학의 창시자인 에드문드 후설(Edmund Husserl)은 의식을 항상 '무엇에 관한 의식'으로 규정한다. 즉 의식은 고정된 상자와 같은 것이 아니라 항상 무엇인가에로 향해져 있다. 이 '무엇에로 향해져 있음'이란 단지 의식이 대상에로 시선을 향한다는(관찰한다) 것[指向]이 아니다. 그것은 항상 대상을 자신과의 관계 속에서 새롭게 이해하고 그 의미를 구성하려는 합목적적인 지향(志向)이다.

저자가 한국인의 한의 다층적 구조를 단순히 개념들의 나열로 읽지

25 한완상 · 김성기, 「恨에 대한 민중사회학적 시론」, 서광선 편, 『한의 이야기』, 보리, 1988, 66쪽.

않고 한국인의 체험구조와의 관계 속에서 읽으려는 의도도 바로 여기에 있다. 한국인의 한을 우리 민족의 생활세계와 분리해서 설명할 수 없는 것은 바로 한은 하나의 개념으로 추상될 수 없는 원형적 체험이기 때문이다. 이 원형적 체험으로서 한의 구조연관을 지향성으로 읽고, 한의 다층적 구조를 개념 이전의 의식의 지향적 구조로 환원하여 새롭게 이해하는 것이 중요한 작업이다.

그러므로 저자는 우선 한국인의 한이 가지는 내포적 복합성을 단순히 개념적 복합성으로 읽기에 앞서, 체험의 지향적 통일체로서 읽으려고 한다. 한국인의 한을 특정한 관점에서 어느 한 면만을 읽음으로써 한이 가지는 지향적 연관성을 인식하지 못하게 된다. 따라서 한국인의 한을 지나치게 부정적으로 해석하거나 혹은 긍정적으로 미화하거나 혹은 지나치게 과거지향적으로 혹은 소극적으로 읽거나 지나치게 미래지향적으로 읽음으로써 한의 구조적 연관성이 추상되어 버리는 것이 위험한 것이다. 이런 점에서 저자는 한의 실상, 즉 우리의 개념적 사유가 도달하기 이전에 주어져 있는 한의 실상을 있는 그대로 읽을 것이다. 물론 개념이 인식행위의 조건이기 때문에[26] 개념적으로 접근할 수밖에 없다. 하지만 그 개념적 사유의 명증성은 객관적 명증성을 갖기는 하지만, 근원적 명증성(Urevidenz)일 수는 없다. 왜냐하면 개념적 혹은 술어적(述語的) 명증성은 비로소 개념 이전의 체험의 명증성에 의존해서 객관화된 것이기 때문이다. 그러므로 한의 실상을 있는 그대로 읽기 위한 방법은 '직관'이다. 말하자면 한에 대한 실상이 왜곡되고 굴절되어 조작되기 이전의 실상을 있는 그대로 기술(記述)하고 직관하는 것이 중요하다.

그러므로 저자는 한국인의 한이 함의하는 구조적 특성을 단순히 복

---

26 고은, 앞의 글, 23쪽.

합성과 다층성에서 확인하기보다, 한 걸음 더 나아가 이 다층적 구조의 연관성을 지향적 정초관계 혹은 지시관계, 즉 서로 서로 얽혀 있어 분리할 수 없는 관계로 분석하고자 한다. 한국인의 한이 가지는 역동성을 파악하기 위해 일차적으로 한탄(恨歎)과 원망(怨望)을 정한(情恨)과 원한(願恨)으로 초월해 가는 지향적 구조를 분석하는 데 초점을 맞춘다. 원한과 한탄으로서의 한을 질료적 토대로 정한과 원한으로 의미를 구성해 가는 한국인의 보편적 정서로 분석할 것이다. 한이 개인의 단순한 감정을 넘어 우리 민족의 정체성임을 확인하기 위해서는 한의 구조 속에 녹아 있는 지향적 구조를 해명하는 것이 매우 중요한 작업이다. 한의 구조 속에는 끊임없이 초극하려는 '지향성(Intentionalität)'이 녹아 있다. 천이두는 이를 '삭임의 지향성'으로 읽는다.[27] 주어진 것을 토대로 항상 새로운 의미를 구성하려는 지향적 구조가 한의 특성이다. 새로운 가치를 창출하려는 의식의 지향성이 한의 구조에 보편적 원형으로 녹아 있다. 의식의 지향성은 단순히 '무엇에 관한 의식'이기보다 항상 새로운 것에로 나아가려는 합목적적인 구성(창조)활동을 일컫는다. 한의 의식은 바로 이러한 의미구성의 내재적 목적론을 함의하고 있다. 예컨대 김용숙은 한은 '마음속에 도사리고 있는 비극적 감정'이지만 오랜 세월 동안에 걸쳐 형성된 것인 만큼 그것은 이미 독소는 제거되어 있으며, '조용한 관조 아래' '승화된 경지'라고 표현한다.[28] 이처럼 우리 민족의 한의 구조는 한탄과 원망의 개인적인 감정 덩어리로 주어지지만 이를 질료로 하여 지극히 높은 차원의 새로운 종류의 미래지향적 경지로 승화시켜가는 초월성을 갖고 있다. 따라서 한은 고정되어 깊이 박힌 감정덩어리가 아니라 지속적으로 무엇인가에

---

27 천이두, 앞의 책, 110쪽.
28 김용숙, 「한국 여류문학의 특질 – 그 恨의 운명론적 분석」, 『아세아여성연구』 제14집, 1975, 42쪽.

로 초월해가려는 역동성을 간직하고 있다. 그렇기에 원망에는 이미 희망과 기원이 지향적으로 얽혀 있다.

> 모든 원본적으로(originär) 부여하는 직관은 인식의 권리원천이다. 직관 속에서 원본적으로(말하자면 그 생생한 현실성 속에서) 우리에게 제시되는 모든 것을, 그것이 주어져 있는 바대로, 하지만 그것이 주어져 있는 한계 내에서만 단호히 받아들여야 한다.[29]

우리는 한국인의 한이 함의하는 의미를 그 원본성(Originärität) 속에서 생생하게 있는 그대로 읽어내기 위해, '한'이라는 사태 자체로 돌아가야 한다. 한국인의 한은 우리 민족의 역사적 원형체험으로서 이미 주어져 있는 것(Vorgegebenheit)이다. 모든 추상을 뒤로 하고 우선 주어져 있는 것으로서의 한의 실상을 직관하는 것이 필요하다. 왜냐하면 '한'에 대한 이념적 접근이나 문학적 개념화를 통해 굴절되기 이전의 근원적 사실을 읽어내는 것이 매우 중요하기 때문이다. 고은은 '한'의 문제가 있는 그대로 다루어지지 않고 단편적이고 지나치게 이념적으로 재단되거나 혹은 문학적으로 미화되는 것에 대해 다음과 같이 말한다.

> 우리 풍토에서 어떤 개념들이 등장하면 그것의 깊은 탐구와는 달리 그것에 무조건적으로 종속되어버림으로써 금방 그 개념의 노예가 되는 유행현상이 그것이거니와, 이는 한이라는 개념이 의식화되는 데서도 예외가 아닌 실정이다. 한의 일면을 통해서 얻어지는 가능성 자체를 한에 대한 전폭적인 미화로 오도하는 경우야말로 그런 위험스러운 경우이겠다.[30]

---

29 에드문드 후설, 이종훈 역, 『순수현상학과 현상학적 철학의 이념들』 I, 한길사, 2009, 107쪽 참조.

문제가 현실 속에 있지 않고 개념 속에 있을 때 그 문제의 생명력은 개념의 추상화로 인한 현실과의 괴리를 막기 위해 소모되어 버리기 십상이다. 그럼에도 불구하고 우리는 때로는 현실 속에 산재하고 있는 현상들을 문제로 삼아야 할 때가 있고, 그 전제가 개념화일 것이다. 개념이 결국 인식 행위의 조건이기 때문이다.[31]

그러므로 우리는 한의 실상을 있는 그대로 드러내기 위해 한의 사태 자체로 돌아가는 소위 '한에 관한 현상학적 환원'을 수행하지 않으면 안 된다. 이것은 한이 개념적으로 추상화되고 객관화되기 이전의 생활세계 속에서 전승되어 온 우리 민족의 역사적 사실로서의 한으로부터 다시 시작해야 함을 의미한다. 고은은 이런 점에서 '정한의 문학', '한의 미학' 등은 한을 민중의 이데올로기로, 또는 혁명의 민중적 원소로까지 규정하는 미학과 똑같이 한에 대한 논리에는 이르지 못한다고 규정한다. 한을 민중혁명의 가능성에 이바지하는 것으로 규정하는 것은 한의 본질적 인식을 가벼이 지나친 견해이기 쉽다. 한을 민족의 역사운동을 위한 혁명의 점화에 나설 수 있는 능력으로 보는 것은 한에 대한 지나친 이념적 재단(裁斷)이다. 우리 민족에게 한은 그저 한일 따름이다. 한은 쌓일수록 한에 불과하다. 한이 쌓이고 쌓여서 마침내 역사적 결정을 이룬다는 혁명의 논리는 한을 이념적으로 저울질한 후에나 가능한 추상이다.[32]

한의 실상에 다가가기 위한 현상학적 환원은 바로 개념적 추상이나 논리적 추론에 의해 존재의 실상이 굴절되어 이전에 주어져 있는 것을 아무런 편견 없이 생생하게 단적으로 직관하기 위한 절차이다. 온

---

30 고은, 앞의 글, 24쪽.
31 위의 글, 23쪽.
32 위의 글, 58쪽.

갖 종류의 형이상학적 가설하에서 사태 자체를 단적으로 붙들지 못한 전통으로부터 자유로워져서, '사태 자체(Sachen selbst)'로 돌아가 거기에서부터 다시 실상을 여실하게 읽어내려는 현상학의 원칙은 한국인의 한의 구조를 그 다층성과 복합성 그리고 여러 가지의 한의 속성들 사이의 지향적 연관성을 읽어내기 위한 중요한 방법론을 제공한다.

그러므로 고은은 한을 성급하게 개념화하면서 한 자체를 문학의 주제로 다루는 위험성을 지적한다. 한의 일면을 개념적으로 주조하여 한 자체를 이념적으로 굴절시키거나 미화하는 것은 위험하다. 개념의 노예가 되어 한 자체를 낭만적으로 미화시키거나 이념적 요소로 환원하는 것은 위험스럽고 불완전한 것이다.[33] 한은 문자 이전에 그리고 개념에 앞서 이미 그리고 항상 주어져 있는 우리 민족의 역사적-정치적 소산이다. 그러므로 한이란 무엇인가라는 물음은 개념에 앞서 우리 민족에게 주어져 있는 역사적 사실에 대한 역사적 물음 이외의 다른 것일 수 없다.

한완상 · 김성기가 한을 민중의 생활체험으로 규정하는 것 역시 이러한 맥락에서이다. 비록 한완상 · 김성기는 민중이라는 외연 속에서 생활세계적 체험으로서의 한에 대해 논의했지만, 한에 대한 직관적이고 구체적 체험 속에서 한의 실상을 이해하려는 점에서는 지극히 현상학적 접근을 취하고 있다.[34] 다만 한완상 · 김성기는 한을 억울한 고통과 부당한 아픔으로 규정하여 역사적 변화의 동인으로 작용할 것이라는 이념적 추상에 탐닉하고 있다는 점이 고은에게는 또 하나의 한스러운 일일 것이다. 한을 극복되어야 할 것으로 규정하고 한국 민중에게 녹아있는 혁명의 동인으로서의 한을 말하는 것은 한을 프로이트적인 트라우마로 성급하게 환원함으로써 우리 민족의 한이 함의하

33 위의 글, 25쪽.
34 한완상 · 김성기, 「恨에 대한 민중사회학적 시론」, 앞의 책, 62쪽.

는 긍정적이고 미래지향적인 밝은 면이 간과될 위험이 있다. 물론 민중의 한이 새 역사를 가능하게 하는 동인이 된다는 것이 일면 타당할 수 있다. 하지만 민중의 한이 우리 민족의 정체성으로 보편화되기에는 외연이 너무 좁고 한을 역사적 혁명을 위한 에너지로 미화시킴으로써, 우리 민족의 한의 화해구조와 타자지향적이고 미래지향적인 밝은 면들이 희석될 위험이 있다. 한을 혁명을 이루어내기 위한 민중의 에너지로 지나치게 미화함으로써 이 한은 타자와의 화해보다는 투쟁을 위한 에너지로 이념화되기 십상이다. 우리 민족에게 한은 그저 쌓여 온 것일 따름이다. 한은 극복되어야 할 것도 아니고 극복될 수도 없다. 우리 민족의 정체성으로 이미 형성되어 온 역사적 진실이다. 우리 민족의 생활세계 속에서 역사적으로 전승되어 쌓여 온 역사적 진실이기에, 한국인의 한은 서양과 동양 다른 어디에서도 찾을 수 없는 한국인의 체험원형으로 고유한 것이다.[35] 따라서 한이 문학을 통해 미화되고 이념적으로 추상됨으로써 우리 민족의 역사적 진실로 쌓여 온 실상에서 멀어지기 십상이다.

4. 한의 초국적 승화

한이 이념에 의해 깊어지는 것은 사실이다. 한국근현대사를 관통해 온 보편적 정서인 한이 민족주의와 반민족주의의 대립에 의해 서로에게 원한으로 역사적 상흔을 남겨준 것도 사실이다. 하지만 조국해방

35 최길성, 『한국인의 恨』, 예전사, 1991, 15쪽.

을 위한 항일이라는 보편적 가치 아래 민족주의와 공산주의는 모두 하나의 이념적 수단에 지나지 않는 것이다. 민족주의든 공산주의든 조국해방을 위한 항일이라는 보편적 가치를 실현하기 위해 연대하고 화해하려는 탈민족주의적 지향성을 띠었던 것이다. 조선인 디아스포라는 그 상대가 비록 중국공산당이라 하더라도 중국의 해방이 바로 조선의 해방이라는 보다 높은 초국적 가치실현을 위해 투쟁해왔다. 이런 점에서 '자유시사변'[36]과 같은 동족 간의 참변도 궁극적으로는 조국해방이라는 목표를 향한 민족운동의 내재적 발전으로 읽어야 한다. 조국의 해방을 위해서라면 탈민족주의적 연대의 필요성을 인식하고, 비록 그 상대가 이념적 적대자라 할지라도 화해의 대상으로 승화시켜 나가는 고유한 정서가 한에 녹아 있다. 따라서 한국인의 한의 고유성을 일종의 자민족중심주의로 읽는 것[37]은 한의 화해지향성과 초국적 승화를 소극적으로 읽는 데서 비롯된 것이다.

이런 맥락에서, 한국인의 한이 가지는 목적론적 구조가 강조된다. 원한이 타자에 대한 복수와 함께 자신의 무력감에 대한 한탄으로 주어지지만, 이를 안으로 삭여 정으로 전환하고 나아가서 복수의 대상을 화해의 대상으로 전화하는 역동성이 한국인의 한의 특성이다. 천이두는 일본인의 한이 가지는 복수의 모티브와 「춘향전」에 나타나는 정의 모티브를 비교한다. 「춘향전」에 나타나는 원에서 탄 그리고 정으로 이어지는 화해의 지향성을 강조한다.[38]

한국인의 한이 화해의 지향성을 그 특성으로 갖는다는 것을 어떻게 이해할 수 있는가? 누구 때문에 생긴 원한을 그 누구에 대한 복수를

36 1921년 러시아령 자유시(알렉세예브스크)에서 한국독립군 부대와 러시아적군(赤軍)이 교전을 벌인 사건. 『두산백과』. 이에 대해서는 뒤에서 다시 한 번 언급할 것이다.

37 정백수, 「'한(恨)' 담론의 자민족중심주의」, 『문학과 사회』 제19권 제2호, 문학과지성사, 2006.

38 천이두, 앞의 책, 205쪽 이하.

통해 풀려고 하기보다, 그 누구 역시 나와 동일한 주체로 인정하고 이해하고 감정을 나누고 공감하려고 한다. 상호이해의 관점에서, 타자의 입장에서 생각하고 타자를 나와 동일한 인격적 주체로 인정하고 배려하려는 강한 의지가 한국인의 한의 구조 속에 함의되어 있다. 이런 점에서 한은 언제나 스스로 결한(結恨)이 되고 스스로 해체되는 것이다. 원한 감정은 언제나 대상을 인식하고 있기 때문에 가학자에게 물리적 힘이 없이는 풀어지지 않는다. 원한이 스스로 풀리는 것은 화해와 용서로서 가능하다. 우리 민족의 동질성은 바로 이러한 화해와 용서의 정신이다. 원한은 안으로 심화하지만 한은 오히려 새로운 생명력의 모태로 모든 것을 포용한다. 그러므로 한국적 한은 새로운 생명력을 창출할 수 있는 지향성을 함의하고 있다. 결코 비관주의적 민족적 정서가 아니다. 희망과 화해와 사랑의 정서이고 이를 통해 한민족의 정체성이 새롭게 정립될 수 있는 모태이다. 한에는 미적으로 승화시켜 가는 지향성이 함의되어 있다.

그러므로 한국인에게 있어서 한은 한국인만의 고유한 정서로 규정되기보다 글로벌 공동체를 구성하는 데까지 나아가는 화해의 지향성을 그 특징으로 갖는다. 원한을 넘어 인류애로까지 승화시킬 수 있는 것은 한이 가지는 공동체 구성의 본능 때문이다. 즉 상호주관성(intersubjectivity)의 구성을 통해 나와 타자가 상호이해와 공감으로 공동체를 이루려는 지향적 본능이 한의 구조에 함의되어 있다. 한의 주체가 자신을 넘어 타자의 세계에로 초월하려는 사회화와 세계화의 동기가 한의 구조 속에 들어 있다.

이런 점에서 한민족의 한은 동아시아 여타 민족의 역사적 분비물인 한과는 근본적으로 다른 정서를 담고 있다. 우리가 체험하는 한의 실감은 한반도 인접 지역인 동아시아의 중국・일본 등과도 전혀 다르다. 아니, 거기에는 한이 없다.[39] 중국의 恨(hèn)은 '원극야(怨極也)'로서 극한의 원한과 증오[憎恨 : zēnhèn] 또는 복수[仇恨 : chóuhèn]를 의미한다. 중국어 사전에 恨은 일반적으로 愛(ài)와는 반대말로 사용된다. 예를 들어 『삼국지』나 『초한지』의 처절한 복수극을 메우고 있는 기본적 주제는 한이라고 할 수 있지만, 그 한은 원한과 복수의 에토스가 중심이다. 원(怨)에는 원(怨)으로 대하는 복수의 메커니즘만이 있다. 일본 역시 복수를 통한 승원(勝怨)만 있다. 서양인에게도 원은 있되 그것에 합리적으로 대처하여 외향적으로 처리함으로써 한으로 되지 않는다. 유독 한국인만이 원을 안으로 끌어안아 주물러 한으로 삭여 내어 해학적으로 승화시켜 즐길 줄 안다. 따라서 한을 한국인의 고유한 정서라고 할 때, 한국인에게만 한이란 정서가 있다는 소박한 의미는 아니다. 한국이나 중국 그리고 일본이나 서양에도 한의 정서는 있다. 한이 한국인의 고유한 정서라고 할 때 정대현의 말처럼, "울산바위가 한국에만 하나 있다"는 의미에서가 아닌 "갓은 한국에서 많이 만들어 진다"는 의미에서 그렇다.[40] 갓이 환경적-역사적-문화적 배경하에서 한국인의 정서에 맞게 만들어지듯, 한 역시 한국인의 특이한(singular) 정서로 형성되어 왔다는 점에서 고유한 것이다. 따라서 한을 한국인의 정체성으로 규정할 경우 이를 자민족중심주의로 편협하게 읽을 필요는 없다.

물론 중국과 일본에도 원한을 정한으로 삭여가는 절차는 있지만, 이것을 복수의 대상을 사랑과 화해의 대상으로 전환해 가지는 못한다. 여기에는 한의 질적 전환으로서 초월이 결여되어 있다. 유방(劉邦)에게 한신(韓信)은 동지이면서도 적이다. 한(漢)나라를 평정하고 난 이후 유방에게 한신만큼 버거운 상대는 없었다. 유방이 한신을 불러 말한다. "그대는 원래 회음(淮陰) 사람이라 초나라는 곧 고향이 된다. 과

---

39 고은, 앞의 글, 29쪽.

40 정대현, 「한(恨)의 개념적 구조」, 서광선 편, 앞의 책, 259쪽.

인이 듣기로 젊은 시절 그대는 그곳에서 남의 빨래를 해 주고 사는 아낙에게서 밥을 빌어먹고, 백정의 가랑이 사이를 기었다 하였다. 고난이 모질면 한도 깊고, 한이 깊으면 정 또한 깊을 터, 그대에게는 누구보다도 간절하게 그런 고향을 돌아보고자 하는 뜻이 있으리라."[41] 여기에는 정을 말하되, 정이 없다.

41 이문열, 『초한지』 제9권, 민음사, 2008, 246쪽.

제2장
한의 존재론적 공간

1. 만주

만주 조선인에게 한은 차라리 꿈이었다. 한이 그대로 소모되면 그저 한일 따름이지만, 한이 새로운 가치로 질적으로 승화될 때 꿈이고 희망이다. 한은 척박한 만주 공간에서 처절한 삶을 살아 낸 조선인들에게는 그저 소모되어야 할 한이 아니다. 한은 미래에 대한 꿈으로 전환되어 민족의 보편적 정서로 형성되어야 할 민족의 뿌리요, 꿈의 토양이다. 물론 병자호란으로 거슬러 올라가 노예의 신세로 강제적으로 끌려가야만 했던 조선인의 이주사(移住史)를 제외한다면, 일제강점 이후 가난을 피하든 망국의 한을 품고 떠났든 만주는 배불리 먹을 수 있고, 조국해방이라는 꿈을 실현하려 했던 곳이었다.

'만주'라는 역사적 공간은 중국인에게도 산하이관 남쪽 관내(關內)가 아닌 북쪽 관외(關外)로 주변화되어 왔던 곳이다. "중국 관내를 외세의 침략으로부터 방어하는 병풍이었다."[1] 만주는 만리장성 이북의 중국 동북 변방으로 중국 관내를 지키기 위한 만리장성의 외곽지이다. 만주는 만주사변 이후 중국인에게는 국치(國恥)의 공간이며 낙후되고 야만적인 가장자리였다. 하지만 조선인에게 만주는 관외 만주인으로부터도 주변화되어 '관외(關外) 속의 주변인'으로 살아야 했던 이중적 수난의 공간이었다. 만주는 민족의 수난사가 가장 깊게 침전되어 있는 곳이기도 하지만 조국해방의 희망의 한이 다층적으로 형성되어 있는 곳이기도 하다. '만주'라 불렸던 중국 동북 3성은 중국 역사의 아픈 상처를 곳곳에 간직한 곳이다. 조선인 디아스포라에게 만주는 이주자(移住者)로서 이중 삼중으로 수난을 겪어야 했던 한의 공간이 아닐 수 없다. 도시는 인간의 존재가 장소화되는 장(場)이다. '만주'는 조선인으로서[2] 정체성을 형성하면서 살아온 한의 공간이다. 조선인의 한의 공간학적 의미는 다양하게 읽혀져야 한다.

'만주'는 조선인의 지배와 탈지배의 실천이 함의된 민족적 트라우마가 생성된 곳이면서, 그 트라우마를 미래지향적으로 승화시켰던 곳이기도 하다. 만주는 한민족의 한의 위상학적 좌표를 읽을 수 있는 그 뿌리가 되는 원형 공간이다. 현재 중국 지도에 '만주'라는 곳은 없다. 내몽고자치구에 '만주리(滿洲里)' 한군데가 있을 뿐이다. 그것도 청조

---

1 전화, 「한・중 작가의 만주체험문학 연구—滿洲國 건국 이후의 작품을 중심으로」, 영남대 박사논문, 2011, 6쪽.

2 본 글에서는 '재중(在中) 한국인'을 지칭하는 용어를 특정한 어휘로 묶지 않는다. 1949년 중화인민공화국이 설립되고, 1952년 9월 3일 연변조선족자치구가 설립되면서 소수민족으로서 '조선족'이란 명칭이 사용되었다. 그러나 조선족 이전의 조선인의 역사가 조선족의 역사의 뿌리라는 점에서 이 둘 사이를 연속적으로 읽는다. 조선족의 역사를 항일투쟁사와 중화인민공화국 건설의 역사적 동반자로서만 한정하는 것은 이념 이전의 생생한 조선족의 한의 실상을 읽어내려는 저자의 의도를 제한하게 된다. 따라서 '조선족'이라는 용어를 사용하되, 1952년 '이전' 재만 조선인과 '이후' 한국 거주 조선족 동포를 특칭할 필요가 있을 경우는 '조선인'과 '조선족 동포'라는 용어를 맥락적으로 사용할 것이다.

의 본향인 만주가 일제에 의해 침탈당하자 토착민이었던 만주족에게는 치욕과 수난의 공간으로만 기억된 채로이다. 만주족에게는 중국 역사상 비한족(非漢族)으로서 중원에 왕조를 세웠던 만주족의 자존심이 침탈당했던 치욕의 공간이었다. 유일하게 중국 지도에 남아 있는 '만주리(滿洲里)'는 중국 한족중심주의의 주변으로 소외되고 있는 희미한 옛 청조의 고토로 기억될 뿐이다.

오늘날 한국인에게 익숙한 단어인 '만주'는 후금을 세운 여진족 누르하치가 자신들의 종족을 지칭하기 위해 새롭게 사용한 것으로 알려져 있다. '여진'은 누르하치가 자신의 부족인 건주여진을 통일하는 단계에서 상용된 국호이고, '만주'는 전체 여진의 통일단계에서 사용했던 국호이다.[3] '滿洲'의 어원은 '滿住'인데, 이것은 당시 라마교에서 숭배한 文殊菩薩의 '文殊'라는 문자가 전화된 것이다. 이것을 후에 滿洲로 바꿔 사용하게 되었다.[4] 이외에도 만주어로 용맹하다는 뜻의 '망가(mangga)', 긴 화살을 의미하는 '마잔(majan)' 그리고 퉁구스어로 아무르강을 지칭하는 '맘구(Mangu)'와 연결시키기도 한다.[5]

만주족의 중국지배에 반대하는 신해혁명이 성공을 거둔 후 '만주'라는 껄끄러운 지명 대신 '동북'이란 명칭이 사용되었다. 1932년에 간행된 『동북사강(東北史綱)』에 의하면, 동북 3성이 옛날 '만주'로 불렸던 지역과 일치되고 있다.[6] 청은 중국 전역을 18성으로 나누어 통치했다. 동북 지방은 청조의 발상지이므로 특별행정조직을 설치해 세 성으로 나누어 통치했기 때문에 '동북 3성'이라 불린다.[7] 동북 3성은 중국의 동북쪽에 있는 요령성,[8] 길림성, 흑룡강성으로 이루어진 지역이다. 이

3 조관희, 『중국사강의』, 궁리, 2011, 301쪽.
4 현규환, 『韓國流移民史』, 어문각, 1967, 11쪽.
5 고구려연구재단, 『만주』, 2005, 24쪽.
6 성근제, 「'東北'인가, '滿洲'인가」, 『중국 현대문학』, 한국중국현대문학학회, 2011, 127쪽.
7 야마구치 오사무, 남혜림 역, 『중국사, 한 권으로 통달한다』, 행담출판, 2006, 200쪽.

들 3성의 면적은 각각 14.57만㎢, 18.70만㎢, 46.90만㎢로 합계가 80.17만㎢로서 한반도 넓이의 약 4배에 해당한다.[9] 이 지역 최대의 도시는 심양(瀋陽)이며, 그 외에 하얼빈[哈爾濱], 창춘[長春], 대련(大連), 치치하얼[齊齊哈爾], 길림(吉林) 등의 도시가 있다.

'만주'라는 기표는 한국근현대사의 중심적 키워드이다. 만주의 수난사를 빼고서 민족의 수난과 한을 이야기할 수 없다. 민족의 수난사는 일제의 제국주의 역사와 궤를 같이 하고 있다. 왜냐하면 만주는 일본제국주의가 사활을 건 전략적 요충지이고 생명선이었던[10] 만큼 피압박민족에게는 한의 공간이기 때문이다. 만주가 생명선이라고 하는 것은 식민지 조선과 국경을 접하고 있고 소련과 중국에 대해서는 국방상 최전선이었기 때문이다.[11] 만약 중국과 소련이 이 지역을 차지하면 조선통치가 위태로워진다는 일제의 강박관념이 식민지 조선인에 대한 압박으로 표출되었다. 조선인은 일제와 중국 틈새에서 수난을 겼었다. 일제로부터는 조선의 안정적 지배를 위한 도구로, 중국인에게는 일제의 만주침략의 첨병으로 고통을 받았다. 일제가 조선인이 만주로 떠나도록 유혹하는 것은 토지조사사업과 일본인들의 이주로 발생하게 된 조선농민들의 실업상태를 해결하고 그 불만요인을 제거하는 데 목적이 있었다. 그리고 조선인들을 분열시켜 힘을 약하게 만들고 지배를 수월하게 하려는 이중목적이 있었다.[12]

일제가 조선통치가 안정될 수 있다는 전략하에 일으킨 만주사변은 그 만큼 재만 조선인에게는 이중 삼중의 수난을 예고하는 사건이었

---

8 원래 성경성이었고 청 말에 봉천성이었다가 1929년 요령성으로 개칭되었다(위의 책, 127쪽 참조).

9 고구려연구재단, 『만주』, 2005, 10쪽.

10 한홍구, 「대한민국에 미친 만주국의 유산」, 『중국사연구』 제16집, 중국사학회, 2001, 238쪽.

11 야마무시로 신이치, 윤대석 역, 『키메라 만주국의 초상』, 소명출판, 2009, 57~58쪽.

12 조정래, 『아리랑』 제5권, 해냄, 1994, 78쪽.

다. 하지만 조선인들은 일제의 탄압에도 불구하고 끈질긴 항일운동을 전개했고, 그 와중에 일제에 의한 조선인의 수탈은 극에 달한다. 일제의 만주강점 이후 일제에 항거할 희망조차 잃었던 민족주의자들은 중국 관내로 들어갔지만, 중국공산당에 가담한 항일투사들은 조국해방을 위해 태항산기지의 마지막 투쟁 공간으로 들어가기까지 투쟁을 이어갔다. 이 과정에서 그들(조선의용군)이 겪었던 한의 역사는 바로 민족의 수난사를 대신할 만큼 깊고 참혹하다.

조선인이 언제부터 중국에 들어와 살게 되었는지를 정확하게 알 수는 없지만 근대에 와서 이주가 시작된 것은 1869년 함경북도 육진 지방에 대흉년이 들면서 그곳 조선인들이 생계를 위하여 간도로 이주할 때부터이다.[13] 조선인은 월경, 항일, 내전, 항미, 문화대혁명 등을 거치면서 고난의 길을 걸어왔다. 이주 초기에는 만주족에 적(籍)을 올리면서 동화되기도 하고 항일 투쟁 시기에는 중국에 동화되며 신중국 건설 이후 중국 공민으로 지위를 인정받기도 했다. 한국전쟁(抗美援朝전쟁)에 중국 공민으로서 참여했고,[14] 문화대혁명기에는 민족문화말살정책에 노출되어 있었다. 하지만 이러한 시련의 시기에도 민족 고유의 전통을 이어왔으며, 그 문화적 전통 속에 한을 형상화해왔다. 1978년 개혁 · 개방이 되기까지 조선인 · 조선족 한의 역사는 전승되면서 지속되어 왔다. 중국 공민으로서 그리고 한민족으로서의 이중적 정체성을 잘 보존하여 온 것이다.

가난이 죄가 되어 목숨 걸고 월강했건만 그곳 타향은 낯선 공간이

13 김종국 · 박문일 편, 『중국 조선족사 연구』 I · II, 연변대 출판부 · 서울대 출판부, 1996. 「『중국조선족민족학술총서』를 내면서」에서 인용.

14 재만 조선인이 한국전쟁에 참여한 숫자는 약 8만여 명 정도가 된다. 이 중 입북하여 조선인민군으로 참여한 수는 55,000~60,000여 명이다. 북한 인민군 47%에 해당한다. 중국인민지원군으로 참전한 수는 20,000여 명이다(김재기 · 임연언, 「중국 만주지역조선인 디아스포라와 한국전쟁」, 『재외한인연구』 제23호, 재외한인학회, 2011, 175쪽).

었다. 가난을 피하여 건너갔지만 여전히 가난을 대물림 받아야 했고, 다른 소수민족과는 달리 밭뙈기 하나 없이 불법체류자로서 소작농의 주변적 삶을 살아내야 했던 삶이었다. 이 낯선 공간에서 조선인의 한은 깊을 대로 깊어져 차라리 체념의 정으로 그리고 미래에 대한 절망적 희망으로 전환되고 다층화된다. 이것은 만주가 원한의 공간이기도 하지만 희망의 공간이기 때문이다.

만주는 당시 동아시아 역사적 주변인들이 모여들었던 이산의 공간이었다. 만주는 마이너리티들의 안식 공간이었다. 그곳은 민족의 주변인으로서 힘겹게 살았거나 역사적 주변인으로서 새로운 삶을 원했던 사람들에게는 희망의 공간이었다. 1930년대 세계적인 대공황에 의해 중심으로부터 더욱 주변화된 사람들이 만주로 모여들기 시작하였다. 중국 관내에서 살기 힘들어 만주로 모여들었다. 일본 본국의 주변적 존재들이 만주에서 새로운 삶의 돌파구를 찾아 이주해왔다. 만주는 중앙아시아에서 도망쳐 온 회족에게도, 러시아 10월 혁명으로 소련의 탄압을 받아 도망쳐 온 백계 러시아인들에게도 이산의 공간이었다.[15] 만주는 조선인에게도 일제의 강제병합 이후 이런저런 이유로 새로운 삶을 위해 찾아든 희망의 공간이었다. 이처럼 만주는 당시 동아시아의 역사적 상황에서 주변인으로 밀려난 마이너리티들의 이산의 땅이었다.

이처럼 만주는 세계사적 의미에서 매우 중요한 의미를 지닌 공간이었다. 1931년 9월 18일 일제의 만주침략을 전후로 한 당시의 만주의 세계사적 의미를 '화약고'로 표현한 기사를[16] 통해 만주는 각국의 이해관계가 예민하게 충돌했던 곳이었음을 알 수 있다. 이러한 갈등의

---

15 홍완표 · 윤휘탁, 「조선인의 만주농업이민과 동아시아의 민족관계 연구」, 『한경대학교논문집』 제36집, 한경대학교, 2004, 76쪽.

16 『신한민보』, 1931.11.19.

요람인 만주에서 조선인이 겪었던 삶의 역사는 바로 민족의 수난사이며 민족의 한이 다층적으로 쌓여진 한의 역사였다. 인간의 삶에 있어 거주 공간만큼 중요한 것도 없을 것이다. 조선인에게 만주는 단순한 물리적 공간만을 의미하지 않는다. 그곳은 조선인의 역사가 형성되었던 생활세계적 경험들이 녹아 있는 의미의 공간이고 체험의 공간이었다. 그곳은 '신천지'라 불릴 만큼 조선인에게는 희망의 공간이며 동시에 수난의 회한(悔恨)의 공간이기도 하다. 언젠가는 떠나가야 할 타국이지만 그곳에 강한 정착의지를 가지고 거주해야만 했던 거주지이기도 하였다.

만주는 조선인에 의해 체험된 공간으로 구성되어 의미연관이 드러나기에 앞서 조선인의 존재 자체가 드러나는 장(場)이다. 당시의 역사적 구조 속에서 조선인의 존재가 장소화되었던 곳이 만주였다. 조선인이 강한 정착의지를 가지고 거주하면서 자신들의 존재의 역사를 보존하여 왔던 곳이 바로 만주이다. 비록 이국땅이긴 하지만 친숙한 주변세계와 교섭하면서 조선인은 자신의 존재에 대해 염려하고 이웃에 대해 배려하면서 살았던 실존의 공간이었다.[17] 만주는 조선인의 존재 자체인 한이 장소화되었던 곳이다.

조선인에게 만주는 주변의 환경 속에서 안정과 불안정, 거주와 비거주의 변화를 거쳐 변증법적으로 성립된 공간이었다. 조선인들에게 만주는 일제의 집단부락화에 의해 자신들의 주거 공간을 빼앗긴 상실의 공간이기도 했지만, 고향상실의 한을 달래고 안정을 누려야 했던 거주의 공간이기도 했다. 탈거주화에 따른 불안과 거주지로 돌아오려는 안정에 대한 희망이 교차했던 공간이었다. 정을 붙이고 살아야 할 집이면서도 고국으로 돌아갈 희망을 간직했던 비안정의 공간이기도

17 강학순, 「하이데거에 있어서 실존론적 공간해석의 현대적 의의」, 『하이데거연구』 제14집, 한국하이데거학회, 2006, 16쪽.

했다. 그렇기에 만주는 조선인 그리고 조선족의 고국으로부터의 탈거주와 새로운 땅에서의 집단부락에 의한 강제적 탈거주 그리고 고국으로의 재거주 사이에 방황했던 '거주의 인간학적 공간'이었다. 그 공간에는 민족의 한이 농밀하게 침전되어 있다.

그리고 '만주'라는 도시는 일제의 지배가 가시화된 공간이면서 저항적 실천의 공간이기도 하다. 만주는 일제가 식민지 공간으로 주조해낸 도시이다. 일제의 식민권력에 의해 지배와 통제의 장치로서 의도적으로 계획되고 고안된 산물이 바로 식민도시 만주였다.[18] 이 지배의 공간 안에 조선인의 저항적 실천의 층들이 겹겹이 녹아 있다. 일제에 의해 주조된 신흥국 만주국은 전형적인 식민도시 공간이었으며, 이 공간 안에 조선인의 저항적 실천과 거주국과의 상호소통적 담론들이 엮여져 있다. 조선인은 이 공간 안에서 피지배자로 또는 지배의 협력자인 2등국민으로, 중국인에게는 지배자로, 독립운동가 등등으로 다중적 정체성이 형성되었던 공간이었다. 유럽제국이 주조해낸 식민도시들과 마찬가지로, 일제에 의해 재현된 만주국 역시 조선인들에게는 교묘한 지배장치가 작동하는 '식민건축(colonial architecture)'[19]의 공간이었다. 그 식민권력이 잘 드러난 예가 바로 만주국 성립 이후 조선인 안전농촌과 집단부락이다.

만주는 일제에 의한 조선인의 지배를 위해 만들어진 식민도시였다. 이 공간 안에서 조선인에 대해 지배는 교묘하게 작동하였다. 김주영은 만주 봉천과 안동을 중심으로 일제의 식민권력이 어떻게 작동했는지를 잘 보여 주고 있다.[20] 봉천(심양)은 조선인이 벼농사를 해 먹고 살기

---

18 김백영, 『지배와 공간』, 문학과지성사, 2009. 123쪽.
19 위의 책, 137쪽.
20 김주용, 「만주지역 도시화와 한인이주 실태 – 봉천과 안동을 중심으로」, 『한국사학보』 제35호, 고려사학회, 2009.

위한 적합한 장소였다. 넓은 토지를 기반으로 벼농사를 하면서 정착을 했던 곳이다. 봉천에서 안동으로 가는 길옆으로 펼쳐지는 넓은 땅은 조선인들에게는 정착의지를 가장 많이 가지게 했던 곳이었다. 그러나 일제에 의해 만주사변이 일어나면서 조선인이 봉천으로 대거 이주함으로써 이주형태가 바뀌었다. 일제는 급속하게 팽창하는 도시 봉천을 만주국의 장춘과 같은 식민도시 형태로 탈바꿈하기 시작하였다.[21]

조선인만큼 이주의 한을 몸서리치게 겪은 디아스포라는 없다. 디아스포라의 고단한 삶을 이중 삼중으로 겪으면서 이주의 역사를 이어왔다. 이주초기에는 청의 끈질긴 동화정책과 일제강점기하에서의 민족탄압을 이국땅에서 이겨내야 했으며, 문화대혁명기에는 중화민국의 소수민족의 하나로 정체성 전환을 강요받았다. 하지만 근대민족주의와 항일투쟁사에서 망각된 '만주'라는 기표는 글로벌한 초국적 공간으로 새롭게 읽혀져야 한다. 비록 단명의 국가이긴 하지만, 만주에 거주했던 코리언 디아스포라에게는 다문화적 역량을 쌓았던 초국적 공간으로 다시 회생되어야 한다. 만주국 당시 하얼빈은 50개 이상의 민족집단이 45개의 언어를 사용했던 다민족-다언어의 글로벌 공간이었다.[22] 그러므로 민족주의담론을 내려놓고 마이너리티로 살았던 조선인이 초국적 정체성을 형성했던 미래지향적 공간 '만주'로 새롭게 인식되어야 할 것이다.

---

21 위의 글, 344쪽.
22 한석정 · 노기식, 『만주—동아시아 융합의 공간』, 소명출판, 2008, 6쪽.

2. 연변

'연변'은 '간도'[23]로도 불려 왔던 곳이다. 해방 이후 '간도협약'(1909)과 '간도참변'(1920) 등을 연상시키는 일제국주의의 잔재를 걷어 낸다는 의도로 간도를 연변으로 불렀다. 연변은 몇 년간 출입이 금지되어 인구가 적고 오래 농사를 짓지 않아 스스로 비옥한 땅으로 만들어졌다. 그리고 수전농사에 적합한 나뭇가지 모양으로 흐르는 많은 강들이 있었다.[24] 조선의 대재해를 피해 배를 채우기 위해 이주하기에는 연변만큼 적합한 곳이 없었다.

연변은 중국 역대왕조들이 지방행정기구를 두어 관할하였다. 한 예로 강희 7년(1668) 청조는 동북 봉금령을 내려 연변에 이주하는 것을 금하였다. 하지만 조선인들은 월강하여 이주해 살았다. 그리고 연변은 관내와 거리가 멀어 한족(漢族)들이 들어와 개간하는 경우가 드물었다. 이후 차츰 한족들의 연변이주가 늘었지만 짜르 러시아가 국자가(연길)에 침입해 오자 한족 농민들이 연변을 많이 떠났다. 연변은 이와 같이 예전부터 한족이 이주해 와 살지 않았기에 상대적으로 조선인들이 이주해 와 사는 데 크게 제한을 받지 않았다. 이와는 달리 압록강 유역의 서간도는 한족과 만족이 땅을 차지하고 있어 조선인들이 이주해 갈 공간이 그리 많지 않았다. 그리고 그곳은 지형도 농사에 적합하지 않은 산지였다. 밭농사를 하는 한족이나 만족에게는 적합한

---

23 '간도'라는 지명은 병자호란 후 청나라가 이 지역을 청국인도 조선인도 모두 입주할 수 없는 지역으로 정한 데서 유래되었다. '청나라와 조선 사이에 놓인 섬[島]과 같은 땅'이라는 뜻으로 보이나, 조선 후기에 우리 농민들이 이 지역을 새로 개간한 땅이라는 뜻에서 '墾島'라고 적었으며, 또 조선의 정북(正北)과 정동(正東) 사이에 위치한 방향인 간방(艮方)에 있는 땅이라 하여 '艮島'라고도 적었다.

24 손춘일, 「조선족 잡거구의 형성과 반봉건 투쟁」, 서굉일 · 동암 편저, 『간도사신론』 상, 우리들의편지사, 1993, 115쪽.

땅이지만 논농사를 하는 조선인에게는 그렇지 않았다.

청정부가 봉금을 해제하면서 연변에 조선인들이 정착해서 살 수 있도록 하는 조치를 하였다. 당시 6진의 조선농민들은 연변에서 농사지어 이밥에 고기반찬을 먹는 희망을 가지고 이주해오기 시작하였다. 1907년 조선인은 71,000명이었고 한족과 만족이 23,500명밖에 안 되었다. 1926년에는 연변조선인이 356,016명으로 증가하였으나 한족과 만족은 86,349명밖에 안 되었다.[25] 이처럼 연변은 조선인들이 이주해 와 농사를 지으면서 정착할 수 있는 가장 적합한 땅이었음을 알 수 있다.

그리고 연변에 조선인들이 집거하여 살아올 수 있었던 배경 중 중요한 것은 중국이 조선인들에게 토지소유권을 준 것이다. 연변에 이주한 조선인들은 귀화입적하든 안 하든 토지소유권을 얻을 수 있었다. 토지를 소유하고 이미 정착한 조선인들은 조선으로 돌아가려고 하지 않았다. 물론 연변에서조차 살 방도를 찾지 못한 사람은 하는 수 없이 조선으로 돌아왔지만, 대부분의 조선인들은 강한 연변정착의지를 보였다. 일제의 연변침략이 노골화되면서 중국이 조선인의 입적을 권유하면서부터 점차 조선인 토지가 한족과 만족이 소유한 것보다 더 많아졌다. 비귀화자에게도 원하면 토지소유권을 얻을 수 있었다. 이에 반해 서간도에 이주한 조선인들은 토지소유권은커녕 살기가 더욱 어려워졌다. 조선인이 연변에 많이 이주한 것은 중국이 조선인들에게 행정적 지원을 해주어 정착의지를 더욱 높인 점이다. 월간국(越墾局)을 설치하여 조선인들에게 합법적인 지위를 보장해주었다. 1902년 연길청을 설치한 것 역시 이러한 차원에서이다. 서간도는 이러한 조치들이 없었다. 연변은 이러한 역사적 배경에 의해 조선족 자치주로 발전할 수 있었다.

25 위의 글, 117쪽.

연변은 조선족의 삶의 공간이면서 조국을 떠나 100여 년 동안 그들의 역사와 문화를 일구어 온 곳이다. 연변은 중국 동북의 길림성 동남부에 위치하는 1952년 9월 3일에 창립된 조선족 자치주이다. 동으로는 러시아 연해주와 인접하고 남으로는 두만강을 사이에 두고 한반도와 이웃하고 있는 연변 자치주는 면적이 4만 2,700㎢이고 인구가 220만여 명이고 그중 조선족이 87만이다.[26] 2011년 7월 21일자로 연변주정부 통계국이 밝힌 바에 의하면, 제6차 전국인구보편조사 결과 현재 연변주를 떠난 지 반년이 채 안 되거나 연변주에 반년 이상 거주한 상주인구는 227만 1,600명이다. 남성은 115만 616명으로 총인구의 50.65%이고, 여성은 112만 984명으로 49.35%이다. 여성 대비 남성 인구는 점차 감소하고 있다. 이것은 남성이 연변 이외 관내의 다른 도시나 한국으로 이주한 결과로 보여진다. 연변주의 총인구는 10년 전인 2000년 11월 1일 0시를 기준으로 한 제5차 전국인구보편조사 때의 220만 9,646명보다 6만 1,954명이 증가한 것이다. 그러나 연평균 성장률은 감소한 것으로 발표되었다. 연변주 총인구 227만 1,600명 중 연길시 인구가 56만 3,154명으로 총인구의 24.79%로서 지난 10년보다는 증가했다. 이는 도시와 주요 경제구역으로 인구이동이 이루어진 결과이다.[27]

연변이 조선족의 이주 공간으로 형성되게 된 배경은 당시의 청나라 조정의 상황과 무관하지 않다. 1644년 청나라 조정이 관내로 들어가 북경을 서울로 정하면서 동북의 대부분의 만족(滿族)들도 군대를 따라 관내로 들어갔다. 이후 연변은 인적이 드물고 황막한 지역으로 변했

26 이 통계는 최성준의 『연변인민항일투쟁사』(1999)에 의한 것이다. 이전에 1982년 「전국인구보편조사통계」에 의하면, 그 당시 중국 조선족은 176만 3,800여 명으로서, 주로 동북 3개 성에 분포되어 있었다. 길림성에는 110만 3,400여 명이 있었고, 그중 75만 4,500명이 연변조선족자치주에 거주하고 있었다. 흑룡강 성에는 43만 1,100여 명이, 료녕성에는 19만 8,300여 명이 있었고, 내몽골자치구에는 1만 7,500여 명이 있었으며 나머지는 전국 각지에 널려 살고 있었다(연변조선족략사 편찬조, 『조선족략사』, 논장, 1989).

27 조글로미디어, 2011.7.26 인용.

다. 명조시대에 이르면서 평민이 출입을 하지 못하도록 제한을 하였고, 1677년 청나라조정에서는 압록강과 두만강이 흐르는 중조변경지대를 봉금지(封禁地)로 정하였다. 이때부터 연변은 월강하여 가난을 피해가야 할 땅이었다. 이때부터 청나라와 조선조정에서 월강을 금하고 월강시 죽임을 당해도 아무런 저항도 할 수 없었다. 그러나 일부 한족과 조선족은 봉금령을 어기고 잠입하여 농사를 하기 시작하였다.

조선북부 함경도 지방이나 평안도 지방 조선인은 아침에 물을 건너와 농사일을 하고 저녁에 돌아가고, 봄에 물을 건너와 밭을 갈고 씨를 뿌렸다가 가을에 다시 와 추수를 해 돌아가곤 했다. 이렇게 되자 청나라조정은 장백산에 정계비를 세우고 보루와 검문소를 설치하여 월강죄를 엄격히 다스리기 시작하였다. 그러나 조선인은 가난을 피하여 두만강을 건너와 황무지를 개간하여 억척스럽게 땅을 일구어 삶의 터전을 만들어갔다. 19세기 중엽 이후 청조의 봉금정책이 느슨해지자 강을 건너 개간하는 조선인이 급증하였다. 조선의 정치적 부패로 인해 인민들의 삶이 힘들어지면서 가난과 기아를 피해 월경하는 사람이 더욱 늘어났다.

특히 1861년부터 1870년 사이 조선북부에 충재와 한재가 겹쳐 민심이 황황하기 그지없었다. 1869년 월경한 조선인은 10만여 명에 달했고, 개간한 땅은 57만 6,000무가 되었다. 그 뒤 1894년까지 연변 4개현에 정착한 조선개간민은 3만 4,000여 명에 달하였다. 이처럼 조선인의 잠입이 급증하자 봉금령이 사실상 유명무실하게 되었다. 이후 1910년 강제병합이 되면서 일제의 탄압에 못 견딘 조선인과 항일지사들이 대량으로 연변에 몰려들었다. 1913년 말에는 연변 인구가 17만 4,415명으로 급증했고 그중 조선인이 14만 2,000여 명으로 총인구의 80%를 차지하였다. 1930년 말에는 연변의 총인구가 50만 8,613명으로 늘었는데, 그중 조선인이 38만 8,600여 명으로 총 인구의 76.4%를 차지하였다. 1945년 조국해방 당시 중국 동북 지역에 거주하던 조선인 인구는 대략 160만 명이었고, 3년 사이에 거의 100만 명으로 줄었다. 그중 53만 명은 연변에 살고 있다.[28]

이와 같이 조선족 이주 공간으로서의 연변은 조선족의 삶이 녹아 있는 역사적 장이며, 문화의 보고이기도 하다. 물론 세월이 지나면서 조선족의 인구이동이 현재 다양하게 이루어지고 있어, 연변이 함의하는 역사성이 다소 퇴색된 느낌은 준다. 하지만 조선족의 역사와 문화 그리고 삶을 이야기하면서 연변을 중심으로 이야기하지 않을 수 없다.

연변은 조선족의 역사적 상흔을 고스란히 간직하고 있는 의미 공간이다. 이주초기의 원한과 울분과 고통이 녹아 있으면서도 그것들을 극복하고 지금까지 100여 년 동안 조선족의 전통과 문화 그리고 삶을 지켜 오면서 원한을 해학과 유머로 바꾸어 가난 속에서도 희망을 이야기하면서 살아 온 한의 해석학의 의미 공간이다. 원망과 증오와 희망과 미래의 꿈이 함께 중층적으로 담겨 있는 의미의 장이 바로 연변이다. 연변은 단순히 조선족 자치주의 행정수도라는 물리학적 의미를 넘어 우리 민족의 역사적 실체로서 한이 증류되고 삭여지고 침전되어 있는 역사적 지평이다. 이주 조선인들의 욕망의 공간이기도 하면서 기대가 좌절된 공간이다. 일제하 연변은 욕망이 철저하게 좌절된 공간이기도 하지만, 신중국 건설 이후 사회주의의 이념하에 새로운 세계에 대한 기대와 희망을 일구었던 공간이기도 하다. 일제가 대륙침략의 돌파구로 삼은 연변은 그래서 우리 민족에게는 깊은 한의 공간이었다. 중·일·러 삼국이 연변을 전략적 요충지로 삼았던 만큼 조선인에게는 깊은 한의 공간일 수밖에 없었다.

연변은 중국 조선족의 이주 역사에서 반봉건 투쟁과 항일 투쟁의

---

28 임계순, 『우리에게 다가오는 조선족은 누구인가』, 현암사, 2003, 198쪽.

중심지로 역할을 해왔다. 연변에서 제일 큰 광산이었던 천보산은광의 파업투쟁을 중심적으로 주도한 곳이 연길이었다. 봉건적 착취와 가혹한 노동조건을 개선하기 위한 투쟁이었다. 연변에 대한 일본제국주의의 침략에 저항하면서 투쟁을 한 것은 중국 조선족의 정체성을 확립하는 데 중요한 정신적 의미를 가지게 되었다. 특히 연변은 해방 이후 국민당의 영향력이 비교적 일찍 미친 곳이었다. 따라서 국공 내전 중 조선인의 지원이 없었다면 중국공산당이 주도권을 쥘 수 없었다. 국공 내전 중 연변은 중국공산당의 해방구로서 중요한 역할을 하였다. 국민당 장개석이 중국 동북 지역을 장악하지 못하게 하는 데 있어서 연변은 중요한 역할을 하였다.

이런 연변의 역사적 위상이 조선족자치주로 성장・발전할 수 있게 된 배경이다. 해방 이후 토지개혁이나 정부수립의 과정에서 조선인의 위상이 무시될 수 없었고,[29] 이런 과정에서 자연스럽게 조선인은 중국 공민인 조선족으로 정체성을 바꿀 수 있었다. 1952년 9월 3일 연변 조선족자치구가 설립된 후 1955년 12월 연변 조선족자치주로 성장하게 되었다. 연변자치구 인민정부 주석은 조선족 주덕해(朱德海)였고 부주석은 한족인 전인영(田仁永)과 조선족인 최채(崔采)였다.

29 한 예로 연변의 경우, 토지개혁 직후 4,631명의 촌급 간부 중 조선인이 79.7%이고, 783명 지구급 간부 중 조선인이 83.9%, 211명의 현과 지구급주요 간부 중 조선인이 59.3%를 차지하였다(위의 책, 246쪽).

연길시민공원의 주덕해 기념비와 룡정 승지촌 생가터

1만 5,628명의 열사 이름 중 90% 이상이 조선족으로 알려져 있는 연변혁명열사능원

3. 한의 공간학적 이해

1) 회한(悔恨)의 공간 – 일제하의 재만 조선인의 삶

조선인들은 강제병합으로 나라를 잃고 방황하면서 가난을 피하여 단지 배불리 먹고살 희망 하나로 황량한 만주벌판으로 죽음을 무릅쓰고 월강하여 이주했다. 그 땅에서 항일 투쟁을 했고 민족의 해방과 1949년 신중국이 건설되기까지 고된 이주의 삶을 살아왔다. 희망을 가지고 간 그 땅은 불모지였고 일제 치하에서 여전히 궁핍의 시대를 살아 왔다.

'간도'는 만주국통치 시기하 우리 민족 이주자들에게는 하나의 인간 지옥이었다. 일제에 의해 만들어진 '만주국'하에서 조선인들은 만주국과 일제로부터 이중적 고통을 겪었다. 그 당시 불법체류자의 신분으로 소작농이 아니면 먹고살 길이 막막했던 시기, 가난을 피하여 고향을 떠났지만, '간도'는 가난과 억압이 겹겹이 둘러싸인 지옥과 같은 회한과 한탄의 공간이었다.

이 시기 조선인의 시와 소설은 한결같이 '원한의 문학'이었다. 보기에 따라 1930년과 40년대는 문학의 공백기나 친일문학기라고들 하지만[30] 이 시기는 민족특유의 원한의 문학을 형성했던 시기이다. 이 '원한의 문학'은 동시에 '해한(解恨)의 문학'이기도 하다. 한을 풀래야 풀 수 없는 '간도'에서 유일한 한풀의의 공간은 바로 문학이었다. 간도 공간에서 조선인의 한풀이는 원망을 가져다준 외부대상에 대한 공격성으로 나타나지 않는다. 오히려 그 원한의 원인을 자신 안에서 찾는 대

---

30 전성호, 『중국 조선족 문학예술사 연구』, 이회, 1997, 191쪽.

자적(對自的) 공격성으로 전환된다. 원한을 심어 준 외부대상에 대한 공격이 아니라 자신을 개조하고 안으로 삭여 자기 안에서 녹여 버린다. 원한을 한탄으로 전환시키는 특이한 해한의 방식이다. 이것에 대해 우리 민족이 오랫동안 유교적 전통 안에서 살아왔기 때문에 한 역시 유교의 제도적 질서 안에서 참고 스스로 견뎌야 할 나름의 삶의 방식으로 보려는 사람들도 있다.[31]

희망을 안고 찾아 간 그 땅이 척박하고 그마저 빌어 붙여먹을 땅 한 마디 없는 곳이 북만주였다. 그 당시 '북향'은 가난을 피하고 관원들의 폭정을 피해 새로운 삶을 이루려는 희망을 가지고 건너간 땅이었다. 그러나 현실은 너무나 달랐다. 일본과 중국인들의 억압을 견뎌야 했고 하루하루 먹는 것이 해결되지 못했던 삶이었다. 그야말로 한의 일차적 요소인 한과 탄의 체념의 공간이었다. 그 당신 조선인들 사이에 불려진 민요 〈이사의 노래〉는 그 상황을 단적으로 형상화하고 있다.

> 늙다리 황소 느린 걸음 쪽수레는 덜컥덜컥
> 누더긴 다 버리고 안해는 질그릇만 이고 가네
> 타향살이 떠나가는 우리네의 무거운 발길
> 리조건 당조건 알게 뭐냐 땅있는 곳 찾아간다네
> 정처없이 가는 늙다리 소야 천애지각 가더라도
> 생지옥만 벗어나면 되리니 어서 걸음만 재우쳐라
> 한해여 속을랑 태우지 마소 우리 살 곳 꼭 있으니
> 비옥한 산천 해살이 넘칠제 씨앗뿌려 농사 지으리[32]

31 위의 책, 205~206쪽.
32 연변조선족략사 편찬조, 『조선족략사』, 논장, 1989, 80쪽.

2) 정한(情恨)의 공간 - 신중국 건설 이후 정착 지향성

조선인은 만주항일투쟁을 승리로 이끄는 데 중국인과 함께 역사의 주역을 담당해왔다. 연변은 일제 탄압의 공간이면서 동시에 항일 투쟁의 공간이었다. 조국해방 이후 많은 조선인들은 고국으로 돌아왔다. 하지만 많은 수는 연변에 남았다. 그 이유는 1949년 신중국이 수립되면서 그 수립과정에 큰 역할을 했던 조선인들에게 토지를 분배하고 민족자치구를 만들어 자율적으로 살아갈 수 있는 삶의 공간을 연변에 마련해 주었기 때문이다.

이제 '연변'이라는 공간은 조선인이 아닌 조선족의 삶의 공간이고 희망과 기대의 공간이다. 제2의 고향으로 생각하고 거기에 정을 붙이고 살아야 할 정한의 공간이었다. 그곳은 1952년 연변조선족자치구가 만들어지면서 중화민국 소수민족정책에 의해 민족의 문화를 지켜갈 수 있는 공간이기도 하다. 조선족에게 연변은 항일 투쟁과 반국민당 투쟁 속에서 이루어낸 해방 공간이다. 이 해방 공간은 이제 조선족의 희망과 한풀이의 공간이다. 물론 조선인이 중국과 합해 항일 투쟁을 했다는 것이 조선인이 중국에 동화되어 가는 것으로 이해하는 것은 문제가 있다. 조선인의 항일 투쟁은 일제의 강제병합으로 상실된 국권을 회복하기 위한 만주 땅에서의 독립운동이었다. 이 시기 조선인은 항일 투쟁의 공간에서 주요한 몫을 담당했지만, 이들의 역사를 연변인민의 항일투쟁사로만 이해하는 것은 중국 동화현상으로 오해할 가능성이 있다.

이 시기 조선인의 문학은 항일문학이면서 동시에 민족의 한을 문학이나 예술을 통해 미학적으로 승화시키는 해한의 문학이었다. 1945년에서 1949년 중화인민공화국이 건설되기 전까지 조선인은 국민당을 상대로 한 국내혁명전쟁의 투사로서, 연변을 조선인의 삶의 공간으로 만들기 위한 투쟁에 참여하였다. 이 공로를 인정받아 1952년 연변은 민족문학의 메카로 합법적으로 자리매김되었다. 이 시기 연변은 조선인이 가난을 피하여 만주로 이주해 오늘날까지 척박한 현실 속에서 체념하지 않고 희망을 가지고 살아 낸 공간이다. 이제 해방 이후 얻어진 신천지인 연변을 한을 미학적으로 승화시키는 해한의 공간으로 만들어 간다. 연변자치구의 형성 이후 연변문학과 예술은 크게 발전한다. 이 시기는 당당하게 중국 공민의 자격을 가지고 소수민족의 정체성을 자유롭게 미학적으로 형상화하는 시기였다. 이 시기 많은 문학가들은 사실주의적 방법으로 민족의 고난사를 서술하면서도 그 고난의 역사를 해학과 유머로 승화시키는 해한의 시와 소설을 많이 발표하였다.

신중국이 건설되기 이전까지만 해도 조선인은 한반도를 조국으로 생각하고 한민족의 정체성을 유지하려고 애썼다. 하지만 신중국 건설 이후 '연변자치구'를 내어 주면서 중국 55개 소수민족의 하나로 정체성을 주조해가기 위한 문화통제가 있었다. 이 시기 교육과정에 민족 정체성 유지에 필요한 민족사 과목이 축소 혹은 폐지되었다. 60년대 말 중국을 조국으로 인정하고 스스로 중국인으로 정체성이 변화되었다. 이 시기 조선족과 중국은 수평적 통합에서 수직적 통합을 이루고 있었다. 정판룡에 의하면, "이전에는 우리 조선족 여성들은 바지 입기를 꺼렸는데 와보니 많은 여성들이 바지를 입고 있었으며 남자들도 한족처럼 남색 중산복 입기를 좋아했다." 그가 1955년부터 1966년까지 소련 유학을 다녀온 후 유학 가던 당시의 모습과 많이 달라진 것을 말하고 있다.[33] 그러나 이러한 변화는 중국 공민으로서의 정치적 정체성을 갖지 않을 수 없었던 상황에서 연유한 것이다. 이러한 시기에도 조선족은 중국 내에 살면서 영원한 고향을 상실한 데 대한 그리움과 한을 미학적으로 승화시키는 민족고유의 한의 문학을 발전시켜 왔다.

---

33 염인호, 「중국 연변 조선족의 민족정체성에 대한 일고찰(1945.8~1950.말)」, 『한국사연구』 제140호, 한국사연구회, 2008.3, 149쪽.

3) 원망(怨望)과 희망(願恨)의 교차 공간 – 개혁 · 개방 이후 탈연변

1978년 중국의 개혁・개방정책과 1992년 한중 수교는 연변 조선족 동포의 삶을 바꾸어 놓았다. 2012년 8월 24일은 한중 수교 20주년, 9월 3일은 연변자치주 설립 60주년이 된다. 1952년 9월 연변자치구가 설립되고 1955년 12월 자치주로 변경된 이후 60년이 된 지금은 모든 면에서 엄청난 발전을 가져 왔다. 특히 경제적인 면에서 2011년 전 주 GDP가 652억 원인데 이는 1952년의 61배에 이른다. 전 주 일인당 생산총액은 2만 9,782원에 이르러 60년 동안 21.5배 증가했다.[34]

재외동포법 시행(1999년)과 방문취업제시행(2007년)으로 국내에 체류하는 조선족 동포의 수가 매년 늘고 있다. 한국으로의 급작스러운 이주가 조선족 사회의 새로운 변화를 가져왔다. 무엇보다도 가족의 해체로 인한 위기이다. 탈연변의 디아스포라적 이동은 한국뿐만 아니라 중국 내의 다른 지역으로의 이주 등을 통해 현재 조선족 사회의 교육 문제나 출산율 저하, 그리고 젊은 여성의 결혼을 통한 이주 등등의 문제로 민족공동체의 해체와 가족의 분산을 통한 가정해체 위기의 문제 등이 심각하게 노출되고 있다. 현재 급작스러운 탈연변의 이주는 주로 경제적 이유 때문에 일어난다. 특히 한국으로의 무조건적인 이주는 대부분 경제적인 부를 위해서이다. 가난을 피하여 간 연변 땅에서 이제 모국으로 희미하게 남아 있던 한국 땅을 새로운 부를 가질 수 있는 희망의 땅으로 생각하고 이주한다. 연변을 고향으로 민족적 자긍심을 유지하면서 살아온 조선족이지만 아직 이루지 못한 탈궁핍의 꿈을 한국에서 이루려는 희망을 가지고 이주해 온다.

그러나 '한국'이라는 현실에서 겪는 그들의 한은 원망에 가깝다. 어

---

34 『흑룡강신문』, 2012.7.14.

느 외국인보다 더 차별을 받고 있다고 불만을 토로한다. 항일 투쟁과 조국해방의 투사로서의 조선족은 한국 내에서 값싼 노동력으로 그 정체성의 변화를 경험한다. 조선족 동포는 한국에서 오히려 다른 외국인들에 비해 역차별을 받는다고 원망하기도 한다. 한국에 체류하는 조선족 동포의 일자리는 거의 가정부나 식당 종업원과 현장 노동자들이다. 이들의 직업은 한국인들이 꺼리는 일자리이며 한국인에 비해 거의 슬럼화되어 있다. 한국은 이제 더 이상 조선족 동포에게는 희망의 공간이 아니다. 원망과 원한의 공간이다. 하지만 한국으로의 이주를 지나치게 부정적으로 볼 필요는 없다. 한중 수교 이후 급작스러운 이주가 조선족 동포의 정체성 혼란을 야기하고 조선족 사회의 해체 위기를 가져온 것은 사실이지만, 이것을 오히려 근대화된 조국에서 돈을 벌고 다양한 글로벌한 경험을 쌓는 과정으로 보아야 한다. 최근 한국에 와 있는 조선족 유학생들을 중심으로 한 젊은 세대는 한국에서의 삶을 조선족의 글로벌한 정체성 확립의 기회로 생각한다. 새로운 시대를 맞아 조선족 동포는 한국뿐만 아니라 미국이나 다른 나라로 자발적으로 이주해 간다. 그에 따라 항일 투쟁 하던 시기 만주 내의 조선족의 정체성을 벗어나 글로벌 시대에 걸맞은 '신조선족'으로서의 디아스포라적 정체성이 형성되고 있다.

그러므로 한국으로 이주해 온 조선족 동포들에게 한국은 원망과 희망이 교차하는 공간이다. 한국 내에서 조선족 동포는 다른 외국인에 비해 상대적으로 더 열악하다는 불만을 토로하고 일부 악덕기업인들에 의해 일어나는 반인권적 행위에 대해 불만을 가진다. 아직 이루지 못한 이주의 목적인 부를 가지기 위해 떠나온 한국에서 겪는 그들의 고통은 동족으로서 느끼는 동질감이기보다 이질감과 적대감으로 가득 차 있다.

하지만 이제 조선족 동포에 대한 한국인의 선입견과 조국에 대한 조선족 동포의 편견을 극복하고 글로벌 시대의 동반자로서 미래지향적인 꿈을 이루어 함께 이루어가야 한다. 한국 이주 초기의 불편했던 관계가 차츰 나아지고 있으며, 최근 중국 조선족 동포에 대한 복수국적 허용과 장기체류자의 구제 방안 등이 '한국'을 더 이상 원망의 공간으로 묶어 두지 않는다. 원망은 바로 기대와 같다. 조국에 대한 기대가 너무 크기 때문에 그 원망도 큰 것이다. 조선족 작가 리혜선은 『코리안 드림—그 방황과 희망의 보고서』(아이필드, 2003)에서, 젊은 재한 조선족 유학생들을 통해 방황과 희망을 함께 읽어내고 있다. 한이 서린 조선족 연수생의 삶을 통해 한중 수교 이후 초기 이주 시기의 부정적 면만 다룬 조선족 작가 김재국의 『한국은 없다』(흑룡강조선민족출판사, 1998)와는 대조적이다.

조선족 시인 석화는 『연변』이라는 시집에서 연변을 주제로 31편의 연작집을 냈다. '연변'을 모티브로 한민족의 정체성의 문제를 잘 나타내고 있다.

> 연변이 연길에 있다는 사람도 있고 / 구로공단이나 수원 쪽에 있다는 사람도 있다 / 그건 모르는 사람들 말이고 아는 사람은 다 안다 / 연변은 원래 쪽바가지에 담겨 황소등짝에 실려 왔는데 / 문화혁명 때 주아바이랑 한번 덜컥 했다 / 후에 서시장바닥에서 달래랑 풋배추처럼 파릇파릇 다시 살아났다가 / 장춘역전 앞골목에서 무짠지랑 같이 약간 소문났다 / 다음에는 북경이고 상해고 냉면발처럼 쫙쫙 뻗어나갔는데 / 전국적으로 대도시에 없는 곳이 없는 게 연변이었다 / 요즘은 배타고 비행기타고 한국 가서 / 식당이나 공사판에서 기별이 조금 들리지만 / 그야 소규모이고 동쪽으로 동경, 북쪽으로 하바롭스키 / 그리고 사이판, 샌프란시스코에 파리 런던까지 / 이 지구상 어느 구석인들 연변이 없을쏘냐 / 그런데 근래 아폴로인지 신주(神舟)인지 뜬다는 소문에 / 가짜여권이든 위장결혼이든 가질 것 없이 / 보따리 싸 안고 떠날 준비만 단단히 하고 있으니 / 이젠 달나라나 별나라에

가서 찾을 수밖에 / 연변이 연길인지 연길이 연변인지 헷갈리지만 / 연길 공항 가는 택시요금이 / 10원에서 15원 올랐다는 말만은 확실하다.

—「연변4—연변은 간다」.

이 시에서 말하고자 하는 조선족의 정체성 혼란은 한국이주 초기의 현상이다. 이제 새로운 동반자관계 속에서 이 이중정체성은 오히려 글로벌한 세계의 다문화적 역량이 될 수 있다. 세계 어느 민족 못지않은 다언어-다문화적 역량을 갖춘 조선족은 글로벌세계의 리더로 성장할 수 있는 문화적 역량을 갖추고 있다. 이제 더 이상 조선족 동포에게 있어 조국 한국은 원망의 공간이 아니라 글로벌한 꿈을 이룰 수 있는 희망의 공간이다. 『조선족 3세들의 서울이야기』(백산서당, 2011)에서, 조선족 3세 예동근 교수(한국 부경대학교)는 희망 섞인 코리언드림을 그리고 있다.

우리의 부모 세대들은 불법체류자 신분으로 가족과 자식을 위해 '코리언 드림'을 실천하였다면, 우리는 부모들의 피와 땀으로 한국 사회 진입의 티켓을 갖고 '신(新)코리언 드림'을 꿈꾸고 있다. 보다 적극적으로 참여하고, 보다 적극적으로 도전하고, 보다 넓은 공동체의식을 확산시키면서 종족주의를 넘어 공동체 연대를 형성한 우리들의 몸에 배인 경험을 잘 발굴하면, 보다 큰 꿈을 꾸는 시대가 열릴 것이라 굳게 믿는다. 편견과 차별의 소리를 내는 '드림(dream)'이 아니라 모두가 어울려 함께 즐거운 소리를 만드는 '드림즈(dreams)'를 향하여 …… .[35]

35 예동근, 「나는 누구인가? 어게인 코리언 드림」, 조글로미디어, 2011.12.31.

제3장
한의 매트릭스—이주와 정착

재만(在滿) 조선인의 한은 중국과 일본의 역사적 원한관계와 별개로 다룰 수 없다. 특히 일제에 의한 동북 지역의 침입(만주사변)과 위만주국의 건립 그리고 1937년 7월 중일전쟁 발발로 인한 양국 사이의 원한관계는 바로 조선인의 한의 구조 속에 농밀하게 스며들어 있다. 재만 조선인의 한은 밖으로부터 주어진 것이다. 조선인은 일제식민인 신민(臣民)과 재만 거주인으로서의 이중적 정체성에 의해 일제와 중국 양국으로부터 이중 삼중으로 수난을 당하지 않을 수 없었다. 일제와 중국 사이의 원한관계는 바로 조선인의 한을 더욱 깊게 만든다. 양국 사이의 원한관계가 강하게 표출되면 될수록 조선인의 수난의 역사는 더욱 깊어질 수밖에 없었다.

1937년 중일전쟁이 일제에 의해 일방적으로 선전포고 없이 일어났다. 중일전쟁 이후 일본의 패망까지의 8년간의 전쟁 동안 중국 강토를 지키기 위해 4억 중국인이 피와 목숨을 바쳤다.[1] 그리고 만주사변 이후 일제의 패망에 이르는 동안 중국은 일본군과 16만 5천여 차례의 전쟁을 했고, 일본군 150만 병력을 섬멸하였다. 이 숫자는 제2차 세계대전에서 일본군이 사망한 인원의 70%에 해당하는 숫자이다.[2] 이러한 원한 깊은 양국 사이의 역사적 긴장관계의 한가운데 놓여 있어야 했던 조선인 디아스포라의 수난의 골은 더욱 깊고 진하게 형성되어 왔다. 중국은 일제에 당한 치욕의 한을 항일전쟁의 승리로 해원(解冤)한다. 하지만 타국에서 소수민족으로서 겪어야만 했던 조선인의 한은 안으로 삭이면서 스스로 치유할 수밖에 없었다. 항일 투쟁의 승리로 조국해방을 얻어냈지만, 결국 타국에 의한 것이고, 거주국 중국 역시 조국이 아니라는 점에서 조선인의 한은 중국인의 한이 풀리듯 타자에 대한 복수로만 치유될 수 없는 다층적 계기들로 응어리져 있었다.

만주는 일제에게는 조선을 안정적으로 지배하고 러시아로 진출하기 위한 교두보였기 때문에 일제에 의한 중국의 수탈은 어느 서구 열강보다 더 잔혹했다. 중국에 대한 일제의 잔혹한 수탈은 결국 조선인에 대한 중국인의 수탈로 이어지게 된다. 중국의 입장에서는 당시의 조선인은 일제의 첨병이었다. 동시에 일제는 조선인을 중국지배를 위한 교두보로 삼았다. 중국인과 조선인 사이를 이간질하여 반사이익을 취하려는 일제의 전략에 의해 희생양으로 수난을 당해야만 했다. 그런 만큼 수난의 골은 깊었다. 조선인의 한은 중국과 일본의 원한의 골이 깊어지는 만큼 더욱 더 한스러워질 수밖에 없었다. 중국에 대한 일제의 수탈이 잔혹하면 할수록 조선인의 수난은 훨씬 더 깊다. 왜냐하면 조선인은 거주국 만주에서 소수자로서 이중 삼중으로 소외당해야 했던 한의 역사를 역사적 상흔으로 안고 살아내지 않으면 안 되었기 때문이다.

---

1 쑨테, 이화진 역, 『중국사 산책』, 일빛출판사, 2011, 687쪽.
2 위의 책, 679쪽.

1. 이산(離散)의 한

재만 조선인은 우리에게 과거의 아픔이자 미래를 향한 가능성이다. 조선인 디아스포라의 한은 과거 수난과 회한(悔恨)의 역사를 가지고 있으면서도 항상 새로운 세계에 대한 희망을 버리지 않고 살아온 미래지향적 역사를 동시에 함의하고 있다. 조선인의 한에는 원한이나 복수심으로 전환되어 저항의지로 굳어지는가 하면, 한편 특정 대상에 대한 증오나 복수가 아닌 슬픔을 슬픔으로써 초월하려는 승화의 논리가 내재하기도 한다. 한은 원망대상에 대한 분풀이를 통해 해소해야만 하는 것이 아니라, 오히려 살아가는 힘이 되는 것이고, 결국에는 예술적으로 승화될 수 있는 것이다. 오히려 삶의 창조적 힘으로 승화되기도 한다. 일제강점기 '간도'에서 겪었던 한을 그들은 원망의 대상에 대한 복수를 통해 풀려고 하지 않고 안으로 삭여 현실의 고통을 치유하는 창조적인 힘으로 승화시켰다. 한은 바깥을 향해 풀려고 하면 창조적 힘을 얻지 못하고 폭력이 되기 쉽고, 문화적 장치를 통해 자기 안에서 삭일 때 비로소 창조적 힘이 된다.[3]

중국인 역시 가난을 피하여 강을 건너 만주로 이주하여 조선족과 함께 일제하에서 동일한 식민의 역사를 겪었고 함께 항일 투쟁을 하면서 온갖 고통을 겪었다. 하지만 중국인의 만주 이주는 조선인과는 달리 목숨을 건 월강이 아니고 다만 돈을 벌기 위한 관내에서 만주로의 이주였다. 중국인은 주로 남자 단신으로 이주해왔으며 일본의 패망 이후 많은 수가 고향으로 귀국하였다. 물론 조선인들 역시 고국으로 귀향을 많이 했지만, 많은 수가 만주에 그대로 남아 있었다. 신중

3 조현정, 「송수권 시론에서 '한'의 의미」, 『한국문화』 제35집, 서울대 규장각 한국학연구원, 2005.6, 163쪽.

국 수립 이후 토지정책에 의해 토지를 분배받을 수 있다는 이유로 만주에 머물러 있는 사람의 숫자가 많아진 것이다.

일제강점기 중국인들보다 더 참혹한 침탈을 당했던 조선인들의 원망은 말로 표현할 수 없다. 점산호(占山戶)의 출현으로 그들은 소작농으로서만 농사를 지을 수 있었고 땅을 얻기 위해서는 한족이나 만족처럼 복장을 하고 변발을 해야 하는 힘든 삶을 살았다. 청조의 치발역복(雉發易服)에 순종하여 권세를 부리고 살았던 점산호나 점산호의 마름들은 조선인 농민을 더욱 탄압하였다. 점산호의 소작인이나 머슴으로 힘들게 살지 않을 수 없었다. 하지만 조선인들은 다시 돌아올 조국도 없었고 돌아올 수도 없었다. 해방 이전에는 그야말로 만주에서 노예와 같은 삶을 살 수밖에 없었다. 그러나 중국인들의 경우는 만주사변이나 중일전쟁과 같은 사건들이 일어난 이후와 국・공내전(1946~1949) 기간 동안은 만주이주자가 감소했다. 만주의 정세에 따라 밀물과 썰물처럼 밀려오고 빠져 나가는 형태였다. 마치 중국판 골드러시와 같은 것이다.[4]

조선인과 중국인의 이주목적은 같을지라도 그들의 삶의 모습은 비교된다. 조선인은 조국해방 이전까지는 어떠한 대안도 있을 수 없었다. 중국인은 일본에 대한 원망을 복수로 풀려고 하는데 반해, 조선인은 만주 땅에서 새로운 삶을 개척해야 한다는 열정과 희망으로 승화시켜나가지 않으면 안 되었다. 대부분 가난을 피하여 만주를 찾아 떠났지만, 그곳의 삶은 생각과 달리 힘겨웠다. 이 시기 이주한 조선인들의 90%는 먹고 살기 위한 경제적 이유 때문인 것으로 밝혀졌다.[5] 고향

---

4 윤휘석, 「민국시기 중국인의 만주 이주와 귀향」, 『중국사연구』 제63집, 중국사학회, 2009, 211쪽.

5 조태흠, 「중국 조선족 구전민요에 나타난 삶의 모습과 의식」, 『한국문학논총』 제20집, 한국문학회, 1997.6, 71쪽 재인용.

상실과 귀향의 꿈을 동시에 가지고 살아왔다. 이주의 역사는 원망과 자신에 대한 한탄 그리고 타인에 대한 복수를 넘어 한을 정으로 삭이고 나아가서는 미래에 대한 희망[願]으로 전환하는 한의 역사를 만들어 낸 것이다.

일제강점 이후 나라를 잃고 만주로 이주한 조선인의 숫자는 급증한다. 일제의 탄압과 가난을 피하여 만주에 이주한 조선인의 수는 1910년부터 1920년 사이 압록강 이북으로 들어온 수가 9만 8,657명 도문강 이북으로 들어온 수가 9만 3,883명 총 19만 2,540명이다. 1920년에 동북의 조선인 인구는 이미 45만 9,400여 명을 초과하였다.[6] 1910년에서 1945년 해방까지의 만주에서 일어난 조선인 탄압의 역사는 어느 민족도 겪지 못할 처절한 고난의 역사였다. 조선인은 일제 침입 이전에는 청조의 통치에 의해 소작농으로 노예와 같은 삶을 살았다. 땅을 붙여 먹기 위해 온갖 탄압에도 달리 저항할 방법이 없었다.

이런 점에서 만주 일제하에서 형성된 조선인문학과 중국인문학에서 형상화되는 민족의식을 동일지평에서 논의하는 것은 자칫 조선인 고유의 한의 특성을 간과할 위험성이 있다. 물론 국민적 동일성을 논의하자는 차원에서는 조선인문학과 중국인문학이 식민문학으로 공유하는 가치들이 있을 것이다.[7] 그러나 조선인문학은 중국인과는 다른 우리 민족의 한의 정서를 형상화하고 있다. 만주 땅에 겪은 비참한 생활이나 어둡고 차가운 현실에 대한 폭로와 탈주와 복수의 모티브에서 조선인과 중국인의 국민적 동질성을 확인하려는 시도는 조선인의 한의 지향성과 초월성을 간과하기 쉽다. 중국의 원한은 복수로 거의 연결되어졌다고 말할 수 있다. 문순태에 의하면 공자나, 맹자가 원(怨)을 이야기 하지만 한에 대해서는 얘기하지 않는다. 중국의 『열국지』나

---

6 연변조선족략사 편찬조, 『조선족략사』, 논장, 1989, 33쪽.
7 김장선, 『爲滿洲國時代 조선인문학과 중국인문학의 비교연구』, 역락, 2004 참고.

『삼국지』에는 처절한 복수의 모티브가 작동한다.[8] 물론 한국적 한을 형상화하는 가운데 복수의 모티브가 강하게 작동하는 경우들도 있다. 이런 경우의 문제를 김형자는 "피빛 문체"로 규정하기도 한다.[9] 하지만 한국적 한을 이렇게 일면적으로만 얘기하기에는 한의 또 다른 중요한 모티브, 예컨대 정과 화해와 그리고 희망과 사랑의 모티브가 차단되어 버린다. 남을 오랫동안 증오하지 못하고 시간이 지나면서 자책과 정으로 전환하는 구조가 바로 우리 민족의 생명이며 희망이다. 한이 풀리기를 기대하면서 사는 것이 바로 현재의 고난을 이기고 승원(勝怨)과 해한(解恨)의 카타르시스를 앞당겨 경험하는 시간 의식이 우리 민족의 의식 속에 각인되어 있다. 한국적 한에는 원망을 복수로 갚지 않고 정으로 삭여 내고 결국은 사랑과 관용으로 승화시켜내는 '청자빛' 에토스와 안으로 삭여 사랑으로 초월하는 웅숭깊은 '황토빛'-메타포도 함께 함의되어 있다.

조선인은 만주 일제하의 암울한 현실 속에서도 현실긍정적으로 새로운 가치를 창조하려는 민족적 에너지로서의 한을 간직하고 살아 왔다. 희망을 버리면 고통은 한숨으로 약화되고 기다림은 체념으로 끝나버리고 만다.[10] 조선인의 한은 희망을 포기하지 않는 긍정적 체념의 다른 표현이다. 한이야말로 가장 한국적인 슬픔의 정서이다.[11] 문순태는 이러한 한의 다층성과 복합성을 '징소리'로 은유한다.

> 징소리는 하늘에서 햇살을 타고 내려오고 있는 듯싶기도 하였다. 흉년에 아기를 굶겨 죽인 젊은 어머니의 배고픈 울음 고향을 잃은 사람들의 슬픈 울부짖음이나 전장에 나간 아들의 전사통지서를 받고 눈물은 메말라

8 문순태, 「한이란 무엇인가」, 서광선 편, 『한의 이야기』, 보리, 1988, 148쪽.
9 김형자, 「'한'의 문체」, 『국어교육』, 국어교육학회, 1986, 265쪽.
10 문순태, 앞의 글, 150쪽.
11 위의 글, 146쪽.

버린 채 숨만 가쁜 늙은 어머니의 목쉰 울음 소리 같기도 하고 긴긴 겨울 밤 오동나무 잎이 휘휘휘 바람에 떠는 소리에 잠 못 이루고 대처로 돈벌이 간 남편을 기다리는 가난한 아낙의 긴 한숨 때로는 순덕이처럼 다른 남자와 눈이 맞아 자식까지 버리고 집을 나간 아내를 원망하는 남편의 뼈를 깎아 내는 듯한 탄식과도 같은 징소리 (…중략…)

징소리는 바람과 함께, 질기고 가는 명주실꾸리처럼 풀렸다가 감기고 감겨다가 다시 풀리곤 하였다.

—문순태, 「마지막 징소리」.

마지막 구절에 한국적 한의 정서가 징소리의 메타포를 통해 형상화되고 있다. 한국인의 한은 징소리의 깊은 소리에 은유하면서 삶의 과정 속에 마치 명주 실타래처럼 얽혀 있는 형상을 표현한다.

2. 조선인 이주사

한민족의 중국 이주가 어느 때부터 시작되었는지에 대해 단정적으로 말하기는 힘들다.[12] 하지만 멀리는 고구려, 발해 때부터이다. 중화

12 조선인 이주의 대표적인 사례는 번시(本溪)의 박씨 집성촌 '박가보자(朴家堡子)촌'이다. 이들은 시조를 박혁거세로 모시고 지금까지 16대 족보를 이어오고 있다. 이들의 선조는 1619년 후금을 정벌하기 위해 명나라와 연합전선을 펼쳤던 조선의 강홍립 장군을 따라 압록강을 건너왔다. 하지만 패배하고 포로가 되었다가 강홍립은 1627년 후금군과 함께 조선으로 돌아갔지만 그들은 번시 일대에 정착하여 뿌리를 내리고 살았다. 청나라 강희제 때인 1659년에는 박영강 등 번시의 박씨 5형제가 토지를 분배받은 것으로 기록되어 있다. 이들은 청나라 때는 만주족으로 분류되었다. 그리고 중화인민공화국이 건립된 이후 1958년 인구 조사 때는 한족으로 편입되는 굴곡을 거쳤다. 그

인민공화국에 의해 소수민족으로 역사적 정체성을 얻기 이전의 고대 이주 시기라고 할 수 있다. 하지만 조선족, 즉 1949년 중화인민공화국이 건설된 후, 중국 소수민족의 역사라는 관점에 치중하여 이주의 시기를 '19세기 중기 및 말기'설을 주장하는 이론도 있다. 1860년대 이후 중국으로 이민 와 중국 국적을 가지고 살아 온 조선족의 이주역사이다. 이전의 고대 이주사와 불연속성을 강조하는 입장이다. 이른바 '400년설'은 명말청초(16세기 말~17세기 初)를 이주의 시작으로 본다. 그리고 '100년설'은 1910년을 전후로 청・조 간의 금지령을 어기고 자발적으로 월경을 했던 시기와 일제하 이주정책에 의해 이루어진 시기를 이주의 실질적인 시기로 보는 입장이다. 이것은 '근대 이주 시기'라 할 수 있다.[13]

물론 중국 이주의 역사를 길게 보면 고구려, 발해로부터라고 말할 수 있을 것이다. 주로 전쟁에 의한 포로나 납치 등의 강제이주를 통해 이루어졌던 이주이다. 이 당시는 소수의 사람들이 이주했고 전쟁의 포로나 납치의 형태로 이루어진 강제이주였으며, 거주국에 쉽게 동화되었다. 이 시기는 '고대 이주 시기'라 할 수 있고, 이 시기의 이주 현상에는 객관적인 실체를 가지고 이루어진 이주의 역사를 발견하기는 힘들다. 이주의 역사를 100년으로 보는 것은 자유롭게 혹은 강제로 집단적으로 이주하여 공동집거구를 만들어 자신들의 문화를 지키려고 노력했던 이주를 실질적인 이주의 역사로 보는 것이다. 중국 동북 지방은 고구려와 발해의 고토로서 이주의 흔적들이 발견되기는 하지만

러다가 1982년 인구 조사 때 자신들이 한민족의 후예임을 밝히고 집단청원에 나서 조선족으로 바로 잡았다. 그들은 400년 동안 자신들의 족보를 만들면서 항렬이름을 사용하여 자신들이 한민족의 후예임을 지켜왔다(「中서 400년 혈통 지켜온 '번시 朴씨'」, 『조선일보』, 2010.9.20).

13 조선족의 이주사에 대한 다양한 분류에 대해서는 다음을 참조. 박선영, 「중화인민공화국의 조선족 역사적 정체성 만들기」, 『동북공정과 한국학계의 대응논리』, 고구려발해학회, 2008.7, 1363쪽 이하.

소둔촌 성주 이씨의 후손들(『영남일보』, 2007.8.29)

거의 대부분 이주민들은 거주국에 동화되었다.

연구자들에 의하면 거주국에 동화되어 버린 이주자집단은 '철령(鐵嶺) 이씨'와 박씨 성을 가진 조선인이다. 원말명초를 이주 시기로 보는 견해는 철령 이씨가 명조 때 중국 요동의 철령 지방으로 이주하여 온 이영(李英)을 시조로 하는 가족집단 때문이다. 1722년 성주 이씨 10대 후손인 이수덕이 소장한 족보에 의하면, 철령의 성주 이씨는 명초 홍무연간(1368~1398)에 요동 철령에 와 대대로 벼슬을 한 집안이다. 현재 그 후손들이 철령현 최진보향 소툰 등에서 340대를 이어 후손이 1,200명 살고 있다. 성주 이씨 묘소 비석에 "우리 철령 성주 이씨는 원래가

14 연변조선족자치주박물관에 전시되고 있는 자료에서, 1910~1931년 일제강점기 초기를 항일목적의 정치적 이주로 제한하는 것은 그 당시 일제의 수탈로 인한 빈곤을 해결하기 위한 경제적 이주 동기도 매우 중요하다는 점을 간과할 위험성이 있다. 물론 연변이 항일 투쟁의 원형 공간이라는 점을 강조하기 위한 것이라는 점을 인정한다고 하더라도, 이주의 일반적 동기는 경제적인 것에 있다는 사실도 함께 강조되어야 한다(김기훈, 「조선인은 왜 만주 갔을까」, 『만주』, 고구려연구재단, 2005, 189쪽).

조선 독로강(禿魯江, 조선북부 자강도에 위치한 압록강 지류) 일대에서 거주했는데 명초 홍무 연간에 강을 건너 이곳에 와 정착하였노라"고 기록하고 있다.[15] 그 후손들은 500여 년의 긴 세월을 거치면서 중국 각 지역에 흩어져 살고 있다. 철령 이씨의 시조를 여진족으로 보는 관점도 있고 조선 성산 벽진군, 즉 한국의 성주 벽진 이씨로 보는 설도 있다. 철령 이씨 가문은 조선인 가문과는 문벌이 맞지 않아 여진인(만족)가문과 통혼을 하였던 당시 귀족가문이었던 것으로 밝혀지고 있다.[16] 철령 이씨는 중국에서 명문가로 세를 확장한다. 대표적인 인물이 이여송의 부친 이성량(李成梁, 1526~1615)이다. 이성량의 후손은 '이씨 가문의 호랑이 같은 아홉 장수'로 불릴 정도로 대단한 가문을 이루었다. 이성량의 장자인 이여송(李如松, 1549~1598)은 임진왜란 때 명군을 이끌고 조선에 출병을 한 적도 있다.

일제강점기 때 한국에서 만주로 강제이주당해 와 현재 조선족 마을을 이루고 사는 대표적인 곳이 중국 길림성 도문시 양수진의 '정암촌'이다. 1938년 충북 청주군, 옥천군, 보은군에서 청주역에 모여 180호가 만주로 이주했다. 이중 80호가 정암촌을 이루어 살고 있다. '정암촌'(正岩村)이란 이름은 마을 뒤 산의 정자 봉우리에서 유래한 것이다. 당시 이주해온 80호 중 20호만 남아 있으며, 현재는 100여 가구가 마을 공동체를 이루어 살고 있는 중국 속의 충북 마을이다. 2000년 10월 8일 32명의 정암촌 사람들은 62년 만에 고향땅 충주를 방문했다.[17]

그리고 이주를 명말청초로 보는 것은 정묘·병자양란 때 전쟁포로나 납치 등으로 온 사람들이며, 또한 박씨 성을 가진 집안의 이주이다. 박씨 성의 조선인 후손은 요녕성 蓋縣 陳屯鄕에 277명, 本溪縣 山城子

15 박선영, 앞의 글, 1369쪽.
16 김종국 편, 『중국 조선족사 연구』 I, 87쪽.
17 리혜선, 『두만강의 충청도 아리랑』, 도서출판 좋은날, 2001 참조.

마을 입구에서 본 정암촌(좌)과 정암촌 촌장댁(우)

鄕에 1,234명 하북성 청룡현의 350명, 길림성 舒難縣 박가툰 60여 명 등이다. 이들은 집거구를 형성하지 못하고 만족과 한족에 쉽게 동화되었다.[18] 그 후 1982년에 와서 조선족으로 변경을 했다.

이주의 시기를 고대와 근대로 나누어 그 사이의 관계를 연속적으로 읽느냐 불연속적으로 읽느냐는 중국에 이주한 한민족의 역사적 정체성을 어떻게 규정하는가와 밀접한 관계가 있다. 고대이주사와의 단절을 강조하는 '19세기 중엽 및 말기설'[19]은 주로 조선족의 역사와 중국의 역사를 동일한 지평에서 규정한다. 중국으로 자발적으로 이주해와 국공내전과 항일 투쟁의 동역자로서 정체성을 유지해 왔던 조선족의 역사를 중화인민공화국의 역사에 편입시키려는 입장을 박선영은 '조선족이민론'으로 규정한다.

그러나 중국 소수민족으로서의 조선족의 정체성을 갖기 이전의 선(先)조선족을 통칭해 '조선인' — 물론 고구려, 발해의 후손들로까지 소

18 박문일 편, 『중국 조선족사 연구』 II, 연변대 출판부 · 서울대 출판부, 1996, 39쪽 이하.
19 박선영, 앞의 책, 1362쪽 이하.

급되지만 — 의 역사가 의도적으로 차단되어서는 안 된다. 왜냐하면 조선족의 이주사는 바로 조선인의 이주사에 토대하고 있기 때문이다. 역사는 흐름이다. 이 흐름이 의도적으로 재단될 수 없다. 그렇기에 고대에서 현대로 이르는 한민족의 이주사를 전체론적으로 긍정하지 않을 경우, '근대이주설' 혹은 '조선족이민론'은 중화인민공화국의 '동북공정'에 의한 조선족 역사적 정체성 만들기에 동조하게 된다. 만약 이렇게 된다면 한민족 디아스포라의 한은 중국 공민과 소수민족의 한으로 제한될 수밖에 없다.

그러므로 중국에 이주한 한민족의 한의 역사는 그 뿌리인 조선인의 이주사와 그에 기초하여 형성된 조선족의 이주사가 연속성 속에서 읽혀져야 한다. 조선인의 역사를 의도적으로 차단하고 조선족의 역사로 제한하는 것은 중국에 거주하는 조선족의 역사에 지나지 않는다. 연변 조선족의 한의 역사는 바로 조선인의 한의 역사와 연속선상에서 읽혀져야 한다. 중국에 동화되기도 했지만 반(反)동화의 정체성을 유지하려고 애써온 조선인의 한의 역사를 전제하지 않고 조선족의 한의 역사만을 논의하는 것은 한계가 있다. 왜냐하면 비록 고대 이주자가 거주국에 동화되었다고 하더라도 근대 이주는 이 기초 위에서 진행되었기 때문이다.[20]

조선인의 한의 역사는 바로 조선인의 수난사이다. 한은 바로 청조하에서든 일제하에서든 조선인에 대한 통제와 억압정책에서 생겨난 민족의 보편적 정서이다. 이러 점에서 조선인의 한의 역사는 바로 조선인에 대한 통제정책을 통해 밝혀질 수 있다. 조선인에 대한 통제정책은 시기에 따라 정도의 차이를 달리한다. 이런 맥락에서 재만 조선족에 대해 실시한 민족정책을 시기별로 잘 분석해 준 천수산의 연구[21]

20 박문일 편, 앞의 책, 35쪽.

21 천수산, 「부동한 력사시기 조선족에 대해 실시한 민족정책」, 천수산 주편, 『조선족 역

는 많은 도움이 된다.

1) 청조 시기

천수산에 의하면, 일제가 연변 용정에 '조선통감부 간도림시파출소'를 세운 1907년 이전 청은 조선인에 대해 너그러운 정책을 썼다. 물론 조선인을 만족이나 한족과 같이 대우하지는 않았지만 조선류민들에 생존할 수 있는 근본문제에 대해서는 그래도 너그러웠다.[22] 그러면서도 청은 조선인들에게 치발역복에 의해 동화되도록 회유하는 정책을 동시에 썼다. 치발역복을 하는 자에게만 토지소유권과 국민권을 수여한다고 했다. 하지만 조선인들은 이에 쉽게 동화되지 않으면서 정체성을 유지하고 있었다.

조선인의 이주가 집단적으로 이루어지고 청정부도 조선인의 이주를 전략적으로 환영하는 정책으로 바로 러시아남하정책에 대응하기 위해 청정부는 이주민으로 하여금 변경을 다스리는 '이민실변(移民實邊)정책'을 실시하였다. 이민실변정책은 중원 지역의 밀집된 인구를 이민시켜 황무지를 개간함으로써 변경수비에 필요한 인적, 물적 자원을 당지에서 확보하는 정책이다. 이 정책에 의해 조선인의 이주가 대폭 증가하고 집거구도 형성되었다. 이민실변 시기에 동북 지역으로 이주한 조선인들은 청정부의 갖은 민족동화정책에도 불구하고 수전농사 능력을 발휘하여 집거구를 형성해갔다. 예를 들어 1881년부터 1885년 3월까지 연변 지역에 조선인이 1,133세대가 살았고, 청정부에서 그들에게 내어준 황무지는 24,104여 헥타르에 달했다.[23]

사의 새 탐구』 下, 신성출판사, 2005 참조.

22 위의 책, 1쪽.

하지만 청일전쟁(1894~1895)이 끝나면서 조선이 청국의 속국에서 벗어나자 청정부는 조선인이주자에 대한 관리를 강화하기 시작한다. 일제는 '을사늑약'을 통해 청나라의 속국이었던 조선을 일제의 식민지로 만들기 시작하였다. 일제의 만주침탈이 점점 가속화되면서 청정부는 이전과는 달리 조선인을 일제침략의 첨병으로 인식하고 강력한 통제 정책을 사용하기 시작하였다. 이때부터 청정부는 조선인에 대해 치발역복을 강화하고 이에 응하지 않으면 이미 발급한 토지도 몰수하고 토지권을 갖고 있는 조선인에게는 조선국적을 취소해야 한다는 통제 정책을 사용하였다. 이 시기 많은 조선인들이 중국에 동화되지 않을 수 없었다. 조선으로 돌아와 봐야 토지가 없는 상황이라 그래도 귀화하여 토지소유권을 향유하는 것이 좋다고 생각했기 때문이다.

2) 민국 시기

손중산이 청을 무너트리고 1912년 1월 1일 중화민국을 설립하였다. 천수산은 민국 시기 조선인에 대한 정책을 삼시협정(三矢協定)이 체결된 1925년을 기준으로 이전과 이후로 나누어 다룬다. 협정 이전에는 일제는 조선인에 대해 비교적 너그러운 방임정책을 썼다. "조선 사람들이 그 어떤 거동을 하든지 될수록 좋게 타일러서 해산시켜야지 강박적인 수단을 취해서는 안 된다."[24] 조선인의 반일투쟁에 대해서도 강력하게 제재하지 않았다.

그러나 일제의 동북침략이 노골화되면서 조선인의 반일투쟁을 강력하게 진압하려는 '삼시협정(미쯔야협정)'이 체결된 이후부터는 방임이

23 김춘선 주편, 『중국조선족통사』 上, 연변인민출판사, 2009, 51쪽.
24 천수산, 앞의 글, 11쪽.

아니라 정략적으로 탄압하기 시작하였다. 이 협정은 일종의 '이화제한(以華制韓)'정책으로서 조선인탄압에 중국을 이용하는 것이다. 1825년 봉천 경무국장 우진(于珍)과 조선총독부 경무국장 미쯔야 미야마쯔 사이에 체결된 '삼시협정' 이후 조선인에 대한 민국정부의 탄압은 노골화되었다. 일제의 동북침략이 노골화되면 될수록 민국정부의 조선인에 대한 탄압을 더욱 노골화 되었다. 이 협정에 의해 조선인은 중국과 일제 양측으로부터 탄압을 받았다. 중국의 입장에서는 동북의 조선인들은 일제의 동북침략의 첨병으로 보았기 때문에 조선인을 통제할 법적 근거를 가지게 되었다. 일본의 입장에서 보면, 영구적인 조선통치와 나아가 대륙침략에 방해물이 되는 조선인을 통제하기 위한 것이었다. 중국 장작림과 일제가 야합한 이 협정은 불령선인(不逞鮮人)을 축출한다는 명분으로 조선인 전체를 통제하고 억압하는 수단이었다. 이 시기 조선인은 토지권과 소작권을 박탈당하고 강박적인 동화정책에 시달렸다. 하지만 조선인들의 견결한 투쟁과 일본제국주의자들의 간섭으로 민국정부의 조선인 통제정책은 실패로 돌아가고 말았다.[25]

3) 만주국 시기

만주사변을 통해 1932년 '만주국'을 세운 이후, 일제의 조선인에 대한 정책은 이전의 어느 시기보다 정략적이고 치밀하게 이루어졌다. 이 시기를 중심으로 보면 이전 시기는 그래도 조선인을 가능한 한 그대로 놓아두는 '방임'정책이었다. 하지만 만주사변 이후 일제의 조선인정책은 지극히 계략적이고 음모적이었다. 이 시기야말로 조선인의

25 위의 글, 20쪽.

한이 깊게 쌓였던 시기이다. 만주국의 오족협화(五族協和)하에서도 조선인은 부담스러운 존재로 주변화되었다. 겉으로는 일본-조선-만주의 3자관계에서 중간자로 반(半)주변부(semi-periphery)[26]였던 것으로 보인다. 형식적으로는 조선인은 일본인 다음의 2등국민이었지만, 실제로는 만주국에 의해 철저히 주변화되었다. 일제의 만주침략의 첨병으로 인식되었기 때문에 만주로부터 심한 박해를 받아야 했다. 당시 문교부의 한 문서에 "잘 지도하느냐, 아니냐에 따라 조선인은 세멘트가 되기도 하고, 폭발물이 되기도 한다"[27]라는 언급이 있다. 이처럼 조선인은 오족협화 아래서 철저하게 주변적인 삶을 살았다. 소위 '불량선인'으로 주변화 되어 항상 통제의 대상이 되었다.

일제는 식량문제를 해결하기 위해 조선인의 수전농사 능력을 이용하였고, 조선 내 일본인의 이주를 위해 집단적으로 만주로 조선인을 이주하는 정책을 사용하였다. 그리고 조선인과 한족 사이를 이간질하면서 일제의 이익을 도모하기 위한 계략들이 치밀하게 이루어진 시기이다. 이런 가운데 조선인은 한족으로부터 그리고 일제로부터 이중적으로 수난을 겪었다. 겉으로는 오족협화를 부르짖지만 조선인을 황민화하기 위한 갖가지 술책을 써서 조선인을 괴롭혔다. 조선인들은 아무나 건드리는 대상이 되었고, 자연재해, 비적습격, 괴뢰국의 진압, 기근 등이 조선인을 정신적으로나 육체적으로 지치게 했다. 이후 만주국은 일본인에 대한 치외법권을 철폐함으로써 그나마 치외법권에 의해 보호를 받았던 조선인은 더욱 탄압을 받지 않을 수 없었다. 만주국 초기에 일본신민 조선인에 대해 치외법권을 인정한 것은 조선인의 항일운동을 통제하기 위한 수단이었다. 그러다가 1937년 만주국에서 어느 정도 일제의 식민지배체제가 자리를 잡자 일본인에 대한 치외법권

---

26 한석정, 『만주국 건국의 재해석』, 동아대 출판부, 1999, 164쪽.
27 위의 책, 166쪽.

을 철폐하였다. 물론 일본인에 대한 특별규정을 두어 일본인에 대한 실질적인 치외법권은 지속되었지만, 조선인은 만주국의 식민으로 지위가 낮아졌다. 이러한 조선인에 대한 조치는 조선인과 타민족 사이의 차별을 철폐하는 오족협화의 이념에 따른 것이긴 하지만 어디까지나 일제의 식민지배체제의 강화에 지나지 않은 것이었다. 조선인에 대한 탄압은 더욱 거세지면 거세질수록, 조국독립을 위한 항일 투쟁은 더욱 고조되었다. 한이 깊은 만큼 희망의 한으로 승화되어 갔다.

물론 초기 만주국은 나름대로 오족협화의 다민족 복지국가를 만들려고 청조나 일본의 민족주의와 제국주의와 단절하는 정책을 폈다. 하지만 결국 무늬만 다문화국가의 형태를 띨 뿐 만주국은 외국인에 대한 혐오증을 가지고 있었다. 로마의 제국적 기질을 본받으려 했지만, 결국 만주제국은 실질적으로 제국주의적 동화정책을 편 것이다. 당시 학교 대부분 교사들이 일본인이었고, 만주국이 세상의 천국이라고 가르쳤다. 거리에서 불려졌던 노래이다.

> 붉은 소년들과 초록 소녀들이 거리를 걸어가네요.
> 모두 만주국이 행복한 나라라고 말하지요.
> 너도 행복하고 나도 행복하고,
> 우리 모두 평화롭게 살면서 아무 걱정 없이 즐겁게 일해요.[28]

하지만 중국 아이들은 거리에서 일본 아이들을 만나면 허리를 굽히고 길을 비켜주어야 했다. 일제의 중국인에 대한 탄압은 결국 중국인의 조선인에 대한 탄압으로 이어진다. 물론 독립국가로서의 만주국은 그 자체만으로도 일제에 영향을 미칠 수 있는 효과를 발휘했던 것은

---

28 장융, 『대륙의 딸들』 I, 金土, 1999, 73쪽.

사실이다. 하지만 만주국은 결국 일본의 제국주의적 근성이 만들어 놓은 인형-국가에 지나지 않았다. 그 공간 안에서 조선인은 더욱 주변화되는 한을 품고 살지 않을 수 없었다. 적어도 조선인에게 만주국은 일제가 조선인을 영구히 지배하기 위해 만들어 놓은 꼭두각시국가이며, 조선인에게는 마치 파놉티콘(panopticon)과도 같은 곳이었다.

3. 이주사에 대한 전체론적 독서

조선인에게 '만주'는 단순한 지리적 공간만을 의미하지 않는다. '만주'라는 기표가 함축하고 있는 시니피에는 역사적 변용을 거치면서 개념의 장을 형성해왔다. 조선인에게 '만주'는 원한과 원망의 공간이면서도 情恨과 희망의 한(願恨) 공간이기도 하다. 이 공간적 교차는 조선인의 삶 속에 지향적으로 얽혀 있다. 예컨대 만주사변 이후 일제의 침략이 조선인에게는 이중적 고통을 주기도 했지만, 조선인의 유토피아적 공간인 희망의 장이 되기도 하였다. 만주는 조선인에게 수난의 땅인 타자 공간이기도 했지만, 조선인의 정체성 확장 공간이기도 하였다. 조선인에게 "滿洲는 사실상 朝鮮人의 滿洲요 中國人의 滿洲가 안이다. 낙엽이 歸根格으로 朝鮮人은 朝鮮 내지에서 放逐되야 자연적으로 祖先의 貴地인 滿洲를 占하게 되얏다."[29] 이러한 의미교차는 바로 '만주'가 조선인의 한의 지향사를 형성해온 의미의 장임을 말해 준다.

특히 이런 점에서 만주사변 이후 '만주' 공간을 조선인의 꿈인 고토

29 전성현, 「일제시기 '만주' 개념의 역사성과 부정성」, 『석당논총』 제47집, 2010, 261쪽.

회복을 실현하려는 유토피아적 의미장으로 읽는 것은 수난과 원한의 공간만으로 편중되게 읽혀질 위험성을 차단한다는 점에서 큰 의미를 갖는다. 한의 구조를 과잉민족주의적 시각에서 접근함으로써 당시 조선인들의 한의 실상을 굴절시킬 위험성이 도사리고 있다는 점에서는 더욱 그렇다. 이런 맥락에서 '만주'를 수난과 궁핍 그리고 망국의 한의 공간으로만 읽어 왔던 시각에서 자유로워져 '낭만적 유토피아'의 기획 공간으로 읽은 전성현의 논의는 많은 시사점을 준다.[30] '오족협화'와 '2등국민'을 일제에 의해 기획된 제국주의적 개념으로 읽기에 앞서 민족의 고토를 유토피아로 지향했던 조선인의 미래지향적 개념으로 읽어야 할 필요성도 있다. 하지만 이것은 동시에 일제가 조선을 교묘하게 통제하기 위한 제국주의적 전략으로 읽어야 할 필요성을 전제로 하고 있다. 바로 이러한 모순은 조선인의 한의 일원론적 구조를 어느 한 면으로 확대해갈 때 생기는 개념적 분열이다.

민족고토인 '만주'에 강한 정착지향성을 보이면서 그곳에 정을 붙이고 새로운 희망의 세계를 꿈꾸었던 만주드림도 궁핍과 망국의 원한과 회한을 정한의 의미구조로 전환할 수 있었던 것도 결국 '조국해방'이라는 좌절된 한을 지향하고 있었기 때문이다. 이러한 조선인의 한의 퇴행적 속성과 미래지향적인 속성이 조선인 특유의 '삭임의 지향성'을 통해 얽혀져 있다. 고은은 이런 이유에서 한은 일본과 중국과 같은 인접 동아시아에는 없는 한민족 고유의 감정내용이라고 말한다.[31]

그러므로 한을 민족주의적 시각에서 수난의 역사로만 재단하는 것도 그리고 탈민족주의적 시각에서 미래지향적인 희망의 역사로 성급하게 주조하는 것도 한의 실상에서 멀어질 위험성이 있다. 왜냐하면 한에는 민족주의적 수난사도 그리고 미래지향적인 탈민족주의적 인

---

30 위의 책, 260쪽 이하 참조.
31 고은, 앞의 글, 24쪽.

류사도 함께 함의되어 있기 때문이다. 한을 한민족의 자민족중심주의로만 읽지 말아야 할 이유도 바로 이점이다. 이처럼 재만 조선인의 한의 역사는 수난 / 희망의 경계를 자유롭게 넘나들었던 과거지향과 미래지향의 의미의 장이었다. 고은은 한이 민족의 고유성으로 지나치게 미화되어 세계사적 시야와 단절될 위험성을 경고한다.[32]

그리고 중화민국 건설 이후 중국 조선족으로서 정체성을 형성해 왔던 역사적 내러티브에만 무게중심을 둘 경우, 이념 이전의 생생한 조선인의 생활사에 함의된 한의 실상이 추상될 위험이 있다. 동시에 조선인의 수난사에만 무게중심을 줄 경우, 중국 공민으로서 당당하게 정체성을 형성해 온 중국 조선족의 정체성이 간과되기 십상이다. 따라서 조선인의 이주사(移住史)와 정착사(定着史)를 전체론적(holistic) 시각에서 읽을 경우에만 재만 조선인의 한의 지향사가 생생하게 드러날 수 있을 것이다.

1) 『조선족략사』와 『중국조선족통사』

조선족의 이주의 역사를 들여다 볼 수 있는 대표적인 책이 『조선족략사(朝鮮族略史)』(논장, 1989)이다. 이 책은 중앙당과 모주석의 지시에 의해 『중국소수민족약사총서』 중 하나로 출판된 것이다. 저자가 명기되어 있지 않고 '조선족략사편찬조'로 표기되어 있다. 이 책은 주로 소수민족 중 중국의 항일 투쟁을 통한 해방전쟁에 가장 큰 기여를 한 조선족의 이주 초부터 해방전쟁의 승리에 이르기까지의 항일투쟁사를 기록하고 있다. 이 책은 많은 연구자들에 의해 조선족의 이주의 역사

32 위의 책, 53쪽.

를 객관적으로 이해하기 위해 인용되고 있다.

하지만 이 책은 주로 항일 투쟁의 과정에서 그리고 국민당과의 투쟁 과정에서 보여준 중국 공민으로서의 조선족의 역사적 정체성을 기록하고 있다. 따라서 어디까지나 중국역사의 한 부분으로, 소수민족으로서 주류국가에 어느 정도 역사적 기여를 했는지를 해명하고, 이를 통해 중화인민공화국의 소수민족 조선족으로서의 정체성을 인식하는 데 도움을 주기 위해 만들어졌다. 따라서 조선족의 실질적인 이주의 역사를 1845년 이후 청과 조선 양정부의 봉금정책이 완화되면서 이주자의 수가 급증하기 시작한 해를 기점으로 잡는다.

이러한 조·중연합 항일투쟁사로 본 조선인 이주사는 조선인의 정체성을 중국공산당과 함께 해온 항일 투쟁과 반국민당 투쟁의 동반자로 규정하려는 의도가 엿보인다. 『조선족략사』는 신중국 건설 이후 55개 소수민족의 하나로서 조선족역사를 서술한다. 따라서 조선족 이전에 조선인, 아니 그 이전의 고구려와 발해인으로서의 역사적 정체성은 의도적으로 은폐 내지는 무시되고 있다.

조선족, 아니 조선인은 항일 투쟁의 과정에서 중국 공민으로서의 정체성을 형성해가면서도 우리 민족의 고유한 정체성은 전승하여 오고 있다. 재만 조선인의 정체성을 해체하려는 청정부의 강압적 동화정책에 휩싸이지 않고 정체성을 유지해왔다. 청정부는 이주민들의 토지소유권을 박탈하고 치발역복(稚髮易服)을 강요하였지만 대다수의 조선인들은 쉽게 동화되지 않았다.[33] 이런 점에서 『조선족략사』는 조선인과 조선족의 역사를 연속적으로 읽는 전체론적 접근이 제한되어 있다. 따라서 1895년 조·중 간의 봉금정책 이후를 조선족의 순이민기로 규정하는 『조선족략사』는 중국 조선족의 역사적 진실을 간과한다.[34]

---

33 류연산, 「중국에 동화되는 조선족문제의 심각성」, 『역사비평』 제21집, 역사문제연구소, 1992, 311쪽.

이와 같은 지평에서 『중국조선족통사』의 서술방식도 문제성을 노출한다. 『중국조선족통사』는 '연변대학 제3기 211프로젝트 중점항목'으로 2009년(김춘선 주필, 연변인민출판사) 출판된 3권으로 된 책이다. 이 책의 서술방식은 통사적 접근이다. 중국 조선족에 대한 통사적 접근은 일관된 하나의 체계 속에서 중국 조선족의 역사를 일관되게 읽어내는 방식이다. 이 책은 주어진 패러다임하에서 이루어진 조선족의 역사적 특이성을 읽어내기보다는 조선족의 역사를 중화민국 역사의 한 부분으로 체계화시키는 일관된 접근방식을 취하고 있다. 조선인의 항일투쟁사에서 중국공산당의 영향력을 강조하고, 상대적으로 조선인의 활동은 중국 내 소수민족의 일원으로 참여한 것으로 제한하는 것이 중국 측에서의 연구경향이다.

그런데 이러한 접근은 중화인민공화국 역사의 일부분으로 환원될 수 없는 중국 조선족의 고유한 역사적 정체성을 고려하지 않은 채, 보편적인 중국역사 속에 편입시킴으로써 보편성으로 동화될 수 없는 역사적 특이성(singularity)이 추상될 위험이 있다. 즉 중화인민공화국의 보편사로 통약될 수 없는 조선족의 역사적 정체성이 'CHINESE HISTORY'라는 거대담론에 편입되어 추상되어 버릴 위험성이 있다. 『중국조선족통사』가 '중국'이라는 거대어휘에 방점을 두기 때문에 조선족의 정체성이 중국공산당사(史)로 쉽게 동화되어 버릴 위험성을 고려하지 않을 수 없다. 이 책은 "'통사' 체계의 완정성을 고려하여, 명말청초로부터 중국 동북 지역에 이주한 조선민족의 모든 활동은 원칙상 중국 조선족 역사 범주에 포함시켰다."[35] 이러한 통사적 접근이 체계적 완전성을 구축하는 데는 필요한 접근방식이지만, 이렇게 됨으로써 중화인민공화국의 소수민족으로서의 중국 조선족 이전의 고구려・발해 그리고 일제

34 위의 글, 308쪽.
35 김춘선 주편, 『중국조선족통사』, 연변인민출판사, 2009, 4쪽.

강점기의 조선인으로서 겪어야 했던 역사들이 중국 조선족의 역사에 편입되어 버리게 된다. 이 책은 봉오동대첩과 청산리대첩까지도 중국 조선족의 역사로 편입시키고 있다. 이와 같이 재중 조선인의 역사를 중국공산당의 영도하에서 이루어진 역사로 편입시키는 것은, 조선인의 한을 전체론적(holistic)으로 조망하는 데는 필연적인 한계를 노출시키지 않을 수 없다. 왜냐하면 1949년 중화인민공화국이 건설된 후의 중국 조선족의 역사 이전의 재만 조선인의 역사 속에 함의된 원한과 회한의 퇴영적 역사가 자칫 중국 조선족의 미래지향적 역사로만 미화될 위험성이 있기 때문이다. 항일 투쟁 공간에서의 조선인의 투쟁사가 중국공산당의 영도하에서 이루어진 변두리의 역사로 재단될 위험성을 고려하지 않으면 안 되는 것도 바로 이런 이유에서이다.

이런 맥락에서 류연산은 『조선족략사』의 서술방식에 대해 비판한다. 그는 1986년 중국 조선족 역사학계의 권위인사들이 공동집필한 이 책은 조선족이 본격적으로 이주한 것이 1845년 이후 두 나라 정부의 봉금정책이 완화되는 시점으로 기록하고 있다. 하지만 류연산은 이주의 역사를 1464년으로 소급해야 한다고 주장한다. 이에 대한 고증을 다음과 같이 하고 있다. 조선 동지중추원사 양성지(梁城之)가 국왕에게 올린 상소문을 소개한다.

> 신이 『요동지(遙東志)』를 보니 동녕위(東寧衛)에 소속된 고려인은 홍무년간(洪武年間)에 3만여 인이요, 영락(永樂) 때 미쳐서는 4만여 인이다. 오늘 요동에서 사는 고려인은 열에 셋이며 서로는 요양(遙陽), 동으로는 개주(開州) 남으로는 해개제주(海蓋諸州)에 이르기까지 분포되어 있다(朝鮮李朝世祖實錄 券 34).[36]

36 류연산, 앞의 글, 307쪽.

이 당시 이주한 곳으로 요녕성 개현 바가구, 본계현 박보촌, 봉성현 북산촌과 서가보, 길림성 서란현 박가툰 등이다. 만주는 조선의 폭정과 가난을 피하여 찾아간 풍요의 이국땅이 아니라 우리의 선조들이 살던 땅이고 백두의 얼이 그대로 스미어 있는 땅으로 이주한 것이다.[37] 특히 민족의 정체성이 위협을 받고 있는 현재 만주에 대한 타향의식을 버리고 본토 의식을 고취하여 중국 조선족의 새로운 역사를 개척해야 한다. 간도와 연변은 중국의 주변이 아니라 우리 민족의 얼이 새겨져 있는 어머니의 고향이다. 이러한 조선족의 정체성의 고향인 만주 이주의 역사를 후대로 설정하는 것은 다분히 의도적인 역사적 재단이라고 볼 수 있을 것이다. 조선족의 이주사를 단순히 항일투쟁사의 관점에서 서술하는 것은 중국 공민으로 동화될 수 없는 조선족의 고유한 역사가 의도적으로 차단되어 버린다. 조선족은 중국 공민으로 정체성을 갖기 위해 일제 치하에서 항일 투쟁을 한 것이 아니라, 멀리는 잃어버린 민족의 옛 땅을 회복하기 위한 투쟁이요, 가까이는 일본에 의해 빼앗긴 국권을 회복하기 위한 것이다. 따라서 재만 조선인의 활동 시기를 항일투쟁사와 반국민당 투쟁의 역사로 재단하는 것은 중국소수민족의 역사를 주류국가의 관점에서 인식하도록 강요하는 한족중심주의의 역사적 추론일 뿐이다.

만일 재만 조선인의 역사를 중국해방을 위한 투쟁사로만 기록한다면, 조선인의 역사적 정체성은 중화인민공화국에 의해 주조된 것이 되고 만다. 이것은 결국 조선인의 중국동화를 의미하는 것이고, 이러한 동화적 상황에서는 조선인 디아스포라의 한의 역사를 언급할 수 없게 된다. 민족의 해방을 꿈꾸었던 민족운동가들은 1937년 7월 7일 발생한 노구교사건을 계기로 중일전쟁이 발발하자, 이 기회를 민족

37 위의 글, 322쪽.

해방의 전초로 삼았다. 조선민혁당 총서기 김원봉은 조선 국내혁명동지들에게 보낸 서신에서 중국의 항일전쟁은 중국 땅을 찾는데 국한되지 않고 조선의 독립을 보장하는 일이라고 주장했다. 이 당시 조선민족운동가들은 중국이 승리할 것으로 판단했기 때문에 중국과의 항일투쟁을 공동으로 성취함으로써 조국의 독립이 가능할 것이라는 확신을 가지고 있었다.[38] 그러므로 재만 조선인의 항일역사를 중국해방에 기여한 소수민족의 역사로만 제한해서는 안 된다.

조선족의 한에 대한 연구가 지나치게 중국공산당의 해방전쟁의 관점에서 다루어 질 경우, 한의 이념화가 불가피하다. 이것은 한의 한 측면을 지나치게 미화함으로써 한의 실상에서 멀어지는 결과를 초래한다. 조선인이 조선족으로 정체성을 전환해가는 과정을 중화인민공화국 건설에 초점을 맞출 경우 우리 민족의 한의 역사가 굴절되기 쉽다. 왜냐하면 중화인민공화국의 관점에서 이념적으로 주조된 조선족의 정체성이 한민족의 한 자체를 의미하지 않기 때문이다. 왜냐하면 조선인의 만주 이주의 동기는 이념적 차원이기보다 경제적 이유가 많아 조선인의 한을 생활세계의 지평에서 논의하지 않고 정치적 이념의 잣대로만 접근하는 것은 문제가 있기 때문이다. 망국의 한을 품고 간 것 역시 이념 이전의 생활세계의 실존이 더 절박한 문제였다.

특히 원말명초부터 중화인민공화국이 건설되기까지 고구려·발해인의 역사와 소수민족으로서의 조선족의 역사를 연속으로 읽느냐 불연속으로 읽느냐 하는 것에는 다양한 견해들이 있다.[39] 조선족으로서 중화인민공화국의 국적을 갖기 전에 국공내전과 항일 투쟁 시기의 조선인의 역사를 조선족의 역사와 연속으로 보느냐 불연속으로 보느냐는 한민족의 한의 역사를 이해하는 데도 중요한 사실이 된다. 만약 연

38 염인호, 『조선의용대·조선의용군』, 독립기념관 한국독립운동사연구소, 2009, 6쪽.
39 박선영, 앞의 책, 1367쪽.

속적인 것으로 읽을 경우 고구려·발해의 역사가 중국 조선족의 역사로 편입되고, 이는 바로 중화인민공화국의 역사로 편입된다. 중화인민공화국의 역사적 정체성을 형성하기 위해 조선족의 고유한 정체성이 간과되어서는 안 된다. 한국인의 한이 동북의 어느 민족과도 공유할 수 없는 독자성을 갖는다는 고은의 말을 인용한다면,[40] 더욱 그렇다.

2) 『강북일기』

『조선족략사』의 정착사 중심의 서술과는 달리, 『강북일기』는 조선인의 생활세계 속에서 나타나는 생생한 한의 실상을 들여다 본 것이다. 『강북일기』는 1872년 5월 30일부터 7월 11일까지 42일 동안 최종범·김태흥·임석근 3명이 압록강 건너편 청나라 지역을 돌아다니며 기록한 것이다. 이 기록에는 1862~1863년부터 정착된 압록강 너머 조선인 사회의 성립 배경과 조선족들의 심리상태가 잘 드러나 있다. 강북 조선인 사회의 실태를 꼼꼼하게 조사해서 기록한 것이기 때문에 가치가 있다.[41] 『강북일기』에 의하면 그 당시 압록강 북안 지역에 470여 호 3,000여 명에 달하는 조선인 이주민들이 정착하고 있었으며, 이들은 대체로 로령(老岭)을 경계로 두 개의 작은 집거구를 형성하고 있었다.[42]

최종범 일행이 1872년 6월 4일 만난 한 조선인에게 물은 내용이다.

이 땅에 있는 나선동(羅善洞)·양화평(楊花坪)·옥계촌(玉鷄村)이 천하

---

40 고은, 앞의 책, 29쪽.

41 허경진, 「중국조선족문학 최초의 작품과 그 창작 배경에 대하여」, 『한문학보』, 우리한문학회, 2008, 1333쪽.

42 김춘선, 앞의 책, 31쪽.

에서 가장 뛰어난 신선세계이며, 채선생(蔡先生)·곽장군(郭將軍)·갈처사(葛處士)·김진사(金進仕)가 오늘날의 영웅인 까닭에 그곳과 그들을 찾아 여기까지 오게 되었소. 당신은 이미 먼저 와서 살고 있으니, 이런 곳과 이런 사람들을 보셨는지요?

집주인 방성민이 "자신도 무산에서 그런 소문을 듣고 3년 전에 가족을 이끌고 왔지만, 끝내 찾지 못해 후회하고 있다"고 대답하였다.[43] 그 당시 조선인이 1,465명이었는데 대부분 무산에서 온 자들이다. "1867년 무산부사 마행일이 환포(環抱)하여 10여만 석을 강제로 거둬들이자 무산 백성들이 별계(別界)이야기에 현혹이 되어 대규모로 강을 건너 왔다"고 기록이 되어 있다.[44] 이 지역은 10명 중 7, 8명이 무산인이었다. 이처럼 조선족은 당시의 관원들의 폭정과 별세계에 대한 환상 때문에 몰래 강을 건넜지만 대부분 머슴살이하며 가난을 벗어나지 못했다. 후회하고 조선으로 돌아가는 사람도 있었지만 돌아갈래야 갈 수 없어 정착한 사람이 대부분이었다.[45]

최종범 일행이 7월 2일 무산에서 온 이덕희(李德禧, 1823~?) 집에 머물면서 그 역시 전주 이씨 족보를 편찬하는 유사로 서울에 머물다가 별계와 고인(高人) 이야기를 듣고 압록강을 건너왔다고 전하면서 부(賦) 1편에 자신의 심정을 담아 쓴 내용이다.

저 하늘 땅 사이에 / 재물은 넉넉하면서 마음이 가난한 자도 있고
마음은 넉넉하면서도 재물이 가난한 자가 있네.
나는 삼청을 좋아하는 병이 있으니 / 삼청이란 산 맑고 물 맑고 사람이

43 허경진, 앞의 책, 1320쪽.
44 위의 책, 1331쪽.
45 위의 책, 1324쪽.

맑은 것.

스스로 나 혼자만 맑다고 생각해 / 밝고 아름다운 땅 이야기 곧이 듣고

아내와 자식 이끌고 / 구월에 산에 올랐네.

빈 산에 낙엽 쓸어 / 무릎 시린 추위를 막고,

서리 내린 나무에서 마른 열매를 따 / 주린 창자를 채웠네.

달포를 연명하며 / 바라던 곳에 겨우 이르렀건만,

보고 듣는 것이 아주 달라져 / 맑은 것이 도리어 흐려질까 염려되네.

교화 미치지 않는 곳에서 임금을 저버려 / 하늘에 충성 못함이 두려웠고,

사랑하는 어머니 도중에 곡해 / 사람에게 효도 못함이 부끄러웠네.

무릉도원 이야기 말못들어 / 뒤늦게 후회해야 소용없으니,

신선세계에 잘못 든 뉘우침 / 마음을 좀먹어 견디기 어렵네.

눈을 들어 높은 곳 바라보니 / 청산이 만 폭일세.

모두가 낯 선 얼굴들이라 / 머리 들어 하늘 보니,

반달이 맑고 밝아 / 옛날 모습 그대로구나.

고향 그리는 꿈을 / 사흘 밤이나 잇달아 꾸다가,

자연 사물을 바라보며 / 잠깐 사이에 두 해 봄을 보냈네.

풍진세상의 일을 묵묵히 헤아리며 / 이미 지나간 잘못을 탓하지 않고,

허물을 고쳐 바로 되면 / 처음부터 잘 한 것보다 더 나아지리라.

나쁜 마을을 떠나 어진 이들의 마을에 살면 / 본래 어진 것보다 차츰 더 훌륭해지리라.

그래서 잠시 동안 시끄러운 속세를 떠났건만

마음 돌려 고향으로 돌아가는 게 참 바라는 바일세.

다행히 날 알아주는 이 만나 진심을 표현하니

이 글로써 내 마음을 헤아려 주소서.

이 부(賦)에서 나타나는 조선인의 심리상태는 만주에 이주하게 된

이주 초기 조선인의 움막집
(출처 : 주성화, 『중국조선인이주사진첩』 1, 한국학술정보, 2009, 41쪽)

이유에서 한탄스러워하고 개탄하며 자조적인 뉘우침으로서의 한(悔恨)이 있는가 하면, 이 땅에서 발을 붙이고 살면서 한을 정으로 전환하고 언젠가는 고향으로 돌아갈 희망(願恨)으로 승화해간다. 별 세상이 있을 것이라는 희망을 가지고 간 땅이 고난의 땅임을 알고 자조하면서, 돌아갈래야 갈 수 없는 자신의 신세를 한탄한다. 그리고 돌아갈 수 없다면 이 땅에서 정을 붙이고 살아야 할 제2고향으로 그리고 언젠가는 떠나 고향으로 돌아가야 할 기대와 희망이 복합적으로 얽혀 있다. 『강북일기』에 기록된 비교적 정확한 정황이라는 점에서 당시 조선인의 한의 실상을 있는 그대로 읽을 수 있다. 다만 『강북일기』는 이주사 중심의 서술방식이라는 점에서 조선인의 정착지향성이 소극적으로 다루어지고 있다는 한계를 노정한다.

4. 조선인 이주와 한

1) 포로와 노예의 한

> 들판에서 임금은 눈물을 뿌렸다. 임금이 울자 늙은 대신이 달려 나와 세자(소현)의 앞에 쓰러져 누우며, 가지 못하신다고 울부짖었다. 포로들도 서로 엉켜 붙어 가지 않겠다고 울음을 터뜨렸다. 구왕(누르하치의 14남 도르곤으로 소현과 동갑이었다)의 얼굴에 짜증이 어렸다. 청병들이 짚더미처럼 서로 뒤엉켜 있는 포로들에게 사정없이 채찍을 휘두르고, 바닥에 엎어져 버르적거리는 늙은 대신들은 발길질로 밀어 길을 텄다. 통곡의 겨울 들판의 메마른 풀들을 적셨다. 세자는 눈물을 참기 위해 입술을 깨물었다. 그는 곧 돌아오게 되리라고 믿었고, 그때까지 자신으로 인해 그 귀하신 용안을 적신 임금을 잊지 않으리라고 생각했다.[46]

세자 소현은 10년간 청의 볼모 생활을 끝내고 귀국한 지 수 개월 만에 병들어 향년 34세의 나이로 세상을 떴다. 당시의 조선인들의 참상이 세자 소현의 짧디짧은 생애 속에 농밀하게 침전되어 있다. 간도관리사 이범윤(李範允)은 1903년 3월 3일자 『황성신문』에 실린 「간도정황(間島情況)」에서 만주로 이주해간 조선인들의 참상을 전하고 있다.

> 엎드려 보고하오니, 청나라 군사 4~5백 명이 우리 한인 30명을 묶어서 몽둥이로 두들겨 패고 수탈하며, 재산을 빼앗고 하는 말이 비록 한국 사람일망정 청나라 땅에서 갈고 먹으면서 어찌 한복을 입을 수 있느냐면서 흰 초립을 입은 자는 빼앗아 찢어 없애고 12명을 붙잡아 가서 머리를 깎고 매사에 협박과 공갈을 하니, 간도의 한인 민심이 횡횡합니다.[47]

46 김인숙, 『소현』, 자음과모음, 2010, 26쪽.

봉림대군과 소현세자가 머물었던 곳으로 추정되는 현 심양시 시립아동도서관. 일제강점기 때 남만철도공사로 사용되었다가 2차 대전 종전 후 시립도서관으로 사용되고 있다.

17세기 중국 동북지구 조선이주자들은 19세기 이후에 이주해 온 사람들과는 달리 주로 전쟁 포로나 노예나 납치 혹은 도망 혹은 피신 등으로 이주했다. 주로 정묘·병자 양난을 통해 청으로 이주한 자들이다. 이주 1시기로 볼 수 있는 약 1620년부터 1670년까지이다.

병자호란 당시 청으로 압송된 피로인(被擄人), 즉 포로로 잡혀간 자는 종실(宗室)·귀족으로부터 상인(常人)·천민에 이르기까지 각계 각층의 신분이었다. 정축년(1637, 인조 15) 2월 15일에 한강을 건넌 피로인 수가 무려 50여 만이었다.[48] 포로로 끌려가는 자들이 행여나 석방되기를 원했지만 인조가 남한산성에서 내려와 자기들을 버려두고 그대로 상경하는 것을 보고 '나의 임금 나의 임금 나를 버려두고 가는구나(吾君吾君 使我而去乎)' 하고 통곡했지만 인조도 속수무책일 뿐이었으니 그야말로 비참한 일이었다. 병자호란은 금군이 북송의 휘종과 흠종 두 형제를 비롯하여 3천여 명을 포로로 잡아간 '정강(靖康)의 변'(1126~1127)보다

47 이구홍, 『한국이민사』, 중앙일보, 1979, 17쪽.
48 박용옥, 「丙子胡亂被擄人贖還考」, 『사총』 제9집, 고려대사학회, 1964, 56쪽.

훨씬 더 참혹한 변이었다. 여진족의 금에 의해 저질러진 북송 수도 동경(東京 : 현재 開封)에서 일어났던 난보다 500년 이후 금이 세운 청에 의해 저질러진 조선 남한산성의 참변이 더욱 한스러운 사태였다.

병자호란 이후 처참한 광경을 김종일은 다음과 같이 전한다.

> 지나던 길에서 오랑캐가 진(陳)을 철거한 것이 겨우 며칠이다. 여념은 모두 비었고, 인연(人煙)이 없어 적막하다. 널브러진 시신들이 뒤엉켜 쌓여 눈에 밟히고 마음을 아프게 한다. 길을 갈 수 없으면 밤에는 빈집에 들어가고, 낮에는 광야에서 밥을 먹는다. 마주보며 소리를 삼키고 눈물을 떨어뜨린다. 험한 길에서 어렵게 걸음을 옮기지만 도성 사람들 또한 돌아온 자가 없다. 방리(方里)가 한결같이 텅 빈 것이 지나온 곳과 똑같다.[49]

병자호란(1636~1637)은 비록 2개월의 짧은 기간 벌어진 전쟁이었지만 조선 전체를 한의 구렁텅이로 몰아넣었다. 청군이 한강 이남까지 들어왔다. 청군에 의해 포로로 잡혀 심양으로 가는 동안에 겪었던 고통은 차마 말로 할 수 없다. 가던 도중 배곯아 죽은 사람, 탈출하려고 배에서 뛰어내려 익사한 사람 등등이 많았다. 청에 잡혀갔다가 도망 나오다가 다시 잡혀간 포로들은 청군에 의해 발뒤꿈치를 잘리는 고통을 겪었다.[50] 도망 나온 자들이 밤낮으로 숨어서 기거나 걸어서 압록강연안까지 와 도강을 하는 데 도중 식량이 없어 굶어 죽는 자가 가장 많았다. 때로는 호랑이를 만나 죽거나 하여 살아 돌아온 자는 극히 적었다. 압록강 연안 일대에 감시가 심하여 도강하지 못한 도망자들이 진퇴양란으로 통곡하면서 투강자결하는 등 강변상하에 백골이 도처

---

49 한명기, 『정묘 · 병자호란과 동아시아』, 푸른역사, 2010, 400쪽.
50 한명기, 「병자호란 시기 조선인 포로문제에 대한 재론」, 『역사비평』 제85호, 역사문제연구소, 2008, 206쪽.

에 있고 부녀자들은 잡혀 능욕을 당하는 참상을 겪었다.[51]

청은 세자 일행이 심양에 간 지 일 개월이 되는 인조15년 5월 24일 심관(瀋館)의 세자에게 '도망자가 부지기수인데도 한 명도 돌려보내지 않으니 이렇게 약속을 어길 수 있는가' 하고 도망자의 쇄환(刷還)을 종용하였다.[52] 하지만 조선은 극소수의 도망자를 돌려보내 청의 쇄환요구에 대한 미봉책으로 삼았다. 이에 대해 청은 감정이 상하여 쇄환요구를 더욱 강변하였다. 하지만 조정(朝廷)에서는 죽음을 무릅쓰고 돌아온 백성들을 부모가 되어 차마 청으로 압송할 수가 없어 고심하였다. 청은 도망자들을 돌려보내라고 심관(瀋館)에 강압적으로 요구했지만 심관에서는 조정에 형식적으로 청의 뜻을 알리는 것 외에 다른 것을 할 수 없었다. 청의 강압적 요구에 못 이겨 조정에서 도망온 자 남녀 6인과 한인(漢人) 1명을 청으로 압송했다. 하지만 청은 도망친 자가 매일 수 천 명이나 되는데 고작 7명을 돌려보낸 조정에 대해 공세를 강화하였다.[53] 하지만 조정으로서는 차마 도망 온 백성들을 다시 청으로 돌려보내는 것은 지극히 한탄스러운 것이었다. 조정에서는 청의 송환요구에 '백 명이 도망해 오면 살아 돌아오는 자는 1명[白人逃來 一人生還而已]'이라는 핑계로 대응했지만[54] 청은 계속 송환을 요구하였다. 이 당시 조정과 백성들이 겪은 한은 그야말로 눈으로 볼 수 없을 정도로 극심하였다. 조선인에 대한 포로사냥이 극에 달한 것은 당시 청군은 만주족과 한인 그리고 몽골족의 다국적군이었는데 그중 몽골병사가 포로사냥에 집착하였다. 그 이유는 몽골인들이 청에 귀순은 했지만 청으로부터 먹고 살 수 있는 기반을 지원받지 못하던 중 조선 원정을 자신들의 생활의 터를 잡는 호기로 생각하였기 때문이다. 이때 몽골병사들은 모

51 박용옥, 앞의 책, 75쪽.
52 위의 책, 80쪽.
53 위의 책, 81쪽.
54 위의 책, 84쪽.

두 부모와 처자를 데리고 조선출병을 한 것으로도 알 수 있다.[55]

속환(贖還)이 되어 돌아온 사람도 있지만 속환을 위해서는 많은 돈이 들어야 하기 때문에 할 수 없이 청에 눌러앉아 살면서 고통을 감수하지 않을 수 없었다. 설사 속환이 되어도 조선으로 돌아오는 중에 고통을 당해 죽는 자가 많았다. 포로로 잡혀가 조선으로 돌아오기까지 고통은 연속이었다. 당시의 고통을 병자호란 직후 예조좌랑 허박(許博)은 "피로의 고통은 죽은 것보다 심하고, 그것이 화기(和氣)를 손상하는 것 또한 죽음보다 심하다"고 말한 바 있다.[56]

특히 포로로 잡혀가던 여인들의 고통은 더 참혹했다. 청군은 여성들을 사냥하는 데 더 혈안이 되었다. 항복 직후 강화도를 둘러 본 김신국은 '남정들은 태반이 살아남았지만 여인들은 모두 잡혀갔다'고[57] 보고하는 데서도 그들이 여성 사냥에 얼마나 눈독을 들였는지 알 수 있다. 여성들은 능욕을 당하거나 저항하다가 피해를 입는 경우가 허다했다. 청군의 능욕을 피하기 위해 자결하는 여인들이 속출했다. 천신만고 끝에 살아 고향땅에 돌아온 여성들은 오랑캐에 몸을 더럽힌 여자, 즉 '환향녀(還鄕女)'로 낙인이 찍혀 또 한번 한을 품고 살아야 했다. 청나라에서 돌아온 환향녀들은 불쾌한 기억을 씻어내기 위한 상징적 행위로서 서울시 홍제천에서 몸을 씻었다고 전해진다.

바다에 뛰어 들어가 여인들의 수가 많았다. '여인들의 머릿수건이 바닷물에 떠 있는 것이 마치 연못에 떠 있는 낙엽이 바람을 따라 떠다니는 것 같다'고 표현할 정도이다.[58] 심양에 끌려간 조선여인들은 많은 수가 청군 장수들의 첩이 되었다. 청군 본처들은 조선여인들에게 끓는 물을 부으면서까지 참혹한 짓을 하였다.[59] 심양시 9·18사변기

55 한명기, 앞의 책, 410쪽.
56 한명기, 앞의 글, 219쪽.
57 한명기, 앞의 책, 430쪽.
58 위의 책.

청나라에서 돌아온 공녀(환향녀)들이 몸을 씻은 홍제천. 화살표 지점을 지나는 것이 홍제천이다. 서울시 성산대교 북단에 있다.
(ⓒ 네이버 항공뷰(「김종성의 사극으로 역사읽기」, 『오마이뉴스』, 2011.5.19))

념관 부근에 '류조호(柳條湖)'라는 호수는 지금은 없어졌지만 병자호란 당시 제법 큰 호수였는데, 노예로 잡혀온 조선인들이 수없이 빠져 죽었다는 얘기가 전해오고 있다.[60]

중국 심양(당시 봉천)에는 청과의 화친을 끝까지 거부하다가 소현세자가 보는 앞에서 매를 맞아 죽은 삼학사의 한이 아직도 생생하게 서려 있다. 당시 청 태종이 홍익한, 윤집, 오달제 삼학사를 죽이기는 했지만 그들의 높은 절개를 백성들이 본받게 하도록 '삼한삼두(三韓三斗)'라는 휘호를 내리고, 심양 서문 밖에 사당을 짓고 비석을 세우게 했다. 삼학사 유적비는 진본은 아니지만, 현재 심양 화평구(和平區) 경새로(競賽路)에 있는 요령발해학원(遼寧渤海學院) 앞뜰에 한국의 한 기업가의 후원으로 2005년 세워졌다. 이 유적비는 거의 돌보지 않은 채로 서

---

59 위의 책, 431쪽.
60 지해범, 「중국 속의 한국사 기행 – 삼학사와 60만 조선 인질의 억울한 혼백은 어디에……」, 『조선일보』, 2010.10.28.

심양시 화평구 요령발해학원 앞뜰에 세워진 삼학사 유적비

있었다. 학원을 찾아들어가는 길도 험하고 유적비는 잡초 속에 가려져 있었다. 당시 조선 백성의 한이 더 진하고 깊게 맴돌고 있었다.

청은 후금 시기부터 부족한 노동력을 채우기 위해 조선인 포로를 하늘에서 내려준 선물로 생각할 정도로 포로사냥에 집착했다. 그만큼 조선인들은 고통을 당할 수밖에 없었다. 이 시기에 겪었던 고통은 조선인의 한의 원형이라고 할 수 있을 것이다. 우리 민족의 한의 역사의 원류를 청의 조선침탈에 의해 인조의 두 아들 소현세자와 봉림대군이 중국 심양으로 인질로 끌려가 그곳에서 조선인들이 노예취급을 당하는 모습을 생생하게 증언해 주고 있는 데서 찾을 수 있다. 물론 조선인 중에는 숫자가 적긴 해도 사회 상층부에 속해 있는 인물도 있었지만 대부분이 만주팔기군에 적을 올리거나 농사짓는 노예나 귀족가문의 노예로 사는 조선인들이 대부분이었다. 『심관록(瀋館錄)』에는 다음과 같은 기록이 있다. 『심관록』은 인질로 끌려갔던 조선의 두 왕자 소현세자와 봉림대군(효종)이 거처했던 곳에서 일어난 일들을 기록해 놓은 것이다.

丁丑年(1637) 5월

17일경, 청나라 사람들이 성문 밖에서 납치해온 조선 사람들을 팔고 사고 하는데 그 수효가 수만 명에 달하며 그들 가운데는 모자간 혹은 형제간이 만나게 되어 서로를 안고 통곡하는데 울음소리가 천지를 진동할 지경이다.[61]

자신을 데리러 올 친척이 없어 홀로 있는 사람은 세자 관소에 찾아와서 속환(贖還)시켜 달라고 울고 있으니 이를 바라보는 두 왕자의 마음은 비참하기 이를 데 없었다. 이와 같이 조선인의 이주의 역사에는 포로나 납치되어 청으로 끌려가 노예생활을 했던 한의 역사가 고스란히 남아 있다.

후금의 노예주가 납치해 갔던 조선인을 파는 시장이 열렸다. 『이조실록』에 당시의 인구시장에 대해 다음과 같이 기록하고 있어 그 규모를 짐작할 수 있다.

속환되어야 할 400~500명이 시장에 나왔는데 그 중에 부모형제 없는 자가 많아서 사 갈 사람이 없는지라 그냥 돌아갈 수밖에 없었다. 보기 처참한 것은 물론, 이로부터 되찾을 길이 끊어져서 개시(開市)는 또 그 본의를 잃게 되었다.[62] 사료에 의하면 50년 동안 속환된 사람은 1 / 100도 안 된다.[63]

혈육을 잃은 조선인들은 "재산을 아끼지 않고 밭과 노비를 팔아 돈을 준

61 천수산, 「청조시기 조선족의 이주」, 김종국 편, 『중국 조선족사 연구』 I, 52~53쪽.
62 牛木, 「조선인에 대한 후금의 강제 이주 문제를 논함—포로속환정책과 속환활동을 중심으로」, 위의 책, 119쪽.
63 위의 글, 122쪽.

비하였다." 하지만 돈이 없는 평민들은 거액의 돈을 마련하지 못해 그저 강을 바라보며 한탄할 수밖에 없었다.[64]

조선인이 중국에 이주한 시기는 넓게 보면 청조 초로 본다. 물론 그 숫자는 많지는 않지만, 주로 납치나 포로의 형태로 강제 이주한 경우와 귀화나 유민으로 이주한 자발적 이주의 경우로 나뉜다. 1616년 누르하치가 후금군을 세우고 명나라 요동의 중요한 무역도시 무순관(撫順關)을 사이에 두고 20여 년 동안 청・명 쟁탈전이 벌어졌다. 이 전쟁에 당시 동북에 들어와 인삼을 캐거나 사냥하는 조선인들을 납치하여 만주족 팔기병(八旗兵)에 강제로 편입시켰다.

그리고 후금군에 의해 무순관이 점령되자 명나라에서는 2만 대군을 동원하여 후금군에 대한 토벌을 시작하였다. 이때 명나라 속국으로 있던 조선은 강홍립을 필두로 1만 3천 명의 군대를 파견하였다. 명군이 대패하자 강홍립은 군사 5천을 거느리고 후금군에 투항하였다. 물론 이 투항은 광해군이 강홍립에게 명이 패하면 후금에 협조하라는 지시를 그대로 실천한 것이다. 당시 조선을 치기를 망설이고 있던 후금의 태종에게는 강홍립의 투항은 조선침략의 동기가 되었다. 이것이 정묘호란이다. 강홍립이 거느린 군사 5천 명이 어떻게 처리되었는지는 기록에 없지만 이 당시 납치와 포로로 인한 조선인의 강제이주는 생각 밖으로 그 숫자가 많았다.[65] 추정하여 도살되고 굶어죽거나 되돌아간 사람을 제외하고는 13,000명 중 절반 정도가 포로가 된 것이다.[66]

---

64 위의 글, 121~122쪽.

65 『滿文老檔』에 의하면, 강홍립의 군대 중 양반을 모두 죽이고 일부분만 조선으로 되돌려 보내고 나머지는 家奴나 農奴로 된 것으로 기록되어 있다(손춘일, 「중국조선족 역사의 上限과 遼寧, 河北의 朴氏人들」, 『이화사학연구』 제22집, 이화여대 이화사학연구소, 1995, 264쪽).

66 서명훈, 「17세기 중국의 조선이민」, 『사회와 역사』 제48집, 한국사회사학회, 1996, 246쪽.

강제 이주당한 조선인은 거의 다 만주 귀족의 노예살이를 했다. 주로 심양부근에 살았다. 이들은 모두 조선 의주나 평양 등지에서 청초에 붙잡혀 온 사람들로서 청정부 내무부 뽀이(包衣, 만주어로 '포이아하', 즉 노복이란 뜻)로 있었다.[67]

후금이 요동을 점령한 이후 홍타시[皇太極]는 국호를 청으로 고치고 조선과의 형제관계를 폐지하고 조선이 속국이 될 것을 강요한다. 이에 인조가 거부하자 12만 대군을 이끌고 조선을 침략하여 조선왕의 항복을 받아내고(삼전도굴욕) 두 차례의 침략전쟁(정묘호란과 병자호란)을 통해 수만 명에 달하는 조선 군민을 포로로 납치하였다. 정묘호란(1627) 때 4,986명, 병자호란(1636) 때 3,000명의 포로가 청으로 끌려갔다.[68] 그러니까 강홍립의 군사 5,000명을 합쳐 13,000명의 포로가 끌려갔는데 조선으로 돌아갔다는 기록은 없다. 청나라 초 강제로 납치되어 온 조선인들에 대한 기록이 있다.

> 盖洲에 포로가 되어 간 수백 호 조선 사람들로 형성된 마을이 있다. 그들은 그들끼리 결혼을 하며 언어, 음식, 상례, 노래 등 방면에서 지금까지도 조선과 같다고 한다.[69]

현재 遙寧省의 本溪縣 山城子鄕, 盖洲市 陳屯鄕, 河北省 青龍縣, 平泉縣, 承德縣 등의 '朴氏 마을'이 청나라 초기에 포로나 납치되어 온 사람의 후예들이다. 이들은 누르하치의 맏아들 저영(楮英)의 종으로

67 위의 글, 254쪽.
68 포로 수에 대한 정확한 언급은 없다. 10만 명이상으로 추정하는가 하면, 정묘・병자 양난의 포로숫자도 조금씩 다르다. 예를 들어 병자난 때 포로 숫자가 정묘난에 비해 훨씬 많았다는 주장도 있다(김춘선, 「조선족의 이주와 집거구역의 형성」, 『중국조선족통사』, 연변인민출판사, 2009, 7쪽).
69 천수산, 앞의 책, 53~54쪽.

전락되었다. 저영이 죽은 후 그의 셋째 아들 니칸의 종(뽀이)으로 살았다. 이들은 대부분 한족과 만족에 동화되었지만 한민족의 정체성을 지키려고 무척 노력하였다. 예컨대 삼일장을 지키고 전족 대신 천족(天足)을 하는 등등이다.[70] 1,921명만이 1982년 제3차 인구조사에서 조선족으로 개칭하여 법적으로 중국 조선족이 되었다.[71] 그리고 동북지역에 이주해 살았던 박씨 마을을 이주의 역사의 원형으로 보기 힘든 것은 조선민족의 언어와 문자를 완전히 상실하였고, 조선족의 풍습과 습관을 완전히 상실하였기 때문이다.[72]

그리고 자발적으로 후금에 귀화하여 조정에 공헌을 한 사람들도 있다. 박씨, 김씨, 왕씨, 이씨 등은 만족(滿族)에 귀화하여 청정부의 신임을 받은 사람들도 있었다. 그리고 가난을 피하여 자발적으로 이주한 사람들이 많았다. 이주경로는 압록강 서쪽과 두만강 이북 그리고 흑룡강성이었다. 조선인 이주민들이 가장 먼저 정착한 곳이 압록강 서부 지역이다.[73] 1910년 일제에 의한 강제병합 이후 많은 조선인들이 동북으로 몰려들었지만, 이미 이전에도 적지 않은 수의 조선인들이 이 지역에 살고 있었다. 1897년 통계에 의하면 통화, 환인, 관전, 신빈 등에 8,722호 37,000명의 유민들이 거주하고 있었다. 이에 비해 두만강 일대는 조선인들이 정착할 여건이 되지 못했다. 19세기 중엽이 되어서야 두만강 북안 일대에 조선인 마을이 형성되었다.[74] 1909년 일본과 청 사이에 '간도협약'이 체결되면서, 일본이 간도를 청나라 영토로 인정해주는 대신에 조선인들이 두만강을 자유롭게 넘나들 수 있는

---

70 김춘선, 앞의 책, 12쪽.
71 안봉, 「'朴氏' 조선족의 역사로부터 본 중국 조선족의 현상태에 대하여」, 박문일 편, 『중국 조선족사 연구』 II, 38쪽.
72 위의 글, 41~44쪽.
73 우영란, 「改革 · 開方 후 조선족 여성들의 경제적 위치에 대한 연구」, 박문일 편, 앞의 책, 61쪽.
74 위의 글, 62~63쪽.

계기를 만들었다 그리고 흑룡강 지역은 19세기 중엽 러시아로 이주했던 조선인들이 흑룡강 지역으로 이주해왔다. 그리고 중동철로를 만들 때 조선유민들이 인부로 일하다가 완공이 되자 돌아가지 않고 눌러 살았다. 그리고 강제병합 이후 독립운동가들이 흑룡강성으로 이주하였고 벼농사를 위해 그리고 중국 관헌의 박해를 못 견디어 박해가 심하지 않았던 흑룡강 지역으로 이주하였다.

2) 궁핍의 한

조선인의 만주 이주 동기는 일제의 만주침략 이전에는 주로 자발적이고 경제적인 동기가 주를 이루었다. 가난을 피하기 위한 어쩔 수 없는 이주였다.[75] 물론 납치나 포로로 강제적으로 청으로 이주한 역사를 진정한 의미의 이주라고 말하기는 힘들 것이다. 납치나 포로에 의해 강제이주를 당한 조선인들은 만족이나 한족에 적을 올렸다. 물론 이후에는 조선족으로 개변을 하였지만, 자발적인 이주는 양대 난 이후 1677년 청이 봉금령을 내리기 전후라고 보아야 한다. 1644년 청나라 군대가 관내로 이주하면서 백두산 이북 땅이 황폐한 지대로 변하자 가난을 피하여 농사를 짓기 위해 월경(越境)이 늘어난다. 이후 봉금령이 내려지고 1712년에는 청에서는 백두산 정계비(定界碑)를 세워 조선인의 이주를 엄격히 금하였다. 그러나 조선인들은 굶어죽는 것보다 월경하다가 차라리 죽는 것이 낫다고 생각하고 잦은 월경을 시도하였

75 이 당시 이주 동기에 대해 이훈구는 다음과 같이 쓰고 있다: 생활난(35.8%), 집에 돈이 없으므로(16.4%), 경제곤란으로 인하여(14.9%), 본국에서의 사업 실패(12%), 돈을 모으기 위해(5.5%) 등이고, 정치적 이유가 (9%)였다(이훈구, 『만주와 조선인』, 성진문화사, 1979, 102쪽).

얼어붙은 두만강을 건너 간도로 이주하는 조선인
(출처 : 주성화 편, 『중국조선인 이주사진첩』 1, 한국학술정보, 2009, 5쪽)

다. 얼마나 배고팠으면 등에 업은 자식까지 잡아먹었다고 했을까!

청이 동북에 대해 봉금정책을 쓴 것은 이 지역이 만주족의 고향이었고 이 지역에 풍부한 자연자원이 많아 독점을 하기 위해서이다. 그리고 기마민족인 만주족이 이 지역을 넓은 사냥터로 보존하기 위해서이다. 조선인들에게는 가난을 피하여 어쩔 수 없이 죽음을 무릅쓰고 넘어가야 할 땅이지만 만주족에게는 사냥터로 사용되는 땅이었다. 이 당시 청은 월강하여 인삼을 캐고 농사를 짓는 것은 막기 위해 버드나무로 변계담장[柳條辺墻]을 만들어 변장을 하거나 곳곳에 '카룬'과 같은 정탐시설을 만들어 놓았다.[76] 당시 조선 역시 월강을 엄하게 다스렸다. 월강한 자에게는 사형을, 그를 막지 못한 변관에게는 파직이라는 엄한 중벌로 다스렸다.[77] 목을 쳐 죽이고는 나뭇가지에 매달아 두어 월강하는 자를 엄격하게 다스렸다. 하지만 조선인들의 죽음을 무릅쓴

76 천수산, 「청조정부가 동북에 대해 실시한 봉금정책의 시말」, 천수산 주편, 『조선족 역사의 새 탐구』 上, 68~71쪽.

77 위의 책, 22쪽.

월강은 막을 수가 없었다.

> 월편에 나붓기는 갈대잎가지는
> 애타는 내 가슴을 불러야 보건만
> 이 몸이 건느면 월강죄란다
> 기러기 갈 때마다 일러야 보내며
> 꿈길에 그대와는 늘 같이 다녀도
> 이 몸이 건너면 월강죄란다.

이 시기 조선에서 가장 궁핍한 지역이 함경도 6鎭(무산, 회령, 종성, 은성, 경원, 경흥)이었다. 이 지역 조선인들은 굶어죽지 않으려고 월경하였다. 이 지역은 기후가 한랭하여 농사가 잘 안 되어 담비사냥이나 인삼 캐기 같은 업으로 생계를 유지하는 사람이 많았다. 인삼을 캐어 생계를 유지하는 '인삼호(人蔘戶)'가 2만여 호나 되었는데, 처음에는 관청에서 호당 16근의 인삼을 납부하게 하였다. 그러나 납부량이 늘어 19근 반으로 되어 인삼호들이 과중한 납부 때문에 죽음을 무릅쓰고 동북으로 들어가 인삼을 캐는 수밖에 없었다. 당시 평안감사로 왔던 민유중이 1669년 임금에게 올린 보고서에 "강변일대의 변민들이 국경을 넘어 인삼을 캐는 것은 큰 리익을 얻자는 것이므로 죽음을 두려워하지 않습니다. 만일의 요행을 바라고 나라의 변금령을 어기고 있으니 참으로 한심한 일입니다"[78]라고 쓰고 있다.

> 六塵의 민은 친척을 떠나고 墓를 버린채, 기꺼이 潛越한다. 골수에 사무치는 아픔이 없다면 어찌 차마 이러하겠는가. 이는 오로지 守令의 食虐 때문이다. 그러므로 苛政이 猛虎보다 심하다고 말하는 것이다.[79]

78 천수산, 「조선 왕조 시기 중조 두 나라의 변금정책」, 위의 책, 27쪽.

월경이 급증하자 청정부는 1740년 만주 성씨를 주어 살게 하였다. 19세기 말부터 조선인의 이주는 급증한다. 특히 조선 고종 5년(1868)에 흉년이 들면서 목숨을 건 월경이 잦았다. 1869~1871년 사이 함경도와 평안도 지방을 비롯한 서북 지역에 사상 유례없는 대흉년이 들었다. 이와 함께 조정의 문란으로 탐관오리들의 대민수탈이 심해져 민중의 생활고는 더욱 심해졌다. 민중들은 초근목피로 연명하면서 얼굴이 누렇게 되었고, 몸이 퉁퉁 부었거나 풀독에 죽기도 하였다.[80]

윤준희는 『간도개척사』에서 다음과 같이 묘사한다.

> 갑자(1864)년 이후로 북변은 해마다 흉작으로 민생의 곤난이 심하더니 경오(1870)년에는 유사이래 전무한 대기근이 왔다. 이로 인하여 경원, 경흥 두 군은 폐읍이 지경에 이르렀고 류리걸식하는 기민은 사람이 사람을 잡아먹는 참화와 길가에 굶어죽은 시체가 널려있어 차마 눈뜨고 볼 수 없었다. (…중략…) 조정에서는 좌시할 따름으로 어떠한 구제도 하지 않았다. 하여 류리걸식하던 기민들은 월강하여 청인들의 노예로 되거나 혹은 자녀로 쌀을 바꾸거나 혹은 가정부 혹은 양자로 들어가 겨우 목숨을 유지했다. 그러므로 경오기근은 조선백성들이 월강한 동기라 말할 수 있다.[81]

청과 조선이 엄격한 봉금정책을 실시하였지만 생활고에 시달리던 조선인의 잠입이 급증하였다. 그것은 오랫동안 봉금에 묶여 있었던 땅이 비옥하고 수확량이 좋으며, 질 좋고 값이 비싼 자연산 인삼과 모피류를 얻을 수 있었기 때문이다. 인삼과 수렵이 가난을 피할 수 있는 좋은 수단이 되었다. 1638년 방원진(方源鎭)의 사병인 박개손(朴凱孫) 등

79 이지영, 「19세기 말 청조의 대 간도조선인정책」, 『명청사연구』 제32집, 명청사학회, 2009, 260쪽.
80 윤병석, 『해외동포의 원류』, 집문당, 2005, 215쪽.
81 김춘선, 앞의 책, 29쪽 재인용.

남녀 20여 명은 월강하여 나한부락에 살았다. 1710년 위원(渭原) 사람인 이만지(李萬枝) 등 9명이 월경하여 채삼을 하다가 청군에 잡혔다. 이처럼 조선인은 새벽에 몰래 와 산벽에 화전을 가꾸고 곡식을 심거나 김을 매고 밤에 돌아가거나[早耕幕歸], 봄에 갈아 놓고 가을에 거두어 가는[春耕秋歸] 방법으로 궁핍의 한을 달래었다.[82] 이 시기 조선의 대수재는 더욱 가난의 한을 풀기 위한 죽음의 월강을 더욱 부추기게 되었다.

"천입 초기 대부분 조선족들은 통화, 집안, 장백, 신빈, 룡정, 화룡 등 압록강과 두만 강의 영안에 살았다. 1870년도에 압록강 연안에 있는 조선족집거촌은 28개소나 되었다. 1880년에 집안 한곳에만 해도 조선족들이 1천여 호나 살았다. 연변의 조선족들은 1881년에 이르러서는 만 명을 훨씬 넘었다."[83] 1885년에는 길림장군 오대징(吳大澂)이 조선과 길조통상장정(吉朝通商章程)을 체결한 후 도문강 700리 좌안에 너비 50리나 되는 지역을 조선족개간구로 정하였다.

청정부는 1881년 러시아 세력의 남하를 막고 식량난을 해결하기 위해 봉금령을 철폐하였다.[84] 이 시기 조선인들은 주로 흑룡강성으로 이주하였다. 특히 경상도에서 흑룡강성으로 많이 이주하였다. 이 시기는 조선인이 만주에 정착하여 '신한촌'을 이루고 살았다. 강한 정착의지를 보이면서 집단적인 공동체생활을 영위하여 조선족 사회 형성의 바탕을 마련하는 시기였다.[85] 이후 이주인의 수는 급증한다. 1910년 강제병합 이전에는 만주 땅에서 배불리 먹을 수 있다는 꿈을 가지고 자발적으로 이주하였지만 강제병합 이후 일제에 의한 계획적인 이주정책으로 이주자 수는 급증한다. 일제의 토지수탈정책에 의해 더욱 궁

---

82 이종수, 「중국 동북 지역 조선족사회의 형성」, 김도형 편, 『식민지시기 재만조선인의 삶과 기억』, 선인, 2006, 51~52쪽.

83 현룡순 · 리정문 · 허룡구 편저, 『조선족백년사화』 제1집, 심양 : 료녕인민출판사, 1985, 27~28쪽.

84 진용선, 『중국 조선족 아리랑 연구』, 정선군, 2009, 44쪽.

85 이종수, 앞의 글, 65~66쪽.

핍해진 조선인들은 대거 만주로 이주한다. 일제는 1910년 12월경에는 조선의 강토 86만 정보를 삼켜버렸다.[86] 일제가 1912년부터 '토지조사사업'을 실시하면서 대량의 토지를 약탈하기 시작하면서 조선인의 궁핍은 극에 달하고, 그와 더불어 망국의 한까지 겹치는 시기였다. 일제의 강제병합 이후 늘어나는 조선인 이주자의 수는 다음과 같다.[87]

연도	인구수(명)
1910	202,070
1911	205,517
1912	238,403
1913	252,118
1914	271,388
1915	282,070
1916	328,288
1917	337,461
1918	361,772

이 시기 일제 치하에서 만주로 이주하는 조선인들의 고통에 대해 당시 만주 야소교(耶蘇教) 전문학교 쿡(W. T. Cook) 목사의 증언에 의하면, 만주로 이주해 오는 조선인들의 고통을 실제로 목격한 사람조차 완전히 묘사할 수 없을 정도로 참혹하였음을 다음과 같이 적고 있다.

남루한 옷을 입은 여자들이 신체의 대부분을 노출한 채 어린아이를 등에 업고 간다. 그와 같이 함으로써 조금이라도 서로 체온을 나누고자 함이다. 그러나 어린아이의 다리는 남루한 옷 밖으로 나왔기 때문에 점점 얼어붙

86 이구홍, 앞의 책, 21쪽.
87 이종수, 앞의 글, 69쪽 재인용.

어서 나중에는 조그만 발가락이 맞붙어 버린다. 남녀 늙은이는 굽은 등과 주름살 많은 얼굴로 끝날 줄 모르는 먼 길을 걸어 나중에는 기진맥진 하여 촌보(寸步)를 옮기지 못하게 된다. 그들이 — 노소강약(老小强弱)을 막론하고 — 고향을 떠나오는 것은 모두 다 이 모양이다. 이와 같이 하여서 지난 1년간 — 1920년에 7만 5천 명이나 되는 조선인이 만주에 건너왔다.[88]

쿡 목사의 이러한 증언에 대해 이훈구는 사실은 맞지만 다소 과장된 점이 있다고 한다. 그것은 아마 다시 미국의 기독교신자들의 동정을 구하기 위한 것 때문이라고 한다. 그러면서 이훈구는 당시 조선인의 삶이 얼마나 궁핍한지를 조사한 내용을 밝히고 있다. 그가 "재만 조선인이 당한 각종 곤란빈도수"란 설문을 통해 조사한 내용을 보면, 생활빈곤, 득전빈곤(得錢困難), 정치적 불안, 경제압박 등이 주이고, 신체위기, 생명불안전, 질병, 동포간의 불화용인(不和容認), 중국 관헌 압박 등은 소수이다. 이를 통해 알 수 있듯이 가장 곤란을 당한 것은 경제적 궁핍이었다.[89]

아버지와 어머니는 짬만 있으면 논판에 나가 쥐굴을 파헤쳤다. 쥐굴마다 적잖은 벼이삭이 있었는데, 그건 쥐네 가족도 월동식량으로 한 이삭 한 이삭 훔쳐다가 차곡차곡 재어 놓은 것이었다. 수난의 농민들, 그 처지가 쥐의 입에서 쌀알을 빼앗아야 할 궁지에까지 이르렀다.[90]

당시 조선인의 삶을 단적으로 대변한 잡지 중 하나의 『삼천리』에서 김삼민은 그 시대 상황을 다음과 같이 쓰고 있다.

---

88 정신철, 『중국 조선족 그들의 미래는』, 신인간사, 2000, 17쪽.
89 이훈구, 『만주와 조선인』, 성진문화사, 1979, 105쪽.
90 이민, 『내 어린 시절』, 지식산업사, 2010, 29~30쪽.

最近 在滿朝鮮農民은 過去에 經驗하여 본 적이 업는 窮狀에 드러잇다. 昨年末로부터 本年3월 下旬까지 朝鮮內地와 南滿鐵道沿線에 약1만5천명이 歸還하여 온 것을 보아도 그 窮狀을 증명할 수 잇다. 最近의 朝鮮內一般農民의 窮狀으로부터 볼지라도 當然히 朝鮮에서 滿洲에 移住하는 것이 激增할 것 가튼데 도로혀 滿洲로부터 朝鮮內地로 歸還하고 잇는 그 反面에는 相當한 理由가 잇다. 今日 在滿朝鮮人이 困況에 잇는 重大理由의 한아는 中國官民의 朝鮮農民迫害이다.[91]

조선인의 만주 이주 물결에 대해 『조선일보』는 다음과 같이 보도하고 있다.

놀라지 마라 하루에 100여 명, 북으로 북으로 밀리는 백의군(白衣群).

—1926.12.13.

경의선 어파역 플렛홈에서 70이 될락말락해 보이는 노파가 북으로 달아나는 기차를 향해 목을 놓고 우는데 …… .

—1927.3.17.

가면 시원한가, 안 가면 살 수 있나. 구미에도 30여 명 성주에도 50여 명.

—1927.3.8.

늙은 부모를 두고 떠나는 사람과 친척을 떠나보내는 이들의 울음소리가 북행열차 시간마다 그칠 날이 없음으로 철원역 대합실은 매일 모골이 송연한 비극을 연출한다.

—1927.3.18.

91 전성현, 「일제시기 '만주' 개념의 역사성과 부정성」, 『石堂論集』 제47집, 동아대 석당학술원, 2010, 258~259쪽 재인용.

살길을 더듬어 중국인의 황무지를 7년 만에 옥답으로 만들어 놓고 겨우 생활을 하게 된 동포 15가구가 올봄 중국인 지주로부터 쫓겨나 죽음만 기다리고 있던 바…… .

—1926.12.22.

살기 좋다는 말만 듣고 갔다가 돌아오는 사람도 없지 아니하나 대부분은 또 다시 노령(露領)을 넘어 사방으로 유랑한다.

—1927.9.20.

三月十二日

間島移住民激增

봄은도라왓스나 먹을것이 업는가련한 사람들은원산(元山)을거처간도(間島)로떠나가는사람이매일수십명에달하는데 십일일에는 청진(淸津)련락선평양환(平壤丸)을타고간도로 들어가는 동포가 삼백여명이나 되는비통한 광경을일우엇섯다

『동아일보』(1926.4.21)

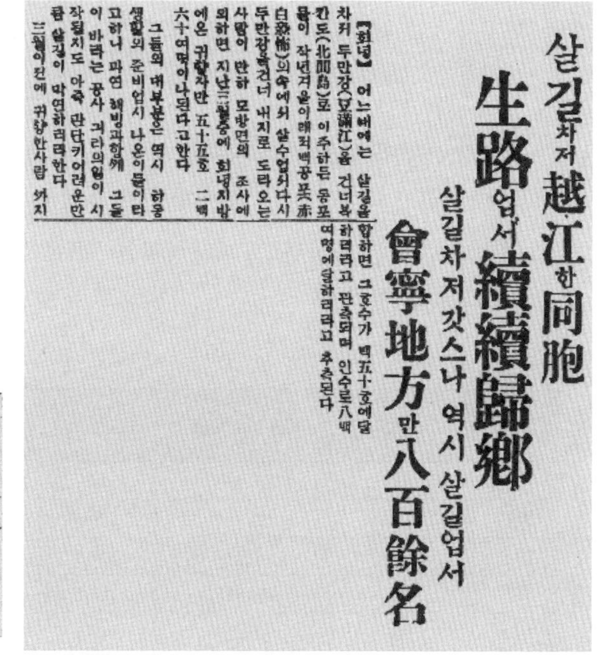

살길차저 越江한 同胞

生路업서 續續歸鄕

살길차저갓스나 역시 살길업서

會寧地方만 八百餘名

【회령】 어느해에는 살길을 차저 두만강(豆滿江)을 건너북간도(北間島)로 이주하든 동포들이 작년겨울이래적백공포(赤白恐怖)의속에서 살수업서다시 두만강을건너 내지로 도라오는 사람이 만하 모방면의 조사에 의하면 지난三월중에 회녕지방에온 귀향자만 五十五호 二백六十여명이나된다고한다

그들의 대부분은 역시 하웅 생활의 준비업시 나온이들이라고하니 과연 해빙과함께 그들이 바라는 공사 귀라의일이 시작될지도 아즉 판단키어려운만큼 살길이 막연하리라한다 三월이전에 귀향한사람 까지 합하면 그호수가 백五十호에달하리라고 관측되며 인수로八백여명에달하리라고 추측된다

『동아일보』(1931.4.14)

살길을 찾아 떠났으나 다시 만주로부터 조선으로 귀환한 숫자는 다음과 같다.[92]

연도	귀국민 수(명)
1912~1916	23,820
1917	6,169
1918	5,936
1919	4,141
1920	未知
1921	10,285
1922	8,108
1923	7,630
1924	7,765
1925	7,277
1926	9,029
合計	90,160

당시 조선인의 삶을 더욱 궁핍하게 한 이유 중 하나는 마적에 의한 피해였다. 마적은 적으면 3~18명 많으면 수백 명 이상이었다. 당시 간도 지역에 출몰한 마적과 그 피해상황을 「東亞經濟局公表」는 다음과 같이 기록하고 있다.[93]

年 度	出沒回數	掠奪된金額(圓)	出沒人員	被害人員		
				傷害	殺害	拉去
1924	190	15,336	6,689	10	8	53
1925	170	7,169	2,509	12	8	30
1926	210	4,506	3,843	3	6	33
1927	185	10,515	1,981	3	3	42
1928	120	2,652	1,043	1	6	19
1929	144	1,819	1,283	4	4	181
합계	1,019	41,997	17,348	33	35	358

92 이훈구, 앞의 책, 100~101쪽.

만주국이 건립되면서 일제는 조선인의 효율적 통제를 위해 안전농촌과 집단부락을 건설하였다. 명목상으로는 일제의 만주침략으로 조선인 난민들이 급증하여 그들은 안전하게 한곳에 모아 살도록 한다는 것이었지만, 실질적으로는 조선인의 항일 투쟁을 통제하기 위한 수단으로 건설된 것이다. 조선인들도 자작농이 될 수 있다는 허울 좋은 '자작농창정(自作農創定)'을 수립했지만[94] 결국은 조선인의 생활을 더욱 빈궁하게 만들었다. 집단부락으로 인해 이전보다 더 빈궁한 삶을 살았다. 안전농촌에 살면서 과도한 세금과 대여금에 대한 과도한 이자 등으로 더욱 가난하게 살지 않으면 안 되었다. 조선인의 생활상은 말로 표현할 수 없을 정도로 빈궁했다. 농번기에도 등화를 사용치 못하고 캄캄한 먹방에서 살아야 했고, 농한기가 되면 가마니를 치거나 새끼를 꼬면서 가난을 모면하려고 했다. 예를 들어 철령안전농촌의 경우, 식수 수질이 나빠 병에 걸려 죽은 사람이 허다했지만 조선인 의사 1명만을 파견했다. 이에 반해 1935년부터 입촌하기 시작한 일본인을 위해서는 각 지역마다 병원을 세워주고 임상경험이 있는 의사를 배치하였다.[95] 따라서 일제의 '통제'와 '안전'정책은 조선인들을 이중적으로 고통스럽게 하였다. 통제에 허덕이면서 기만적 안전정책에 의해 일제의 노예로 전락되고 말았다. 조선인은 일제의 항복 이후에도 국민당으로부터 토지를 강탈당하고 기아에 허덕이지 않을 수 없었다. 동북국민당이 통치하는 구역에서 조선인은 일제의 앞잡이를 하다가 '공산비적'과 내통한 자로 몰리어 1947년 통계에 의하면 8,468명이 체

93 위의 책, 109쪽.

94 日本外部省이 편집한 자료에 의하면, 1939년 10월 현재 재만 소작 조선인의 자작농창정의 상황은 1937년에는 1,786호, 1938년은 3,947호, 그리고 1939년은 8,086호이다(현규환, 『韓國流移民史』, 어문각, 1967, 320쪽).

95 홍종필, 「일제의 재만조선인 통제를 위한 鐵嶺안전농촌에 대하여」, 『명지사론』 제9호, 명지사학회, 1998, 98~99쪽.

포되고 2,042명이 살해되었으며, 토지도 몰수당하였다. 1947년 당시 동북국민당 구역에서 기아에 허덕이는 조선인이 114,645명가량 되어 동북 조선인 전체의 54.3%가 되었다.[96]

3) 망국의 한

1931년 9·18사변 이후 일제는 1932년 3월 1일 황제 부의(溥儀)를 추대하여 위만주국을 건립한다. 이 시기 일제에 의한 강제 이주가 급증한다. 이전의 자유방임적 이주와는 달리 조선 국내부터 동북에 이르기까지 모두 계획적이고 일제의 대륙침략전쟁을 하기 위한 수단이었다. 이 시기 재만 조선인은 나라를 잃고 만주로 이주해 갔지만 이국땅에서 일제의 탄압을 받아야 하는 이중고에 시달렸다.

만주사변을 전후로 한 재만 조선인의 한은 나라 잃은 디아스포라로서 겪어야 했던 참혹한 것이었다. 만주사변이 발발하자 일제에 패한 중국인들이 일제에 대한 분풀이로서 조선인들에게 학대를 가하였다. 수많은 조선인들이 수확을 앞두고 어쩔 수 없이 '안전지대'를 찾아 떠나야 하는 유랑의 한을 품고 살았다. 이것은 바로 일제에 의해 조작된 조선인과 중국인 사이의 이간책략에 의한 것이었다. 이처럼 조선인은 일제에 의해 집단적으로 이주당해 만주로 갔지만 그곳에서 중국인에게 고통을 당하여야 하는 이중고에 시달려야 했다.[97]

중국과 일제의 분쟁 속에서 이중적인 고통을 겪어야 했던 조선인의 삶은 만주사변을 전후로 하여 그 정도가 극에 달하였다. 조선인은 한

---

96 이승률, 『동북아시대와 조선족』, 박영사, 2007, 132~133쪽.

97 손춘일, 「만주사변 전후 재만조선인 문제와 그들의 곤경」, 『정신문학연구』 제24권 2호, 한국정신문화연구원, 2001, 143~144쪽.

안동에서 만주로 이르는 길
(출처 : 안동독립기념관 홈페이지)

편으로는 일본국 신민으로서 그리고 다른 한편으로는 먹고 살기 위해 중국에 귀화하지 않을 수 없었던 중국 공민으로서 중국과 일제의 양편으로부터 이중적 고통을 감내하지 않으면 안 되었다. 중국의 입장에서는 조선인은 일제의 첨병으로서 학대의 대상이 되었다. 한 예로 1925년 중국과 일본 사이에 체결된 삼시협정(三矢協定)은 조선민족주의자를 체포하여 일본에 넘겨주어야 할 중국의 의무를 규정한 협정이다. 그런데 이것이 오히려 중국인이 조선인들을 학대하기 위한 구실로 작용하였다. 즉 일제의 침략의지가 강하면 강할수록 중국의 조선인에 대한 학대는 더욱 가혹해져 갔다. 일제의 침략에 대한 중국의 항일감정이 강해질수록 일본국의 첨병이었던 조선인에 대한 학대는 더욱 심화되었다.

이후 만주사변에 패한 중국의 조선인에 대한 압박은 더욱 심화되었다. 조선인부락을 찾아다니면서 온갖 만행을 저질렀다. 이로 인해 조선인들은 도심지로 몰려들었지만 이들을 수용할 공간이 없었다. 이 시기 조선인들 중 일부가 귀국을 했지만,[98] 그러나 정작 귀국해도 먹고 살 수가 없어 유랑의 생활을 선택하지 않을 수 없었다. 일제는 유랑하는 조선인들을 소위 '안전지대'라는 곳으로 집단적으로 수용하기는 했지만, 이것은 조선인을 위한 것이라기보다 조선인들이 항일유격대에 가담하는 것을 통제하기 위한 것이었다.[99]

이 시기는 가난을 피해 왔던 자유이주와는 달리 그 숫자는 망국의 한을 풀기 위해 중국 땅에서 독립운동을 하기 위하여 이주해 온 사람도 적지 않았다. 이 시기 국내에서 항일운동을 하던 의병들이 투쟁의 공간을 간도로 옮긴다. 특히 일제의 탄압이 가중되던 1908년 하반기 이후 이주는 급증한다. 북간도에 항일 민족운동 단체인 간민회(墾民會)가 1913년 1월 북간도에서 설립되었다. 북간도보다 앞서 서간도에는 주로 신민회 계통의 민족운동가들이 집단적으로 망명이라는 정치적 동기에 의해 이주하였다. 이 시기는 단순한 경제적 동기를 넘어 정치적 동기에 의해 망명하는 이주가 많았다. 국내에서 1895년 을미의병(乙未義兵)이 실패하자 유인석과 그 일행 다수가 1896년에 서간도로 이주해왔다. 이외에도 이회영(李會榮)과 이시영(李始榮) 6형제를 비롯한 이동녕(李東寧), 이상룡(李相龍), 김창환(金昌煥) 등이 대가족을 데리고 이주했다. 이회영 일가의 경우 11남매 50여 명이 이주했다.[100] 1911년 무렵 안동과 주변 지역에서 만주 망명길에 오른 인원은 모두 100여 가구, 무려 1,000명에 가까운 숫자이다.

신흥학교 교장과 임시정부 국무령을 지냈던 이상룡은 압록강을 건널 때의 비정한 심정을 다음과 같이 토로한다.

---

98 『중앙일보』, 1931년 12월 17일자의 보도에 의하면, 이 시기 귀국한 사람이 1,575명이나 되었다(손춘일, 앞의 책, 157쪽 재인용).

99 위의 책, 159쪽.

100 윤병석, 앞의 책, 228~229쪽.

삭풍은 칼보다 날카로워 나의 살을 에는데
살은 깎여도 오히려 참을 수 있고
창자는 끊어져도 차라리 슬프지 않다.
옥토 삼천리와 이천만 백성의 극락 같은 부모국이
지금 누구의 차지가 되었는가.
차라리 이 머리를 잘릴지언정
어찌 내 무릎을 꿇어 그들의 종이 될까보냐.
집을 나선지 한 달이 못되어 압록강 물을 건넜으니
누가 나의 길을 더디게 할까 보냐
나의 호연한 발걸음을.[101]

신민회가 1910년 3월부터 중국 경내에 반일기지를 물색하던 중 일제의 세력이 상대적으로 미약한 남만 지역, 즉 유하현 삼원포 추가가(秋家家, 秋氏 집거지)를 반일기지의 최적지로 선정하였다. 1911년 4월 유하현 대고산에 3백여 명으로 구성된 경학사(經學社)를 발족시켰다. 이후 1911년 신흥강습소가 재정난으로 폐교된 후, 경학사의 취지를 살려, 1912년 통화현 합니하(通化縣 哈泥河)로 이전하여 신흥학교로 개칭되어 설립되었다. 1919년 5월 3일 신흥학교를 신흥무관학교로 개편하여 군사인재양성에 주력했다. 신흥무관학교는 해방 이후 1949년 3월 20일 현재 서울 종로구 관철동 조계사 옆 신흥대학으로 설립되었고, 이후 현 경희대학교로 개칭되었다.

이 당시 신흥무관학교와 밀접한 관계를 가지고 일반학과와 군사훈련 교육을 시켰던 은양학교가 있었다. 현재는 류하현조선족완전중학교로 개칭이 되었지만, 은양학교는 1912년 10월 10일 방기전 장로를

101 김희곤, 『안동 사람들의 항일투쟁』, 지식산업사, 2007, 514~515쪽.

1911년 추가가 대고산 밑에 세워졌던 경학사 옛터와 신흥강습소가 있었던 삼원포 추가가 옛터

1912년 삼원포 합니하 옛터

서울 중구 조계사 옆 수송공원 안

초대 교장으로 설립된 항일교육 공간이었다. 은양학교는 1910년 말에는 학생수가 800명에 이르면서 발전했지만, 1920년 배일교육을 했다는 죄명으로 강제 폐교되었고, 초대교장 방기전장로는 일제토벌대에 의해 통화로 압송되어 가던 중 합니하 광화 다리 밑에서 일제 군도에 의해 네 동강으로 잘려 순국하였다. 방기전 장로는 1990년 한국정부로부터 건국훈장애국장을 추서 받았다.

이후 1922년 12월 7일 삼원포교회 한경희 목사에 의해 삼원포 서문

유하현 조선족완전중학교

안에 '동명학교'가 설립되었다. 은양학교 일부 교원과 조선 숭실학교에서 초청된 교원 5명, 학생 146명이었다. 이후 학교가 통합되면서 명칭이 개칭되어 지금의 '조선족완전중학교'로 발전하였다.

만주 이주 조선인들의 분포를 보면, 만주 북부 지역은 평안북도와 함경북도에서 이주한 사람들이 많다. 이것은 압록강과 두만강에 인접해 있어 그렇다. 조선 남부에서는 경상도에서 이주해온 자들이 많다. 경상남북도에서 만주까지는 거리가 멀고 일제 군경의 감시가 심해 이주하기가 쉽지 않았지만, 이주자가 많은 것은 정치적-사회적 배경 때문이다. 이것은 평안북도와 함경북도 이주자들이 가난을 피하여 이주한 경제적 배경과는 다른 점이다. 망국의 한을 품고 조국독립의 희망을 가지고 이주해온 자들이 많았을 것으로 추측된다.[102]

특히 신간회 안동지회에서 많은 망명이주자들이 생겨났다. 이상룡과 김대락, 김동삼 등이다. 김대락은 1910년 12월 24일 66세의 늙은 몸을 이끌고 문중의 청·장년을 포함한 만삭의 손부와 손녀를 대동하고

102 채영국, 『만주지역 항일무장투쟁』, 독립기념관 한국독립운동사연구소, 2007, 108~109쪽.

만주로 이주했다. 문중단위의 첫 번째 집단 망명이었다. 안동에서 출발하여 추풍령까지 1주일을 걸었고 기차를 타고 신의주까지 간 다음 압록강을 건너 목적인 유하현 삼원포 이도구에 도착한 것이 안동을 떠나 석 달이 지난 1911년 4월 18일이었다.[103] 일행이 압록강을 건너 안동현(지금 단동)으로 들어간 것이 1911년 1월 8일이었다. 66세 고령인 김대락에게는 만주벌판의 추위는 그 자체가 고통이었다. 그는 「백하일기」에 그 당시의 상황을 다음과 같이 적고 있다.

> 9일. 맑음. 두고 온 짐 꾸러미가 아직 도착하지 않아 누워도 요이불이 없고, 문 없는 방이란 밤을 지내기 어렵다. 가져온 돈을 덜어 가재도구와 가마솥, 그릇 약간을 사서 새로운 거처에서 지낼 계책을 대략이나마 갖추었다. 이제부터 추위 걱정은 조금 면하겠으나 많지 않은 자금이 낭비에 들어갔으니 가히 한탄스럽다.[104]

이상룡 역시 안동 사람으로서 서간도 독립운동의 지도자로 활동했다. 그는 압록강 앞에 서서 "칼끝보다도 날카로운 저 삭풍이 내 살을 사정없이 도려내네. 살 도려내는 건 참을 수 있지만 나라가 무너졌으니 어찌 슬프지 않으랴" 하며 망국의 한을 품고 서간도로 이주했다.[105] 이상룡은 서란현 이도향 소과전자에서 1932년 5월 12일 75세를 일기로 세상을 떠났다. 이후 이상룡의 조카인 이광민과 이광국이 아서원 취원장으로 묘소를 옮겼다.

이상룡의 자택이었던 경북 안동 법흥동 소재 임청각은 99칸의 대저

103 엄재진, 「자정순국 100년 (5)-안동인들의 해외 항일투쟁」, 『매일신문』, 2010.9.21.
104 김대락, 『백하일기』, 1911년 1월 9일(강윤정, 「백하 김대락의 민족운동과 그 성격」, 『白下 金大洛 先生-추모학술강연회』, 안동청년 儒道會, 2008, 29쪽에서 재인용).
105 강윤정, 「자정순국 100년-석주 이상룡」, 『매일신문』, 2010.9.21.

경북 안동시 임하면 천전리 소재 김대락의 자택 백하구려(白下舊廬)

이상룡

임청각(보물 제182호 / 경북 안동시 법흥동 20-3)

택이다. 임청각은 앞마당이 철로로 갈라져 있다. 일제가 직선코스를 두고 의도적으로 임청각의 앞마당을 지나도록 철로를 부설하면서 앞마당이 철로로 갈라져 버렸다. 이상룡은 나라가 망하자 나라가 없는데 조상이 무슨 필요가 있느냐고 반문하면서, 신주를 땅에 묻고 대식구를 거느리고 만주로 이주하여 갔다. 독립 이후 현재까지 임청각은 소유권이 소유자에게 회복되지 못하고 후손들은 어려운 삶을 살아야만 했다. 이상룡의 증손자 이항증(72세) 씨는 10년간의 소유권 회복을 위한 노력이 헛되고 만 것을 분통해 하고 있다. 임청각의 소유권이 68명의 후손들의 공유로 되어 있어 법적으로 소유권을 찾기가 여간 힘든 일이 아니라고 말한다.

친일후손들이 당시 일제가 패망하면서 남기고 간 재산을 부당취득하여 국가로 환수하지 않고 잘 살고 있는데 반해, 이상룡 후손들과 같은 항일후손들은 아직도 빈곤한 삶을 살고 있다. 이처럼 항일후손들은 만주땅에서 겪었던 조상들의 망국의 한을 근대화된 조국 공간에서도 여전히 되새김질 하고 있다.

특히 경북의 경우 망명이주가 많다. 1911년 87명, 1912년 9개월 동안에만 경북 각지에서 1,092명이 서간도로 이주했다.[106] 김대락은 통화현 합니하에 머물던 1912년 9월 29일부터 「분통가」를 작성했다. 그의 『백하일기』에 전문이 수록된 것은 1913년 6월 4일이었다. 「분통가」는 총 400행으로 망국의 한, 망명의 사연, 영웅장사와 의열에 대한 칭송, 독립전쟁과 광복의 노래를 담고 있다.[107]

貰金주고 그 술가지고 조상 제향한단 말가
屋貰주고 基貰주고 그 터전에 산단 말가
비상같은 은사금을 재물이라 받단 말가

---

106 윤병석, 앞의 책, 229쪽.
107 강윤정, 「백하 김대락의 민족운동과 그 성격」, 『白下 金大洛 先生－추모학술강연회』, 안동청년儒道會, 2008, 37쪽.

실같해도 國服이라 그 국복을 입단 말가
독사같은 그 모양을 아침 저녁 對탄 말가
鬼충같은 그 인물을 이웃같이 산단 말가
길 닦아라 길짐 저라 雷霆같은 호령소리
金玉같은 우리 민족 저의 노예 된단 말가
龍鳳같은 堂堂大夫 적의 압제 받단 말가
哀殘하고 분통하다 거 거동을 어찌 보리.[108]

이 시기는 배고픔에 겹쳐 망국의 한까지 달래야했던 시기로서 조선인의 한이 가장 겹겹이 그리고 깊게 쌓였던 시기이다. 위만주국의 통제를 받아야 하고 일제의 민족 말살정책의 희생자가 되어야 했던 수난의 이주사가 가장 깊게 녹아 있는 시기이다. 일제의 동양척식회사의 토지수탈과 일제의 조선토지침탈의 수단으로 강제적인 집단이주를 할 수밖에 없었다. 시간이 지나면서 집단강제이주에 대한 조선인의 반발이 심해지자, 개인적인 자원의 자유이민도 새로이 첨가된다. 조선인도 일본이주에 준하는 국책이주로 인정받아 정부 보조금도 약간 받았다. 특히 1937~1943년 동안 이주자가 급락하였는데, 이것은 위만주국의 북변개발계획의 일환으로 북만주에 입식된 조선인 농민이 겪은 격심한 어려움 때문이다. 이후 일제의 강제집단이주는 급증하여 1940년 145만 384명, 1944년 165만 8,572명이 되었다.[109] 1931년부터 1945년까지는 일제의 식민통치수단으로 이주정책을 추진했기 때문에 이전의 시기에 비해 무려 3배나 될 정도로 급증한다.[110]

〈이주 조선인 비교표(1919~1931)〉는 대정(大正) 10년 즉 1921년부터

108 윤병석, 『간도 역사의 연구』, 국학자료원, 2003, 28쪽.
109 이종수, 앞의 글, 79쪽.
110 진용선, 앞의 책, 47쪽.

이주 조선인 비교표(1919~1931)[111]

구분	인구			전년대비 증감
	남	여	계	
1919	240,988	190,290	431,198	
1920	261,870	197,557	459,427	28,229
1921	271,150	217,506	488,656	29,239
1922	285,494	230,371	515,865	27,209
1923	289,750	238,371	528,027	12,162
1924	292,769	239,008	531,857	3,830
1925	289,381	242,592	531,973	116
1926	289,110	244,075	542,185	10,212
1927	304,582	253,698	558,280	16,095
1928	313,599	263,453	577,052	18,772
1929	322,631	275,046	597,677	20,625
1930	325,781	281,333	607,119	9,442
1931	365,179	314,136	679,315	72,196

출처 : 『재만조선인사정』(만주국민정부총무부조사과, 1933)

소화(昭和) 6년인 1931년까지의 조선인 인구표이다. 『동아일보』에 의하면, 1921년은 488,656명이고 1931년은 612,103명이다. 『경성일보』에 의하면 조선총독부 통계로는 1937년은 88만 명이다.

111 위의 책, 46쪽 재인용. 당시 만주 거주 조선인의 수에 대해서 정확한 통계를 얻기 힘들다. 인구조사를 하는 주체에 따라 숫자가 상이하다. 그리고 통계에 잡히지 않는 숫자가 많을 것으로 예상된다. 왜냐하면 당시 조선인은 만주국에 있는 일본 당국에 신고하지 않고, 조선인 다수가 중국인으로 귀화했거나 만주의 깊은 곳으로 흩어져 살고 있어 파악이 어려우며, 진정한 조사 당국이 없었기 때문이다.
예컨대 1925년 인구를 『조선일보』는 120만 명으로 계산하지만 일본영사에서는 1926년 542,869명으로 집계한다. 그리고 중국 관헌은 1928년 540,500명, 재만 조선인 단체는 1926년 739,892명 등으로 많은 차이가 있다. 이러한 점을 미루어 이훈구는 조선인 인구가 1925년에서 1929년 사이의 인구가 최소한 80만여 명은 될 것으로 추산하고 있다. 이 수는 만주 총인구의 2.8%로서 중국인에 이어 두 번째 많은 수이다(이훈구, 앞의 책, 89~90쪽).

在滿朝鮮人口累年表

年次	日本人 人	朝鮮人 人	合計 人
大正 一〇	[illegible]	[illegible]	[illegible]
一一	[illegible]	[illegible]	[illegible]
一二	[illegible]	[illegible]	[illegible]
一三	[illegible]	[illegible]	[illegible]
一四	[illegible]	[illegible]	[illegible]
昭和 一	[illegible]	[illegible]	[illegible]
二	[illegible]	[illegible]	[illegible]
三	[illegible]	[illegible]	[illegible]
四	[illegible]	[illegible]	[illegible]
五	[illegible]	[illegible]	[illegible]
六	[illegible]	[illegible]	[illegible]

『동아일보』(1934.8.4)

在滿朝鮮人は八十八萬人

一年に九萬人の增加

京日 總督府調査 12. 3. 23

『京城일보』
(1937.3.23, 조선총독부 통계)

4) 희망의 한

간도는 노예와 포로가 되어 강제로 이주해갔고, 배고픔을 피하여 자발적으로 이주해간 땅이지만, 그곳은 궁핍을 해결해 줄 수 있는 '신천지'[112]였다. 조선 말기 대수재와 홍수를 맞아 극도로 궁핍했던 시기 새로운 삶을 개척하기 위한 기대와 희망의 공간이었다. 간도는 한민족의 옛 고토로서 낯선 땅이 아니었다. 새로운 삶을 위해 정주하고 살아야 할 기대와 희망의 땅이었다. 가난을 피하여 갔지만 생각과는 달리 일제와 위만주국의 탄압을 이중적으로 받아야 했던 원한과 회한의 땅이었다. 하지만 한이 정으로 전환되어 새로운 삶을 살아야 할 땅으로 생각한 '정한(情恨)'의 공간이었다. 한이 아물지 않은 채 가라 앉아 정으로 전환된다.

이 당시 조선인들은 이국땅을 제2의 고향으로 생각하고 강한 정주(定住)의 의지를 보인다. 이미 돌아갈 수 없는 조국이 되어버렸기에 이국땅을 옛 고향으로 생각하며 강한 정주의 지향성을 보인다. 망국의

112 윤병석, 『해외동포의 원류』, 집문당, 2005, 207쪽.

한을 품고 이주해간 곳이지만 멀리는 조국해방을 가까이는 중국공산당의 승리를 위해 항일 투쟁을 했던 곳이다. 그 항일 투쟁의 지향점은 아직은 아니지만 언젠가는 다가 올 조국해방이라는 미래에 대한 강한 기대와 희망이 살아 있었다. 미래에 대한 강한 욕망이 한에 녹아 있다. 원(願)으로서의 한[願恨]이다.

> 우리는 계속 송피를 벗겨 먹고 우묵우묵 패인 물구뎅이에 가서 개구리알까지 떠다가 삶아 먹으며 일하였다. 햇풀이 땅 위로 봉긋이 솟아오르면서부터는 남녀노소가 산과 들에 숨위나물, 삽지, 기름고비, (…중략…) 참나리, 개나리 등 먹을 수 있는 풀은 죄다 캐들었다. 이런 산나물은 송피보다 먹기 좋았다. 하지만 이런 산나물을 먹을 때 기름 한 방울 놓지 못하였다. 간장, 된장, 소금마저 없어서 맹물에 삶아 먹거나 생나물을 그대로 씹어 먹다 보니 나중엔 사람의 몸에 풀독이 오르고 병이 나서 선후 100여 명 군중이 사망되었다. 하지만 유격 근거지 군민들은 이 무서운 곤란 앞에서도 머리를 숙이지 않았다.[113]

조국해방 이후 많은 사람들이 귀국했지만, 귀국해서 새로운 삶을 살 수 있다는 보장이 없었던 많은 사람들은 귀국 대신 중국 공민으로서 남기를 결단하지 않을 수 없었다. 1949년 중국공산당에 의한 신중국 건설 이후 조선인에게 만주는 이제 중국 소수민족으로서 '조선족'의 새로운 역사를 만들어 가야 할 희망의 공간이 되었다. 이후 중국근대화의 과정에서 소외된 삶을 살지 않을 수 없었던 암흑기가 있었다. 대약진과 반우파투쟁 그리고 문화대혁명이라는 맹목적인 근대화의 과정에서 소수민족으로서의 한을 품고 살 수밖에 없었다. 하지만 모택동 이후 1978년 개혁개방이 되고 1992년 한중수교가 이루어지면서

---

113 여영준 구술, 한태악 정리, 한홍구 해설, 『준엄한 시련 속에서』, 천지, 1988, 133~134쪽.

조선족 사회는 새로운 전기를 맞는다. 소위 '코리언드림'이란 꿈을 가지고 근대화된 조국에서 돈을 벌어 보다 잘 살아보려는 희망을 품고 살아 왔다. 디아스포라의 한을 할아버지 땅에서 풀어보자는 기대가 조선족 사회의 변화를 앞당겼다.

그러나 급작스럽게 이루어진 한중수교 이후 조선족의 한국 대이동이 가져다 준 조선족 사회의 해체는 위기로 다가왔다. 생각과는 달리 조국은 이제 더 이상 조국이 아니었다. 할아버지 나라에 대한 조선족 동포의 막연한 기대가 물거품으로 사라졌다. 이런 과정에서 조선족 동포는 한국정부로부터 소외되고 주변화되어 한국은 제2의 원한의 공간이 되고 말았다. 하지만 지금은 조선족 동포와 한국정부 사이의 관계에 대해 서로가 성찰하면서 보다 나은 관계로 발전하기 위한 노력을 기울이고 있다. 조선족 사회는 한국에서의 경험을 바탕으로 조선족 사회를 미래지향적으로 새롭게 건설하려는 희망을 가지게 되었다. 특히 조선족의 젊은이들과 지식인들은 한국에서의 국제적 경험을 바탕으로 글로벌한 사회의 리더로서 성장할 수 있는 좋은 계기로 받아들인다. 한국정부 역시 최근 들면서 복수국적허용과 10년 이상 장기체류자를 구제하는 방안을 적극적으로 법제화하고 있다. 이제 조선족 동포는 한국정부와의 대립적 관계를 초월하여 양국이 글로벌 사회의 주역으로 상생할 수 있는 희망을 이야기하게 된 것이다.

한 조선족 지식인은 망국의 한을 희망의 한으로 승화시켜 나갈 수 있는 조선족의 특유한 의식의 지향성을 「나는 조선민족이다」라는 시로 표현한다.

> 이 세상 그 어디를 가나 오나
> 나는 진정 자랑하고 싶노라
> 내가 배운 가장 무거운 말로

— 나는 조선민족이다!
조선민족이다 —
천 번을 불러 다정한 그 부름 속엔
얼마나 살뜰한 정이 깃들어 있는가
선조의 넋
부모의 피
미래로 달려갈 후손의 복된 숨결까지도
(…중략…)

용감하고 슬기로운 우리민족
다정하고 다감한 우리민족
오직 미래를 위해
온갖 슬픔도 가실 줄 알고
온갖 어려움도 이길 줄 아나니

내가 갈 길
내가 짊어질 짐을 너무나 잘 아노라
가령 내가
이 세상 막끝 이름 없는 계곡에서
한 오리 연기로 사라진다 하더라도
나는 정녕 잊지를 않으리라
내가 이 세상에서
조선민족으로 살았다는 것을![114]

— 김학송, 「나는 조선민족이다」, 『도라지』, 1984.

---

114 정신철, 앞의 책, 219~220쪽 재인용.

5. 벼농사와 한

만주땅 넓은 들에

벼가 자라네. 벼가 자라.

우리가 가는 곳에 벼가 있고,

벼가 자라는 곳에 우리가 있네.

우리가 가진 것 그 무엇이냐.

호미와 바가지밖에 더 있나.

호미로 파고 바가지에 담아

만주벌 거친 땅에 볍씨 뿌리여

우리네 살림을 이룩해 보세.[115]

조선족 항일 여전사인 이민은 자신의 어린 시절을 다음과 같이 기억한다.

> 1924년 11월 5일, 나는 중국 흑룡강성 오동하 하동촌에서 태어났다. 소오하강 하류와 오동하가 합류하는 비옥한 평원에 자리잡은 이 마을에는 1922년에 벌써 조선 사람 몇 집이 와서 황무지를 일구어 벼농사를 짓기 시작했다고 한다. 이에 눈독을 들인 그곳 군벌은 동북지대의 조선 떠돌이 재난민을 계속 받아들여 마을에 살게 했다. (…중략…) 조선사람들을 소작농으로 삼아 벼농사를 짓게 하고, 첫해에 땅 한 마지기에 조 한 섬과 콩기름 서너 근, 그리고 소금 여남은 근씩을 나누어 주었다. 농사 외에 수리공가의 의무까지 부담시켰다. 그마나 우선 땅이 차례지고 배를 곯지 않게 된 것만

115 임계순, 『우리에게 다가온 조선족은 누구인가』, 현암사, 2003, 79쪽.

으로도, 농민들은 달가워했다.

하지만 농사가 잘된 어느 해부터 공사에서 마음대로 소작료를 높이며, 여러 가지 터무니없는 세금을 가혹하게 징수하기 시작했다. 이에 따라 마름에게 바쳐야 하는 부담도 더 늘었다. 이 모든 것에 농민들이 불만을 표시하면, 공사 측은 숙지(3년 이상 가꾼 땅)를 몰수해버린다고 으름장을 놓았다. 뼈 빠지게 한 해 농사를 지어 풍작을 안아와도 농민들은 빈털터리 신세가 되는 판이었다.[116]

조선인의 수전(水田)농사, 즉 벼농사가 한(恨)의 주제로 되는 것은 벼농사가 단순한 경제적 활동만을 의미하지 않기 때문이다. 조선인들의 벼농사에 대한 중국인들의 시선은 곱지만은 않다. 벼농사가 조선인에게는 일제의 통제 수단이었고 그리고 중국인에게는 조선인의 벼농사가 일제의 경제침략이었기 때문에 조선인은 일제와 중국 양편으로부터 통제를 당하였다. 조선인에게 벼농사는 중국과 일제와의 투쟁의 과정이기도 하였다. 조선농민으로 처참하게 당했던 수난의 역사는 바로 쌀 생산의 역사와 궤를 같이 하고 있다. 한반도에서 벼농사가 시작된 것은 기원적 10세기 경 청동기 시대라는 견해가 주류를 이루고 있다. 물론 이전의 신석기 시대부터라는 견해도 있지만 고고학적 증거가 충분하지 않다.[117]

1909년 체결된 '간도협약'에는 조선인들도 중국인과 마찬가지로 토지소유권을 가질 수 있다고 쓰고 있다. 그러나 이 토지소유권은 '치발역복'을 전제로 한 것이고, 귀화한 조선인들에게도 '청표(淸票)'라는 임시증서를 발급해 주었다. 이것은 중국 관헌에 의해 언제든지 회수될 수 있는 말 그대로 임시증서에 지나지 않았다. 이와 같이 조선인은 중

116 이민, 앞의 책, 7~8쪽.
117 국사편찬위원회 편, 『쌀은 우리에게 무엇이었나』, 두산동아, 2009, 33쪽.

국인에 비해 상대적으로 불리한 조건에서 농사를 짓지 않을 수 없었다. 이런 사정에서 변칙적으로 생긴 것이 '전민제도(佃民制度)'이다. 비귀화한 조선인들이 귀화인의 명의를 빌려 공동으로 토지를 구입하는 제도이다. 이 제도는 중국 측에서 보면, 조선족을 이용하여 개발은 하되 법적으로 소유권이 없는 비귀화 조선인들의 무분별한 토지소유를 통제하기 위한 수단이다.[118] 전민, 즉 비귀화 토지소유자가 될 수 있을 정도로 재력을 가진 조선인들이 많지 않았기 때문에 실질적으로는 무용지물의 제도라고 할 수 있다. 1920~1930년대 동북 지역에 이주한 조선인 농민들은 경제적 원인으로 절대다수가 소작농으로 전락될 수밖에 없었다. 지주, 부농, 자작농은 감소되는 반면, 빈농과 고농(雇農)은 증가하였다.

일제의 만주침략은 1930년대 세계대공황과 연계선 상에서 이해해야 한다. 일제에 있어 만주는 경제적 안정을 도모하기 위해 필요불가결한 곳이었다. 그리고 조선을 영구히 지배하기 위한 거점 공간이기도 하였다. 일제의 만주농업정책은 이른바 일제의 대륙정책과 궤를 같이 한다. 한반도의 실질적 지배권을 확립하고 만주・중국으로의 침략을 지향하는 '대륙정책'의 구상하에서 이루어진 만주농업정책은 그 자체가 군사-정치적 의미를 갖는다. 따라서 만주 조선인을 효율적으로 통제하기 위한 수단이 바로 일제의 조선인 농민이주정책이다. 따라서 일제의 만주침략과 이후 조선인에 대한 탄압은 철저하게 경제적인 조치로 이루어졌다. 재만 조선인 거의가 농민이고, 그것도 절대다수가 소작농이었기 때문에 일제의 농업정책은 바로 조선인의 수난을 심화시키고 가속화했던 것이다. 가난을 피하여 이주해온 조선인에 대한 일제의 경제적 수탈은 조선인의 한의 뿌리가 되었다.

---

118 김춘선, 「일제와 봉계군벌의 통치정책과 민족주의단체의 반일운동」, 『중국조선족통사』 上, 연변인민출판사, 2009, 248쪽.

조선인에게 있어 수전농사는 우선은 경제적 의미를 갖는다. 즉 식량난을 극복하기 위한 수단이다. 일제는 1908년 동양척식회사를 설립한 이후 1936년 8월 25일 히로타 고오키 내각의 7대 국책 중 하나로 일본농민 100만호(일본농민의 5분의 1로서 500만 명)를 향후 20년 간 만주로 이주한다는[119] 계획을 수립하였다. 반면에 조선인의 만주이주는 통제하였다. 이전의 '방임'에서 '통제'로 바꾼 것은 조선인의 대량이주는 일본인의 이주에 방해가 된다는 차원에서이다.[120] 일본인의 입식예정지에 조선인들이 무단으로 이주하는 것을 막기 위한 통제였다. 한편 조선에서는 일본인의 조선(특히 전라도 곡창 지역)이주를 위해 조선인들을 만주로 집단 이주시키는 통제정책을 폈다. 이처럼 조선인은 일제강점하에서 조선과 만주에서 이중적인 통제의 대상이 되어 수난을 받고 살지 않으면 안 되었다.

다른 하나는 정치적 의미로서 조선 내 항일운동을 통제하기 위해 만주로의 강제이주를 실시했고, 만주인과 조선인 사이의 대립관계를 조장하여 만보산사건 등을 통해 조선농민을 만주사변의 첨병역할로 삼았다. 일제는 겉으로는 조선인을 보호하는 정책을 섰지만, 만주인이 볼 때는 일제의 비호를 받고 있는 난입자 조선인에 대해 불만을 가지지 않을 수 없었다. 이 모든 것은 일제에 의해 이루어진 만주침탈을 위한 의도적인 행위이다. 이런 가운데 조선인은 만주인 지주로부터도 억압을 당하고, 일제로부터도 수난을 당하는 이중적 고통의 한을 가지고 살아갈 수밖에 없었다.

---

119 신승모, 「식민지기 일본어문학에 나타난 '만주'조선인상」, 『한국문학연구』 제34집, 동국대 한국문학연구소, 2008, 396쪽.

120 반면에 조선인 이주계획은 1934년 11월 말 매년 4만 호 20만 명씩 향후 10년간 200만 명(조선농가 40만 호)을 이주할 계획을 수립하였다. 그러나 조선인의 대량송출이 일본인에게 지장을 줄 수 있다는 판단하에 그 규모가 훨씬 축소되었다(김기훈, 「일제하 '만주국'의 이민정책 연구 시론」, 『아시아문화』 제18호, 한림대 아시아문화연구소, 2002, 50쪽).

재만 조선인의 한은 일제의 만주사변을 기점으로 더욱 깊어진다. 일제가 만보산사건을 의도적으로 일으켜 만주침략의 구실로 삼았다. 만주사변을 일으키고 1932년 만주국을 수립한 이후 일제의 조선인 지배는 더욱 교묘하게 정략적으로 이루어졌다. 1910~1930년 사이에는 만주를 지배하는 청조와 그 뒤를 이은 만주군벌 정권이 있었기 때문에 일제의 재만 조선인 지배는 제한적이고 소극적일 수밖에 없었다. 하지만 만주국을 수립한 이후는 조선인에 대한 지배가 더욱 가혹해지고 동시에 일제의 침략을 당한 중국인들은 조선인을 일제의 첨병으로 보고 더욱 가혹하게 다스렸다. 이런 점에서 조선인의 수난사에서 1930년대를 기점을 전후로 한 시기만큼 한이 깊게 서려 있는 시기는 없었다. 만주국 수립 이전에는 조선인의 수전농사 능력이 조선인과 중국인의 관계를 극단적인 대립관계로 만들지 않고 형식적으로라도 상호인정을 하는 관계였다. 하지만 만주국 수립 이후 조선인과 중국인 사이의 관계는 대립적 관계로 전환되었다. 물론 이것은 일제에 의한 정략적 조치였다.

당시 한 일본인의 「시찰보고서」는 당시 조선인의 삶을 다음과 같이 기록하고 있다.

> 식량부족 현상이 매년 계속되고 있다. 추수가 끝난 지 한 달밖에 되지 않았는데도 식량을 요청하는 진정서가 수없이 날아들고 있다. 산간 마을에 사는 사람들은 예외없이 느릅나무 껍질로 목숨을 연명하고 있다. 나무나 식물이 아직 싹을 틔우지 않은 3월부터 5월 사이 가장 궁핍한 시기이다. 집단부락민들이 산 중턱에서 느릅나무 껍질을 구하고 있는 모습은 서글프기 그지없다. 그들의 얼굴에 생기가 없다고 말하는 것은 나은 편이다. '생기가 돈다'는 것은 이들과는 전혀 무관한 말이다. 그들의 얼굴빛은 검청색, 아연빛에서 흙색으로 바뀌고 있다. 바로 죽음이 현실로 다가오고 있다.[121]

만주 조선인들은 물의 흐름만 있으면 결코 보아 넘기지 않고 작으나마 수전을 일구고 수전 부근 조금 높은 곳에 토벽을 쌓고 지붕을 세워 흙으로 만든 작은 집에서 온돌식으로 취사하며 벼농사에 종사하였다.[122] 일본인들은 조선인의 이러한 수전 능력을 비꼬아 조선인을 '메기'라 불렀다.[123] 이런 재만 조선인의 수전농사 능력은 중국에 정착하는 데 많은 도움을 주었다.[124] 조전(旱田)농사인 밭농사만 하고 있었던 중국인들은 조선인의 수전농사 기법을 배우기 위해 조선인과 화합하였다. 따라서 조선인의 수전농사는 중국 조선족의 정착에 많은 도움을 주었다. 조선인의 수전농사 능력 때문에 형성된 조선인과 중국인 사이의 상호관계를 알 수 있는 기록들이 발견된다.

그곳에서 중국지주의 묵정밭 한뙈기를 소작맡았는데 척박하기 짝이 없는 땅이었다. (…중략…) 그 부근에서는 첫 수전농사였다. 중국사람들이 신기하다고 구경을 올 정도였다. 머릴 가로 젓는 사람들도 있었다. 밭이 하도 척박했기 때문에 거기다가 자기네가 생전 해보지도 못했던 벼농사를 시작하니까 그럴 만도 했다. 하늘이 도왔는지 그해 농사가 그래도 괜찮게 됐다. 주인집에서두 좋아 난시(야단이)였다. 생전 먹어보지 못했던 이밥구

121 윤휘탁, 「'만주국' 시기 일제의 치안숙정공작이 농민에게 미친 영향과 그 결과」, 『역사학보』 제147집, 역사학회, 1995, 182쪽.

122 김영, 『근대 만주 벼농사 발달과 이주 조선인』, 국학자료원, 2004, 66쪽.

123 현규환, 앞의 책, 312쪽.

124 한 예로 1939년 재만 조선인, 중국인, 일본인의 미곡생산능력을 다음 도표로 확인할 수 있다(김영, 앞의 책, 207쪽 재인용).

항목 / 민족별	수전면적	생산량	정(町)당 수확량
조선인	244,003町(85%)	6,752,004석(89%)	27.67石
중국인	34,223町(12%)	689,231석(9%)	20.13石
일본인	7,353町(3%)	146,246석(2%)	19.88石
計 / 平均	285,579町(100%)	7,587,381석(100%)	26.57石

경을 했으니까. 동네 중국사람들도 꼬리빵즈(高麗幇子, 조선인을 한어로 흉하게 이르는 말)들이 여간내기가 아니라고 혀를 찼다. 이렇게 우리는 그 동네에 발을 붙였다.

우리 아버지 때는 한족지주들이 벼가 뭔지 몰랐다. 가을걷이를 해놓고 입쌀을 한족지주한테 바치니 이제 뭔가, 싫다 했다. 그래서 한번 해서 먹어보라구 했더니 세상에 이렇게 맛있는 곡식도 있는가 하며 이곳 조선사람을 조선에 보내여 사람들을 많이 불러다 벼농사를 짓게 했다. 그때로부터 이곳 쌀은 우리도 못 먹어볼 때가 많았다.[125]

하지만 만주사변 이후 일제의 만주침략이 노골화되면서 조선인과 중국인 사이의 관계도 대립관계로 악화되었다. 이때부터 중국인은 조선인을 일제 침략의 첨병으로 여기고 노략질을 하고 못살게 굴었다. 일제에 패한 중국 잔당들이 조선인들에게 마적행위를 일삼았다.

고려문에 와서 7년간 살다가 마적단의 성황에 배겨낼 수 없어서 홍개현으로 살길을 찾아 떠났다. 거기서 수전을 부쳤는데 그땐 농사를 잘 지어도 배불리 먹고 살수가 없었다. 왜냐하면 일단 마당질만 하면 어디서 쏟아져 나오는지 화적들이 몰려와 무작정 낟알만을 빼앗아 갔기 때문이였다. 그래서 하는 수 없이 밤중에 몰래 연자방아를 찧어서 먹군 했다. (…중략…) 무슨 단이요 회요 하는 패들이 내려와서는 련조를 내라고 하면서 3분의 1을 가져가 버렸다. 그러고 나면 한해 농사를 짓고 결국 빈털터리로 나앉기가 일쑤였다.[126]

---

125 윤휘탁, 「근대 조선인의 만주농촌체험과 민족의식－조선인의 이민체험 구술사를 중심으로」, 『한국민족운동사연구』 제64집, 한국민족운동사학회, 2010, 295쪽.
126 위의 책, 300쪽.

일제는 벼농사에 대한 개입을 통해 조선인 사회를 지배·통제하는 수단으로 삼았다. 겉으로는 조선인의 생활정착을 위한 것이라고 하지만 사실은 조선인을 이용하고 수탈하기 위한 것이었다. 이런 점에선 조선인의 수전농사는 단순히 생활의 수단만이 아니라, 조선인의 한이 서려 있는 삶 그 자체였다.[127] 예를 들어 연변의 쌀은 일제의 군사적 수요에 충당하기 위해 공출되었는데 연변 벼 수확고의 98%가 수탈되었다. 1939년 연변 벼 수확고가 7.14여만 톤이었는데 1943년에는 6.59만 톤으로 무려 5,500여 톤이 감소되었다.[128]

중국 북동부 지역을 중심으로 형성된 현재의 조선족 마을이 정착하게 된 시점은 1930년대 일제의 이주정책과 관련이 있다. 일본군의 인솔하에 집단적으로 이주하게 된 것이다. 이전의 이주형태는 개인 혹은 개별 가구별 이주였다. 일제는 수전농사의 경험이 풍부한 조선농민들을 만주로 이주시킴으로써 조선 내부의 격화된 갈등을 완화시키고 동시에 일본 군국주의의 물질적 기반을 확충하려는 의도를 갖고 집단이주를 유도한 것이다.[129] 이런 차원에서 일제는 조선인의 수전농작 능력을 이용하기 위해 만주족과 한족으로 이루어진 중국인과 조선인 사이를 의도적으로 이간질하는 정책을 섰다. 일본인이 1등국민, 조선인은 2등국민 중국인은 3등국민으로 분류하여 효율적으로 지배하기 위한 전략을 사용한 것이다. 조선인은 스스로 중국인과의 대결구조 속에서 자신들의 정체성을 형성하려고 노력하였다. 이 시기의 조선인의 종족 정체성은 중국인에 대한 승리 및 우월 의식으로 형성되었다. 하지만 이 전략이 일제의 교묘한 술수라는 것을 알면서 조선

---

127 김영, 앞의 책, 5~6쪽.
128 고영일 외, 『중국 항일전쟁과 조선민족』, 백암, 2002, 101쪽.
129 이현정, 「조선족의 종족 정체성 형성 과정에 관한 연구」, 『비교문화연구』 제7집 2호, 서울대 비교문화연구소, 2001.

인은 중국인과의 공존의식을 가지게 된다.

조선인의 중국 이주 시기를 추측하는 데 있어 중요한 전거는 동북에서의 수전개발이다. 그 당시 벼농사(도작(稻作))를 할 수 있었던 민족은 조선인뿐이었다는 전제하에서, 동북에서 조기에 실시된 수전개발을 근거로 이주의 시기를 추측한다. 만주 벼농사의 기원을 확인하기란 쉽지 않다. 멀리는 최저 2400년이 된다는 설도 있지만, 주로 발해시기(698~926)로 보는 것이 통설이다. 그러나 이후 발해가 망하고 그 후 요, 금, 원, 명 등의 몇 개 왕조를 거치면서 무려 700년간 만주에서 수전농사의 흔적이 사라졌다.[130] 청조초기에 여진족들이 후금 시기에 논벼농사를 했다고 하는데 누르하치의 후금 시기에는 주로 밭농사를 황태극 시대에는 논농사를 했다는 기록이 있다. 이 청조 초에는 논벼농사를 했다는 기록이 남아 있다. 동시에 그 당시 조선왕조에서도 두 번 동북에 벼 종자를 보냈다는 기록이 있다.

그런데 이 벼 종자를 가지고 누가 논벼농사를 지었는가에 대해서는 확실한 전거가 없다. 『중국동북사』의 저자는 심양일대에서 지은 벼농사는 여진족이 지은 것으로 기록하고 있다. 그러나 이후 동북에서 수전농사를 한 흔적이 발견되고 있지 않다. 그 당시 조선왕조에서 청나라에 파견했던 홍명호(洪明浩)가 1780년에 임금에게 올린 글이나 같은 해에 박지원이 쓴 『열하일기』에서도 동북에서는 주로 한전(旱田)이었고 수전은 거의 없는 것으로 기록되고 있다. 이런 기록을 보면 여진족이 수전농사를 할 수 없어 후금이나 청조에 조선인을 납치하여 수전농사를 지은 것으로 확인할 수 있다.[131] 이로 미루어 보아 동북에 조선인들이 많이 거주하였고, 이들에 의해 논농사가 지어졌음을 알 수

130 김영, 앞의 책, 32쪽.

131 천수산, 「동북에서의 조기 수전개발 문제에 대한 새로운 탐구」, 천수산 주편, 『조선족 역사의 새탐구』 上, 4쪽.

유하현 삼원포 신흥무관학교 옛터 앞(좌)과 하얼빈 아성구(우) 조선족 마을 인근 벼농사를 해 놓은 넓은 들

있다. 동북에서 제일 처음 벼농사를 시작한 것은 길림성 통화현 상전자(上甸子)이다 1870년 김씨라는 조선인농민이 이곳으로 이주해와 몇 해 동안 논농사를 실험하고 성공한 것이 알려지면서 논농사가 많아지게 되었다.[132] 북만주 지역의 수전농사는 1916년 연해주에서 이주해 온 최동한 등 14명의 조선인들이 동녕현 소수분하에서 볍씨를 뿌려 시작한 것이 최초였다.[133] 북간도 지역은 1800년대 후반부터 이미 시작되었다. 두만강 내의 사잇섬들에 월경하여 씨를 뿌려 놓았다가 가을이면 추수해가는 형태로 시작되었다.[134]

논농사가 이루어졌던 료동일대에는 일찍 원나라 시기(1206~1368) 조선인(고려인)이 많았고 청조 정묘(1627)와 병자호란(1636)을 가치면서 수만 명에 달하는 조선인 남녀들이 생포되어 와 농사를 지었다. 특히 심양에 볼모로 잡혀와 있던 두 왕자에게 입쌀로 밥을 지어 주기 위해 조

132 이정문, 「동북의 벼농사」, 서굉일 · 동암 편저, 『간도사신론』 상, 우리들의편지사, 1993, 101쪽.
133 채영국, 앞의 책, 122쪽.
134 위의 책, 123쪽.

선왕조에서 농군을 파견하여 농사를 짓게 하였다.[135] 이로 미루어 병자호란 이후 료동반도 일대에 조선인들이 촌락을 이루어 거주하고 있다는 것을 알 수 있다. 1780년 조선 조공사단(朝貢使團)의 수행인원으로 중국에 왔다간 박지원의 『열하일기』가 잘 말해준다.

> 28일 갑진
> (…중략…) 고려보까지 오니 집들이 모두 초가요 초솔하기 짝이 없으니 묻지 않아도 고려보인 줄 알겠다. 정축년란리에 붙들려온 조선사람들이 저대로 일촌을 이루어 살고 있었다.
> 관동 천여리에 논 한뙈기를 볼 수 없었는데 다만 이곳에만 논이 있고 떡이라든지 엿 같은 것은 본국 풍속이 많이 남아있었다.[136]

> 책문안의 인가는 20~30호에 지나지 않으나 모두 웅장하고 깊고 통창하다. 짙은 버들 그늘 속에 푸른 주기가 공중에 솟는 채 나부낀다. 변군과 함께 들어가니 웬걸 조선 사람들이 그 속에 그득하다. 맨종아리며 때낀 살쩍에 걸상을 가로 타고 앉아 떠들던 그들은 우리를 보고 모두 피하여 밖으로 빠져 나간다.[137]

조선인들의 중국 이주는 청조 초기 이전에도 그 수는 적지만, 이미 원조 시기에 고려 서경(지금의 평양) 홍복원이 1233년 반란을 일으켜 40여 개의 성의 군민을 이끌고 원나라 료동에 이주하였고, 조선왕조 성

---

135 조선인이 벼농사를 언제부터 시작했는가에 대해서는 여러 의견들이 많다. 김영에 의하면, 두 가지 통설이 있다. 하나는 1845년 평안북도 초산군 지방의 80여 호 농민이 혼강 유역에서 농사를 했다는 것이다. 다른 하나는 1875년에 처음 이 지역에서 농사를 했다는 설이다. 이와 관련된 논의는 김영, 앞의 책, 32쪽 이하 참조.

136 천수산 주편, 『조선족 역사의 새탐구』 下, 7~8쪽.

137 천수산, 「청조시기 조선족의 이주」, 김종국 편, 『중국 조선족사 연구』 I, 71쪽.

종 6년(1475) 신숙주가 임금에게 "제가 세종조(1418~1450) 때에 여러 번 료동에 갔댔는데 동녕위 사람들은 언어, 의복, 음식 등이 모두 우리나라와 같습데다"[138]란 글을 올렸다.

6. 만보산사건과 한

조선인에게 수전개발은 단순히 먹고 살기 위한 생활수단만이 아니었다. 척박한 땅에서 민족의 뿌리를 내리는 데 매우 중요한 의미를 갖는 것이다. 조선인의 벼농사에는 민족의 수난과 한이 그대로 담겨 있다. 수전개발을 위해 수로를 확보하는 과정에서 원주민인 한족과 조선인 사이에는 마찰이 있을 수밖에 없었다. 조선인의 수로공사는 중국 농민들의 재산권과 생존권에 대한 명백한 침해였기에 마찰이 일어나는 것은 당연하다. '만보산사건'은 1931년 4월 만보산에 이주한 37호 210명의 조선농민들이 도착하자마자 20여 리 거리에 있는 이통하(伊通河)를 절단하여 수로를 파기 시작하면서 원주민인 한족과 마찰이 일어난 사건이다.

이 사건의 개요는 다음과 같다. 만보산군 삼성보(三性堡)라는 곳으로 이주한 조선인들이 농사짓기에 적합한 땅을 중국인 지주와 교섭하여 임대하기로 하였다. 이 계약에 의해 조선인들이 수로공사를 시작하였다. 약 2개월 후 완성되었는데, 중국 관헌은 경관 200명을 파견하여 다음날 조선인들에게 이곳을 떠날 것을 명하였다. 이에 조선인들이 항의

138 천수산, 「동북에서의 조기 수전개발 문제에 대한 새로운 탐구」, 천수산 주편, 앞의 책, 9쪽.

만보산사건 현장

평양 거주 중국인 3,070명이 열차와 배로 귀국(『동아일보』, 1931.7.13)

하자 중국 측은 조선인 50명이 이곳에 정주할 것으로 알았는데 200명 이상이 정주하고 그중에는 공산주의자가 있을지도 모른다고 이유를 제시했다. 이에 대해 일본 측이 공사비용을 부담하였는데 중국 관헌이 공사를 중지하라고 하니까 조선인을 보호한다는 명분으로 일본은 경찰을 파견하였다. 이에 대해 중국인들은 분개하여 조선인들에게 온갖 박해를 하였다. 7월 1일 공사를 완료하려고 하였으나 중국인 500여 명이 몰려와 발포까지 하면서 파괴해 버렸다. 이에 일본군이 대응하여 약 2시간 동안 교전이 있었지만 다행히도 쌍방 간에 사상자는 없었다.

만보산사건은 농사짓다가 일어날 수 있는 단순한 사건을 일제가 중국침략을 위해 조선인을 철저하게 이용한 사건이었다. 1931년 7월 길림성 만보산 지역에서 밭농사하는 중국인과 논농사하는 조선인 사이의 분쟁사건이었다. 이전에도 유사한 분쟁이 일어났지만, 만주사변 바로 직전 일제의 만주침략을 위한 여론조성의 일환으로 주조된 것이었다. 중일 간의 분쟁으로 의도적으로 확대하여 만주침략의 구실로 삼았다.[139] 이처럼 조선인은 일제의 침략을 위한 도구로 한을 품고 살아야만 했다. 일제는 당시 필요했던 쌀의 공급을 위해 조선인의 수전능력을 보호하지 않을 수 없었다. 그러면서도 만주침략을 위해 중국과 조선인을 대립관계로 몰아가는 정책을 사용했다. 일제는 밭농사하는 중국인과 논농사하는 조선인 사이를 민족적 대립관계로 몰아세워 침략의 발판으로 활용한 셈이다. 일제가 동북침략을 하기 위해 사전에 장개석정부의 태도를 염탐하기 위한 고의적인 사건이었다. 1931년 남경정부는 만보산사건을 단순한 '일방적인 지방성 문제'로 결론을 내렸다. 그리고 난 후 바로 두 달 후 9월 18일 만주사변이 일어났다.

윤봉길의사는 가장 아끼던 남의에게 보낸 글에서 이 모든 것이 일제의 계략에 의한 것임을 밝히고 있다.

> 사랑 넘치는 남의에게
>
> 보거라, 이번 만보산사건을 보거라. 그 원인이 어디에서 비롯되었느냐. 첫째는 빼빼마른 삼천리강산에서 생활이 어려워 만주벌판으로 떠밀려 내려온 것, 둘째는 하나뿐인 지구상에 살면서 자기민족의 주장만 크고, 다른 민족은 차별하는 것에 있단다.
>
> 1931년 8월 15일 씀.

139 김영, 앞의 책, 144쪽.

당시 '만보산사건'에 대해 일제는 『조선일보』 특파원 김이삼을 매수해 연속 7차례나 『조선일보』에 왜곡된 보도를 하게 하였다. 만보산에서 조선인이 중국인에게 수백 명이 맞아 죽었다는 보도를 함으로써 조선에서 중국 화교들을 살해하는 광풍이 몰아치게 되었다. 일제의 조선인과 중국인의 이간질에 의해 일어난 사건으로 침소봉대(針小棒大)하여 보도하게 함으로써 일제가 침략을 위해 미끼를 던져 보는 전략에 일조를 했던 것이다. 이후 김이삼은 사죄성명서를 냈지만 조선인 순사 박창하에 의해 피살되었다.[140]

조선인에게는 벼농사가 생존을 위한 것이었다. 나라 잃은 조선인으로서는 벼농사 외에는 다른 생존의 대안이 없었다. 열악한 조건하에서도 벼농사의 어려움을 극복하지 않으면 안 되었다. 동시에 조선인의 논농사에는 망국의 한만이 있는 것이 아니었다. 조선 내에서 기아에 시달리는 빈궁한 농민과 비교해 만주 벼농사는 궁핍의 한을 달래기 위한 희망의 논농사였다.[141] "굶어 죽어도 벼종자를 베개로 베고 죽는다"[142]는 조선 속담에는 배고픔의 원한과 벼농사에 대한 희망도 함께 담겨 있다.

일본 작가에 의해 조선인의 참혹한 삶을 리얼하게 형상화한 작품도 있다. 물론 일제의 식량증산이라는 국책사업의 일환으로 만주이주가 그려지는 제국주의적 시각을 벗어나고 있지는 못하지만, 일본인 작가에 의해 쓰일 정도로 당시 조선인의 삶을 인간에 있어 가장 참혹한 실존으로 형상화하고 있다는 점에서는 긍정적인 의미를 갖는다. 일본작가에 의해 최초로 형상화된 만주조선인을 다루는 소설은 이토 에이노스케[伊藤永之介]의 『만보산』이다. 이 작품에서는 조선인을 역사의 희

140 주성화, 『중국 조선인 이주사』, 한국학술정보, 2007, 197쪽.
141 김영, 앞의 책, 271쪽.
142 위의 책, 42쪽.

생자로만 묘사하지 않고 일제의 조선인 보호가 형식적이었다는 점을 전제하면서 조선인의 수난사를 그리고 있다.[143] 이 소설이 일제 시각으로부터 벗어나 조선인의 수난사를 생생하게 묘사하고 있다는 점은 긍정적이다. 만보산사건이 일어난 후 2, 3개월 만에 쓰여진 이 작품은 주인공 모두가 조선인이다.[144] 이 작품이 당시 일본인에게는 그리 주목을 받지 못한 것은 당연한 것이다. 다만 조선인의 수난사를 일본인이 일본어로 썼다는 점에서 의미를 부여할 수 있을 것이다.[145] 이 작품의 마지막은 다음과 같이 묘사된다.

> 백여 명의 여자와 아이들은 묵묵히 앞을 향해 걸었다. 그들은 이처럼 고향에서 쫓겨나 국경으로 내몰리고 또 다시 끝없는 광야를 정처없이 걸어가고 있다.[146]

일제는 만주에서 빈궁한 조선인 소작농을 대상으로 '자작농창정'을 하여 최저생활을 보장해준다는 명분하에 조선인의 '反日赤化'를 방지하기 위한 정책으로 사용하였다. 하지만 조선인은 자작농으로 될 가

143 신승모, 앞의 책, 403쪽.

144 위의 책, 397쪽.

145 이 작품은 "일본인 지주에게 논을 빼앗기고, 집까지 빚 저당으로 잡혀 국경에서 만주로 흘러들어온" 조판세 일가를 중심으로 이통하(伊通河) 부근의 버려진 저습지를 수전으로 개간하려는 조선인 농민들의 고투를 그려내고 있다. 물을 대기 위한 수로작업을 하던 중 길림성 당국에서 공사 중지 통보서가 왔다. 파종기가 되어 수로작업을 중단할 수 없는 긴박한 상황인데 중지명령이 떨어진 것이다. 조선인 농민들은 대책 없이 몇 날이고 기다릴 수밖에 없었다. 일본영사관에 중지명령을 취소하도록 호소했지만, 일본영사관은 이에 소극적으로 대처하였다. 조선인농민들은 하는 수 없이 수로작업을 다시 하였다. 이를 강압적으로 저지하기 위해 중국군 기병대가 흰옷의 농민들을 강압적으로 진압한다(위의 책, 402~403쪽). 조선인들을 만보산에서 쫓겨날 수밖에 없었다.

146 장영우, 「「농군」과 만보산 사건」, 『현대소설연구』 제31집, 한국현대소설학회, 2006, 162쪽 재인용.

능성이 거의 없었다.[147] 과도한 세금에 시달렸다.[148] 당시의 경작 수입으로는 토지수매가격을 갚을 수 없었다.[149] "조선인의 80%는 농민으로서 남만, 북만 지구에서는 기본상 토지소유권마저 가지지 못하였다. 1920년대 그들은 남만과 길장지구에서 지주에게 고용될 수 있을 뿐 소작할 권리도 박탈당하였다. 고용된다 해도 정부의 비준을 받아야 했으며 기한은 1년밖에 안 됐고 일 년 후에는 또 다시 고용계약을 체결하여야 했다."[150] 그러면서도 조선인은 농사 외에는 다른 것을 하지 못하도록 하였다. 소작일을 하는 자 외에는 거의 한족 지주의 '방청(榜靑)살이'[151]를 하였다. 일제는 전쟁이 확대되고 장기화되면서 벼농사에 능숙한 조선인은 '개척전사'라고 부추겨 군량미 증산을 독려하였다.[152] 조선인들은 고향을 떠난 외로움, 원주민과의 마찰, 마적떼들의 끝없는 수탈과 개척에 다른 어려움을 꿋꿋이 견디면서 수전을 개발하여 왔다.

> 우리는 한족대지주 조가네 땅 2,000평을 소작맡았다. (…중략…) 그런데 첫해에 농사를 늦게 시작해서 벼가 잘 여물지 않았다. 탈곡을 하니 낟알이

147 한 예로 1946년 중국 토지혁명 때 흑룡강성 오상현 新樂 조선민족촌에는 총 239호 중 토지를 소유한 지주는 1호도 없었고 다만 일본개척단 토지를 맡아 경영하는 부농 5호가 있을 뿐이었다. 나머지 98%는 소작농이거나 머슴꾼이었다(김영, 앞의 책, 266~267쪽).

148 1933년 발표한 「간도의 세금조사」에 의하면, 간도 지방에 53종의 세금이 있었다. 가축세, 도살세, 부동산세, 문패세, 차량세, 순경비, 자위단비, 소금세, 문특세(간청출입세), 연통세 등등 전대미문의 가렴잡세가 많았다(고영일 외, 『중국항일전쟁과 조선민족』, 백암, 2002, 95쪽).

149 김영, 앞의 책, 186쪽 이하.

150 박창욱, 「중국 조선족 역사의 특점에 대하여」, 박문일 편, 『중국 조선족사연구』 II, 연변대 출판부 · 서울대 출판부, 1996, 80쪽.

151 '방청살이'는 빈주먹의 조선인이 지주의 집을 빌려 쓰고 또 지주한테 일 년 농사에 수요 되는 쌀, 기름, 소금, 땔나무 등 생활필수품, 종자, 농기구 등을 빌린 다음 추수 후에 수확물의 절반을 지주에게 바치고 빌린 모든 물건을 본전에 이자까지 합쳐 지주에게 되돌려주는 방식이다(위의 책, 85쪽).

152 염인호, 앞의 책, 255쪽.

얼마 되지 않았다. 한데 지주의 아들이 권총을 차고 탈곡장에 나와 소작료와 빚을 바치라고 눈을 부라리는 바람에 그걸 다 바치구나니 빈털터리로 됐다.
그 후 나는 성이 손가라는 한족지주네 밭을 부쳤다. 한데 농사짓기가 갈수록 어려워졌다. 처음에 보통 반작으로 소출을 거두어가던 지주들이 후엔 6씩 바치라고 했던 것이다. 게다가 여러 가지 가렴잡세가 많았다. 하여 일년 내내 뼈빠지게 일해도 가을에 가선 남는 것이 별로 없었다. 이런데다가 재해까지 드는 해엔 쫄딱 망하는 판이였다.[153]

당시 조선농민들의 비참한 생활상을 시인 이설주(李雪舟)는 다음과 같이 현상화 한다.

만주 살이가 좋다고 해서 고향도 버리고
할아버지 따라 온 먼 어느 날의 압록강
눈물로 세로운 날이 많았드라오!
북풍한설 찬 바람에 몰려다니며
불쌍한 동생 둘이나 없애버리고
삼년전에 또 쫓겨 이곳에 왔다네
아주까리 기름머리 곱게 빗어 내리고
열세베 흰 저고리 폭치마 꽃아 매고
섬섬옥수 제비같이 모심는 저 솜씨야
이 논꼬 저 논꼬에 물이 고이여
올해는 제발 덕분 풍년이 듭소
스무해나 못가본 고향엘 가리![154]

153 윤휘탁, 「근대 조선인의 만주농촌체험과 민족의식」, 『한국민족운동사연구』 제64집, 2010, 293쪽에서 재인용.
154 권영조, 「조선민족의 이주와 중국 동북일대 근대 벼농사의 개척」, 『재외한인연구』 제2집, 재외한인학회, 1992. 138쪽.

하지만 '만보산사건'을 당시 일본제국주의와의 정치-경제적 관계를 도외시한 채 민족의 수난사로만 읽는 통상적 해석을 오독(誤讀)으로 고발하는 시선도 함께 고려하여야 한다. 왜냐하면 조선인의 한이 과잉민족주의적 시각으로 읽혀질 때 지나치게 미화되거나 굴절되어 그 실상에서 멀어질 위험성이 있기 때문이다. 만보산사건은 조선인과 중국인 사이에 일어날 수 있는 단순한 사건인데도 불구하고 당시 『조선일보』는 왜곡된 과장보도를 함으로써 조선 내에서 조선인에 의한 화교 폭행이 일어났다.[155] 논에 물을 대면서 일어나는 이와 비슷한 일들은 과거에도 헤아릴 수 없이 자주 일어났었다.[156] 말하자면 사건이라 할 수 없는 일이었다.

공산당에 의하면 만보산사건은 일제와 국민당군벌이 연합하여 조선인을 수탈할 목적으로 조작한 사건이었다.[157] 공산당은 조선인들을 일제의 수탈에 못 이겨 이주해온 파산한 빈농으로 규정했다. 반면 국민당은 일제의 침략 첨병으로 규정하였다. 조선인에 대한 이러한 상이한 인식은 결국 항일 투쟁에서 공산당과 제휴하는 결과를 낳는다. 따라서 만보산사건을 읽는 방식도 각각의 정치적 이해관계에 따라 상이했다. 공산당에 의하면 만주 조선인은 일본제국주의, 중국국민당군벌, 지주자본가계급, 조선민족주의자 등에 의해 삼중 사중으로 압박과 수탈을 받았던 것으로 볼 수 있다.[158] 당시 공산당이 국민당에게 몰리던 입장에서 사건의 책임을 일제와 야합한 국민당군벌로 규정하는 것은 정치적 전략일 것이다. 이처럼 조선인은 신천지로 믿었던

155 리튼 보고서에 의하면 이 사건으로 인한 조선 거주 중국인의 피해는 사망자 127명, 부상자 393명, 재산손실 250만 원에 달했다(김철, 「몰락하는 신생(新生)—'만주'의 꿈과 『농군』의 오독(誤讀)」, 『상허학보』 제9집, 상허학회, 2002, 131쪽).

156 위의 책, 129쪽.

157 손승회, 「만보산 사건과 중국공산당」, 『동양사학연구』 제83집, 동양사학회, 2003, 120쪽.

158 위의 책, 121쪽.

만주에서 일제-국민당-공산당-자본지주 등의 정치-경제적 구도 속에서 이중 삼중으로 고통을 받았다. 우연적으로 그리고 예전에도 빈번히 일어났던 사건이 당시 동북의 정치적 음모프로젝트에 의해 확대·재생산되는 가운데 조선인의 한은 더 깊어져만 갔다. 만보산사건을 둘러싼 당시 동북아의 정치적 역학구도 속에서 조선인은 항상 피해자로 주변인으로 핍박을 받아 왔던 것이다.

7. 집단부락과 한

만주 집단부락의 전사(前史)에 해당하는 것이 바로 안전농촌이다. 이것은 일제의 대륙침략을 위한 '안전판 확보'[159]의 차원에서 기획된 것이다. 만주사변으로 관동군에 패한 중국군들이 조선인 부락을 습격하여 온갖 만행을 저지르자 조선인들은 살던 곳을 떠나 타 지역으로 흩어졌다. 이로 인해 조선인들이 각지로 흩어져 통제가 불가능하게 되어 치안이 마비될 정도가 되었다. 이에 일제는 치안숙정과 항일 공간 통제를 목적으로 안전농촌을 그 대안으로 구상한 것이다. 일제의 만주침략으로 뿔뿔이 흩어진 조선인 난민들을 집단적으로 수용하여 통제하기 위해 만든 것이 바로 '안전농촌'이다. 그리고 안전농촌을 구상한 또 다른 이유는 식량의 안정적 확보에 있다. 이를 위해 우선 1932년 철령, 1935년 삼원포까지 5개 안전농촌을 설립하였는데,[160] 5개 중

159 김주용, 「만주 지역 한인 '안전농촌' 연구」, 『한국근현대사연구』 제38집, 한국근현대사학회, 2006, 109쪽.
160 위의 책, 109~110쪽.

3개가 남만주 지역에 설립된 것은 바로 이 지역이 치안안정과 식량확보가 시급한 곳이었기 때문이다. 특히 삼원포는 오지임에도 불구하고 안전농촌을 설립한 것은 김대락, 이상룡과 같은 독립투사들이 거주했던 독립운동의 거점이었기 때문이다. 일제가 삼원포에 다른 지역보다 많은 수의 경비력을 투입한 것도 이런 이유에서이다.

안전농촌현황[161]

1939년 현재

科目 / 村名	소유지(1935년현재)	開村年代	戶數	耕地面積(町)	戶當耕地面積(町)
鐵嶺	봉천성철령현부근	1932	383	913	2.4
營口	봉천성영구현영구부근	1933	1,832	3,955	2.2
河東	濱江省주하현조길밀하첨부근	1933	766	1,642	2.1
타化	濱江省영화현안화부근	1934	480	1,060	2.4
三源浦	봉천성유하현삼원포부근	1935	172	355	2.1
計	—	—	3,633	7,825	平均 2.2

안전농촌은 규모가 크고 미개간 지역이나 평야 지역에 설립이 된 것을 보면 치안의 목적도 있었지만 식량 확보라는 이유가 더 큰 것으로 보인다. 이와는 반대로 조선총독부가 1933년 안전농촌과 거의 병행해서 구상한 집단부락은 설립당시부터 항일무장세력을 격리시켜 통제하기 위한 것이었다. 집단부락은 당시 간도를 중심으로 한 항일 투쟁 공간에 안전농촌을 세우는 것이 불가능하다고 판단한 조선총독부가 당초 계획을 바꾸어 건설한 것이다. 1933년 4월 태양촌 등 9개가 건설되었다. 1934년 4월에 15개가 더 추가되었고, 이후 전만주 지역으로 확대되었다. 일본외무성이 편찬한 『在滿朝鮮人槪況』에 의하면 1934년 6월 말 현재 만주 내 집단부락의 수는 73개이다.[162] 집단부락은 해방구와 백색구의 접

161 홍종필, 앞의 글, 71쪽.

점에 해방구를 포위하는 형태로 건설되어 항일 무장세력의 식량 등의 보급, 정보 입수, 이동 등 제 활동을 통제하기 위한 것이었다.[163]

하지만 일제는 조선인들이 스스로 마적단을 피하여 안전한 곳에 자연적으로 형성된 집단부락이 많았다고 한다. 일제는 집단부락이 마치 조선인이 자발적으로 만들었고, 금융이나 교육면에서 많은 혜택을 주어 더욱 더 많은 조선인들이 자발적으로 집단부락으로 들어왔다는 기록을 남기고 있다(日本外部省編, 『在滿朝鮮人 概況』).[164]

조선인들의 생활은 피눈물 어린 원한의 역사이며 헐벗고 굶주림에 시달리는 역사였다.[165] 일제의 무자비한 숙정공작으로 인해 농민이 비참한 생활을 하지 않을 수 없었다. 일제가 조선인 숙정공작의 일환으로 만든 집단부락은 조선인에게는 한의 원형 공간이었다. 집단부락으로 이주할 시간적 이유도 주지 않고 주민들의 집을 불태워버려 할 수 없이 집단부락터로 옮겨 가지만 가는 도중에도 얼어 죽고 굶어죽었으며, 집단부락의 가옥 역시 허술하기 짝이 없었다. 돈이 없는 농민들은 집도 못 짓고 거의 죽은 거나 다름없는 생활을 했다.

> (집단부락으로 이주한 사람들 가운데) 돈이 있거나 권세가 있는 집안은 할당된 집터 위에 곧바로 새집을 지을 수 있었지만, 돈 없고 권세도 없는 대부분의 농민들은 어쩔 수 없이 헌 나무 기둥으로 움집을 짓고 살아야 했다. 이 움집은 人字型으로 지어졌는데 양끝이 땅에 닿아 있었다. 빈궁한 농민들은 움집 밖에는 풀로 덮고 안에는 풀을 깔고 살았다. 부뚜막은 밖에

162 현규환, 앞의 책, 313쪽.
163 임성모, 「만주농업이민정책을 둘러싼 관동군·조선총독부의 대립과 그 귀결」, 『일본역사연구』 제29집, 일본사학회, 2009, 150쪽.
164 현규환, 앞의 책, 312쪽.
165 고영일 외, 앞의 책, 82쪽.

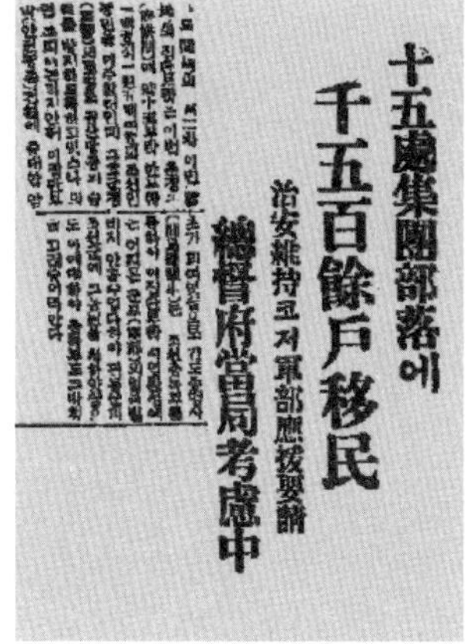

十五處集團部落에
千五百餘戶移民
治安維持코저軍部應援要請
總督府當局考慮中

『조선중앙일보』(1934.4.7)

總督府斡旋의
間島省集團部落
今後더욱注力할方針

『조선중앙일보』(1935.7.5)

다 설치하였고 기타 물품도 모두 밖에다 놓고 풀로 덮어 두었다. 부뚜막의 경우, 재료가 있는 사람들은 풀로 엮은 거적대기로 둘러쳤고, 재료가 없는 사람들은 露天에서 밥을 지어 먹었다. 맑은 날에는 잘 지냈지만, 일단 비가 오면 움집 위로 비가 새어 아래로 떨어졌다. 움집 안팎의 地面은 일반적으로 높았지만 주위에는 담이 없어서 바깥쪽에 고인 물이 안쪽으로 흘러들어와 부뚜막과 물품들이 모두 빗물에 흠뻑 젖었다. 밤에는 모기를 쫓기 위해 모기불을 피웠으나 제대로 잠을 이루지 못했다.[166]

일제의 침략 이전에는 조선인과 중국인 사이에 거리감이 그리 멀지 않았었다. 과거부터 접촉이 빈번했고 통혼 등을 통해 거리감이 멀지 않았었다. 조선인 역시 만주를 옛 고토로 생각하여 선조들에 이어 정착할 땅으로 생각하고 정서적 이질감을 크게 느끼지 않았다. 하지만 만주사변 이후 일제가 만주통제정책으로 중국인과 조선인 사이를 이간질하는 분리탄압정책을 실시하였다. 소위 삼광정책(3光政策)을 실시

166 윤휘탁, 앞의 글, 1995, 189~190쪽.

하여 동북 지역에서 가혹한 토벌정책을 행하여 '모조리 죽이고 모조리 빼앗으며 모조리 불태워 버리는'[167] 정책을 수행하였다. 한 예로 1932년 4월 일본군 간도파견대는 일 년도 안 된 사이에 조선인 집거지를 381차 토벌하여 무고한 백성 4,000여 명을 살해하였다. 연변 한 현에서만 700여 명이 살해되었다.[168]

일제의 조선인 집단부락화는 바로 이런 통제의 수단으로 이루어진 것이다. 소위 '비민분리(匪民分離)' 전략으로 조선인을 수탈하기 위한 통제수단이 바로 집단부락화였다. 특히 만주사변 이후 조선 내 일본인 거주가 증가하면서 조선에서 땅을 잃어버린 사람들이 만주로 대거 이동하고 일제의 집단이주정책에 의해 강제로 이주하였다. 따라서 재만 조선인들은 조선에서 땅을 빼앗기고 만주로 왔지만 여기서도 일제의 탄압이 거세져서 이중적인 수난을 겪게 된 것이다. 일제가 '안전농촌'이란 명분으로 집단화를 의도한 것은 조선인의 항일운동을 통제하기 위한 것이었지 조선인의 생계를 위한 것이 아니었기 때문이다. 안전농촌은 주로 남만과 북만에 있었는데 항일운동의 근거지였던 곳이다. 예를 들어 독립운동의 기지 중 하나였던 삼원포에 건설된 안전농촌에는 1935년 6월 말 조사에 의하면 일만군경 200명이 주둔한 것 외에도 조선인자위단 100명 만주인자위단 24명이 경계를 하고 있었다.[169] 이처럼 안전농촌은 조선인의 수난의 공간이었다. 만주 내에서 일구어 놓은 터전을 강제로 몰수당하고 낯선 집단부락으로 이주하는 고통과 그곳에서 일제에 의해 당한 고통은 이루 말로 할 수 없다.

---

167 우영란, 「괴뢰 만주 시기의 집단부락에 대하여」, 김종국 편, 『중국 조선족사 연구』 I, 234쪽.

168 김철수, 「동북이 일본제국주의의 식민지로 전락, 조선족인민들의 항일무장투쟁의 홍기」, 『중국조선족통사』 중, 연변인민출판사, 2009, 10쪽.

169 손춘일, 「滿洲事件 前後 在滿朝鮮人 問題와 그들의 困境」, 『정신문화연구』 제4권 2호, 한국학중앙연구원, 2001, 157쪽.

풀 한포기 돋지 못한 墳墓의 언덕엔
뼈만 남은 古木이 한 그루
깊은 가난 속에 파묻힌 초가 지붕들
창문은 우묵우묵 안으로만 파고 들었다.

여기는 流浪의 정착촌
쫓겨온 移民部落

(…중략…)

아, 한많은 세상살이
허리는 굽었지만
마음이야 굽어들손가
마을을 침묵으로 외면하고 있는 한낮

오늘도 또 한 사람의 '통비분자'
묶이어 성문 밖을 나오는데
(王道樂土) 찢어진 포스타가
바람에 喪章처럼 펄럭이고 있었다.

— 김조규, 「찢어진 포스타가 바람에 날리는 風景」.[170]

집단부락의 구조는 마치 로마 시대의 죄수들을 효율적으로 관리하기 위해 만들어진 파놉티콘(panopticon)과 흡사한 구조이다. 집단부락이 정방형이나 장방형으로 되어 있고 다각형을 피한 것은 효율적으로

170 신주철, 「이산의 문학적 체험과 다문화 인식 지평 확장」, 『한국문학이론과 비평』 제47집, 한국문학이론과비평학회, 2010, 147~148쪽.

관리하기 위한 구조이다. 부락의 출입을 일정한 곳으로 제한하기 위한 것이었다. 그리고 부락의 주위는 토성을 8자 높이에 3자 넓이로 쌓았으며, 토성 밖에는 넓이 3자 깊이 3자가 되는 도랑을 팠다. 그리고 토성 네 모서리에는 포대를 설치하였다. 집단부락의 대문은 동서남북에 설치하였으나 일정한 시간에만 열고 닫았으며 출입자는 거민증을 휴대해야 한다. 집단부락 주위에는 토성을 쌓고 그 위에 전기철조망이나 가시철조망을 쳐서 주민들의 탈출을 막았다. 봉천성과 안동성의 경우, 1937년 1월부터 3월 23일까지 두 달 동안 집단부락에서 도망한 수가 11만 3천 명에 달했다. 이것은 그만큼 일제의 탄압이 참혹했음을 말해준다.[171] 이 집단부락은 일제가 식민지도시 건축의 모형으로 삼고 있는 유곽(遊廓)의 유형과 흡사하다. 유곽은 일종의 집창촌으로 매음업자들을 한 곳으로 격리하여 통제하기 위한 식민지 도시의 전형적 구조물이었다. 일본 도쿄의 요시와라[吉原] 유곽의 조감도 역시 격자형의 정연한 구성과 사방에 해자(垓子)를 파서 출입을 통제하는 형태이다.

미국의 한 학자는 『AMERICA』 1937년 3월호에서 다음과 같이 기록하고 있다.

> 집단부락은 匪民分離를 위해 일본 치안 당국자가 강제로 실시한 공작으로서, 이것 때문에 만주국 전인구의 1 / 10에 해당하는 5백 만 명의 농민은 강요에 의해 자신들의 가옥을 불사르고 지정된 집단부락에서 새로 집을 짓고 있다. 그러나 여기에 대한 어떠한 대가도 받지 못한 채 勤勞奉仕, 土壁用材料費의 부담, 과중한 과세 부담, 국방헌금 등 모든 강제적 의무를 짊어지고 있다.[172]

171 윤휘탁, 앞의 글, 201쪽.
172 위의 글, 204쪽.

집단부락은 유격구를 포위하는 형태로 건설되어 항일무장세력의 식량·무기 보급로와 정보망, 이동루트를 차단하는 한편 토벌대의 최전방 거점으로 활용되었다.[173] 주민탈출과 항일군의 습격을 방지하기 위해 담을 쌓고 도랑을 깊이 판 것이다. 집단부락은 마치 파놉티콘과 같은 감옥처럼 무수한 백성들을 감금하였으며 부락민은 실제상 죄인과 같은 생활을 하였다. 자유롭게 출입도 하지 못하고 흙집에 유폐되듯 살아야만 했던 조선인들의 한이 집단부락에 녹아있었다. 거의 소작농으로 전락하여 궁핍한 생활을 하였다. 집단부락으로 이주하기 전보다 평균 경지면적이 31.7%나 감소되었다(1936년 9월 연길현 茶條溝 中坪村의 경우). 그리고 농기구 보유수와 소유 가축의 수도 오히려 줄었다.[174]

집단부락의 연도별 숫자는 다음과 같다.[175]

연도	숫자
1934	8
1935	44
1936	1,172
1937	4,922
1938	12,565
1939	13,451

일제는 1957년까지 만주 전체 인구의 10%에 해당하는 100만호의 일본농민을 만주에 이주시켜 일본인들의 '정착식민지(settlement colony)'로 만들려는 거대한 구상을 하였다.[176] 단순한 정복식민지(occupation colony)가 아닌

173 임성모, 「일본제국주의와 만주국–지배와 저항의 틈새」, 『한국민족운동사연구』 제27권, 한국민족운동사학회, 2001, 173쪽.
174 우영란, 앞의 글, 1996, 246쪽.
175 한석정, 『만주국 건국의 재해석』, 동아대 출판부, 1999, 65쪽.
176 김기훈, 앞의 글, 46쪽.

일본인의 정착 식민지로 만들려는 계획에 의해 조선인은 그만큼 시련을 겪지 않을 수 없었다. 물론 실현되지는 못했지만 만주사변 이후 해방되기까지 14년 반은 일제의 허무맹랑한 구상이 과도하게 실현된 시기이다. 이 시기 동안 조선인의 수난은 말로 표현할 수 없을 정도이다.

일제의 제1차 이주는 1832년 10월 3일 일본에서 출발하여 1933년 2월 11일 150명이 영풍진에 도착하여 약 500만 명의 중국 농민을 몰아내었다. 제2차 이주는 1933년 5월 500명이 이주하였다. 이들에게는 군인냄새가 나서 '무장이민'이라 불렀다. 그 이후의 이주는 주로 개척을 위한 젊은 층의 '시험이민'의 형태로 이주하였다.[177] 일제의 첫 번째 시험이민은 '애천촌(愛川村)'이라는 일본 이민모범촌이다. 1915년 처음으로 19호 48명이 이주했고 2년 후 2호밖에 남지 않았다. 이후 12호가 더 이주했지만 1937년에는 7호 65명만 남아 실패로 끝났다. 그 이유는 일본인이 만주 기후에 견딜 수 없었고 생활의지도 약했기 때문이다. 하지만 일제는 더욱 더 만주에 정착하기 위한 이주를 추진하였다.[178]

특히 연변은 집단부락 형성을 통한 일제의 탄압이 가장 극심했던 곳이다. 이는 바로 연변이 항일 투쟁의 중심이었다는 사실을 말한다. 조선총독부는 항일운동의 중심지였던 연길현에 전체 9개 중 6개의 집단부락을 건설하였다. 동만 지방의 항일유격지가 집단부락에 포위된 상태가 될 정도로 이후 계속하여 집단부락이 건설되어 조선인을 수용하였다. 1039년 현재 13,451개의 집단부락이 건설되었다. 집단부락이 보통 100~150호 단위로 건설되었다고 추산할 때, 호당 5인 가족으로 계산하면 최소한 1939년 현재 670여만 명이 집단부락에 수용되었다. 1934년 현재 만주국의 전체 인구가 2,790여만 명임을 고려할 때 대단한 비중이었다.[179]

---

177 주성화, 앞의 책, 203쪽.
178 위의 책, 200~201쪽.

8. 제도(制度)로 본 한의 실상

한은 구조적으로 형성된다. 한은 그 객관적 실체가 따로 존재하지 않는 관계적 개념이다. 조선인의 한 역시 당시의 사회-정치-경제적인 지배구조의 산물이다. 조선인의 한의 실상을 읽어내기 위한 하나의 채널로서 재만 조선인의 제도적 위상을 분석할 필요가 있다. 조선인의 한의 실상에 다가가기 위해 항일투쟁사나 독립운동사에만 초점을 맞추는 것에는 한계가 있다. 항일 투쟁과 독립운동의 물적 토대가 되었던 조선인의 생활경제사적 연구가 필요한 것도 이념에 앞서 조선인의 생활세계적 한에 접근하기 위한 것이다.

1) 법적 제도

재만 조선인은 일본신민으로서 치외법권의 보호 아래 있었다. 일제의 만주침략의 전략 속에서 조선인은 밖으로부터 강요된 법적 지위를 유지할 수밖에 없었다. 조선인의 정체성이 일제의 의도에 따라 밖으로부터 주어진 것이다. 일본신민이면서 만주국의 국민이 되어야 하는 애매한 이중성에 의해 조선인은 일제와 중국 양쪽으로부터 차별을 당하게 된다. 일제로서는 조선인에 대한 차별을 명문화할 수 없다. 왜냐하면 그것은 조선인의 신민화에 스스로 모순되는 것이기 때문이다. 하지만 비록 조선인에 대한 차별을 명문화하지 않았지만 실질적으로는 조선인에 대한 차별이 구조적으로 이루어졌던 것이다.

---

179 신주백, 『만주지역 한인의 민족운동사(1920~45)』, 아세아 문화사, 1999, 305~306쪽.

한 예를 들어 1924년 6월 봉천성정부는 교육제도를 조선인을 철저히 소외시키는 것으로 만들었다. '동변도속각현 선인학교취체령(東邊道屬各縣 鮮人學校取締令)'을 제정 반포하여 압록강 일대의 조선인 사립학교를 강제 해산시켰다. 그리고 조선 사립학교 교장은 반드시 중국인이어야 하고, 2개 학년 이상이 있는 학교는 반드시 중국인 교사를 채용해야 하며, 제반 경비는 조선인이 부담해야 했다. 만약 어길 경우 강제 휴교를 시킨다고 억압정책을 섰다.[180]

특히 만주국이 건설되면서 오족협화의 이념에 따라 종전까지 유지되었던 조선인에 대한 치외법권적 보호망이 없어지면서 조선인은 더욱 주변화 된 정체성을 가질 수밖에 없었다. 만주국이 건설되면서 일본신민으로서 가졌던 준-일본인이라는 법적 지위가 1935년 이후 치외법권적 지위의 단계적 철폐에 따라 보장되지 않았다. 치외법권적 지위가 보장되어 있을 때도 만주의 조선인에 대한 억압이 있었는데, 하물며 치외법권이 철폐되면 그 억압이 더욱 강해질 것은 명백한 일이었다.[181]

비록 형식적이고 일제의 침략의도하에서 만들어진 조선인에 대한 치외법권 인정은 그나마 조선인이 차별화되는 것을 막는 보호막은 되었다. 하지만 이것마저 철폐된다면 조선인의 법적 지위는 이전과는 달리 더욱 차별화되어 주변인으로서 지위가 바뀔 수밖에 없다. 일제로서는 조선인을 특별 취급하는 것이 오족협화의 형식적 원리에 맞지 않는 것이고, 특별 취급하지 않으려니까 일제가 오족협화의 리더로 지위가 보장될 수 없었다. 그러므로 치외법권의 인정 혹은 철폐는 어떤 식으로든지 조선인에 대한 지배의 논리와 무관할 수 없었다. 이처

---

180 임계순, 『우리에게 다가온 조선족은 누구인가』, 현암사, 2003, 139쪽.

181 신규섭, 「'만주국'의 치외법권철폐와 재만조선인에 대한 인식」, 『대동문화연구』 제43집, 성균관대 유교문화연구소, 2003, 73쪽.

럼 만주국하에서의 조선인의 법적 지위는 조선인의 의사와는 관계없이 일제의 대륙침략 구도하에서 주어진 것이다. 조선인의 한은 이중삼중으로 구조화되었다.

일제는 조선인과 중국과의 항일연대를 막기 위한 조치로서 조선인에 대한 치외법권을 취했다. 하지만 중국인에게 있어서는 일제가 만주침략을 위해 조선인을 교두보로 활용하기 위해 조선인에게 '치외법권'이라는 법적 지위를 인정하는 것으로 보였기 때문에, 조선인에 대한 중국의 차별은 더욱 심해져갔다. 이처럼 조선인의 법적 지위는 구조적으로 한을 생성시키는 원인이 되었다. 오늘날 조선족 동포가 한국에서 이중적 정체성 때문에 다른 외국인들보다 더 차별을 받는다고 생각하는 것은 만주국하에서 마이너리티로 살면서 이중삼중으로 차별을 받았던 것에 대한 집단기억의 표출이라고 할 수 있을 것이다. 이국땅에서 다아스포라로서 겪어야 했던 조선인의 한은 의지와 관계없이 외부로부터 주어진 법적 지위의 구조적 불평등에서 더욱 심화되었다. 치외법권의 철폐 이후에도 일본은 여전히 특권을 누렸지만, 조선인은 만주국의 국민으로 전환되었다. 하지만 만주국의 국민이긴 해도 여전히 일본과 만주의 주변인으로 차별화되었다.

조선인에 대한 치외법권이 철폐되면서 조선인에 대한 만주관헌의 차별이 더욱 가시화될 것을 고려하여 일제는 조선인의 만주국관리채용을 요청하였다. 조선인의 관리채용을 통해 조선인의 불안을 해소해 줄 것을 요청하였다. 하지만 만주국의 주요부처에는 조선인 관리가 일본계와 중국계에 비하면 그 수는 매우 적었다. 이처럼 오족협화의 형식적 원리하에서도 조선인은 여전히 주변인으로 차별적 대우를 면치 못했다. 한 예로 대다수의 조선인이 모여 살던 간도성에서조차 주요부서의 관리는 중국인이고 주변부서에 배정되어 있었다.[182] 이와 같이 치외법권의 철폐로 인한 조선인의 지위격하는 조선인이 일본이나 중국인들에게는 보도(輔導)가 필요한 하찮은 존재로 인식되었던 것에서도 드러난다.[183] 만주국하에서 조선인은 소수자로서 철저히 주변화 된 삶을 살았다. 형식적으로만 준-일본인이었을 뿐 실질적으로는 중국인보다 우월한 법적 지위를 누릴 수 없었다.

2) 경제적 제도

경제제도의 중심은 토지제도이다. 절대다수가 벼농사로 살아가는 재만 조선인들에게 토지의 문제는 삶과 직결된 것이다. 토지제도의 구조적 모순이나 불평등에 의해 조선인은 구조적으로 더욱 주변화 되고 차별화되었다. 토지제도는 조선인을 차별화하는 수탈제도의 형식을 띠고 있다. 일제의 조선인에 대한 토지제도의 연구는 조선인의 한의 생활세계적 연구의 핵심이 된다. 즉 조선인의 한의 역사를 이념적 관점에서 수난사로만 이해가는 것은 이념에 의해 생활세계적 한이 굴절될 가능성이 있다. 따라서 토지제도에서 나타나는 조선인의 생활세계적 한의 실상을 이해하는 것이 필요하다.[184]

---

182 윤휘탁, 「'만주국'의 '민족협화' 운동과 조선인」, 『한국민족운동사연구』 제26집, 한국민족운동사학회, 2000, 155쪽.

183 위의 책, 160쪽.

184 다음을 참조. 손춘일, 『'만주국'의 재만한인에 대한 토지정책 연구』, 백산자료원, 1999. 토지정책 연구라는 새로운 접근이 많은 시사점을 준다. 다만 서술방식이 일제에 의한 중국의 수탈론에 편중되어 서술됨으로써 사회-경제사적 조망이 피식민의 과잉민족주의에 의해 굴절되거나 은폐될 가능성이 있음을 고려해야 할 것이다. 收奪史 일변도의 植民地史로 편중되게 읽는 것은 조선인의 한의 실상을 사실대로 읽어내는 데도 한계가 노출될 수밖에 없다(윤휘탁, 「식민지정책사 연구의 허와 실」; 손춘일, 위의 책에 대한 서평, 『정신문화연구』 23권 1호, 2000, 208쪽). 일제 혹은 만주의 조선인의 수탈론은 만주국하에서의 조선인의 근대적 경험이나 다민족국가 만주국에서의 조선인의 다문화적 역량이라는 미래지향적이고 긍정적인 한의 속성들이 퇴행적-부정적 시각에 의해 굴절될 위험성 역시 인지하지 않으면 안 된다.

조선인에 대한 토지소유권정책은 청과 일제 양국의 이해관계가 얽혀 있고, 이 관계 사이에서 조선인은 이중적 고통을 받았다. 청정부의 조선인에 대한 토지정책은 청에 귀화하는 것을 전제로 하여 토지소유권을 인정하였다. 치발역복을 하는 자에게만 토지소유를 인정하였다. 그러나 소위 전민제(佃民制)는 한 사람의 귀화한 조선인 명의로 비귀화인들이 공동으로 토지를 소유할 수 있었던 제도이다. 이것은 일제가 만주침략의 노골적 근성을 드러내기 이전 방임형 정책하에서는 조선인의 토지소유도 비록 귀화하지 않은 조선인에게도 편법이긴 하지만 가능했었다는 것을 말한다.

그러나 만주협약을 통해 일제가 만주를 침략하려는 구실을 찾으면서 토지소유문제와 관련해 일제와 중국 사이의 갈등이 표출되고 조선인은 틈새에서 이리 저리 수난을 당하지 않으면 안 되었다.[185] 중일 사이의 조선인에 대한 토지상조권 문제는 양국의 입장에서 각각 다르게 해석되었다. 특히 전민제는 일제가 만주의 토지를 잠식하는 빌미를 준 것이다.[186] 일제가 조선인에게 토지상조권을 인정하는 것은 결국 조선인이 토지를 저당 잡혀 영농자금을 빌려 쓰지만 결국 갚지 못하고 일본금융권으로 양도되고 만다. 이것이 바로 중국에게는 일제가 조선인을 첨병으로 만주를 침략하려는 의도로 보인 것이다. 따라서 중국 역시 조선인에 대한 박해를 더욱 심하게 하였다. 중국 관헌은 조선인이 귀화하지 않으면 토지권을 몰수하고 전민제도 허용하지 않았다. 비귀화인이 귀화인의 명의로 토지를 소유할 수 없도록 조치한 것이다. 그러나 경우에 따라서는 전민제도 허용하였다. 조선인을 유혹하기 위한 정책으로 이미 토지를 소유하고 있는 비귀화인에게도 토지소유를 인정하였다. 이처럼 조선인에 대한 토지제도는 일제와 중국

---

185 손춘일, 위의 책, 55쪽.
186 위의 책, 59쪽.

양측의 자국 이해를 얻기 위해 만들어진 것이기 때문에 벼농사를 짓고 살아야만 하는 조선인으로서는 구조적으로 한이 깊어질 수밖에 없었던 것이다. 조선인의 한이 구조적으로 깊어지는 데는 일제가 조선인을 내세워 토지를 잠식하는 정책을 사용했고, 이것이 중국의 입장에서는 조선인이 토지를 소유하는 것은 바로 일제의 만주침략의 첨병으로 보였기 때문이다. 조선인의 이러한 한의 실상에 대해 김삼민(金三民)은 "일본제국주의와 중국제국주의가 충돌한 결과 일본은 조선인을 친일파로 일본에 이용당하는 것을 바라고, 중국은 배일파로 일본제국주의와 항쟁할 것을 강요하고 있으니 이 사이에 조선인만 사선에서 해매고 있다"고 개탄하였다.[187] 이처럼 조선인에 대한 이용과 통제는 바로 토지제도를 통해 가시화되었다. 따라서 조선인은 토지소유 혹은 농업경영방식 등에서 일제와 중국 양측으로부터 이중의 차별을 받았다. 농업을 직업으로 가진 조선인이 절대다수라는 점에서 토지는 바로 삶 그 자체였다는 점을 고려한다면, 토지제도의 불평등한 구조는 바로 조선인의 한을 생성하는 구조적 원인이었음을 알 수 있다.

만주국이 건설되면서 조선인은 만주국 국민으로 법적 지위를 보장받게 된다. 조선인은 또한 일본국신민으로서 일체의 권리와 이익을 보장받게 된다. 간도에 이미 거주하고 있었던 조선인에게는 토지소유권을 인정하고 여타 지역에 거주하는 조선인에게는 토지상조권을 인정하였다. 물론 조선인에 대한 토지소유와 상조권의 인정은 만주침략을 위한 교두보구축에 있었다. 중국이 보기에 토지상조는 결국 토지소유로 이어지고 만주의 토지침략이 노골화되는 것으로 인식된다. 이런 상황 속에서 조선인은 일본인에 이어 2등국민으로 법적 지위는 보장받지만 실질적으로는 양측으로부터 억압을 받는 3등국민인 만주인

187 위의 책, 87쪽.

보다 못한 지위였다. 이러한 사실은 당시 만주국이 재만 조선인을 바라보는 시선에서도 나타난다.

> 재만조선인은 국제적 훈련이 결핍되고 도덕 수양이 부족하다. 새로운 국가를 건립한 후 일본과 우리국민(만주국인 — 저자) 간의 융합은 걱정할 것 없으나 백만밖에 되지 않는 조선인의 융합은 상당히 어렵다. 조선민족은 새 국가의 우환이 될 것이다.[188]

일제가 조선인을 2등국민으로 분류한 것은 만주국의 안정적 통치를 위한 계략에 지나지 않았음을 보여 준다. 이것이 신민도 준-일본인이라는 일본인의 우월성과 조선인은 일본인의 앞잡이라는 중국인의 시각이 복합적으로 이루어져 만든 허상이다. 조선인은 실질적으로 3등국민이었다. 실질적으로는 허울 좋은 '2등국민'이라는 명칭 때문에 조선인은 일본과 중국 양측으로부터 주변화 될 수밖에 없었다.

3) 인적 제도

만주국하에서 조선인의 치외법권의 철폐는 조선인들을 법적-경제적으로 한없이 불안하게 했다. 조선인들은 이에 대한 대응으로서 조선인을 만주국 관리로 많이 채용해 줄 것을 제안하였다. 만주국의 오족협화의 정신에 따라 평등한 대우를 받기를 원했다. 하지만 만주국 관리 구성을 보면 주로 중국과 일본이 중심에 있다. 물론 조선인은 일본의 신민으로 일본인 부류에 소수 포함되어 있기는 하지만, 그 수는

---

188 박성진, 「만주국 조선인 고등 관료의 형성과 정체성」, 『동양정치사상사』 제8권 1호, 한국동양정치사상사학회, 2009, 216쪽.

미미하기 짝이 없었다.

만주국의 핵심부처에는 주로 일본계로 배치되어 있다. 국무원, 최고법원, 최고검찰청의 경우 90% 이상이 일본계이다. 1935년 당시 만주국의 총인구가 3,2869,054명이고 이 가운데 일본계가 7만 6,429명(약 0.2%)에 불과한데 비하면 일본계 관리의 비중은 막대하다. 이에 비하면 조선인은 거의 소외되고 있다. 1935년 당시 중국계가 만주국 총인구의 97.5%, 일본계가 0.2% 그리고 조선계는 2.0%였는데, 관리 수는 중국계가 재만 전체 중국인의 0.7%, 일본계는 재만 전체 일본인의 13.8% 그리고 조선인은 재만 전체 조선인의 1.6%이다. 특히 대다수가 조선인이었던 간도성의 경우조차도 조선인 관리는 25%에 지나지 않았다. 이처럼 조선인은 만주국의 오족협화의 허울 아래 철저히 주변화되고 인적구성에 있어 차별대우를 받았다.[189]

치외법권이 철폐된 1937년 12월 이전 1936년 10월 '선만일여(鮮滿一如)'정책이 치외법권 철폐를 대비해 구축되었다. "재만 조선인을 적재적소에 배치해 다른 민족과 동등한 자격으로 관공리에 임명"하고, "급격한 변혁을 피하고 선·만인간의 대립적 감정을 격화시키지 않도록 유의"해야 한다는 원칙이 세워졌다.[190] 이전보다 조선인 관리등용이 많아진 것은 사실이다. 철폐 이후에는 그 수가 더욱 많았다. 이러한 사실은 이전에는 조선인보다 만주인관리가 훨씬 많았음을 반증하는 것이다.

최남선이 1938년 만주국 최고대학인 건국대학교 교수로 임명되는 것을 필두로 이전보다는 상대적으로 많은 고등관리들이 만주국에 임용되었다. 박성진은 당시의 여러 경로를 통해 임명된 고등관리의 명

189 윤휘탁, 「「만주국」의 '민족협화' 운동과 조선인」, 『한국민족운동사연구』 제26집, 한국민족운동사학회, 2000, 154~155쪽.
190 박성진, 앞의 책, 218쪽.

단 201명을 확인하여 소개하고 있다. 그러나 이 중 77%가 일반 행정관리였고 사법관리는 12% 정도였다. 주로 하급 경찰직에 배정되어 일반 대민업무를 담당하는 자가 대부분이었다. 설령 고등고시를 통과해 고등관리로 임명되어도 일본인과 차별을 없앨 수 없었다. 급료 수준에서 일본인과 조선인 관리 사이에는 엄청난 차이가 있었다.

이와 같이 만주국의 '오족협화'의 이념에 끌리어 차별 없는 만주국 고등관료가 될 것을 꿈꾸고 이주해왔던 재만 조선인 고등관리들의 꿈은 깨어지고 말았다. 13년 반이라는 단명국가 만주국에서 자신들의 꿈을 실현하기에는 여러 가지 한계를 경험하지 않을 수 없었다. '오족협화'가 허울 좋은 명분에 지나지 않았다는 것을 깨닫기까지 시간이 그리 오래 걸리지 않았다. 일본인 / 비일본인이라는 이분법적 경계짓기가 더욱 뚜렷했던 만주에서 조선인 관리들의 삶은 항상 일본인에 비해 경계인으로 주변인으로 차별을 받아왔다. 조선인 다아스포라에게는 '오족협화'의 융합이념이 한낱 조선의 안정적 지배를 위한 일제의 이념적 도구에 지나지 않았던 것이다.

제4장
한의 기표들

1. 해란강

'해란강'의 원뜻은 만족어로 해란비라, 유수하(楡樹河)이다. 물이 느릅나무 숲으로 흐른다고 해서 생긴 이름이다. 해란강에 얽힌 두 개의 전설이 있다. 하나는 평강벌 해란강 양안에 사는 '해'라는 총각과 '란'이라는 처녀가 장맛비를 퍼붓는 악마와 싸워 이겼다는 이야기이고, 다른 하나는 '란'이라는 처녀가 조선 삼남에 있는 외가에 가서 볍씨를 가져다가 평강벌에 논을 풀었는데 악마가 비 한 방울마저 거두어가서 가물에 모든 곡식이 말라죽게 되었을 때 '해'라는 총각이 검을 잡고 악마와 싸워 이겼다는 전설이다.[1] 이처럼 해란강은 우리 민족이 자연과 싸워 가면서 악착같이 개척한 삶의 터전이었다. 이처럼 해란강은 조

1 류연산, 「해란강의 전설」, 『고향행』, 연변인민출판사, 2005, 335~336쪽.

선인 디아스포라의 젖줄이고 생명선이다. 1918년 5월 한국 강릉에서 태어난 민족시인 심연수는 해란강을 다음과 같이 추억한다.

> 내 잊지못할 하나의 흐름인 너
> 검은 땅 간도의 품을 흐르는 生命水야
> 너는 永遠히 믿음성 있는 나의 동무엿다
>
> (…중략…)
>
> 봄 여름 가을 겨울 흐린 날 개인 날
> 말없이 혼자서 다니는 때도
> 마음속엔 언제나 네가 동무하여 주엇섯다.
>
> —「追憶의 海蘭江」 일부(1940.3.17).

1919년 3월 13일 용정에서 일어난 반일 시위운동에서 조선인은 오직 무장반항만이 일본의 침략을 물리치고 생존 권리를 찾는 가장 효과적인 수단이라는 것을 인식하게 되었다. 이리하여 1919년 4월부터 중국 동북각지의 조선인반일단체들은 모두 무기를 구입하고 무관학교를 세우며 일제에 대한 무장항쟁이 거세게 일기 시작하였다.

조선독립군은 봉오동전투(1920.6)와 청산리전투(1920.10)에서 승리를 하였다. 홍범도 장군이 이끈 연합군의 봉오동전투와 김좌진 장군의 청산리전투는 대표적인 항일 투쟁의 승리사이다. 봉오동전투에서 일본군이 150여 명이 전사했고 수십 명이 부상당하였다.[2] 항일연합군은

2 봉오동전투의 전황에 대한 기록은 정확하지 않다. 『독립신문』에서는 일본군 사상자 120명으로 보도했고, 당시 상해임정의 군무부의 기록도 상이하다. 일본군이 157명 전사하고 아군은 단 4명만 전사했다고 기록(이덕일, 『근대를 말하다』, 역사의아침, 2012, 327~328쪽)하는가 하면, 일본군이 457명 전사한 것으로 과장보도 하였지만, 사

용정 교외 3·13반일의사능

8명이 전사하였다. 북로독군부 연합군이 일본군 제 19단 부대와 전투하여 승리였다. 청산리전투에서는 일본군은 연대장 1명과 대대장 2명을 포함하여 병사 1,254명이 전사했고, 200명이 부상당하였다. 이에 반해 아군의 전사자는 200명이었다. 군수물자도 많이 노획한 대승리 전투였다.

양 전투에서 패배한 일제는 1920년 10월 조선인을 대학살하는 경신대학살(간도참변)을 감행하였다. 일제는 훈춘사건을 조작하여 계획적으로 조선인 대학살을 저질렀다.[3] 조선의 항일단체와 마을, 학교, 교회 등을 초토화하기 시작하였다. 일본군의 만행은 말로는 표현할 수

실은 당시 이 전투에 투입된 일본군은 283명이고 이중 전사자는 46명이라는 기록도 있다(〈도올이 본 한국독립운동사－제4부 청산이여 말하라〉, EBS, 2005. 9.29).

3 1920년 일어난 '훈춘사건'은 당시 서간도 일대에서 활동하던 마적 두목 친일파 정강호와 일본인 낭인 나가노가 의형제를 맺고 서로 협조하는 가운데 일어난 사건이다. 이 사건을 빌미로 조선인 탄압의 정당성을 스스로 마련한 것이다.

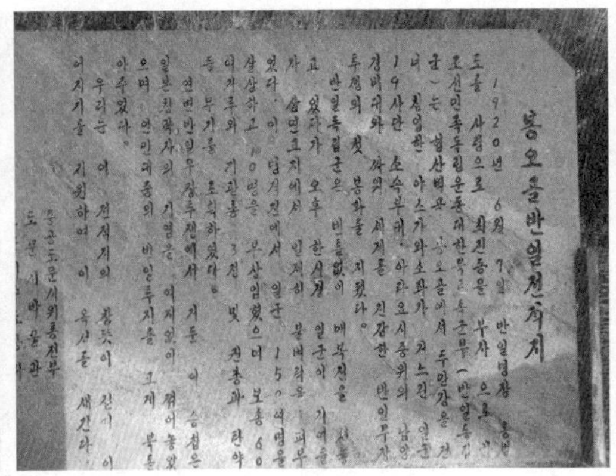

현재 저수고가 된 봉오동 계곡과 전적비

없을 정도이다.[4] 어느 마을에서는 네 형제를 불타는 집 속으로 던져 타죽게 하였고, 연길현 와룡동에 사는 정기선이라는 교사에게 고문을 가하여 얼굴의 피부를 몽땅 칼로 벗기고 눈알을 뺐다. 연길현 소영자에서만 20여 명의 부녀자가 강간 되었다. 그중 양형식의 9살 난 딸애도 끼어 있었다.[5] 당시 간도에 28만 9천여 명의 조선인이 거주했는데, 『독립신문』에 피살자가 3,693명이라고 적혀있다.[6] 하지만 어디 그뿐이겠는가? 이 당시의 일본군의 만행에 대해 박은식은 다음과 같이 쓰고 있다.

> 아마, 세계 민족이 나라를 위해 몸을 던진 자가 얼마일까마는 어찌 우리 겨레의 남녀노소가 참혹하게 도륙을 당한 것과 같으랴? (…중략…)
>
> 이른바 많은 장좌(將佐)가 많은 병졸을 거느리고 각처에 있는 촌락의 사

4 이이화, 『중국역사기행－조선족의 삶을 찾아서』, 웅진출판, 1993, 92쪽.

5 리광인, 「'경신년 대토벌'과 연변조선족 군중의 반'토벌'투쟁」, 『한국학연구』 제4집, 인하대 한국학연구소, 127쪽.

6 조동걸, 「1920년 간도참변의 실상」, 『역사비평』 제45권, 한국역사연구회, 1998, 54쪽.

는 사람 집, 교회당, 학교 및 양곡 수만석을 불질러 잿더미로 만들었으며, 남녀노소를 총으로 죽이고 칼로 죽이고 몽둥이로 죽이고 묶어 죽이고 쳐서 죽이고 밟아 죽이고 깔아 죽였으며 생으로 매장하기도 하고 불에 태우기도 하고 솥에 삶기도 하고 찢어발기기도 하고 코를 꿰기도 하고 갈비뼈를 발라내기도 하고 배를 따기도 하고 머리를 자르기도 하고 눈알을 뽑기도 하고 혀를 자르기도 하고 허리를 부러뜨리기도 하고 사지에 못을 박기도 하고 수족(手足)을 자르기도 하여 인류사로서는 차마 할 수 없는 짓을 저네들이 오락의 일로 삼았다.

우리 동포들은 할아비와 손자가 함께 죽기도 하고 아비와 아들이 함께 도륙 당하였으며 그 지아비를 죽여서 그 지어미에게 보였고 그 아우를 죽여서 그 형에게 보였으며 혹 상인(喪人)이 혼백 상자를 끌어안고 도망가다가 형제가 함께 죽임을 당하기도 했고 혹 산모가 포대기에 아이를 싸안고 달아나다가 모자가 함께 목숨을 잃기도 하였도다.[7]

당시 상황을 믿을만하게 전하고 있는 것으로는 용정촌 캐나다장로파 장로교회의 제창병원 원장 마띵의 『견문록』은 다음과 같이 쓰고 있다.

나는 10월 31일 일요일 마차로 12마일 떨어진 비암촌(실제는 장암촌)을 향해 룡정에서 출발했다. 10월 29일에 벌어진 일을 조사해보려는 데여서였다. 그날 날이 채 밝기전 무장한 일본군이 이 촌락을 포위하고 낟가리에 불을 지르고 집안의 사람들을 밖으로 나오라고 명령하였다. 밖으로 나온 사람은 모두 총살당하였다. 채 죽지 않으면 그 위에 불붙는 곡식단을 들어다부지군 하였다. 가까운 거리에서 세 번이나 사격한 후에도 불속에서 숨

7 이이화, 앞의 책, 97쪽 재인용.

일송정에서 내려다본 해란강(2011.12.24)

이 붙어 일어나는 자가 있게 되면 총창으로 찔렀다. 부녀들은 마을 성년남자들이 한사람도 남지 못하고 학살당하는 광경을 옆에서 보도록 끝까지 있어야 하였다. (…중략…) 나는 학살되고 방화당한 32개촌의 마을 이름과 정황을 잘 알고 있다. 한 마을에서는 145명이 살육되었다. 30명 이상 살해된 마을이 많았다. 서구 등에서는 14명을 한 줄로 세워놓고 총살을 한 후 석유를 쳐서 불태웠다.[8]

해란강대학살은 우리 민족에게는 한이 서린 역사적 사건이다. 일본군이 항일유격대를 학살하는 사건은 해란강 주변만 해도 2년간(1931~1935)의 일본군이 아흔네 차례나 토벌하여 1,700여 명을 학살하였던 사건이다.[9] 경신대토벌 때의 수법을 그대로 사용하여 해란강 주변의 항일

8 리광인, 앞의 책, 127쪽.

9 관련기사는 다음을 참조. 「일제하 해외희생자 발자취를 찾아서－중국편 (1); (15)」, 『경향신문』, 1995.7.26; 1995.9.21.

秋松張德俊兄을思하노라

同人

秋松兄秋松兄아生耶아存耶아何處로去하고何處에住하관대엇지生時에見치못하며또엇지夢裡에遇치못하는고秋松兄秋松兄아渭濱의呂尙이되야姬昌의게招聘이되얏던가漢北의李陵이되야匈奴의[illegible]俘虜가되얏던가아니原野에獅子를만나抵抗의勇이窮하야던가[illegible]에毒蛇를만나避身의策가絕하얏던가叢林에鷲鳥를만나脫身의[illegible]가[illegible]하얏던가何處로去하고何處에住하관대엇지信이無하며息이斷한고?

『동아일보』(1921.2.22)

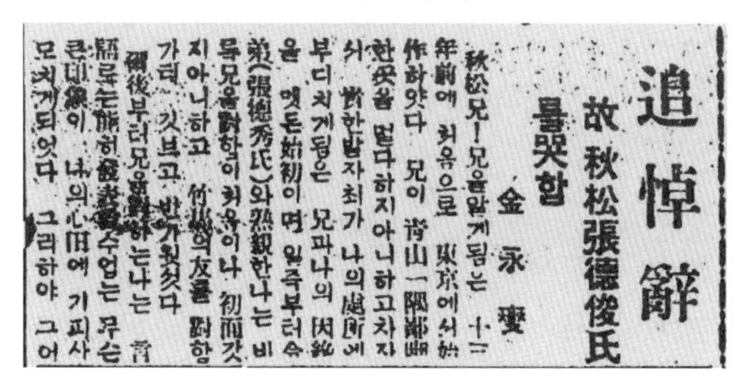

追悼辭

故 秋松張德俊氏를哭함

金永燮

秋松兄! 兄을알게됨은 十二年前에 처음으로 東京에서始作하얏다 兄이 背山一隅[illegible]한[illegible]를 떠나지 아니하고 차자서 [illegible]한밥자 최가 나의 處所에 부디치게됨은 兄과나의 因緣을 맺든始初이며 일즉부터숙弟(張德秀氏)와熟親한나는 비록兄을對함이 처음이나 初面갓지아니하고 竹馬의友를對함가티 깃브고 반가웟셧다 爾後부터兄을對하는나는 靑驕를눈[illegible]수업는 무슨 큰[illegible]이 나의心田에 기피사모치게되엇다 그리하야 그어

『동아일보』(1930.4.5)

유격대를 학살한 대참사이다. 조선인의 아픈 역사를 간직한 채 지금은 해란강은 말없이 흐르고 있다.[10]

이 당시 『동아일보』 기자였던 장덕준은 간도참변의 실상을 취재하기 위해 용정 모아산 현장으로 들어간 후 돌아오지 못하는 한을 남기고 있다. 당시 『동아일보』는 추송(秋松) 장덕준을 추모하는 글을 싣고 있다.

이 시기 '추수투쟁'과 '춘황투쟁'이 거세게 일어났다. 농민들이 지주를 핍박하여 소작료인하운동을 벌였다. 연변 각지의 농민협회는 조직적으로 운동을 벌이면서 일제의 탄압에 맞섰다. 이 때 농민협회에 참

10 이이화, 앞의 책, 105쪽.

가한 수가 1만 5천에 달했다.[11] 춘황투쟁은 빚 상환을 거부하며 양식을 지주에게서 빼앗아 기근을 넘기는 투쟁이다. 1931년에 시작된 추수투쟁과 연이어 일어난 춘황투쟁은 일제를 혼미상태에 빠뜨릴 정도로 항일 투쟁의 기초를 다졌다.

이 당시 추수투쟁으로 지주에게 받아낸 승낙서이다.[12]

구수하소작투쟁위원회 앞

승낙서

"3.7소작제"를 실시하며 채무를 취소하고 창고의 곡식을 무상으로 분배하겠음.

소작권을 보장해 주고 승낙서에 명기된 사항을 절대 위반하지 않을 것을 약속함.

1931년 11월 7일

장전란.

이렇게 항일유격대의 활동이 드세지자 일제는 대토벌작전을 펼친다. 해란강대학살사건이 일어났다. 항일전사 려영준에 의하면, 일제는 1931년 10월부터 1932년 12월까지 1년 남짓한 동안에 해란구를 94차례나 토벌했다. 공산당원과 항일군중 1,700여 명을 살해하였다. 100명을 죽이면 그중에 공산당원은 하나가 있다는 식으로 마구 살해하였던 것이다.[13] 일제 패망 이후 1946년 10월 연길시에서 '해란강대참안

11 위의 책, 131쪽.
12 여영준 구술, 한태악 정리, 한홍구 해설, 『준엄한 시련 속에서 – 만주항일유격전사의 이야기』, 천지, 1988, 65쪽.
13 위의 책, 179쪽.

청산대회'가 열려 해란강대학살의 주범격인 7명이 현장에서 처단되었다.

2. 송화강

송화강은 중국 소수민족의 하나인 퉁구스족의 천하(天河)라는 뜻을 가진 '송알라울라'를 한자로 음역한 데서 유래된 명칭이다. 옛날에는 '속말수(粟末水)'라 불렀다.[14] 지금 중국인들은 백두산의 소나무 꽃가루가 흘러내리는 강이란 뜻으로 '송화강'이라 부르지만, 예전 우리 선조들은 우수리하(牛首里河), 속말강 혹은 소밀하(蘇密河)라 불렀던 강이다. 이 강은 백두산과 관련 있는 흰머리산과 유사한 쇠머리산으로 불렸던 단군민족의 혼이 깃든 강이었다.[15] 이 강은 백두산 북쪽에서 발원하여 평지로 오면서 길이가 약 1,960㎞에 이르는 흑룡강 최대의 지류이다. 목단강과 합류하여 흑룡강으로 흘러들어가는 강이다. 동명왕 신화에 나오는 하천의 신 하백이 해모수와 통정한 딸 유하를 버린 강이다. 송화강 유역은 고구려와 발해의 옛 땅인 민족의 고토이다.

송화강으로 대변되는 하얼빈 지역을 중심으로 한 만주는 우리 민족의 항일운동이 일어났던 곳이다. 하얼빈은 원래 송화강 유역의 조그마한 도시였지만, 19세기 말 러시아가 청나라로부터 철도부설권을 획득하여 이곳을 철도건설기지로 삼으면서 근대화된 도시이다. 모택동

14 서길수, 「송화강 유역의 고구려 산성 연구 I」, 『고구려연구』 제1집, 고구려발해학회, 1995, 103쪽.
15 「박성수교수의 단군기행－우두산(牛頭山)과 맥둑」, 『경향신문』, 1987.3.12 인용.

이 신중국의 수도를 북경이 아닌 하얼빈을 수도로 할 계획을 가졌을 정도로 근대화된 도시였다. '하얼빈'이란 명칭은 여진족어로는 '명예', 만주어로는 '그물을 말리는 곳'이란 뜻이다. 송화강은 우리 민족의 강이라고 불러도 좋을 만큼 민족의 한이 육화(肉化)되어 있는 곳이다. 따라서 '송화강'은 우리 민족의 역사적 상흔이 녹아 있는 하얼빈을 중심으로 한 항일 투쟁 공간을 아우르는 기표이다. 1935년 김동환이 쓴 「송화강 뱃노래」에는 나라 잃은 민족의 한이 애절하게 녹아 있다.

새벽 하늘에 구름장 날린다.
에잇 에잇 어서 노 저어라, 이 배야 가자.
구름만 날리나
내 맘도 날린다.

돌아다보면은 고국이 천 리런가.
에잇 에잇 어서 노 저어라, 이 배야 가자.
온 길이 천 리나
갈 길은 만 리다.

산을 버렸지 정이야 버렸나.
에잇 에잇 어서 노 저어라, 이 배야 가자.
몸은 흘러도
넋이야 가겠지.

여기는 송화강, 강물이 운다야
에잇 에잇 어서 노 저어라, 이 배야 가자.
강물만 우더냐

장부(丈夫)도 따라 운다.

—『삼천리』(1935.3).

송화강 유역을 중심으로 한 흑룡강 지역의 조선인 마을은 주로 경상도에서 이주해 간 사람들에 의해 형성되었다. 현재 중국에서 경상도의 말과 생활풍습을 지키며 사는 마을이 300여 곳이나 되고, 조선족 중 40만여 명이 경상도 출신으로 추산된다.[16] 만주로 이주해 간 경상도 사람들은 주로 흑룡강성에 집거지를 이루고 살았다. 일제에 의한 조선의 강제병합이 되면서 안동 이상룡, 김대락을 중심으로 한 독립운동의 선조들이 길림성의 통화나 유하현에 이주한 경우도 있지만, 대다수는 일제강점기 때 일제에 의해 흑룡강성으로 집단적으로 강제로 이주해갔다. 일제가 만주침략 이후 조선인의 안정적인 지배를 위해 집단적으로 이주하게 한 것은 1936년에서 1941년이다. 이 시기 일제는 4만 여 가구 11만여 명의 435개의 조선인 개척단을 중국 동북 지역에 이주시켰다. 이 개척단은 주로 경상도와 전라도 출신인데 절대다수가 경상도 사람들이었다.

경상도 사람들이 집단적으로 이주해 간 곳은 내륙 깊숙한 흑룡강성이었다. 국경 인접한 지역인 길림성은 함경도 사람들이 요녕성에는 평안도 사람들이 이미 정착해있었기 때문이다. 이처럼 뒤늦게 이주해 간 경상도 사람들은 내륙 깊은 곳으로 이주해 가야 하는 험난한 고초를 겪었다. 또한 내륙 깊숙이 정착했기 때문에 해방 이후 조선으로 돌아오는 길도 험난했다. 만주의 다른 지역에 비해 흑룡강성의 조선족이 고국으로 귀환한 숫자는 적다. 예들 들어 흑룡강성 오상시의 경우는 집단농장인 안가농장의 인구가 1945년까지는 3,000여 명 가까이

16 모현철, 「"우리는 경상도" 문화적 소통으로 망향의 설움 달래」, 『매일신문』, 2011.8.2.

유지하다가 1946년 2,250명으로 감소했다. 이는 다른 지역에 비해 상대적으로 적은 수가 고국으로 귀환한 숫자이다. 귀국한 사람들은 당시의 부농에 해당하는 사람들이고 대부분은 조선으로 돌아와 봐야 땅덩어리 하나 없는 가난한 사람들은 하는 수 없이 귀국을 포기하고 정착할 수밖에 없었던 한을 품고 살아야만 했다. 물론 안가농장에서 어느 정도 정착할 수 있는 경제적인 여유가 있어 고국으로 돌아가기를 포기한 사람도 있었겠지만, 내륙 깊숙한 곳에서 귀국을 하기가 쉽지 않은 것이 그 주원인일 것이다.[17] 긴 여정에 오다가 국경이 가로 막히는 바람에 가족이 뿔뿔이 흩어지는 이산의 슬픔을 겪어야 했던 것이다. 늦게 국경에 도착했지만 이미 국경이 막히고 오는 도중에 한족에게 겁탈당하고 결국은 강제로 이주해왔듯이 강제로 귀국을 포기하고 정착해야 하는 아픔을 유난히 많이 겪었던 것이다. 원적을 한국 경상북도 울진군 덕산리에 둔 조선족 사회를 대표하는 지식인 황유복 교수는 "해방 직후 상당수의 이주민들이 한국으로 돌아갔으나 경상도 사람들은 워낙 내륙으로 깊이 진출한 데다 소식도 늦고 길이 막혀 상당수가 그대로 머무른 결과 현재 원적지가 경상도인 조선족은 50만 명에 육박할 것으로 보인다"[18]고 말한다.

당시 오상현 조선족 마을은 개성의 실업가인 공진항(孔鎭恒)이 설립한 만몽회사가 운영한 대규모 농장이었다. 만주국을 설립한 일제는 만주의 안정적 지배를 위해 동북 지역의 토지를 개발할 필요성이 있었다. 일제가 겉으로는 오족협화하의 공존공영을 내걸었지만, 동북 지역을 효율적으로 지배하는 것이 그 목적이었다. 이러한 일제의 의

---

17 김왕배 · 이수철, 「1930년대 만주의 조선족 마을 공동체－흑룡강성 오상현 조선족 마을 형성과정을 중심으로」, 『동방학지』, 연세대 국학연구원, 2008, 61쪽.
18 정근재, 『그 많던 조선족 어디로 갔을까?』, bookin, 2005, 244쪽.

열사릉원 한 쪽 모서리에 있는 조선인열사비(좌)와 남강구 소련홍군묘역(우)이 대조적이다.

도에 잘 부합하여 설립된 것이 오상현 마을이다. 물론 당시의 만주국의 이념인 '오족협화'의 정신에 따라, 만몽회사는 일제가 필요로 하는 군량미를 제공하고, 이에 대한 대가로 일제는 만몽회사에 간섭을 하지 않는 상호공존의 연계를 구축한 것이다. 사업가 공진항은 일제에 일정 부분 협력하면서 사업가로서 꿈꾸었던 만주드림을 실현하기 위한 절호의 기회를 얻었던 것이다. 하지만 이것은 겉으로는 공존의 형식을 띠고 있지만, 만몽회사는 일제의 만주지배를 위한 첨병의 역할을 한 결과를 낳았다. 다른 집단농장에 비하면, 만몽회사가 설립한 안가농장은 상대적으로 경제적 여유가 있었던 것은 사실이다. 이 지역의 사정은 조선이나 만주 어느 다른 지역보다 경제적으로 여유가 있었던 것으로 보인다.[19] 하지만 다른 지역에 비해 이 지역의 조선인에 대한 대우가 좋았다는 사실이 일제 관동군의 군량미를 각출하는 데 동원되어야 하는 민족적인 한보다 앞서서는 안 된다. 이 농장에서 생산된 쌀은 전부 일본 관동군 군량미로 들어가고 조선인들은 옥수수와 수수로 끼니를 연명해야 했다. 만약 입쌀을 숨기다가 들키면 경제범

19 김왕배 · 이수철, 앞의 책, 57쪽.

하얼빈 731부대 희생자 명단에 5명의 조선인과 함께 기재되어 있는 심득룡

으로 몰려 혹독한 수난을 당해야 했다. 일제는 조선인의 배고픔의 한을 달래준다는 명목으로 조선인을 일제침략주의의 노예로 만드는 치밀한 전략을 드러낸 것이다.[20]

하얼빈에서 잊지 말아야할 조선인의 한의 공간이 두 곳이 있다. 하나는 '조선인21열사비'이고 다른 하나는 '731부대'이다. 21열사는 국민당과 싸우다 전사한 조선의용군 21명의 전사자이다. 1946년 4월 28일 동북민주련군과 합세하여 국민당을 몰아내고 하얼빈을 해방시키는데 중요한 역할을 한 조선인 열사들이다.[21] 그러나 하얼빈 항일열사능원 한 모퉁이에 세워진 조선인21열사비는 능의 배치구조면에서나 기념비의 내용면에서 당시 주변인으로 살아야 했던 조선인의 한이 서려 있다. 이 묘비는 하얼빈 남강구 동대직가에 있는 조선인묘역에서 옮겨 온 무명의 21열사의 묘 하나로 조성되었다. 죽어서도 소수민족

20 강위원, 「흑룡강성 항일무장투쟁 현장에 대한 사진적 고찰」, 『현대사진영상학회 논문집』 제8집, 현대사진영상학회, 2005, 92쪽.

21 박영희, 『만주를 가다』, 삶이보이는창, 2008, 163쪽.

의 한이 서려 있다. 열사능원으로 옮겨지기 이전의 조선인 묘역터는 어린이 공원으로 변했고 상대적으로 소련홍군의 묘역은 울타리로 둘러싸여 보호를 받고 있다.

하얼빈 731부대는 일제의 인간생체실험 부대이다. 인간생체실험 대상자인 마루타 중 조선인의 실명이 밝혀졌다. 1988년 북경중앙당안관에서 발견된 문건에 의하면, 심득룡이 그 대표적인 조선인 마루타였다. 중국정부는 명단이 확인된 중국인 희생자 180여 명은 일본정부를 대상으로 손해배상을 요구하였다. 하지만 2002년 8월 27일 일본 도쿄 지방법원은 세균전은 인정하지만 배상책임은 없다고 판결하였다. 그러나 확인된 조선인 마루타는 심득룡과 5명인데, 모두 러시아공산당 첩보활동을 하거나 중국공산당 첩보활동을 하다가 체포된 사람들이기 때문에, 한국과 북한 어디에서도 조선인 희생자를 위한 적극적 대처를 하지 않는다. 그들의 한은 여전히 이념의 그늘에 가려져 있다.

3. 제야강

러시아 극동부를 흐르는 아무르강(江) 좌안의 지류인 제야(zeya)강은 우리 민족의 항일투쟁사에서 '자유시참변'으로 알려진 가장 참혹한 사건이 일어났던 곳이다. 당시 강물 전체가 핏빛으로 물들 정도로 많은 항일투사들이 죽어갔던 곳이다. 일제는 봉오동과 청산리전투 대패 이후, 경신대토벌을 통해 항일운동의 맥을 끊으려고 했다. 이 시기 항일투쟁은 침체기에 빠졌다. 항일단체들은 할 수 없이 러시아령 연해주로 이주하지 않을 수 없었다. 이 이주는 새로운 가능성을 향한 희망찬 이

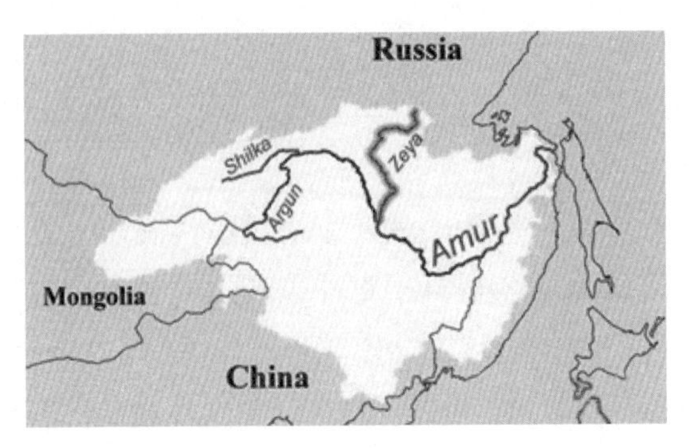

러시아령 제야강

주였다. 하지만 이곳에서 항일운동은 예상치 못한 참혹한 결과를 가져왔다. 이곳 항일운동의 참상조차 우리에게는 공산주의자들끼리의 동족상잔으로 재단되어 오랫동안 기억 속에만 남아 있었다. 이곳은 한국에서는 공산주의자운동이라는 이유로, 북한에서는 김일성이 관여하지 않았던 곳으로 모두 의도적이든 그렇지 않든 관심을 두지 않았던 곳이다. 그래서 더욱 한은 짙다. '자유시'라는 이름이 말해주듯, 이곳은 조선독립단체들이 일제의 압제를 피해 새로운 꿈을 가지고 찾아온 곳이기에, 이곳에서의 참변은 더욱 한이 깊은 것이다. 이곳 한인 공산주의자들의 항일을 조국해방이라는 궁극적 목표를 이루어가는 민족운동의 발전적 과정으로 읽기보다는 공산주의자들만의 운동으로 이념적으로 재단해왔다.

중국 내에서 활동하던 모든 항일독립단체들이 독립군단으로 통합되어 밀산(密山)으로 이주했지만, 3,500명이 엄동설한에 의식주를 해결할 수 없었다(당시 대한독립군단의 조직체계는 다소 다르게 증언되고 있다. 서일이 총재인 것은 분명한데, 홍범도를 부총재로 그 아래 김좌진을 참모부장으로 서열이 정해져 있는가 하면, 홍범도와 김좌진을 부총재로 동급으로 서열 지우기도 한다). 당시 밀산 당벽진(當壁鎭)은 인가가 적은 곳이라 입을 것과 먹을 것이 없었다. 밀산은 1653년 청이 정한 봉금구였다. 그러다가 1981년 밀산금지구역을 개방하였고, 1899년 황무지를 개간하기 시작하였다. 1908년 흥개호 옆 봉밀산(蜂蜜山)의 이름을 따 蜜자를 密로 바꾸어 밀산(密山)으로 지명되었다. 항일단체들은 하는 수 없이 1921년 1월 당벽진을 떠나 호림(虎林)을 거쳐 소령(蘇領) 이만(伊蔓)으로 이동한다. 당시 밀산은 영토상으로는 중국령이었지만 정치-경제적으로는 소련에 속한 곳으로 일제로부터 안전하고 비옥한 토지가 많아서 여러 가지의 면에서 좋은 여건을 갖추고 있었다. 밀산은 중국 최대의 곡창 지역인 북대황(北大荒)이면서도 소련과 인접해 있어 위급할 경우 일제를 피해 러시아로 들어갈 수 있는 항일 투쟁의 최적지였다. 밀산은 상해독립운동보다 10여 년 이전 1907년부터 무장 항일운동이 일어났던 곳이다.

망국의 한을 품고 중국 만주로 건너와 항일 투쟁을 했지만, 중국 만주에서도 역시 발붙일 곳이 없어 소련 땅으로 가게 되니 실로 눈물겨운 역사적 비극이 아닐 수 없었다. 이처럼 연해주는 우리 민족의 망국의 한이 강하게 녹아 있는 곳이다. 그리고 소련으로 건너갔지만 결국 소련에 의해 무장해제 되고 독립군단이 해체되는 수난을 겪었던 곳이다.[22] 이 자유시는 러시아 혁명 이전에는 '알렉세예프스크'로 불렸다가 혁명 이후 '자유'란 뜻의 스바보드니로 개칭되었다. 짜르정부가 붕괴되면서 새로 태어난 도시이다.

1921년 6월 일어난 자유시사변은 일제가 소련에게 조선인 항일단체의 무장해제를 강요하는 데서 발생한 것이다. 즉 소련 영토 내에서 일본에 방해되는 한인 무장단체를 육성하는 것은 양국 간의 친선관계에 큰 지장이 된다는 이유에서이다. 자유시사변은 한인독립군단이 소련홍군으로 편입되기를 강요했던 소련정부에 저항하면서 발생하였

22 강용권 · 김택, 『홍범도 장군』, 장산, 1996, 205쪽.

다. 이처럼 소련 땅으로 넘어 오면서 대한독립군단은 자주권을 행사하지 못하고 약소민족의 한을 안으로 삭이지 않을 수 없었다. 일제를 피해 연해주로 왔지만 이곳에서도 일제와 소련간의 알력 사이에서 동족끼리 싸워야 했던 것이다. 일제를 피해 잠시 연해주로 피신해왔지만, 언젠가 만주로 다시 들어가 항일 투쟁을 하는 것이 희망이었지만, 소련의 배신으로 인해 무장해제 되는 비극을 겪어야 했다. 자유시사변은 동일한 고려공산당하에 노선을 달리하는 항일무장단체들 간의 알력 때문에 빚어진 동족상잔의 역사적 비극이었다. 소련홍군에 할 수 없이 편입되기를 원했던 측(이르쿠츠크파)과 편입을 거부한 측 상해파(사할린 의용대) 사이의 싸움이었다.[23]

밀산을 중심으로 일어났던 우리 민족의 항일투쟁사에서 김좌진과 이범석에 비해 홍범도의 위상이 다소 과소평가되어 온 것이 사실이다. 이념의 옷으로 가려진 민족의 한을 온전하게 들여 다 보기 위해, 상해 중심의 독립운동사와 밀산 중심의 조선해방사를 편중되게 읽어서는 안 될 것이다. 왜냐하면 이러한 편중된 독서는 민족의 한이 이념 이전의 생생한 현장에서 포착될 수 없게 하고, 오히려 이념에 의해 은폐되거나 조작될 위험성이 있기 때문이다. 그러므로 상해 / 밀산, 김좌진 / 홍범도 간의 인위적인 이분화를 토대로 어느 한쪽에만 방점을 찍는 것은 한의 역사에 대한 편견을 심어줄 위험성이 있다. 이념을 내려놓고 한의 실상 자체로 되돌아가야 할 이유도 여기에 있다.

그러므로 자유시사변의 계기를 상해파(비귀화파)와 이르쿠츠크파(귀화파) 사이의 이념적 대립으로 성급하게 재단하는 것은 조심스럽다.

---

23 자유시사변으로 입은 피해에 대해서는 정확하지 않다. 40~50명에서 3,500명이라고까지 추산한다(〈도올이 본 한국독립운동사 제5부-아무르의 열 세 발자국〉, EBS, 2005.9.30). 통상적으로 알려진 바에 의하면, 양쪽(대한독립군부대와 사할린의용대)에서 전사자 272명, 흑룡강 익사자 31명 그리고 행방불명자 250명과 포로가 된 자 917명이었다(위의 책, 219쪽).

상해파를 민족주의자로, 이르쿠츠크파를 소련홍군에 예속된 공산주의로 이원화하는 것은 자유시사변을 소련홍군에 의한 독립군의 무장해제로 소극적으로 읽는 것을 가능하게 한다. 물론 이러한 서술이 전적으로 잘못된 것은 아니다. 다만 당시 민족주의 / 공산주의로 이념적으로 구획할 만큼 그렇게 단순하지 않았다는 점을 강조한다. 특히 한을 민족의 보편적 정서로 읽으려는 입장에서는 이념에 의해 한이 은폐되는 것도 동시에 지나치게 미화되는 것도 바람직하지 않다. 물론 자유시사변은 동족 간의 이념적 차이가 직접 원인이라는 데는 이의를 달수는 없을 것이다. 하지만 '항일'과 '독립'이라는 궁극적 목표를 공유했던 투쟁의 동반자라는 사실도 간과해서는 안 된다. 귀화파인 이르쿠츠크파에게는 볼세비키혁명의 성공이 곧 조선의 독립을 의미하는 것이었다. 이념이 한을 더욱 한스럽게 만들었지만, 이념이 한의 실상을 가리기도 한다.

이런 맥락에서 보면, 자유시사변을 '자유시참변'으로 지칭하는 한국근현대사 교과서는 민족의 수난사에 방점을 두고 있다. 그리고 자유시사변은 "약소민족을 후원한다는 적색군에 배신당하여 무장 해제까지 당한"[24] 사건으로 반공주의적 시각에서 서술하고 있다. 이와 같이 자유시사변은 민족의 수난사라는 관점에서 보면, 분명 '참변'의 성격을 띠고 있다. 하지만 이 사건은 일어난 배경으로 보면 당시의 소련 국내 정황과 일제와의 관계 그리고 한인독립단체들 간의 이념적 갈등 등으로 일어난 글로벌한 사건이다. 이런 점들이 이념적 독서에 의해 은폐되기 십상이라는 점에서 볼 때, 자유시'사변'이라는 객관적 술어를 사용하는 것이 바람직하다.

이러한 점에서 한국 근현대 교과서에서 이 사건이 '독립군의 시련'

---

24 조한나, 「7차 교육과정 한국근현대사 교과서의 자유시 참변 서술 연구」, 성신여대 석사논문, 2007, 3쪽.

이라는 시각에서 조명되는 것은 다소 편협하다. 그리고 자유시사변을 단순히 대한 독립군의 연장으로 읽는 것 역시 지나친 이념화이다. 물론 이 사건을 약소민족의 수난으로 읽는 것 자체가 문제가 있는 것은 아니다. 하지만 약소민족이 일제에 의해 쫓겨 피해 간 곳에서 또다시 겪었던 한탄과 회한의 역사로만 읽는 것은 지나치게 부정적(소극적)이다. 조국의 해방을 염원했던 항일투사들이 자유시로 옮겨 간 것은 언젠가는 다시 만주로 돌아와 일제에 대한 항일 투쟁을 지속하겠다는 희망의 이주였다. 항일단체들 사이의 이념적 대립조차도 민족의 염원인 해방을 위한 노스탤지어의 다른 표현들 간의 충돌이었다. 따라서 자유시사변은 우리 민족운동의 내재적 발전과정으로 보아야 할 측면이 간과되어서는 안 된다.[25]

4. 태항산

태항[太行]산록은 중국의 그랜드캐니언에 비유될 정도로 아름다운 곳이다. 한국에서는 태항산이 트래킹코스로 개발되고 있다. 하지만 이곳에 이념의 옷을 입히면 태항산은 가장 격렬했던 항일 투쟁 공간이었다. 태항산을 빼놓고 민족의 한을 이야기할 수 없다. 태항산은 남북길이가 600m, 동서길이가 250m인 험한 계곡으로 이루어진 산이다. '태항산(太行山)'이란 이름이 말해주듯 많은 험준한 계곡들이 늘어선 산맥이다. 이러한 지리적 환경이 조선의용군의 항일 투쟁 공간이 된

25 반병률, 「한인사회당의 조직과 활동(1918~1920)」, 『한국학연구』 제5집, 인하대 한국학연구소, 1993, 137쪽.

낙양분교가 있었던 오패부사령부 군영 옛터와 낙양팔로군 판사처에서 찍은 조선의용대 마크

이유이다. 춘추전국시대 때부터 이곳은 군사적 요충지로 알려져 있다. 이곳만을 방어하면 중원의 모든 지역을 막을 수 있었기 때문이다. 이른바 진기로예(晋冀鲁豫)는 태항산을 줄기로 산서(山西)성, 하북(河北)성, 하남(河南)성 그리고 산동(山東)성으로 둘러싸인 태항산 줄기를 따라 형성된 항일 투쟁의 해방구였다.

이 해방 공간인 태항산으로 들어가기 전 조선의용대가 머물렀던 낙양은 우리 민족의 독립운동과 깊은 연관이 있는 곳이다. 중국군관학교 낙양분교의 한인특별반은 김구, 이청천, 김원봉 계열의 청년 92명이 입교하여 교육을 받은 곳이다.[26] 태항산으로 들어가기 전 조선의용대의 항일 투쟁 공간이었다는 점에서 낙양은 중요한 의미를 갖는다.

태항산을 민족의 한의 존재론적 공간으로 이야기할 수 있는 것은 조국의 독립을 위해 마지막 항일 투쟁을 벌였던 곳이기 때문이다. 이 태항산에서 조선의용군은 3~4천 명의 인원으로 일제 40만 명과 목숨을 내놓고 싸웠던 곳이다. 그렇기에 그만큼 피해도 컸고 그런 만큼 한

26 조동걸, 「조선의용군 유적지 태항산 · 연안을 찾아서」, 『역사비평』 제20호, 역사비평사, 1992, 390쪽 이하.

호가장 항일열사기념비

호가장전투에서 희생된 조선의용군 네 전사자를 일본군의 눈을 피해 안전한 곳에 묻고 있는 중국 농민들(1941년 황북평촌)

도 깊어졌던 곳이다. 1942년 5월 일제의 태항산 소탕작전이 있었다. 1, 2차에 걸쳐 일어난 소탕작전에 일제는 40만 명과 전차와 비행기까지 동원하여 작전을 펼쳤다.

1941년 12월 12일 김학철이 바로 태항산 호가장(胡家庄)전투에서 부상을 입고 일제에 포로가 되었던 곳이다. 호가장은 하북성 성도인 석가장에서 서남쪽 49㎞ 태항산맥 창암산(蒼岩山) 기슭 원씨현에 있다. 수나라 때부터 호씨(胡氏)들이 살았다는 데서 유래한 마을 이름이다.[27] 조선의용군 29명이 석가장시 원씨현(石家庄市 元氏縣) 호가장 마을에서 잠을 자다가 일제의 급습으로 4명이 희생당하고 김학철은 부상을 입은 곳이다. 손일봉(29세, 북한 의주), 박철동(27세, 한국 충청도), 이정순(23세, 북한 평북), 최철호(26세, 한국 대전)가 전사하였다. 호가장전투는 조선의용대・조선의용군이 치른 7년의 항일역사 가운데 가장 처절하게 싸웠던 전투이다. 조선의용군이 독자적으로 치른 전쟁이었다. 중국국민당과 공산당 양 지구에서 호가장전투 희생자에 대한 추도식을 대대적으로

27 위의 글, 394쪽.

호가장 조선의용군 주거지 옛터

치를 정도로 역사적인 사건이 되었다. 미주 교포 신문『독립』에서조차 상세하게 전투 전황을 소개할 정도였다.[28] 이것을 기념하기 위한 기념비가 2012년 6월에서야 세워질 정도로 중국과 한국 그리고 북한 어느 쪽에서도 관심을 가지지 않았던 소외 공간이었다.

호가장 항일열사기념비 뒤쪽으로 당시 조선의용대의 주거지가 있다. 이곳에서 조그마한 가게를 하면서 살고 있는 한족 부부의 안내로 몇 군데를 살펴보았다. 중국 내 소수민족으로서 감수해야 하는 한과 한국과 북한 어느 곳에서도 이념적으로 재단되어야만 하는 한의 실상들이 주변의 깊은 골짜기에 골마다 침전되어 있다. 김학철 선생의 아드님 김해양 선생과 연변문학을 대표하는 조선족 작가들의 관심 그리고 한국 실천문학사의 후원으로 이곳에 기념비가 세워졌다. 그 기념비에 신영복의 글로 아로새겨진 당시 조선의용대의 한의 실상이 행간을 가득 채우고 있다. 조국해방만이 그들에게는 유일한 목표였고, 이

28 염인호,『조선의용대 · 조선의용군』, 독립기념관 한국독립운동사연구소, 2009, 100쪽.

중국 하북성 한단시 기차역

에 대한 어떠한 이념적 장치도 의미 없는 것이었다. 추상적인 이념으로 그들의 한 많은 삶의 실상을 덮어두기에는 너무나도 그들의 한이 깊다. 태항산록 골짜기 곳곳에서 벌어진 조국해방을 위한 의용군들의 항일 투쟁은 그들의 한을 깊게도 만들었지만 해방된 조국에 대한 꿈을 성취해가는 희망의 투쟁이기도 하였다. 저자가 방문한 2012년 7월에 찾은, 2012년이란 글자의 붉은 색이 채 마르지도 않은 조선의용군 옛터 안내판이 더욱 한스럽다. 조선의용대의 옛터를 알리는 간판이 붙은 건 늦었지만 다행스럽다. 하지만 늦어도 너무 늦었다는 감을 지울 수가 없었다.

석가장 원씨현을 뒤로 하고, 조나라 성도였던 한단(邯鄲)시에서 택시로 두 시간을 달려들어 선 섭현(涉縣)은 중국 혁명의 공간임을 입구에서부터 진하게 느낄 수 있다. 섭현은 한단시의 제일 북쪽에 있다.

중원촌 촌장 양종명 씨와(좌)와 저자(우)

곳곳에 혁명을 상징하는 조형물들이 세워져 있다. 섭현시의 주요 도로명이 중국 팔로군 129부대 사령관이었던 좌권장군을 기념하는 '장군로'로 붙여져 있는 것도 눈에 띈다. 이곳에는 중국 팔로군 129부대와 조선의용대가 거주했던 중원촌(中原村) 마을이 있다. 중원촌은 팔로군 129부대 기념관에서 택시로 약 15분 걸리는 거리에 있는 당시 조선의용대의 주거지였다. 중원촌 마을 촌장인 양중명(楊中明, 56세) 씨가 오랜만에 찾아온 한국 방문객에게 열어준 허름한 작은 창고에는 아직도 한이 깊게 깔려 있다. 몇 장의 희미한 사진들만큼이나 당시의 민족의 한 역시 색이 바래져 있어 안타까움을 면할 길이 없다.

저자는 이곳에서도 중국의 소수민족으로서 그리고 이념적 적대자로 한국과 북한 어느 곳에서도 소외되고 있는 모습들을 발견할 수 있었다. 조선의용군열사기념관 주변에 누군가가 심어 놓은 무궁화 몇 그루가 낯선 방문객을 물끄러미 바라보고 있을 뿐이었다. 중국 팔로군 129부대의 항일 투쟁지는 성역화되어 있는 반면, 이곳에서 얼마 멀

한단시 섭현 중국 팔로군 129부대 기념관(좌)과 석문촌 조선의용군열사기념관(우)

중원촌 조선의용대기념관으로 사용되는 원정사(元定寺)와 당시의 주거지

지 않은 중원촌 조선의용대 주거지와 1982년에 세워진 석문촌 조선의용군열사기념관은 왠지 중심에서 벗어나 소외되어 있는 듯한 느낌을 가지지 않을 수 없었다. 호가장전투에서 큰 피해를 입은 조선의용대는 독자성을 상실하고 소수민족으로서의 한계를 느끼지 않을 수 없었다. 윤세주와 박효삼 등과 같은 민족주의적 성향이 강한 독립운동가들도 미리 연안에 가 있었던 최창익 계열의 제안에 따라 팔로군 129사단 예하로 들어가지 않을 수 없었다. 이러한 소수민족의 비애는 지금

현재 유치원으로 사용되고 있는 군정학교옛터(좌)와 당시 문화활동무대(우)

도 생생한 현장으로 남아 있다.

석문촌은 조선의용대 최대격전지이다. 이곳에는 1982년 조선의용군기념관이 세워졌다. 기념관 뒤 계단을 타고 올라 간 곳에 진광화와 윤세주의 묘가 있다. 건너편에 있는 중국 129부대 사령관 좌권 장군의 묘와는 대조적인 모습으로 읽히는 이유가 뭘까? 남장촌(南庄村)은 무정이 세운 조선혁명군정학교의 옛터가 있는 곳이다. 지금은 유치원으로 사용되고 있다. 이곳이 조선의용대 사령부였던 곳이다. 그곳에 '중조한우의기념대'라는 글귀는 아직도 또렷이 남아 당시 조선의용대의 삶을 이야기해주는 듯하다. 현재 유치원으로 사용되고 있는 당시의 군정학교 건물은 조선 건축양식으로 지은 건물이다. 낡은 건물 한 모퉁이의 건축양식에서도 조선의용대의 조국해방에 대한 원한(願恨)을 깊이 느낄 수 있는 곳이다. 조선의용대를 토벌하러온 당시의 일본군 여단장이 조선인 홍사익(洪思翊) 소장이라는 사실은 묘한 감정을 갖게 한다.[29]

29 김학철은 그의 『태항산록』에서 이 사실을 입증해 주고 있다(김학철, 『태항산록』, 『김학철전집』 4, 연변인민출판사, 2011, 249쪽).

한단시 진기로예열사능의 진광화 열사와 윤세주 열사의 묘

석정 윤세주의 생가터(현재 경남 밀양시 내이동 880번지)

주변의 쓰레기더미에서 찾은 김원봉 생가터를 알리는 작은 표지석

윤세주의 묘는 한단시 진기로예열사능의 일반열사묘에 안장되어 있었고, 평안남도 대동군 출신인 진광화 열사는 중국 129부대장 좌권 장군 묘 뒤에 같이 안장되어 있다. 진광화 열사는 중국공산당 신분이었던 만큼 윤세주와는 다른 대우를 한 것으로 보인다. 항일 투쟁 공간

에서 전사한 윤세주이지만, 좌권 장군과 진광화 열사와는 분리되어 길 건너편 일반열사묘에 안장되어 있어야 하는 한이 그대로 남아 있었다. 한이 이념에 의해 더욱 깊어진 것을 낯선 방문객은 느낄 수 있었다. 석정 윤세주는 한국정부로부터 1982년 건국훈장 독립장을 추서받고 그의 생가터가 보존되고 있기는 하지만 아직도 그는 태항산에서 한 많은 긴 잠을 자고 있다. 그는 1942년 5월 41세의 나이로 이국땅에서 숨을 거둔 채 아직도 안식의 잠을 자지 못하고 있다.

윤세주가 비록 늦게나마 한국정부로부터 공로를 인정받은 데 비해, 1919년 11월 10일 중국 지린성 파호문(巴虎門)에서 의열단을 조직해 독립운동을 했던 김원봉의 생가터는 아직 복원되지 않고 있다. 2010년 4월에야 윤세주 생가 바로 뒤편이 김원봉의 생가였음을 알리는 표지판이 자그마하게 세워졌다. 해방 이후의 김원봉의 행적에 대한 평가는 아직도 이념으로부터 자유롭지 못하다. 한국 밀양시 독립운동기념관에는 김원봉을 밀양 지역 독립운동의 선봉장으로 묘사해 놓고도 아직 이념의 허울 속에서 그 공로가 인정되지 않은 채 방치되고 있다. 타국에서 조국독립을 위해 한 맺힌 삶을 살아내야 했었던 조선의용군을 한의 원형으로 이야기하는 것은 너무나 당연하다. 특히 '김원봉'이란 기표(記表)는 조선족의 한의 실상을 그대로 담고 있다. 조선의용군의 전신인 조선의용대의 전신 중 가장 세력이 컸던 것이 김원봉의 조선민족혁명당이다. 이것의 전신은 바로 1919년 설립된 조선의열단이다. 이처럼 김원봉(김약산, 김약삼, 진국빈, 진충 등으로도 불렀음)은 조선의용대의 중심인물이었지만, 결국은 북으로부터는 연안파라는 이유로, 남으로부터는 북한공산주의자로 이념적으로 재단된 한 많은 삶을 살았다. 그는 태항산으로 들어가지 않고 국민당과의 협조하에서 조선의용대를 결성하고, 1942년 광복군 부사령관에 취임하였으며, 1944년 대한

민국임시정부의 국무위원 및 군무부장을 지낸다. 그의 이런 이력으로 인해 연안의 조선의용군으로부터는 국민당 반동파 뒤꽁무니를 따라 중경으로 깊숙이 들어가 버린 자로 광복군의 어중이떠중이로 비난받는다. 그리고 그가 1948년 북한으로 들어가 고위직을 지낸 경력 때문에 한국정부로부터 여전히 주변화되어 있다.

5. 보탑산

보탑산(寶塔山)은 중국 섬서성(陝西省) 연안시(延安市)에 있는 그리 높지 않은 산이다. 당(唐)나라 대종(代宗) 766년에서 779년 사이에 건립된 보탑이 상징물로 서 있는 곳이다. 규모는 그리 크지는 않지만 지리적 형세가 적의 공격을 피할 수 있는 자연적 요새이다. 보탑산으로 둘러싸인 연안은 조선의용군의 마지막 항일 투쟁 공간이었다.

조선의용대가 연안으로 들어오면서 1941년 1월 무정이 사령관인 조선의용군으로 개편된 것은 결국 호가장전투의 참패와 윤세주, 진광화 등이 전사하면서 민족대오가 그 세력을 잃었던 것 때문이다. 중국공산당의 입장에서도 얼마 되지 않고 세력을 잃은 조선의용군을 전투에 투입하기보다는 후일 조선통치의 인력으로 보호하는 것이 유리하다고 판단했던 것이다.[30]

조선의용군이 독자적으로 치른 호가장전투와 팔로군 전방사령부 보위부대 자격으로 참전한 5월의 반소탕전투는 중국공산당과의 형제

30 조동걸, 앞의 책, 399쪽.

연안의 보탑산

적 동지애를 공고화한 계기가 되었다. 모택동은 '중국공산당 제7차 대표회의'에서 "중국인민은 조선인민이 해방을 받도록 지원하여야 한다"[31]고 연설한다. 조선의용군이 비록 팔로군 예하에 배속되어 있었지만 상호 간의 협력 체제를 형성한 혁명 투쟁의 동반자였다. 조선의용군은 중국사회주의 혁명의 완수는 곧 조선의 완전한 독립이라는 국제주의적 입장에서 중국공산당과 긴밀한 관계를 유지하였다.

이렇게 항일 투쟁의 선봉에 섰던 조선인의 역사적 공헌이 허공을 맴돌고 있는 현장에서 저자는 조선인의 한을 새삼 곱씹지 않을 수 없었다. 조선인의 한이 중국 조선족 통사 속에 희석되어 버리지 않을까 하는 안타까운 마음뿐이었다. 중국 연안 라가평(羅家坪) 조선혁명군정학교의 옛터를 방문한 저자는 조국해방의 한을 품고 죽음으로 싸웠던

31 정병일, 「북·중 관계에 미친 연안파의 위상 재조명—정치·군사적 평가를 중심으로」, 『사회과학연구』, 서강대 사회과학연구소, 2010, 298쪽.

조선의용군의 실체가 '중국 조선족'이라는 보편적 어휘 속에 그 역사적 의미가 제대로 평가되지 못함에 대해 후손으로서 부끄러움을 넘어 죄책감마저 느끼지 않을 수 없었다.

조선의용군은 한국임시정부의 한국광복군에 편입되기를 거부하고, 화북 지역의 중국 팔로군과 함께 항일 투쟁의 선봉에서 조국 독립을 위해 싸웠다. 의열단을 조직해 활동하던 김원봉이 조선의용대를 조직해 항일운동을 했다. 하지만 김원봉의 노선에 반기를 든 최창익 등이 모택동이 투쟁 근거로 삼고 있었던 연안으로 들어갔다. 1942년 5월 중경(重慶)에 있던 조선의용대 본부가 임시정부의 광복군 제1지대로 편입하자, 동년 7월 10일 김두봉과 무정 등이 조선의용대 화북지대를 발전적으로 개편해 조선의용군으로 확대하였다. 물론 조선의용군으로의 개편은 단순한 명칭 변경만을 의미하지는 않는다.[32] 적어도 지향점은 조선 독립과 해방 이후 독립조선의 건국을 위해 전략적으로 중국과 연대하면서 독자적 투쟁을 하겠다는 것이었다.

하지만 이들의 역사적 존재감은 북으로부터는 '연안파'로, 남으로부터는 공산당의 동반자라는 이념적 평가에 의해, 그리고 중국정부로부터는 자국의 독립을 위해 투쟁했던 소수민족의 독립단체로 홀대를 당하는 역사적 경계인으로 소외되고 있다. 그러나 북한정권 초기 중국과의 혈맹적 관계를 맺게 해준 매개체는 바로 김일성의 동북항일연군(만주파)이 아니라 조선의용군(연안파)이었다는 점을 인식할 필요가 있다. 초기 북한 정권에는 박일우를 비롯한 연안파가 대거 참여하였다. 하지만 소련의 힘을 업은 김일성의 동북항일연군 출신들의 북한 정권이 들어서면서 연안파는 거의 다 숙청을 당한다. 이와 같은 조선의용군의 역사적 위상은 중국, 북한, 한국 어디에서도 평가를 받지 못

32 장세윤, 「해방 전후시기 만주지역 조선의용군과 동북항일연군의 동향」, 『한국근현대사연구』 제42집, 한국근현대사학회, 2007, 67쪽.

하고 있다.

조선혁명군정학교(교장 : 김두봉(호 백연), 교감 : 박일우) 옛터에 남아 있는 민족의 한은 아직도 살아 숨 쉬고 있다. 중국 연안은 모택동공산당의 최후 투쟁 공간이었다. 조선의용군 역시 태항산을 떠나 이곳 연안에 들어와 중국공산당과 항일 독립 투쟁을 함께 하였던 고난과 독립을 향한 희망의 교차 공간이었다. 이 공간이 원한과 희망의 공간이었던 것은 조선의용군이 화북으로 들어온 궁극적인 목적은 조선의 독립이었지만, 정치-군사적으로 중국공산당에 의존할 수밖에 없었던 한의 공간이었기 때문이다. 즉 화북으로의 진입은 하나의 경로 과정일 뿐 최종 목적지는 아니었다.[33] 물론 최종 목적지는 조선 독립이었다. 하지만 식민지조선이 이국땅에서 겪어야 했던 한은 지금도 옛 투쟁의 공간에서 재현되고 있다.

최근 중국공산당 창립 90주년을 맞이하면서 중국정부는 연안을 혁명의 성지로 부각시키고 있다. 저자가 2011년 7월 찾아간 연안 양가령(楊家岭)의 중국공산당 기념관은 많은 인파들로 북적거리고 있었다. 양가령이 중국공산당의 혁명성지로 미화되고 있다는 반면, 조선의용군의 투쟁 공간인 라가평(羅家坪)은 쓰레기장으로 방치되어 있었다. 라가평은 중국혁명사에서 부담스러운 곳으로 소외되어 있다. 최근 2007년에 세워진 '조선의용군 옛터'를 알리는 표지판과 이후 옮겨온 '조선혁명군정학교'의 표지판은 쓰레기장을 방불케 한다. 중국 내 소수민족의 한을 아직도 토해내고 있는 조선의용군의 옛터와 토굴들은 저자의 가슴을 한참 동안 아리게 했다. 조선혁명군정학교는 1942년 8월 화북 태항산에서 성립되어 1944년 1월 태항산을 떠나 3개월 만에 도착해 천구촌(川口村)에 5개월 머물렀다가 12월 이곳으로 옮겨와 세

33 위의 글, 66쪽.

주변의 간판들과 쓰레기와 돌무더기에 가려 잘 보이지도 않는 조선혁명군정학교 옛터 표지판(좌)과 토굴(우)

워졌다고 쓰고 있다. 이 표지판 뒤의 토굴들은 거의 방치되어 있다.

이와는 대조적으로 중국정부에서 혁명의 성지로 꾸미고 있는 중국공산당 근거지였던 양가령은 비교적 잘 정비되어 있었다. 라가평 역시 양가령과 함께 항일 혁명 공간이었던 곳이지만 현재는 중국정부로부터 거의 외면당하는 듯한 인상을 가지고 돌아왔다. 소수민족으로서 투쟁 공간에서 느꼈던 한이 여전히 풀려지지 않은 채 허공을 맴돌고 있는 것 같았다. 연안(延安)은 중국공산당의 혁명의 성지이며 항일 투쟁의 최후의 보루였다. 중국 섬서성의 연안은 오지로서 적의 공격이 쉽지 않은 자연적 요건들을 갖춘 요새이다. 중국군은 연안 아래 지도 왼편에, 조선의용군은 오른편에 소재하고 있었고, 양편 사이에는 자연적인 계곡이 생겨 전투기로 쉽게 접근할 수 없는 자연적 요새였다.

홍군은 국민당의 추격을 피하여 연안에 와 대장정(大長征)을 마무리한다. 하지만 연안마저 홍군을 안전하게 지켜줄 수 없을 정도로 국민당의 추격이 집요했었다. 장개석은 홍군의 추격을 독려하기 위해 서

안에 와 화청지 오간청(五間廳)에 머물고 있었다. 이때 일어난 사변이 바로 서안사변이다. 1936년 12월 12일 장개석은 동북군 사령관 장학량(張學良)과 서북군 양호성(楊虎城) 장군에 의해 감금되어 국공내전을 종식하고 항일 투쟁에 연대할 것을 구두로 약속을 하게 된다. 장학량은 만주국 출신으로 일제가 만주를 침략한 이후 일제와의 투쟁이 국공내전보다 더 우선이라는 생각을 가지고 홍군 측과 비밀리에 접촉을 해왔다. 장학량은 만주국 출신으로 일제가 만주를 침략한 이후 일제와의 투쟁이 국공내전보다 더 우선이라는 생각을 가지고 홍군 측과 비밀리에 접촉을 해왔다. 장학량의 아버지 장작림(張作霖)은 1928년 6월 황고툰(皇姑屯)에서 일본관동군에 의해 폭사당하였다. 이때부터 장학량은 항일 의식을 가지고 있었다. 이 서안사변을 계기로 모택동의 홍군은 일제를 무너트리고 연이은 국공내전에서 국민당을 대륙에서 섬으로 추방하는 승리를 얻어낸다. 이처럼 연안은 중국공산당의 항일 투쟁 공간이면서 공산당 혁명의 최후보루였었다.

조선의용군은 중국팔로군과 함께 일제를 물리치고 국민당을 몰아내는 역사의 동반자로 연대해왔다. 조선의용군의 입장에서는 중국의 승리가 바로 조국의 승리라 확신하였기에 국민당이든 공산당이든 일제를 물리치고 조국의 독립을 앞당기는 길을 택한 것이다. 하지만 이러한 노선이 훗날 북한에서는 연안파로, 남한에서는 중국공산당의 협력자로 그리고 중국정부로부터는 주력부대 팔로군의 심부름꾼 정도로 평가절하되어 역사의 주변인으로 내몰리게 된 것이다. 중국공산당이 조선의용군의 연안 이동을 결정한 배경도 많지도 않은 조선의용군의 인력을 태항산에서 소모하기보다는 전쟁 후 조선통치의 요인으로 보호하려는 정치적 계산이 깔려 있었다는 주장도[34] 이런 맥락에서 설

34 한국학중앙연구원, 『한국민족문화대백과』, 2010, '조선의용군' 항목 참조.

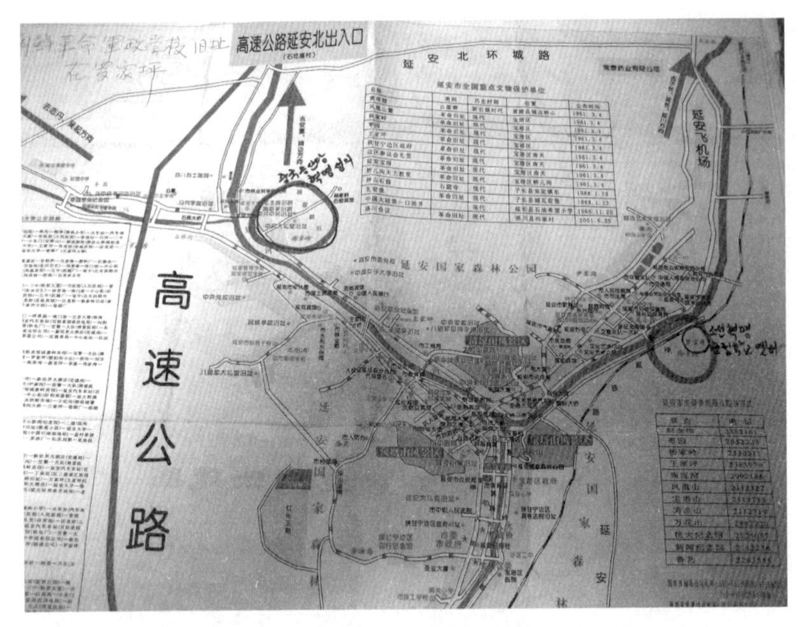

중국 연안 공산당 옛터 양가령(좌), 조선혁명군정학교 옛터 라가평(우)

득력을 갖는다.

1928년 모스크바에서 열린 공산 국제 제6차 대표회의에서 제기된 '1국1당'원칙에 입각해 조선공산당도 중국공산당과 대등한 입장에서 중국공산당에 가입하였다. 조선공산당 역시 중국공산당과 연대하여 일제군벌 타도와 항일 투쟁의 동반자로 싸웠다. 이러한 역사적 행보를 고려하지 않고, 조선의용군을 중국공산당의 영도 아래 일본제국주의와 봉건군벌 타도 혁명에 소극적으로 참여했던 역사적 주변인으로 취급하는 것은 조선의용군의 역사적 지위를 지나치게 소극적으로 평가하는 것이다. 물론 타국 땅에서 디아스포라로서 조국의 독립을 위해 투쟁하는 데는 근본적인 한계를 갖지 않을 수 없다. 하지만 이러한 어쩔 수 없는 한계를 고려하지 않고 조선의용군의 투쟁의 노선을 조선

연장주의, 즉 조국 독립을 위한 독자적 투쟁으로 읽지 않고 중국공산당의 혁명 조력자로서 소극적으로 평가하는 것은 조선의용군의 한을 더욱 한스럽게 하는 것이다. 그들의 한을 이념에 의해 저울질하는 것이야말로 더욱 한을 짙게 만드는 것이다. 조선의용군에게는 공산당이니 민족주의니 하는 이념보다 항일 투쟁의 승리를 통한 조국 독립이 더 우선적인 것이었다. 조선의용군이 연안으로 들어가지 않고 태항산으로 들어온 것도 바로 항일 투쟁을 통한 조국의 독립이 더 절실하였기 때문이다.

조선의용군이 중국과의 관계에서 특히 정치-군사적으로 자유롭지 못한 것은 사실이었다. 물론 조선의용군이 독자적 전투를 할 수 있을 정도로 자율적 단체의 성격을 가지긴 했지만 군사적으로 무장투쟁의 한계를 가질 수밖에 없었다. 중국이라는 지역적 한계 내에서 조선의용군은 일본과 정규전을 치르는 전투부대가 아니라 화북 지역의 중국 민중이나 조선인들 그리고 일본군 병사들을 대상으로 『조선의용대통신』을 통해 정치선정공작활동에 치중하는 데 머무를 수밖에 없었다.[35] 조선의용군은 조중연합의 수평적 형태를 띠었지만 군사적으로는 변형된 수직적 관계일 수밖에 없었다. 조선의용군은 한국광복군에 비해 상대적으로 중국에 더 예속되어 있었다. 전민족의 대표성을 띠었던 한국광복군에 비해 조선의용군은 '화북'이라는 지역적 한계와 '광복군 제1지대 박효삼부대'라는 울타리를 벗어날 수 없는 구조적 한계를 가지지 않을 수 없었다. 물론 조선의용군이 팔로군의 지휘하에 들어가면서 광복군과의 수직적 관계를 벗어나려고 했지만, 그 당시로서는 지역적-군사적 한계를 벗어나기에는 역부족이었다. 특히 조선의용군은 출발부터 중국군사위원회의 지휘하에 있었기 때문에 더욱

35 김주용, 「1940년대 항일무장단체의 실상—한국광복군, 조선의용군, 동북항일연군의 활동을 중심으로」, 『동국사학』 제43호, 동국사학회, 2007, 277~278쪽.

그렇다.

이처럼 조선의용군은 임정의 광복군과 중국팔로군 사이에서 이중적 정체성을 가지고 철저히 주변화되고 타자화되어야 하는 깊은 한을 지니고 있었다. 중경의 김원봉이 이끄는 조선의용대가 광복군 제1지대에 편입되면서 조선의용군은 그 전신이었던 조선의용대와 정체성을 달리 하는 독자적 노선을 걸어야 했다. 이와 같이 피압박민족으로서 그리고 지역적 무장단체(팔로군 무장정치선전대)로서 겪어야 했던 조선의용군의 한은 현재 소수민족으로서 겪을 수밖에 없는 민족적 한으로 전승되어 오고 있다. 물론 최창익은 무정에 반대하여 독립적 자주성을 상실하는 것을 반대하였다. 하지만 무정에 의해 받아들여지지 않았다. 조선독립동맹으로부터 팔로군 부대로 편입되면서 자주성을 상실할 수밖에 없었던 조선의용군의 지위는 피압박민족으로서 중국이라는 이국땅에서 독립투쟁을 해야 했던 민족의 한을 대변하고 있다. 한국광복군에 비해 상대적으로 가질 수밖에 없었던 소수자의 한이 이국땅에서 더욱 깊어질 수밖에 없었다. 조선의용대로부터 조선의용군으로 정체성이 바뀌면서 겪어야 했던 김원봉–무정–최창익 노선의 대립과 갈등은 중국 내 소수자로서 그리고 디아스포라로서 겪어야 했던 민족의 한이 아닐 수 없다.

조국 독립을 거주국과의 군사적 관계 안에서 지향해야만 했던 민족적인 한은 부정할 수 없을 것이다. 조국의 완전한 독립을 자주적으로 쟁취하지 못하고 조선의용군은 만주로 이주하여 한반도 내로 진입할 수 없었던 정치-군사적 한계는 소수민족 조선의용군의 한일 수밖에 없었다. 특히 당시 동북항일연군에 비해 상대적으로 지식인들로 구성되었던 조선의용군이지만, 그 수에 있어 소수이고, 소련코민테른의 휘하에 있어 힘을 가졌던 동북항일연군에 비해 더욱 소외당하였고, 이것은 훗날 '연안파'로 숙청당해야 하는 한의 단초가 되었다. 조선의용군은 팔로군과 연대하여 독자적 투쟁을 했지만, 해방 이후 중국 조선인의 제2고향인 연변 지역에 이미 항일연군이 장악하고 있어 소수집단으로서 한을 겪어야만 했다. 조선의용군이 '화북'이라는 지역적 울타리에 갇혀 투쟁을 하는 동안 동북항일연군은 소련과 함께 만주에 진주하여 장악하고 있었다. 연변 지역은 항일연군의 주보중이 길림성 주석으로서 토지정책을 통한 소수민족정책을 추진할 기초를 마련하고 있었다.[36] 이처럼 조선의용군은 초기 중국 조선족의 역사에서도 소수자로 주변화 되는 한을 품고 살아야만 했다. '연안파'라는 소수자의 한이 오늘날까지 쓰레기장으로 방치되어 있는 조선의용군 표지판에서 '잊혀진 공산주의자들'[37]의 한으로 현재화되고 있다.

조선의용군의 한이 더욱 깊게 현재화되는 것은 그들 대부분이 북조선으로 넘어가 그곳에서 초기 북한 정권의 핵심에 있었다는 이념적 평가 때문이다. 이러한 평가에 의해 오랫동안 방치되어 온 조선의용군의 한은 이념에 의해 그 역사적 실상이 왜곡되어 왔다. 당시 1940년대 조선의용군과 국제적 반파시스트연대의 차원에서 같이 활동했던 일본인 반전운동 집단인 일본농공학교는 팔로군 정치부 소속 일본군 포로교육기관이었다.[38] 당시 팔로군과 조선의용군이 일본군 포로들을 선전사업에 활용하기 위해 교육했던 곳이다. 일본인 포로들은 주로 그림그리기나 표어쓰기 등의 방법으로 일본침략군을 교란시키는 활동에 참여했다. 일본인들이 중국정부에 기부를 하고 허가를 얻어 유적비를 세우고, 많은 일본인들이 방문하는 곳이다. 이에 비해 조선군정학교 옛터는 쓰레기장으로 내몰려 있다. 찾는 한국인들도 드물

36 장세윤, 앞의 책, 결론 부분 참조.

37 김광재, 「조선의용군과 한국광복군의 비교 연구」, 『사학연구』 제84호, 한국사학회, 2006, 194쪽.

38 한상도, 「조선의용군과 일본인 반전운동집단의 관계」, 『한국근현대사연구』 제42집, 한국근현대사학회, 2007, 13쪽.

다. 조선의용군은 아직도 망국의 한을 풀지 못한 채, 죽어서도 피압박 민족의 고통을 삼키고 있다.

6. 한락연

만주항일투쟁 시기 민족을 대표하는 예술가의 작품 속에서도 한의 역사를 읽을 수 있다. 대표적인 조선족 예술가인 한락연(1898~1947)의 본명은 한광우(韓光宇)이다. 중국 길림성 연길현 용정촌(지금의 용정시)에서 태어나 프랑스 유학을 마친 그 당시로서는 서구의 분위기를 몸에 익힌 서도적인 화가였다. 그는 1923년 중국공산당에 가입한 최초의 조선인이었다. 그는 개인 신분으로는 국민당 당원이기도 했다. 국민당 당원의 신분으로 공산당 지하활동을 하였다. 한락연이 한국에 알려진 것은 본명인 한광우란 이름으로 김복형(金復炯)과 함께 '美術界의 二秀才'로 소개된 것이다. 그 후 한국에서는 그에 관한 언급이 거의 없었다.[39]

그는 단지 그림만 그리는 그림쟁이가 아니라 그림을 항일의 무기로 사용했다. 3·1운동이 일어나자 용정에서도 3월 13일 3·1운동을 성원하는 군중대회가 열리기로 결정되자, 그는 플래카드와 태극기를 만드는 임무를 떠맡았다. 3월 13일 용정에 3만 명에 달하는 군중들이 몰려들어 반일 시위를 하던 중 일제에 무자비한 제제를 당하였다. 3·13 운동이 일어난 후 연변에서 독립군 자금을 마련하기 위해 일제가 수

39 권영필, 「한락연(1898~1947)의 생애와 예술－한·중 회화사의 위상을 중심으로」, 『한국학연구』 제5집, 고려대 한국학연구소, 1993, 155~156쪽.

美術界의 二秀才

상해미술학교졸업 의미갑흔김군의말

일월십오일에상해미술젼문학교(上海美術專門學校)를우등으로졸업한 두쳥년이잇다 한사람은 평안북도의주군에 본적을둔 김복형(金復炯)군이오또한사람은 북간도룡정(北間島龍井)에출생한 한광우(韓光宇)군인데 중국

◇사진은한광우군◇

의가장놉흔미술학교인상해미술젼문학교에 입학하야 사년의과뎡을 항상우등으로지내고 이제졸업한것이다 한광우군은 생각이놉고 심히활발한쳥년으로 봉원에 본향으로도라가는길에 고

『동아일보』(1924.1.25)

송하던 거금 15만 원을 탈취한 사건이 일어났다. 한락연은 시찰 대상으로 되어 상해로 떠난다.[40] 그는 상해미술전과학교에 입학한다. 그는 봉천으로 하얼빈으로 옮겨 다니면서 항일 지하조직에서 활동하다가 화가로서의 꿈을 버리지 못하고, 1931년 프랑스 파리 루브르미술학교에 입학한다. 졸업 후 유럽 각국을 다니면서 1937년까지 무려 10회나 개인전을 가졌다.[41]

한락연은 중국 동북 출신 유학생들과 공동으로 일본의 동북에 대한 침략과 일본의 괴뢰정권인 만주국을 규탄하는 "중국 동북 3성 프랑스 류학생 선언"을 직접 집필하여 선언한다.

> '9·18 사변' 이래 우리 동북 3성은 련이어 함락되였다. 일본은 대륙침략정책의 실현을 위해 온 천하가 다 아는 사실을 왜면하고 위만주국을 세웠다. 우리 3천여 만 동포는 국가의 독립과 민족의 생존을 위해 생명과 재산의 희생을 무릅쓰고 왜놈과 결사전을 벌리고 있다. 3년 동안 의용군들이 분분히 궐기하여 희생을 두려워하지 않고 용감히 전진하며 피로서 광할한

---

40 김혁, 「홍색화가—한락연 2」(http://blog.naver.com/khk6699에서 인용했음을 밝혀둔다).
41 김혁, 「홍색화가—한락연 13」.

대지를 물들였다.

(…중략…) 왜놈들은 외국에서 류학하고 있는 류학생들이 분발하여 강해지면 그들에게 불리할 것이라고 판단하고 유럽주재 대사관에서 임원들을 도처에 파견하여 괴뢰국의 명의로 동북 학생들에게 학비를 구제해준다며 유혹하든가 아니면 강제로 귀국조치를 한다고 협박을 서슴지 않고 있다. 그들의 악독한 술책과 비열한 행우는 극에 달하고 있다. 우리 동인들은 국토가 쪼개지고 동포가 유린당하고 있는 현실에 모두 가슴 저리게 느끼고 있으며 주야를 가리지 않고 노력을 가해 무기를 들고 적들을 죽일수 있는 날을 기다리고 있다. 학업상 관계로 일시 귀국할 수 없으나 적들을 쫓는 장엄한 조치로서 절대로 적들의 협박과 유인책에 휩쓸리지 않고 나라와 민족에 수치를 주지 않을 것이다. 유언이 와전되고 사회에서 불찰이 생길 것을 우려해 특별히 선언문을 발표함으로 감별해주길 바란다.

1934년 3월 6일[42]

한락연은 10년 만에 중국으로 돌아오자마자 항일 근거지인 무한으로 들어갔다. 공산당 팔로군으로 항일 투쟁을 하던 중 국민당에 의해 1940년 6월 보계(寶鷄)에서 체포되어 감옥에 수감된 지 3년 만에 출옥한다. 그가 출옥되면서 행동의 제한을 받았고 그림 역시 대중을 선동하는 그림을 못 그리고 풍경화와 정물화만 그리도록 조치를 받았다. 하지만 그는 그의 그림 속에 민족의 한과 미래에 대한 희망을 형상화한다. 그는 출옥 이후 더욱 대중에게로 다가가 그들의 한 많은 삶과 미래를 향한 희망을 함께 형상화하는 데 주력하게 되었다. 그의 이름을 '락연(樂然)'으로 바꾼 것 역시 그의 미래에 대한 희망을 담고 있는

42 김혁, 「홍색화가 — 한락연 14」.

그의 정물화 역시 강한 명암이 대비된다. 이것 역시 원망과 회한을 희망과 기대로 질적으로 승화시켜 나가는 조선족의 특이한 화법을 담고 있다.[43]

이 시대 조선인의 독립 투쟁이 그렇듯 한락연 역시 국민당과 공산당을 넘나들면서 항일 투쟁의 선봉에 섰다. 이것은 타국에서 잃어버린 조국을 찾으려는 당시의 모든 조선인들의 전략이었다.[44] 어차피 중국의 승리를 통해 조국독립을 꿈꾸는 이상 국민당이든 공산당이든 문제가 되지 않았다. 그가 맡은 주요 임무는 국민당 군대와 팔로군이 대치한 전선에서 동포의 가슴을 겨눈 총부리를 일제라는 큰 적을 향해 돌릴 것을 장병들에게 호소하는 통일전선 사업이었다.

한락연은 미술로 항일 투쟁을 하였다면, 조선족 음악가 정률성은 음악이 그의 투쟁무기였다. 한락연과 정률성이 서로 만난 적은 없지만, 정률성은 연안에서 친하게 지냈던 뉴질랜드 출신 작가인 레위 앨리(Rewi Alley)를 통해 한락연의 이름을 들었다. 앨리는 정률성에게 한락연을 다음과 같이 소개하고 있다. "조선인들은 참으로 대단하오. 내가 예전에 무한에서 친하게 지내던 조선인 가운데 유명한 화가가 있었는데, 그는 프랑스 유학까지 갔다 왔으면서도 국민당통치구역에서 위험한 혁명운동에 비밀리에 가담하고 있었소. 한 사람은 그림으로 무한에서, 또 한 사람(정률성)은 음악으로 이곳 연안에서 …… ."[45] 당시 한락연의 공개적인 신분은 기자였고 전지당정위원회에서 파견한 소장계급이였기에 국민당과 공산당 부대를 자유롭게 다닐 수 있었다.

---

43 김혁, 「홍색화가－한락연 22」.

44 한락연과 국민당과 공산당의 관계에 대해서는 다소 간의 견해차를 보인다. 김혁은 1921년 7월 상해에서 중국공산당이 창건되면서 조선족으로서는 제일 먼저 가입했다고 말한다(김혁, 「홍색화가－한락연 3」). 한편 한락연이 손문의 사상을 옹호하는 「啓明學社」와 같은 진보적 단체에 가담했다는 기록도 있다(권영필, 앞의 글, 163쪽 참조).

45 이종한, 『정율성평전』, 지식산업사, 2006, 162쪽.

그는 당의 지하사업을 하는 한편 기자 신분으로 인민들의 항쟁사실을 사진에 담았고 현지 풍경과 민속을 화폭에 담았다.[46]

> 그는 현실생활의 구체적인 모습을 그대로 묘사하는 사실주의적 기법을 따르면서도 그것이 생활본질과 유리되면 소박한 자연주의에 지나지 않는다고 생각한다.[47]

당시 만주 괴뢰정부하에서 일본이 강요했던 과도한 낭만주의적 기법을 피하여 현실에 철저한 사실주의적 기법을 고수한다. 그러면서도 사물의 자연주의적 묘사에만 치중하는 사실주의를 벗어나 작가의 고유한 민족관이나 감정을 절제된 형태로 표현하고 있다. 이러한 경향은 프랑스 인상파나 야수파의 영향을 받았다는 평도 가능하겠지만 어디까지나 작가의 민족적 정서를 강하게 표현하고 있다. 가장 사실적인 묘사를 하면서도 그 안에선 작가가 표현하려는 개성이 함께 배열되어 있다. 그는 "중국 항일전쟁 시기의 간고한 나날에 그 망망한 황야인 감옥에서 사방을 바라보아도 끝이 없는 황토고원에 뿌리박고 한 그루의 나무, 한 떨기의 풀, 한 줄기의 사천과 이곳에서 세세대대로 노동하는 사람들에게 뜻 깊은 감정을 품고 그리고 또 그렸다. 때문에 한락연의 화폭에는 인민성이 담겨 있고 민족정신과 민족생활이 표기되어 있으며 인민들의 염원과 요구가 반영되어 있는 것이다."[48]

그는 1943년 출옥한 후 가족들과 함께 실크로드로 통하는 난주(蘭州)시로 이사했다. 오직 그림에만 몰두했다. 이 시기 한락연은 이념적

46 김혁, 「홍색화가—한락연 19」.
47 림무웅, 『중국 조선민족 미술사』, 시각과언어, 1993, 71쪽.
48 위의 책, 75쪽.

화가 韓樂然

「悲運의 천재」 작품세계 "햇빛"

고려대 [illegible]교수 10년추적끝에 밝혀내

실크로드벽화 模寫한 근대 중국서양畫壇의 큰별

1924년本報"秀才"극찬…독립운동 참여한 예술인

유작전에서 만난 3삼매[50]와 권영필(미술사학자)에 의해 소개된 한락연(『동아일보』, 1993.7.13)

대립을 뒤로 한 채 자신만의 그림세계를 만들었던 시기였다. 그가 특히 돈황벽화에 몰두하게 된 것은 우연이 아니다. 물론 그의 돈황벽화 연구가 신장위구르문화가 이미 중국에 동화되어 있어 중국문화로부터 분리될 수 없다는 것을 입증하기 위한 역사적 연구라는 점을 인정하지 않으면 안 된다. 그의 연구가 중앙아시아에 대한 열강의 문화적 침탈을 막기 위한 역사적 과업이기도 하지만, 이와 동시에 그가 소수민족 위구르의 문화 연구에 관심을 가진 것은 자신 역시 소수민족으로서 소수민족의 문화를 보존해야 한다는, 즉 소수문화가 주변화되어서는 안 되고 문화적 정체성을 잘 유지해야 한다는 정서가 함의되어 있다. 그는 항상 '한족 노동자, 방목하는 위굴족 목민, 물레로 양털을 잣는 까지흐녀성, 물통을 진 장족 여성, 양털을 깎는 몽골족 녀성, 밭에 물을 대는 회족 농민을' 그렸다.[49] 소수민족으로서 항일운동에서 느껴야 했던 한, 특히 출옥 이후 화가로서의 새로운 삶을 찾아 찾아온 돈황에서의 키질벽화묘사운동은 주류문화 속에서 소수자로서 살아야 했던 한이 그의 명암이 뚜렷한 회화 기법 속에 함의되어 있다.

그는 1947년 7월 30일 우루무치에서 난주로 돌아가던 중 비행기 추락사고로 47세의 짧은 생을 마감했다. 1993년 9월 2일부터 12일까지 한국 서울 예술의 전당에서 그의 유작전이 열렸다. 그 당시 장녀 한인숙(韓仁淑) 씨는 한국 충남 예산에 살고 있었다. 한국 유작전에서 한락연의 장녀와 북경에 사는 두 동생이 만났다. 한락연의 작품전은 2005년에 다시 한 번 한국에서 열렸다.[51]

7. 정률성

일제 강점기 재만 조선인의 한을 음악을 통해 표현했던 대표적인 사람이 정률성이다. 그는 1914년 한국 전남 광주시 양림동에서 출생하여 1933년 중국으로 건너가 항일운동을 하였다. 1939년 1월 중국공산당에 가입했다. 그는 음악인으로서 음악을 무기로 항일 투쟁을 했다고 말할 수 있을 것이다. 특히 그는 중국의 국민당과 공산당의 대립이 치열할 때 중국으로 건너가 결국은 공산당의 투쟁 공간인 연안으로 들어간다. 그는 태항산 조선의용군의 항일 투쟁 공간으로 들어가

---

49 김용범, 「한낙연 연구 서설」, 『민족학연구』 제2집, 한국민족학회, 1997, 30쪽.
50 徐紘一・東巖 편저, 『間島史新論 上』, 우리들의 편지사, 1993, 556쪽에서 인용.
51 한락연 작품은 〈중국의 피카소〉란 소제목으로 현재(2012.6.24) 〈네이버캐스트〉에서 온라인으로 전시되고 있다.

하얼빈 정률성기념관에서 만난 정률성의 여러 모습들

조국해방의 대열에 참여한다. 그는 김학철과 같이 태항산에서 중국을 전초기지로 생각하고 중국 혁명의 성공이 바로 조국의 해방이라는 희망을 가지고 투쟁하였다.

김학철과 정률성이 처음 만난 것은 김학철의 기억에 의하면 1936년 여름 중국 남경 화로강에서이다. 김학철은 정률성이 풋내기(당시 18세) 풍각쟁이로 신통치 않게 생각한 것으로 추측된다. 1937년 정률성은 김학철에게 "인터내셔널(국제가)과 라 마르세이예즈(프랑스 혁명가곡, 후에 국가로 됨)에 대해 설명해 주었다.[52] 그때 김학철의 머리에는 음악 따위

52 김학철, 『누구와 함께 지난날의 꿈을 이야기하랴』, 실천문학사, 1994, 219쪽 이하.

가 한가한 풍각쟁이 노릇으로 보였다. 그 후 몇 해만에 다시 두 사람은 태항산 조선의용군 항일 공간에서 만난다. 1941년에 김학철은 조선의용군 화북지대 제2대대 분대장으로 일제와 싸웠고, 정률성은 1942년 태항산 화북조선혁명군정학교 교무장으로 임명되어 들어온다.

물론 정률성과 김학철은 걸어온 길은 똑같지는 않지만 두 사람은 디아스포라적 한을 가슴에 품고 살았다. 김학철은 남조선의 좌익 탄압으로 부득이하게 북조선에 갔다가(1946) 조선전쟁이 나서 중국 북경으로 돌아왔다(1951). 그리고 1952년 연변에 정착했다. 정률성은 중국공산당의 결정에 의해 어쩔 수 없이 북조선에 건너가서 살았고 한국전쟁[抗美援朝戰爭]에 참여하였다. 해방 이후 정률성은 1945년 12월 평양에 도착한다. 조선공산당 황해도당위원회 선전부장으로 배치되어 해주에 음악학교를 설립하여 머물고 있었다. 이때 1946년 김학철이 정률성을 찾아왔다. 김학철이 포로가 되어 일본에서 수감생활을 하다가 해방과 함께 출옥하여 서울에 잠시 머물다가 좌익으로 몰려 해주로 들어 온 것이다.[53] 정률성은 북한에서 아내와 같이 음악활동을 하였다. 이 당시 그는 〈중국인민해방군가〉에 이어 〈조선인민행진곡〉을 작곡하였다. 이후 정률성은 1951년 중국으로 다시 돌아왔다. 그는 1946년에서 1949년 사이 북한에 머무는 동안 〈조선인민군행진곡〉과 〈동해어부〉 같은 곡도 작곡하였다. 그는 한국전쟁 당시 중국으로 돌아와 귀화했고, 1963년 연변에 이주하였다.

그리고 김학철이 1964년부터 1965년 사이 『20세기의 신화』를 썼던 시기에 정률성은 민족의 정서가 깃들어진 우리 민요를 새롭게 창작하

53 이종한, 앞의 책, 250쪽.

朝鲜军政学校全体学员（中间抱小孩者为郑律成）回国前在延安罗家坪的合影（1945.9）

맨 앞 줄 중간 아이를 안고 있는 정률성(연안혁명기념관 소재 사진)

였다. 〈노들강변〉, 〈닐리리〉, 〈달아달아〉, 〈농부가〉 등등이 많이 창작되었다. 물론 이 작품들이 부분적으로 변이되기는 했지만 민족 고유의 저서를 담아내는 데는 다를 바 없었다. 김학철도 다작이지만 정률성 역시 360여 곡을 작곡한 다작가이다. 김학철과 정률성이 중국공산당의 일원으로 항일 투쟁을 했지만 둘 다 문화대혁명기에 고통을 받았다.

김학철과 정률성은 각각 1916년과 1914년 거의 동시대에 태어났다. 3·1운동 전후로 하여 민족에 대한 일제의 탄압이 극에 달했던 시기에 태어났다. 하지만 정률성은 62세 나이로 1976년 세상을 떠났다. 이는 김학철이 『20세기의 신화』 때문에 수감되어 이제 만기 출감을 1년을 남겨둔 시점이었다. 김학철은 1980년 65세의 나이에 복권이 되어

郑律成1950年12月入朝
作战时期与战友合影

항미원조전쟁에 중공군으로 참여했던 정률성, 앞줄 왼편에서 두 번째

이후 2001년 85세로 타계하기까지 수많은 작품을 썼다. 이런 점에서 두 사람의 작품과 그 변화의 과정을 단순 비교하기는 힘들다. 하지만 정률성 역시 짧은 생애이기는 하지만 민족의 한을 음악예술로 표현한 것은 역사적 의미를 갖는다. 정률성이 민족의 노래를 창작할 당시 김학철은 연변 추리구 감옥에 있었고 김학철이 출옥할 때는 이미 정률성은 세상을 떠났다. 김학철과는 달리 정률성은 고향 광주에 한 번도 와 보지 못하고 이국땅에서 타계하였다. 한국전쟁 때 한강 언저리까지 내려왔지만 고향땅 광주를 밟지는 못했다. 그가 죽고 난 이후 북경과 연변에서 추도음악회가 열렸는데 그의 아내와 딸은 한없이 흐느꼈다.[54] 두 사람의 만년의 삶이 서로 교차하지는 않지만 각자의 삶 속에서 민족의 해방과 새로운 인간세계를 지향하는 길을 같이 걸어 왔다.

54 이이화, 「천재 음악가 정률성」, 정설송 편, 『작곡작 정률성』 2, 형성사, 1992, 17~18쪽.

'연안송'을 불렀던 소프라노 당명매는 정률성을 '중국의 슈베르트'로 부르고, "그이의 음악은 중국에 속하지만 또한 세계에 속한다"[55]고 말했다.

김학철은 노신예술학교 여학생들이 부르는 〈연안송〉을 듣고 정률성이 작곡한 것을 알게 된다. 그리고 팔로군 행진곡 역시 정률성이 작곡한 것을 알게 된다. 이후 두 사람은 조선에서도 그리고 다시 중국에 돌아 와서도 우정은 지속되었다. 두 사람은 평양에서는 한집같이 드나들었다. 정률성은 문화대혁명 때 4인방의 박해를 받았고, 1976년 12월 17일 58세의 젊은 나이에 세상을 떠났다. 그때 김학철은 아직 추리구 감옥에서 수감생활을 하고 있었다. 김학철은 감옥에서 신문을 통해 그의 부고를 전해 듣고 '조선의 자랑스러운 아들이 또 하나 떠나갔다'고 안타까워하였다. 이처럼 김학철은 문학을 통해 정률성은 음악을 통해 민족의 한과 희망을 항일 투쟁 공간에서 키워나갔던 것이다. 두 사람은 중국과 조선 어디에도 구속되지 않고 탈민족주의적 시각에서 새로운 세계를 지향했던 것이다. 정률성은 김산과도 관계를 맺고 있었다. 정률성의 자형인 박건웅과 김산은 '조선민족해방동맹'을 결성하여 같은 민족주의적 공산주의운동을 했다. 정률성은 자형의 소개로 김산 그리고 김산을 통해 나청을 알고 세 사람은 절친한 관계를 갖게 된다. 이후 김산이 연안으로 들어가고 나청과 정률성은 진보적 문예단체를 조직하여 노래, 문학, 강연 등을 통해 항일운동을 하게 된다. 정률성은 당시 '5월문예사' 창립대회에서 〈아리랑〉을 부르면서 민족의 한을 달래 주었다.[56] 연안은 음악과 무용 등을 통해 민족의 한을 달래고 희망의 한으로 승화시켰던 공간이었다. 해방 바로 직전 일제의 마지막 저항이 거세졌던 시기에도 1945년 2월 5일 정식으로 문을

55 리혜선, 「김학철과 정률성」, 작은책 사이트에서 인용.
56 이종한, 앞의 책, 91쪽.

연 연안 조선군정학교에 교무과장이었던 정률성은 가무회나 체육회를 열어 민족의 항일 정신을 북돋우는 교육을 했다.

이후 노구교사건이 일어나고 중일전쟁이 발발하면서 일제의 상해 침략이 이루어졌다. 국·공이 연합하여 항일 투쟁에 나서지 않으면 안 되었다. 그 당시 정률성은 상해 두군혜(杜君慧)의 집에 머물고 있었다. 두군혜는 자형 박건웅, 김산과 함께 조선민족동맹을 결성했던 김성숙의 아내이다. 두군혜는 작가이면서 중국공산당 당원으로 '상해부녀구국회' 지도자였다. 정률성은 두군혜의 추천으로 '대공전영희극독자회(大公電影戱劇讀者會)'의 제5대 회장이 되어 음악을 통한 항일 투쟁에 본격적으로 나서게 된다.[57] 정률성은 바로 연안으로 들어간다. 1937년 10월 연안으로 들어가 음악을 무기로 한 항일운동을 적극적으로 하게 된다. 당시 연안은 노래를 통해 투쟁 의식을 북돋우는데 열중한 것으로 김산은 기억한다. 여기야말로 정률성이 음악 항일운동을 할 적소였던 것이다. 그 당시 정률성이 섬북공학 1기생으로 졸업하면서 전선으로 떠나는 동기들에 바치는 〈졸업동학가〉이다.

> 견결히 전선으로 가자 동지들이여
> 석별의 정에 사로잡히지 말자
> 모든 것은 항전을 위하여
> 모든 것은 민족의 해방을 위하여.

정률성은 연안에 먼저 와 있던 김산을 한번 본 것을 마지막으로 서로의 소식을 알 수 없었다. 연안에서 정률성은 태항산에서 투쟁하던

---

57 위의 책, 95쪽.

김염의 여동생 김로를 만난다. 김로를 통해 태항산전투의 어려움을 전해 듣고, 특히 김학철이 호가장전투에서 부상을 입고 일제의 포로로 잡혀갔다는 소식을 전해 듣는다.[58] 김로를 만난 후 정률성 역시 태항산으로 들어간다. 태항산은 연안에 비해 위험한 곳이었다. 일제가 패망하기 직전의 단말마적인 힘을 쏟아내던 곳이 바로 태항산이다. 이 당시 태항산은 조선 독립을 눈앞에 두고 조선인이 독자적인 항일투쟁을 하던 곳이었다. 정률성이 바로 이곳으로 들어간 것이다. 이제 음악가로서가 아닌 조국해방을 위한 진정한 항일 투사로서 격전지로 들어 간 것이다.

우리가 김학철이나 정률성이 이국땅에서 겪는 수난과 한을 단순히 과잉민족주의적 입장에서 평가해서는 안 된다. 그들의 정체성을 그들의 입장에서 이해하는 것이 중요하다. 그들에게는 우선 중국의 해방이 바로 조국의 해방을 의미하는 것이다. 그들이 갖는 이중적 정체성을 과잉민족주의적 시각으로 재단하는 것에는 조심스럽다. 특히 탈민족주의적인 글로벌 시대를 살고 있는 우리들에게 더욱 그렇다.

그러므로 정률성의 '연안송'이나 '팔로군대합창'과 같은 작품을 중국 민족의 해방을 위한 송가(頌歌)로만 이해하는 것은 너무 편협한 시각이다. 왜냐하면 그에게는 중국의 해방이 바로 조국의 행방이기도 하기 때문이었다. 그의 망국의 한은 바로 조국해방의 희망의 한이기도 한 것이다. 고은이 지적하듯이 한민족의 한을 지나치게 이념적으로 재단하는 것은 한의 실상에서 멀어지게 된다. 한이 지나치게 의식화되는 것도 그리고 한이 이념 혹은 개념에 의해 지나치게 미화되는 것도 한의 실상에서 멀어질 위험성이 있다.[59] 물론 한에 대한 지나친

58 위의 책, 208쪽.
59 고은, 앞의 글, 24쪽.

민족주의적 시각 역시 우리 민족 고유의 한의 실상에서 멀어질 위험성이 있다. 이런 점에서 김학철에 비해 중국에 더 많이 동화되어 있는 것처럼 보이는 정률성이라고 해서, 과잉민족주의적 시각에서 그를 외면하는 것은 더 위험한 것이다.

정률성은 중국에서 항일 투쟁을 했지만 남쪽에서는 이데올로기 탓에 알려져 있지 않다. 하지만 중국 서안에 보존되어 있는 모택동·주은래의 비밀아지트에는 '조선의 애국청년'으로 소개되어 있다.[60] 따라서 정률성의 작품 속에 함의되어 있는 한민족의 한이 이념에 가려져서는 안 될 것이다. 이런 맥락에서 양희석이 정률성의 오페라 〈망부운(望夫雲)〉을 탈정치적이고 탈중국적인 시각에서 객관적으로 평가하려고 한 점은 매우 많은 것을 시사하고 있다.[61] 그의 작품이 함의하는 내적 의미를 객관적으로 평가하기 이전에 그를 지나치게 항일투쟁사적 관점에서만 평가하는 것은 이념적 미화의 위험성을 갖는다.

정률성의 〈망부운(望夫雲)〉[62]은 중국 운남성의 소수민족 중 하나인 백족의 설화에 기초하여 창작된 작품이다. 우리는 〈망부운〉이 함의하는 의미를 통해 정률성이 지향하려고 한 것이 무엇인지를 알 필요가 있다. 양희석은 이 작품이 모택동에 의한 반우파 투쟁이 일어난 시기 창작되었다는 점을 주시하면서, 예술의 순수성과 인류의 보편적 가치를 지향하는 순수예술의 형태를 보여 준다고 말한다.

이 작품을 공연한 1962년과 김학철이 모택동의 비인간적 행태를 고발하는 『20세기 신화』를 창작했던 1964년과는 그리 멀지 않다. 정률성 역시 지난날의 혁명과 투쟁을 통해 이루지 못한 새로운 인간세계

---

60 이이화, 앞의 책, 210쪽.

61 양희석, 「정율성 오페라 〈望夫雲〉의 내적 의미」, 『중국인문과학』 제39집, 중국인문학회, 2008, 352쪽.

62 정률성이 1957년에 착안하여 1960년에 작곡을 완성하고 1962년에 공연된 이 작품의 내용에 대한 상세한 논의는, 위의 책을 참조 바람.

에 대한 희망을 품고 창작한 것이 바로 〈망부운〉이다. 이 작품이 '연안송'이나 '팔로군대합창'과 같은 혁명가에 가려져 있었지만, 정률성이 분단된 조국 현실을 생각하면서 좌절된 희망을 작품으로 형상화한 것이다. 양희석은 〈망부운〉의 설화 내용을 분단된 조국 현실과 미래의 해방을 희망하는 구조로 그리고 있다. 공주와 사냥꾼의 행복한 삶이 법사의 주술로 깨어져 못다 이룬 사랑에 대한 원한과 언젠가는 다시 만날 것이라는 희망을 분단 조국의 아픔과 희망으로 그리고 있다.[63] 물론 양희석의 이러한 추상이 지나친 개념적 추상에 의한 한의 미화라는 위험성을 가질 수 있다. 하지만 이러한 시도가 의미를 갖는 것은 정률성과 그의 작품이 지나치게 항일투쟁사의 관점에서 미화됨으로써 자칫 '작품 그 자체'로 돌아가려는 현상학적 시선이 탈취당할 수 있다는 점을 시사하고 있다는 점에서는 매우 의미 있는 작업을 했다고 할 수 있다.

우리는 여기에서 한 걸음 더 나아가 정률성이 중국 소수민족의 예술을 민간예술의 보물이라고 말한 의미가 무엇인지를 생각해야 한다. 그는 한족뿐만 아니라 소수민족, 특히 귀주의 소수민족의 음악을 감동적이고 풍부하다고 하였다.[64] 그리고 〈망부운〉 역시 소수민족인 백족의 설화에 기초하고 있다. 이런 점에서 볼 때 정률성 역시 중국에의 동화/반동화의 이중적 정체성을 겪은 것이다. 우리가 그를 지나치게 한족 중심주의에 치우쳐져 있는 것으로 그리지 말아야 할 이유도 여기에 있다. 그는 중국 내 소수민족의 하나인 조선족으로서 스스로 정체성을 유지하면서 중국 내의 한국인으로 당당하게 살아 왔다. 그가 이념적으로는 중국공산당원이지만 정서적으로는 소수민족의 한 일원으로서 살

63 위의 책, 366쪽.
64 정률성, 「귀주! 너눈 조국민간예술의 보물고여라!」, 정설송 편, 『작곡가 정률성』 2, 형상사, 1992, 218쪽 이하 참조.

정률성의 작곡노트

아왔던 디아스포라이다. 그가 디아스포라로서 살면서 소수자로서 겪을 수밖에 없었던 정체성의 혼란, 그리고 다문화적 감수성이 작품 속에 함의되어 있다. 항일 투쟁 공간을 떠나 소수민족의 삶에 관심을 보인 것은 이념 공간에서 체험할 수 없었던 인간적 가치에 대한 지향일 것이다. 김학철이 반우파 투쟁에서 겪었던 소수민족의 한을 『20세기의 신화』에서 형상화하는 동안, 정률성 역시 소수민족으로서의 한을 〈망부운〉에서 재현하고 있다. 이런 점에서 '중국인민해방군가'의 작곡가로만 읽혀져 왔던 정률성을 이념 이전의 생활세계적 체험 공간에서 새롭게 만날 수 있게 한 대표적인 작품이 바로 〈망부운〉이다.

1941년 12월 정률성과 결혼한 아내 정설송(丁雪松)은 2011년 5월 29일 세상을 떠난다. 당시 조선인이 중국인과 결혼하는 데는 복잡한 문제가 있었다. 하지만 당시 8로군 포병단 단장이었던 무정 장군의 격려에 힘입어 두 사람은 주위시선에도 불구하고 결혼에 성공하였다. 주은래 전 주석의 양녀이기도 한 그녀는 네덜란드와 폴란드 주재 중국 대사를 역임하였다. 그녀가 기억하는 남편의 회한은 남편의 조국인 조선의 한을 의미하는 것이다. 그가 중국공산당으로서 싸웠던 투쟁 공간에서 조선의용군의 투쟁 공간이 태항산으로 옮겨 간 것도 바로 이런 이유에서이다. 이것은 중국 동북을 조국해방의 전초기지로 삼는 다는 신민회의 오래된 전략에서도 그렇다. 따라서 조국해방은 중국과 조선의 민족주의적 경계를 넘어서 이루어져야 할 희망이었다. 당시 동북이 민족 해방의 전초기지라는 사실은 중국 관내의 민족운동 세력이 당장 동북으로 이동해야 한다는 '동북노선'이 제기될 정도였다.[65] 동북 해방은 결국 조선의 해방이다. 따라서 〈려명곡〉은 중국과 조선의 경계를 넘어 선 탈민족주의적인 의미를 담고 있다.

> 적들의 철기도 복수의 마음을 쪼각내지 못하고
> 바닷물은 조국의 원한을 씻어가지 못하리
> 만신창이 된 철같은 가슴 내밀고
> 우리는 대지의 려명 향해 나아간다.

이 곡의 마지막 부분 '암흑은 사라지리니, 겨울이 지나가면 봄이 오리'에 정률성의 조국해방에 대한 좌절된 희망이 담겨 있다. 물론 정률성의 중국인 아내 정설송은 이 곡을 중화민족의 려명에 대한 희망을 담고 있는 것으로 이해하지만, 정률성에게는 그것이 또한 조국해방의 염원을 담고 있다.[66]

정률성은 1942년 당의 명령에 따라 연안으로 들어 왔다. 당시 조선

65 염인호, 『조선의용대 · 조선의용군』, 독립기념관 한국독립운동사 연구소, 2009, 256쪽.
66 정설송, 「영원한 기억」, 『작곡가 정률성』 1, 형상사, 1992, 113~114쪽.

의용군의 어려운 삶을 담은 가사에 곡을 붙여 당시 척박한 땅에서 언젠가 다가올 조국 독립에 대한 기대와 희망으로 승화시켜 즐겁게 불렀던 것이다. 산나물과 미나리로 연명했지만 타령조로 작곡한 〈미나리타령〉으로 아픔을 달랬던 것이다.

> 미나리 미나리 돌미나리
> 태항산 골짜기의 돌미나리
> 한두 뿌리만 뜯어도
> 대바구니가 찰찰 넘치누나
> (…중략…)
> 남동무들은 곡괭이 메고
> 태항산 골짜기로 올라가서
> 한포기 두포기 드덜기 빼고
> 감자를 두둥실 심는구나.[67]

현재 정률성의 고향 한국 광주에서는 그의 생가를 둘러싼 논쟁이 벌어지고 있다. 남구 양림동 79번지이냐 히딩크호텔 터인 동구 불로동 163번지이냐는 것이다. 광주 남구청에서는 양림동 79번지 도로 이름을 '정율성'으로 바꾸고 남광주 청년회의소 측에서는 정율성 선생의 흉상을 설치했는가 하면 동구 불로동 163번지 히딩크호텔 앞마당에는 기념비와 우물 등을 복원해 놓았다." 광주는 2010년 광주국제영화제 때 정률성의 삶을 영화로 만든 〈태항을 향하여[走向太陽]〉를 특별상영하기도 하였다. 그의 출신지인 광주광역시의 『전라일보』는 정률성의 음악이 담고 있는 조선인의 정서를 문화적 콘텐츠로 개발하여 중

67 이이화, 앞의 책, 16쪽 재인용.

중국 북경 팔보산국립공원에 안장된 정률성

국 13억에 알리는 사업을 '2011년 『전남일보』 문화어젠더'로 설정하였다(『전남일보』, 2011.2.7).

2011년 KBS에서 광복절 기념 특집으로 정률성에 대한 방송을 기획하였지만, 방송 사흘을 앞두고 보수진영의 반대로 방영을 하지 못하였다. 그후 한중수교 20년 기념으로 2012년 1월 15일 KBS스페셜 〈13억 대륙을 흔들다 음악가 정율성〉가 방영되었다. 이 특집의 마지막 장면에는 딸 소제씨가 항상 아버지가 생각날 때마다 듣는다는 아버지 정률성이 만년에 즐겨 불렀다던 〈메기의 추억〉이 잡음 섞인 소리로 전해졌다. 조국 고향을 떠나 조국해방을 위해 중국공산당에 입당하고, 항일 투쟁 공간을 누비며 항일 투쟁을 했지만, 그에게는 여전히 고향에 대한 향수가 어느 다른 것보다 더 진한 한으로 남아 있다. 이 한의 여울은 그 외동딸을 통해 길게 이어지고 있다.

8. 김염

김염(金焰, 본명은 김덕린)[68]과 그의 가족사에 대한 언급은 이미 나와 있는 자료들에서 확인할 수 있다. 김염은 본명이 김덕린이며, 1910년 한국 서울에서 태어났다. 그의 집안은 우사(尤史) 김규식(북만주에서 활동한 호은(蘆隱) 김규식과는 동명이인), 김순애, 김마리아 등등의 많은 독립운동가들이 있다. 한 집안에 독립유공자가 여섯 명(김필순, 김규식, 김순애, 김마리아, 서병호, 서재현)이 되는 대표적인 독립운동가 집안이다. 그의 부친인 김필순은 한국 세브란스의학교(제중원의학교) 1회 졸업생(의사면허 2호)으로 우리나라 최초의 양의사였다. 안창호와 의형제를 맺고 신민회의 활동을 지원하였다. 1911년 105인사건에 연루되어 이회영과 이동녕이 있는 중국 만주 통화로 가 병원을 설립하였다. 그곳에서 신흥무관학교를 지원하다가 일제의 감시가 심해지자 북만주 치치하얼로 가 그곳에서 북제진료소(북쪽에 있는 제중원이란 의미)를 운영하면서 조선인 이상촌을[69] 건설하려고 애쓰다가 1919년 일제의 의한 독살로 세상을 떠났다.[70] 그는 멀고 먼 이국땅에서 의술의 꿈도, 내 나라의 독립의 꿈도, 조선인 이상촌 건설의 꿈도 마흔 한 살의 한창 나이에

---

68 '김염'이란 이름은 그가 청년시절부터 존경했던 로신의 이름자를 따서 처음에는 김신으로 하려 했으나, 로신의 이름자를 딴다는 것이 너무 당돌하다고 생각하고, 불꽃 같은 청년들의 정열을 상징하는 염(焰)자를 사용하였다고 전해진다(현룡순 · 리정문 · 허룡구 편저, 『조선족백년사화』 제3집, 1985, 28 · 347쪽).

69 김필순은 이 땅을 조선족 동포들에게 무료로 나누어 주었다. 처음에는 서른 가구로 시작했고 그가 세상을 떠날 때는 100가구, 1,000여 명 정도가 이상촌에 살고 있었다(박규원, 『상하이 올드 데이스』, 민음사, 2003, 146쪽).

70 김필순의 죽음에 대해 일본인에 의해 독살당했다는 설(위의 책, 39쪽; 2010년 2월 28일 방연한 KBS, 〈한국최초의 의사 7인, 독립투사가 되다〉에서도 독살된 것으로 보도)과 콜레라로 죽었다는 설이 있다(스즈키 쓰네카쓰, 이상 역, 『상해의 조선인 영화황제』, 실천문학사, 1996, 77쪽).

갑작스러운 죽음 앞에 접고 말았다.[71]

김염의 그때 나이가 8세였다. 김염의 누이인 김로와 김위 역시 항일운동에 참여했다. 김로는 조선의용대원인 언니 김위(金煒)를 따라 태항산 팔로군 근거지로 들어가 항일 투쟁을 했다.[72] 김위는 김학철과 문정일 등과 함께 조선의용군에 속해 있었다. 그의 막내 여동생인 김로 역시 연안 조선군정학교 교수를 했다. 김학철은 김위를 김염의 누이동생으로 기억한다. 김학철 역시 김염을 자랑스러운 조선인으로 기억한다. 김산이 기억하는 김염은[73] 1921년 중국 천진 고모집에서 남개대학을 다닐 때, 남개대학 운동회에서 만난 것이다.[74] 김염의 부친인 김필순은 정률성의 외숙모 김필례(김규식박사 부인 김순애의 여동생)의 큰오빠였다. 정률성과 김염은 당시는 서로 몰랐지만 인척관계 간으로 둘 다 독립운동을 했던 집안을 배경으로 하고 있다. 정률성과 김염은 각각 음악과 영화를 무기로 항일 투쟁을 했던 조선인이었다.[75]

김염은 두 살 때 상해로 간다. 그곳에서 어렵게 생활을 하다가, 8세 때 아버지가 세상을 떠나면서 집안이 어려워 이곳저곳으로 친척집을 옮겨 다니면서 살았다. 아홉 명의 기족이 서로 흩어져 살았다. 김염은 상해, 제남, 천진 등지로 옮겨 다녔다. 천진에는 고모부 김규식(당시 천진 북양대학교 교수)집에 머물렀다. 김염이 영화에 몰두하고 공부를 하지 않는다는 이유로 고모부에게 자주 꾸중을 들었다. 그러다가 영화에 대한 꿈을 버리지 못하고 고모 식구 몰래 상해로 돌아왔다. 그때가

---

71 박규원, 앞의 책, 135쪽.

72 스즈키 쓰네카쓰, 앞의 책, 86~87쪽.

73 김산이 『아리랑』에서 기억하는 김염은 김엄(金嚴)이다. 중국영화계의 왕으로 대단한 미남이고 노래도 잘 부르는 것으로 기억한다. 중국에서는 김찬(金燦)으로 불린다고 기억한다. 당시 김산이 남개대학 운동장에서 벌어진 달리기 시합에서 벌어진 사건을 그를 만난 기억을 기록하고 있다(님웨일즈, 조우화 역, 『아리랑』, 동녘, 1984, 112쪽).

74 스즈키 쓰네카쓰, 앞의 책, 229쪽.

75 이종한, 앞의 책, 2006, 79쪽.

1927년 나이가 17세일 때이다. 그러다가 1929년 쑨유 감독에게 발탁되어 영화배우로서 성공을 길을 걷기 시작한다. 손유가 미국에서 유학을 마치고 돌아와 1929년 영화 〈풍류검객〉의 배우를 물색하던 중, 천진 남개중학교 동창인 김염을 발탁하여 주인공으로 캐스팅했다. 곧이어 1930년 손유의 〈야초한화〉 그리고 〈연애의 의무〉 등의 주역을 맡는다. 1931년과 1932년 2년 동안 10개의 영화의 주연을 맡을 정도로 '영화황제'로 그 명성이 자자했다.[76] 그러면서 그는 영화배우로서 항일 투쟁에 앞장섰다. 문화대혁명기에는 부인과 함께 수용소에 들어가 노동을 했다. 수용소에서 나온 후 아들 첩은 심한 정신질환에 시달렸다. 김염도 긴 투병생활을 하다가 1983년 12월 27일 상해에서 눈을 감았다.

김염은 중국영화의 황제로 불릴 정도로 화려한 삶을 살았지만, 그 역시 조선인으로서의 정체성을 지니고 항일운동에 앞장섰다. 그의 이러한 행적은 여러 곳에서 발견된다. 그리고 그가 출연한 영화 속에서도 항일 투쟁가로서 형상화되고 있다. 특히 1932년 1월 29일 '1차상해사변'이 일어나 항일의 분위가 무르익었던 1935년 설날 특집으로 상연된 〈대로〉는 젊은 청년들의 조국해방에 대한 희망을 노래하고 있다. 상하이에서 실직당한 6명의 청년들이 항일 전쟁 시기 군사도로 공사에 동원되어 고단한 삶을 살면서도 미래의 희망을 노래하는 내용이다. 중일전쟁이 발발하기 이전 일제의 침략의지가 강했던 시기에 상영된 이 영화는 강한 항일의지와 조국해방에 대한 희망이 교차하고 있다. 다음은 영화 〈대로〉의 주제곡인 〈위대한 길의 노래〉이다. 이 노래는 섭이(聶耳)가 작곡한 것이다.

---

76 현룡순 · 리정문 · 허룡구 편저, 앞의 책, 349쪽.

힘을 합하고 마음도 하나로
무거운 롤러도 그리하면 움직이나니
울퉁불퉁한 길을 평평히 고르세
내친 김에 고통도 떨쳐버리세
우리들 마침내는 도화선
뒤로 물러서지 말게나, 전진 앞으로
모두들 분발하세
힘을 합하세
모두들 분발하세
의기를 투합하세

무거운 짐을 지고 나아가세
자유의 길이 이제 곧 열리리니.

—손유 작사, 섭이 작곡, 1934.[77]

조선족 디아스포라로서의 김염이 겪었던 한은 그라고 해서 다르지 않았다. 상하이라는 국제도시가 상징하듯, 다양한 문화와 민족 그리고 다중적 정체성이 요구되었던 공간에서 조선인으로서 특별히 차별을 받지 않았을 거라는 추측이 가능하다. 하지만 근대 신흥도시인 상해 역시 조선인에게는 신천지이면서도 궁핍의 공간이었다. 상해는 1863년 영국과 미국의 공공조계와 1866년 프랑스조계가 설립되면서 조선인이 자유롭게 드나들 수 있었던 항일의 공간이기도 하였다. 상해는 조계 내에 살고 있는 사람과 여타 지역에 사는 사람 사이의 빈부, 항일과 친일, 그리고 원망과 희망이 혼재하는 공간이었다. 이런 점에서 상

77 스즈키 쓰네카쓰, 앞의 책, 126~129쪽.

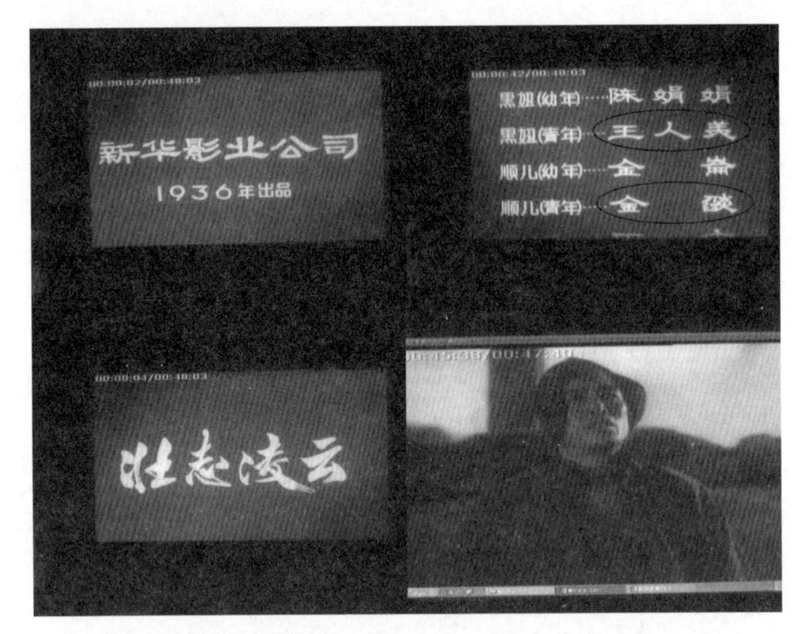

1936년 김염이 첫째 부인 왕런메이[王人美]와 함께 출연한 항일 영화 〈장지릉운(壯志陵雲)〉

위 영화를 직접 찍은 중국 상해 多倫路 123번지 올드필름카페

해는 조선인에게는 희망의 신천지였지만 태생적 궁핍을 피하기에는 역부족이었다. 조선인의 콤플렉스가 가장 잘 드러난 공간이었다.

김염은 바로 이 상해에서 민족의 퇴행적이고 부정적인 한을 새로운 세계에 대한 미래지향적인 희망의 한으로 승화시키려고 했다. 그의 꿈은 다양한 문화들이 공존하는 곳에서 민족적 대립을 초월한 진정한 세계를 영화를 통해 형상화하는 것이었다.[78] 중국의 하층민들의 생활을 소재로 하는 영화에 출연하여 그들의 삶을 희망적으로 그려내는 역할을 하였다. 어렵게 살아가는 중국인과 조선인들의 삶을 주제로 다룬 손유 감독의 영화에 그가 주연으로 출연한 것은 우연의 일만은 아닐 것이다. 국제도시 상해에서 소수자인 조선인으로서 살아가는 고단한 삶을 그렸다. 1930년대 만주사변, 국공내전, 상해사변, 이봉창의 수류탄투척 실패, 윤봉길의 홍구공원 폭탄투척사건 등등으로 항일 투쟁이 무르익던 시기였다. 이 당시 김염은 "배우는 부자들의 심심풀이 노리개가 아니다. 자기의 예술이 사회에 유용하도록 힘쓰고 항일 반제 투쟁의 힘이 되어야 한다"[79]는 공개서한을 발표한다. 노구교사건이 일제에 의해 일어나고 곧 이어 중일전쟁이 일어나 상해와 남경은 일제에 의해 침략당했다. 당시 '남경대학살'로 30만 명이 살해당하는 일련의 사건들 속에서 김염을 비롯한 영화인들의 항일의 정신은 더 고조되었다. 일본 영화계가 상해로 침투해 들어오면서, 김염은 일본 제국주의를 선전하는 영화에 출연하도록 요구받았지만, 단번에 거절하였다. 김염은 홍콩으로 피신하였다가 홍콩마저 일제의 손에 들어가자 계림(桂林)으로 고난의 피난길을 떠난다. 계림에 도착한 후 중경(重慶)에서 찍은 영화가 국민당의 압력으로 상영되지 못하자 절망하고 곤명(昆明)으로 이후 중경과 성도(成都)로 옮겨 다니면서 연극과 영화의

78 박규원, 앞의 책, 203쪽.
79 위의 책, 234쪽.

끈을 놓지 않았다. 이 무렵 첫 번째 아내 왕런메이[王人美]와 이혼을 하는 힘든 시간을 보냈다. 이혼한 다음 해 일제는 항복한다. 1946년 5월 다시 상해로 돌아왔다. 1947년 12월 홍콩에서 두 번째 아내인 진이(秦怡)와 결혼하였다. 김염은 국민당정부의 영화 탄압을 목격하면서 자연스럽게 공산당의 승리를 희망하게 되었다. 공산당이 승리하고 신중국이 건설된 후 김염은 상해로 돌아와 한국인학교를 세워 교장으로 어려운 조선인 예술가들을 도왔다.

해방 이후 김염의 어머니와 누이들은 북한으로 들어갔고 친척들은 다 남한으로 돌아왔다. 그러는 동안 세월이 흘러 한중수교가 된 후 미국에 사는 사촌동생 우애(당시 예일대학교 연구원)의 편지를 받고 답장을 한다. 김염이 세상을 떠나기 일 년 전 크리스마스 날 우애에게 보낸 편지에는 망국의 한을 품고 낯선 땅으로 가 고국으로 돌아오지 못하고 끝내 한을 안고 삭이고 세상을 떠나가야 하는 조선인들의 이야기가 스며들어 있다.[80] 그의 가족사는 우리 민족의 수난사를 대변한다. 김염을 통해 드러나는 김필순 가족의 항일 독립운동은 한 가족만의 이야기가 아니라, 한민족의 이야기이다. 그들만의 한이 아니라 우리 민족의 보편적 정서로 전승되어 온 한의 실상을 기억하게 한다. 그의 가족이 겪어야 했던 한은 지금도 유일한 분단국가로 남아 있는 한민족의 한의 원형이다.

---

80 편지 내용은 위의 책, 369~370쪽 참조 바람.

9. 김산

김산

일제강점기 중국 만주에서 혁명가로서 활동한 평안북도 용천 출신 김산(張志樂, 1905~1938)이 기억하는 아리랑고개는 우리 민족의 한이 겹겹이 쌓여 있는 고개이다. 죽기 1년 전인 1937년 님 웨일즈를 만나 자신의 생생한 혁명적 생애를 『아리랑』이란 책 속에 구체적으로 그려놓았다.

김산은 1925년 중국공산당에 가입하고 광주 황포군관학교 교관으로 있었다. 밀고자에 의해 여러 번 체포, 감금, 석방을 반복한다. 1933년 변절자의 밀고로 체포되어 조선으로 압송되었다가 다시 중국 북평에 와 혁명 사업을 계속했다. 그는 1938년 '일본간첩'으로 몰리어 연안에서 비밀리에 살해되었다. 그의 나이 33세 때이다. 불운한 생을 마친 것이다. 김산은 중국공산당의 대 음모가로 비난받고 있는 강생(康生)에 의해 자신의 뜻도 펴지 못하고 일본첩자로 몰려 조국광복도 보지 못한 채 이역만리에서 죽임을 당했다.[81]

님 웨일즈는 Helen Foster Snow(1907~1997)의 필명이다. 중국정부는 자국에 호의적이었던 님 웨일즈를 기념하기 위해 서안 팔로군 판사처 옛터에 세워진 기념관 내에 '위대한 여성' 기념관을 따로 만들어 자료들을 전시하고 있다. 그의 남편인 에드거 스노우(Edgar Snow, 1905~1972)는 훗날 1970

81 현이섭, 「하나의 불씨, 중국을 태우다 / 중공산당 90주년, 마오를 다시 말한다」 103, 『미디어오늘』, 2011.11.21.

년 10월 1일 중국공산당정부 수립 기념일에 오랜 친구인 모택동과 천안문 성루에 함께 나타나 열병식을 사열한 것을 필두로 1972년 중미관계가 급격하게 정립되는 데 큰 역할을 하였다. 이처럼 스노우 부부는 중국공산당사에서 매우 중요한 자리매김을 한 대표적인 미국인이었다.

김산은 계급보다는 민족을 앞세우는 공산주의자였다. 그는 김성숙, 박건웅 등과 결속하여 '조선민족해방운동'을 결성하였다. 조선민족해방운동은 1936년 창립 당시 20여 명이었지만 1941년 12월 일제의 진주만 기습으로 인해 일제와 싸우기 위해서는 독립운동단체와 단결이 필요하다는 인식하에 임정을 지지한다고 선언한다.[82] 김산의 동지 중 한 사람이 바로 정률성의 자형인 박건웅이었다. 이를 이유로 김산과 정률성은 훗날 좋은 관계를 유지하게 된다. 이 좋은 관계가 훗날 김산이 중국공산당으로부터 의심을 받아 외톨이 생활을 하게 되어 자연스럽게 정률성과의 관계도 거리가 생겼다. 김산이 연안에서 떠나던 날 정률성을 본 것이 둘 사이의 마지막이었다. 지난 날 남경에서 연안으로 떠나던 김산에게 돈 200원을 여비로 쥐어 주면서 배웅을 했던 정률성은 이후 연안 보탑산(宝塔山) 언덕 위에서 김산과 쓸쓸하게 헤어진다. 김산은 헤어지면서 정률성에게 "살아서…… 우리 해방된 조국에서 꼭 다시 만나세"[83]하고 떠난 이후 1938년 10월 일본 스파이, 트로츠키주의자 등으로 낙인 찍혀 중국공산당에 의해 총살당한다. 그의 삶 자체가 한이었다. 조국해방의 꿈을 이루지 못하고 이국땅에서 이념에 의해 처형되는 한 많은 생애였다.

김산은 『아리랑』의 글머리 「회상」에서 우리 민족의 한의 역사를 생생하게 체험을 통해 서술하고 있다.

---

82 이종한, 앞의 책, 81쪽.
83 위의 책, 118쪽.

서안 팔로군판사처 옛터 기념관에 전시된 스노우의 동상(좌)과 모택동과 함께 있는 스노우 부부(우)

한국은 이미 열 두 고개 이상의 아리랑 고개를 고통스럽게 넘어왔다. (…중략…) 내 짧은 인생살이 가운데서도 나는 한국인 아리랑 고개를 몇 개나 올라가는 것을 보았는데, 그때마다 꼭대기에서 기다리고 있는 것은 오로지 죽음뿐이었다. 내가 태어났을 때 한국은 러일전쟁의 와중에서 외국군에 한창 유린당하고 있었다. (…중략…) 1910년 조국이 식민지로 전락하는 것도 보았고, 해마다 1백 만 명 이상이 압록강을 거너 만주로, 시베리아로, 중국으로 유랑하는 것도 보았다.

1919년 3·1민족운동의 기독교적 "평화시위" 이후에 전국인 감옥으로 변하는 것도 보았다. 5만 명이 투옥되었고, 7천 명이 살해되었던 것이다. 나는 1919년 당시 3천 일본유학생 중의 한명이었는데, 4년 후에는 유학생 1천여 명과 다른 한국인 5천 명이 1923년 관동대지진 때 학살당했다. (…중략…) 나는 1920년 만주에서 유랑생활을 하고 있었는데, 내가 떠난 지 불과 몇 주일 뒤에 일본군대가 독립군활동에 대한 보복으로 주민 6천 명 이상의 한국인을 학살하였다.

나는 다른 한국인 8백 명과 함께 광동으로 가서 중국혁명에 참가하였다. 1925년부터 1927년 사이의 이 2년 동안에 한국혁명지도부의 정수가 무참히 희생당하는 것을 목격했다.

> 1905년 이래 한국인 혁명가들에게는 한국에서는 물론, 짜라르 치하 시베리아에서, 만주에서, 중국에서, 일본에서 나라를 넷이나 가지면서도 나라를 하나도 갖지 못한 인간보다 훨씬 비참한 생활을 해왔다. 우리 한국인들은 일본인, 중국인, 상해의 영국인과 프랑스인, 한국 경찰 등에 의해 "합법적으로" 체포된다.
>
> 이렇게도 많은 사람을 잃어버리고, 이렇게도 많은 억압과 고통을 감내하기에는 한국은 너무나 작은 나라이다. 하지만 아직 종말은 오지 않았다. 우리는 아직도 최후의 희생이 마침내 승리를 가져오리라는 희망을 간직하고 있다.

만주에는 조국의 탈환을 열망하는 백만에 가까운 한국 이주민이 있었다. 그러기에 김산은 대한독립군 군관학교인 '신흥학교'에서 고된 훈련을 받으면서도 '그날'을 위하여 희망과 기대로 가슴이 부풀었다. 훈련이 즐거운 것도 바로 '그날'에 대한 기대 때문이다. 일부는 오래전에 대기근 때 만주로 온 사람들도 있었지만, 1907년 이후 100만 명의 한국인이 만주로 강제 이주 당하였다. "쪽바리가 한 놈 한국에 들어오면 삼십 명의 한국인이 나라를 쫓겨났다. (…중략…) 스무 명 중의 한 명의 한국인이 이천만 동포의 땅에서 쫓겨났다."[84]

84 님 웨일즈, 조우화 역, 『아리랑』, 동녘, 1984, 78쪽.

제5장
한의 내러티브-디아스포라 김학철

1. 작가의 삶

조선의용군 최후의 분대장 김학철(본명은 홍성걸)은 1916년 11월 4일 조선 함경남도 덕원군 현면 용동리(현재 함경남도 원산시 용동)에서 태어났다. 서울 보성고등보통학교를 다녔던 그가 어느 날 우연히 책방에서 읽은 이상화의 「지금은 남의 땅 빼앗긴 들에도 봄은 오는가」를 읽고 상해임시정부로 떠나게 된 것이 그의 한 많은 인생의 시작이다.

상해임시정부를 찾아가 1936년(20세) 조선민족혁명당 입당, 다음 해 황포군관학교(교장 장개석)에 입학하여 그곳에서 정신적 지주가 된 김원봉을 만나 맑스주의자가 된다. 1940년(24세) 중국공산당에 입당한다. 그 다음 해(1941.12) 호가장전투에 참전하여 일본군과 전투 중 부상당해 포로가 된다. 1943년(27세) 일본 감옥에 수감되고, 1945년 그의 나이 29세 때 전투 중 입은 상처로 좌측 다리를 절단한다. 그 후 해방 이듬해 서

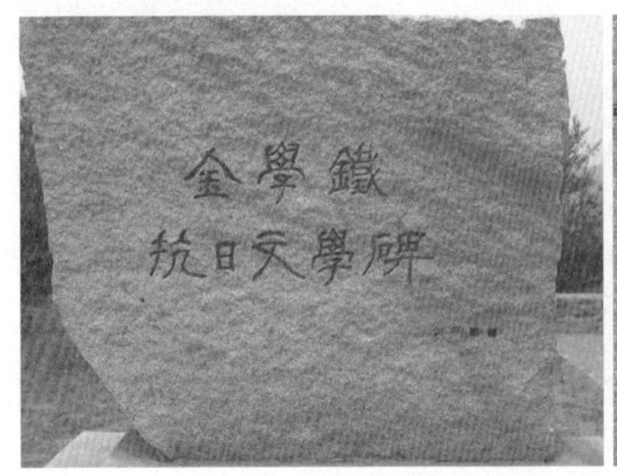

호가장의 김학철 기념비

한국 밀양 강연을 마치고 김학철 선생과 자제인 김해양 선생(2001.6)

울로 돌아온다. 서울 해방 공간에서 창작 활동을 하다가 1946년 좌익탄압으로 월북한다. 바로 로동신문사 기자 생활을 하다가 6·25전쟁이 발발하자 중국으로 건너간다. 이후 연변에 정착하여 창작 활동을 하던 중 문화대혁명(1966)이 일어나면서 가택수색을 당해 탈고하여 원고로 가지고 있던 『20세기의 신화』가 발각되어 10년 만기 징역살이를 한다. 출옥 후에도 3년간 반혁명 전과자로 실업상태에 있다가 1980년 그의 나이 64세 되던 해 복권이 되어 본격적인 창작 활동을 재개한다. 그의 노년은 활발한 창작 활동을 했던 시기이다. 이후 1994년 KBS 해외동포 특별상을 수상하고 '자랑스러운 보성인'으로 모교를 방문한다. 그의 나이 82세 때이다. 2001년 한국 밀양시 초청으로 '석정 탄신 100주년 국제 학술대회'에 참석한다. 그해 9월 25일 85세 세상을 떠난다.

2. 한의 해학적 형상화

우리 민족의 한의 특이성은 복수의 악순환이 없다는 것이다. 복수심을 풀어내는 방식으로 한은 증류되지 않는다. 한은 한일 뿐이다. 한은 복수심에 의해 없어질 단순한 감정이 아니다. 시간이 흐르면서 삭여져 바닥에 가라앉을 뿐이다. 그러기에 한을 스스로 초극하지 않으면 안 된다. 한은 해학을 통해 승화될 수 있다. 한이 많으면 많을수록 해학이 많다. 현실이 아플수록 그 아픔을 달관하는 해학도 많아진다. 김학철의 작품에는 일상적인 순박한 유머와 해학이 많다. 가장 참혹한 전장(戰場)에서도 유머는 넘친다. 이는 김학철이 믿고 있는 혁명적 낙관론에 기초하고 있다.

그의 장편소설 『격정시대』는 도처에 익살과 해학, 조소와 풍자, 기지와 유머가 넘친다. 그리고 대화 장면을 익살스럽게 과장해 해학과 유머의 분위기와 효과를 창출한다. 이처럼 김학철 문학 속에 함의되어 있는 해학과 유머의 미학을 우리 민족의 정체성으로 읽어내는 것이 중요하다. 작가는 연변에서 중국과 한국의 경계인으로 살면서 체험한 한의 부정적-소극적 계기로서의 원한과 한탄을 넘어 희망과 기원(祈願)의 정서로 건설적-긍정적으로 승화시켜나가는 독특한 민족정

1938년 10월 10일 중국 한구에서 설립된 조선의용대 기념사진(앞줄 왼편에서 두 번째가 윤세주, 의용대기 바로 뒤 김원봉, 그리고 화살표시한 여성이 김염의 누이동생 김위, 그리고 뒷줄 화살로 표시된 김학철).

체성을 표현하고 있다. 우리가 그의 유머를 단순한 희극적 요소인 풍자나 아이러니로만 규정할 수 없는 것은 바로 이런 이유에서이다. 김명인은 김학철의 이러한 면모를 김학철의 작품 『20세기의 신화』를 분석하면서 비극과 해학, 정치와 미학의 통일로 표현한다.[1] 이 작품은 1965년 탈고한 원고상태에서 중국 당국에 압수되고 이로 인해 10년간의 옥살이를 하게 된 작품이다. 이 작품은 모택동 1인 독재에 의해 타락하는 중국 사회주의를 고발하는 내용인데, 주로 강제노동수용소의 실상을 그리고 있다. 수용소의 참상을 리얼하게 드러내면서도 이것을 넘어 결코 희망과 낙관을 잃지 않는 혁명적 낙관론자의 모습을 잘 표

1 김명인, 「어느 혁명적 낙관주의자의 초상」, 『창작과 비평』 제115호, 창작과비평사, 2002, 244쪽.

현하고 있다. 김명인은 이 작품에 대해 "비장과 해학, 풍자의 절묘한 균형으로 읽는 자들이 비극적 감상주의나 패배주의, 근거 없는 주관적 낙관주의와 기계적 역사관으로 이끌지 않으면서, 인간의 미래에 대한 굳은 믿음에 이르게 하는 미학적 승리를 거두고 있다"고 평가한다.[2] 우리는 김명인의 이러한 분석에 근거하여 그의 작품에 함의되어 있는 한민족의 보편적 정서인 한의 실상을 읽어낼 수 있다. 역사적 상흔을 비극적 정서로 피하지 않고 비참(한탄)을 사랑으로 그 비참을 만든 자를 복수의 대상으로 보지 않고 미학적으로 웅숭깊게 승화시켜나가는 초월적 지향이 함의되어 있다.

김명인은 김학철의 『격정시대』 속에서도 이러한 혁명적 낙관론을 읽어낸다. 전투라는 극한상황에서도 투사들은 낙관적 태도를 버리지 않는다. 우스개와 객담을 총보다 긴요하게 지니고 산다. 그는 김학철의 낙관적 분위기를 '정치사상적 신념으로부터 논리적으로 도출된 어떤 것이 아니라, 삶과 죽음이 늘 함께하는 자리에 있음으로 해서 생겨난, 그리하여 모르는 사이에 삶과 욕망에 대한 집착에서 놓여난 달관에 가까운 경지'[3]라고 말한다. 이것은 좁은 의미의 '혁명적 낙관주의'를 넘어, 주어진 역사적 한계를 극복하여 역사적 상황을 만들어낸 타자에 복수를 넘어 그에 대한 사랑과 화해로 초극하려는 낙천적 달관에 가까운 것이다. 김학철은 '조선인'이었지만, 사회주의 인간 해방을 위해서는 '세계인'으로서, 그것도 언젠가 다가올 새로운 인간의 세계를 향한 희망을 간직하고 살았던 미래의 세계인이었다. 그러므로 김학철의 작품 속에 함의되어 있는 낙관적 달관이 서양적 원한의 정서를 넘어선 한국인의 한의 구조적 특성을 이루는 중요한 모티브란 사실을 인식할 수 있다. 그러므로 『격정시대』는 치열한 혁명을 소재로

2 위의 글, 245쪽.
3 위의 글, 248쪽.

하고 있지만, '이데올로기보다는 소박한 인간성을 담고 있다.'[4] 그의 작품에는 인간애가 그려지고 있다. 조선인과 중국인의 공동의 적인 일본인에 대한 원한을 복수로 갚지 않고 보편적 인류애로 승화시켜 가는 한국인의 한이 가지는 초월의 지향성을 함의하고 있다. 또 전쟁이라는 참혹한 상황에서도 진실한 인간애와 평화를 갈구하는 질적 가치를 향한 지향성이 그의 작품에 내포되어 있다.[5]

> 리돈호가 죽어 자빠진 일본병의 몸에서 군복을 벗기고 군화를 벗기고 또 피가 벌건 속내복까지 벗겨내는 것을 총을 짚고 옆에 섰던 윤지평이가 그러지 못하게 막는 중이었다. "야 이놈아, 죽였으면 고만이지 …… 악착스레 그게 무슨 짓이냐!" (…중략…) 리돈호가 끝내 빤쯔까지 벗기여 시체를 알몸으로 만드는 것을 보고 윤지평이는 씨동에게 리돈호를 손가락질해 보이며 "저거 사람이 아니야, 승냥이야" 하고 오만상을 짓는 것이었다.[6]

김호웅 역시 김학철 작품의 낙관적 달관을 강조한다. 김호웅은 『격정시대』는 제목과는 달리 "거대한 력사적 사변이나 대전역을 정면으로 묘사하지 않았으며 위대한 전략가나 거인적인 영웅인물을 부각하지도 않았다. 그와는 달리 중국에서 활동한 조선혁명가들과 조선의용군용사들의 운명, 단편적인 전투생활과 해학적인 일화들을 통하여 그들의 성격미를 표현하는 데 모를 박고 있다"[7]고 쓰고 있다. "유모아와 총명은 지혜의 상징이며 바다와 같은 흉금을 가진 인간만이 소유할

---

4 김윤식, 「항일빨치산문학의 기원－김학철론」, 『실천문학』 겨울, 1988, 실천문학사, 422쪽.

5 신사명, 「김학철의 『격정시대』와 주체적 민족주의」, 『한국어문학연구』 제46집, 한국어문학연구회, 2006, 319~321쪽.

6 위의 글, 319쪽 재인용.

7 임범송 · 권철, 『조선족문학연구』, 흑룡강조선민족출판사, 1989, 383쪽.

수 있다. 천박한 자에게는 유모아를 낳을 만한 재간이 없고 협애한 자에게는 유모아를 낳을만한 도량이 없다. 유모아는 오직 '심오하고 극히 발달한 정신'을 소유한 인간이나 민족만이 낳을 수 있는 것이다."[8] 김학철은 어느 누구보다도 고통과 비운을 겪은 역사적 증인이었지만, 동시에 그는 그에 비례하여 그 역사적 상처를 희망으로 전환하는 지향적 역동성을 지니고 있다.

이에 반해 『해란강아 말하라』에서는 해학적 글쓰기가 상대적으로 생략되어 있다. 이 책은 조선족이 중국 건설의 성원으로 당당하게 입지를 차지하게 된 역사적 증언을 하고, 중국공산당의 당지도 이념에 충실하면서 반제 반봉건 투쟁의 역사를 객관적으로 기록하는 공적 작업이기 때문이다.

혁명적 낙관주의에 바탕한 작가의 해학적 글쓰기는 단순한 재치나 위트의 차원을 넘어선다. 유머는 단순한 웃음거리를 제공하기 위한 수단이 아니다. 유머와 해학은 가장 비극적인 역사와 삶을 초극하고 달관한 자에게 가능한 것이다. "오직 보기 드문 지성만이 그 탑 꼭대기에 올라 인생 전반의 전경을 조감할 수 있는 것이다."[9] 허무를 극복한 진정한 허무주의자의 쓴 웃음이다. 작가는 개인사적으로나 민족사적으로 가장 참혹한 현실을 체험했다. 그 체험에 바탕한 그의 혁명적 낙관주의는 해학적 글쓰기를 투사의 무기로 사용한다.

일본 감옥에서 풀려난 작가는 1989년 말 43년 만에 조국으로 돌아온다. 서울에서 작가는 마치 마음에서 준비해 놓은 것처럼 1년 반 남짓한 시기 동안 8편의 단편소설을 쓴다. 이 시기 작품은 감옥을 살고 나온 사람이 갖는 비장함이나 일제에 대한 복수심을 한 맺힌 자의 입장에서 기록하지 않는다. 오히려 그는 일상적인 에피소드나 생활세계

8 위의 책, 389쪽.
9 김학철문학연구회, 『조선의용군 최후의 분대장 김학철』, 연변인민출판사, 2002, 442쪽.

일본감옥 출옥 후 서울로 돌아올 당시 사진(1945.10)과 종로구 관철동 옛집(1989.11)

에서 일어나는 우스운 이야기들로 구성된 작품을 내놓는다. 「지네」, 「담배국」, 「전쟁할 때」 등은 미숙할 정도로 순박하게 일상의 이야기를 털어 놓는다. 그는 이 시기 서울 공간에서 지나치게 이념적으로 편중된 글쓰기보다는 일상적 생활을 주제로 다루면서 자신의 현실 비판을 우회적으로 그리고 있다. 희극은 가장 비극적인 것을 상징화하는 것이다. 일상의 에피소드로 상징화되기는 하지만 그 중심에는 가장 비극적인 현실을 문학적으로 승화시키고 있다. 작가가 한을 주제로 다루지는 않지만 참혹한 현실 속에서 체험한 한을 복수의 악순환으로 그리지 않고 개인과 민족의 역사적 현실로 받아들이고 안으로 삭여 내어 언젠가는 다가올 미래의 세계를 앞서 희망으로 그려내는 것과는 무관하지 않다. 한의 해한(解恨)을 넘어 한의 초극(超恨)으로 나아간다. 원한과 원망을 사랑과 화해로 질적으로 승화시켜 가는 방편인 유머가 지닌 희극과 비극의 변증법적 매개가 그의 작품 곳곳에 등장한다. 『20세기의 신화』에서 '강제수용소'라는 비극적 현장에서도 수용소 생활에서 일어나는 에피소드들을 간간히 넣어 놓는다. 작가의 분신인 심조광의 아들이 학교에서 소풍을 가 '인민의 적'의 이름이 적힌 쪽지를 찾는 보물찾기놀이에서 자기 아버지의 이름이 적힌 쪽지를 찾아내고는 그 자리에 엎어져 끝없이 울었다는 일화는 당시의 비극을 그대로 형상화하고 있다. 하지만 작가는 그 비극적 정서에 몰입하지 않고 웃음보따리를 풀어 놓는다.

작가는 자신이 가장 감명 깊게 본 영화로 챨리 채플린의 1936년 작 〈모던 타임즈〉를 든다.[10] 이 영화는 희극배우인 채플린을 통해 당시의 사회적 병리현상을 해학적으로 그리고 있다. 극도의 산업화에 의해 인간이 기계로 전락되어 가는 현실을 풍자적으로 비판하는 영화이 다. 작가는 자신의 다리를 절단한 후 걱정하는 누이동생에게 보낸 편지에서 "사람의 정의(定義)는 인력거를 끄는 동물이 아니다. 다리 한 짝쯤 없어도 문제없다. 걱정마라"고 유머섞인 말을 한다.[11] 물론 그는 다리 한 짝을 잃은 대가로 총 대신 붓을 들 수 있는 인생의 전환을 맞았다.

하지만 작가의 해학적 글쓰기가 작가의 삶의 한을 은유하는 메타포라는 점을 인정하더라도, 자칫 문학적 글쓰기로서의 한계를 노출하기도 한다. 장정일은 작가의 기법을 '한담설화기법'으로 비유한다. 그의 작품에 등장하는 인물들은 영웅이나 신화적 존재로 미화되지 않는다. 민족의 해방을 이야기하면서도 그것을 거대담론의 형식으로 끌고 가지 않는다. 그는 항일 투쟁의 생생한 역사적 현장에서도 스토리텔러(storyteller)로서 인물형상과 고사와 에피소드, 일화 등등으로 갈피갈피 끌어 들인다. 다만 한담설화적인 기법이 지나치게 중복되면 문학적 상상력의 빈곤 혹은 예술적 승화기법의 결여로 읽힐 수가 있다.[12] 역

10 김학철문학연구회, 앞의 책, 323쪽.
11 위의 책, 440쪽.
12 위의 책, 451쪽.

사적 사실에의 천착이 자칫 문학적 의미망을 소홀히 한다는 감을 줄 수 있다.[13] 하지만 작가는 현실에 바탕하지 않은 채 한을 지나치게 문학적으로 미화시키는 것은 자칫 한의 실상에서 멀어질 위험성이 있다는 것을 인식하고 있다.

물론 김학철은 어느 누구보다도 이주 생활의 고난을 한 몸에 지고 산 역사적 증인이다. 그만큼 이산의 한은 깊다. 그러면서도 한이 유머를 통해 한결 높은 차원의 민족의 에토스로 승화하고 있다. 그의 유머는 인생의 만면에서 자연스럽게 우러나는 득도와 달관의 경지에서 가능한 언어적 맛이다. 현실에서 만나는 한이 쌓이고 쌓여 그 한을 즐기면서 정한으로 굳어 삶과 죽음의 경계를 자유롭게 넘나들면서 혁명의 성공을 기대하면서 한을 풀어가는 체험적 이야기들이 이 소설에 나타난다. 이 소설의 서사구조는 열려 있다. 군데군데 유머의 기치가 끼어 있다. "이러한 낙관과 해학으로 가득한 서사구조는 그 낙관과 해학이 인간 미래에 대한 더욱 구원(久遠)한 신념에서 온다는 점에서, 또 그렇기 때문에 그 미래의 인간을 성마르게 구속하는 어떤 닫힌 서사도 거부한다는 점에서는 낡은 과거의 것처럼 보이면서도 동시에 아직 다가오지 않은 미래의 것이기도 하다."[14] 이처럼 그의 서사구조는 민족의 현실에 대한 원망과 한탄으로 가득 찬 과거지향적 구조와 혁명의 성공을 통해 민족의 해방이 곧 다가올 것에 대한 미래지향적 구조가 융합되어 우리 민족의 한의 특성을 그대로 형상화하고 있다. 특히 그의 『20세기 신화』에서 형상화되는 강제수용소의 참혹한 현실 속에서도 결코 희망과 낙관을 잃지 않는 인간의 위대함을 그리고 있다. 인간의 미래에 대한 굳은 신념 위에서 원망과 한탄의 고난의 역사는 미학적으로 승화되고 있다.[15]

---

13 위의 책, 524쪽.
14 김명인, 앞의 책, 250쪽.

3. 한의 탈민족주의적 형상화

한(韓)민족의 한을 자민족중심주의로 읽을 수 있을 것이다. 즉 한민족만이 갖는 고유한 한의 특성은 결국 한민족의 정체성에 집착하는 과잉민족주의의 표현이라고 비판할 수 있을 것이다. 그러나 한민족의 한은 결코 자민족중심이 아니다. 자기보다는 타자를 배려하는 화해와 사랑의 모티브를 함의하고 있기 때문이다.

김학철은 중국 내의 소수민족으로 그리고 한국인의 주변인으로서 겪을 수밖에 없었던 한을 자신의 작품 속에서 형상화하고 있다. 이것은 중국과 한국 어디에도 속할 수 없는 이중적 정체성의 혼란에서 생기는 단순한 민족적 감정에서 발생하는 것은 아니다. 그는 조선족 작가로서 한족 중심주의에 대항하는 소수민족의 원한과 원망을 자민족중심주의에서 서술하지 않는다. 그러면서도 한국에 대해서는 한민족이라는 민족적 동질성에 호소하여 연민의 정서로 재현하지도 않는다. 한민족이되 한국인일 수 없고 중국인이되 중국민족일 수 없는 조선족 디아스포라의 한은 오히려 민족과 국가 그리고 이데올로기를 넘어 초국적인 세계시민을 지향하는 역동적 에너지로 승화되고 있다. 말하자면 조선족의 이중적 정체성을 민족과 국민의 이분법적 경계 사이에서 유랑하는 정체성의 혼란으로 형상화하지 않는다. 그는 오히려 이중적 정체성을 탈민족적인 초국적(transnational) 정체성으로 승화시키고 있다.

그의 『20세기의 신화』는 이데올로기화되어 가는 중국의 한족중심주의에 대한 소수민족의 한을 그리고 있다. 이 작품은 중국 '반우파 투쟁'과 '대약진운동' 시기 디아스포라로서 겪었던 조선족의 비참한 삶

15 위의 책, 245쪽.

을 형상화하고 있다.[16] 지금까지 재외 한인(韓人)문학에 접근하는 방식은 주로 언어적 혹은 민족적 차원에서 접근하다보니 한인 디아스포라의 삶의 구체적 현장을 소외시키고 자칫 성급하게 미화시키는 우를 범하기 쉬웠다.[17] 그의 작품은 우리의 언어로 쓰였다고 해서 중국문학이 아니라고 할 수도 없고, 우리의 문학이라고 말할 수도 없는 경계의 문학이다. 디아스포라로서 경계인의 한 많은 삶을 살아 온 조선족의 생생한 수난의 역사를 고증하고 있다.

소수민족으로서 한(漢)족중심주의에 대한 비판은 결코 감정적 차원의 원망과 원한만이 아니다. 이것은 또한 한족중심주의에 대한 조선족 중심주의의 복수의 감정만도 아니다. 그는 과잉민족주의에 치우쳐 역사적 진실을 왜곡시키지 않는다. 철저한 역사적 사실 앞에서 민족과 국가의 경계를 넘어 민족의 한을 개인적 인종집단적 트라우마로 규정하기 않는다. 민족 / 국가의 경계를 넘어 인류애의 보편적 가치를 지향하면서 한을 타자에 대한 사랑과 화해로 승화시켜나가는 지향적 구조가 작품 속에 함의되어 있다. 탈민족주의적(post-national)이고 탈식민주의적(post-colonial) 시각에서 글로벌한 가치를 지향해 가는 그만의 세계가 그려지고 있다.

김학철은 국가와 민족으로부터 소외되었다. 중국공산당에 철저하게 협력했지만 '반우파 투쟁'의 와중에서 중국공산당으로부터 소외되었고, 북한으로부터는 '연안파'라는 이유로 정치적 숙청을 당해 중국으로 이주해왔다. 그의 삶은 개인적으로 한 맺힌 삶이고 민족으로서도 중국 내 소수민족으로서 겪어야 했던 수난의 삶이었다. 하지만 그의 '혁명적 낙관주의'는 아직은 다가오지 않는, 그러나 언젠가는 다가

16 고인환, 「중국 조선족 디아스포라문학의 한 가능성 – 김학철의 「20세기의 신화」에 나타난 작가의식을 중심으로」, 『한국문학논총』 제56집, 한국문학회, 2010, 343쪽.
17 위의 책, 345쪽.

올 새로운 인간세계에 대한 희망이 있었기에 가능한 것이다.[18] 지금은 원한과 원망의 역사이지만 내일은 기대와 희망의 願恨의 역사를 지향하고 있다. 그는 늘 미래의 세계인이었다.[19] 그는 비록 남한-일본-북한-중국-연변이라는 공간적 경계만을 자유롭게 넘나든 작가가 아니라 그의 사유 역시 초국적 지평을 가지고 있다.

그는 이주자의 삶을 살면서 개인이 겪었던 한의 역사를 민족의 역사로 보편적으로 서술한다. 그의 작품 속에는 그가 삶의 고비 고비마다 겪었던 한의 실상이 구체적으로 묘사되고 있다. 그러면서도 그는 항상 현실의 고난을 극복하려는 유머와 해학을 잊지 않는다. 자신의 운명을 체념적으로 그리고 소극적으로 묘사하지 않고 항상 낙관적인 입장에서 그 한을 유머로 풀고 해학적으로 승화시켜 나간다. 그는 맑스주의의 이념을 현실화하려는 무겁고 엄숙한 주제를 다루면서도 해학적 필치는 잊지 않는다. "해학적 필치는 엄숙한 주제와 상치되지 않고 오히려 그 엄숙성을 더 북돋아준다"고 말한다.[20] 그러면서도 그는 사회주의 사실주의를 창작 기법으로 신봉한다. 사실에 대한 예리한 통찰을 뒤로 하고 탐미주의와 유미주의에 빠져드는 부르주아문학을 배격한다.[21]

물론 인물형상을 중심으로 하는 그의 소설이 자신의 체험적 소설로만 머무르지 않는다. 개인의 개성적 기술을 민족 그리고 세계시민으로 전형화함으로써 민족주의와 탈민족주의의 논쟁을 덧없게 만들고 있다. 그는 수필 「경사로운 날에」에서 '민족 색채가 강렬할수록, 지방색채가 농후할수록 세계적이다'라는 말을 수긍하고 있다.[22] 그리고

18 위의 책, 359쪽.
19 위의 책, 359쪽.
20 박충록, 『김학철문학연구』, 이화, 1996, 32·216쪽.
21 위의 책, 34쪽.
22 김학철, 『태항산록』(김학철 전집 4), 연변인민출판사, 2011, 412쪽

「민족의 얼」에서 "민족의 전통이나 민족의 력사를 연구하고 정리하고 그리고 민족의 자랑스러운 얼을 발양하고 선양하는 것은 사회주의와 하등의 모순도 없는 아주 정정당당한 일이다"[23]고 쓰고 있다. 문화대혁명기에 '민족의 얼'이란 말마디만으로도 우파로 몰리던 시기 그는 민족문화의 보편적 가치를 형상화한 것이다. 그는 이미 지역적인 것이 세계적인 것이라는 글로컬리즘(glocalism)적 시각을 가진 자유인이었다. 따라서 그는 일제하에 신음하는 민족의 고난에 외면하는 소설을 혹평한다. 그가 작품 「발가락이 닮았다」에서 조선의용군이 발견한 적병 시체 몸에서 나온 김동인의 「발가락이 닮았다」를 우연히 보고 부르주아 작가의 현실 외면을 신랄하게 비판한 것도 이런 이유에서이다. 이처럼 그는 민족의 한의 역사를 자신의 체험을 바탕으로 서술하면서 형상화한다. 가장 암울한 시대를 디아스포라적 삶을 살았지만, 현실을 단순히 낭만적으로 미화하지 않고 구체적 사실에 토대하면서도 그 현실을 극복하여 민족의 염원을 이루리라는 기대와 희망으로 해학적 필치로 승화시켜나가는 그만의 자유로움이 존재한다.

작가는 중국의 소수민족으로서의 정체성의 위기를 극복하고 탈민족주의적 시각에서 미래지향적인 세계를 낙관적으로 그려내고 있다. 그는 편협한 민족주의를 넘어 이상적인 공동체를 지향한다. 그의 시선이 탈민족주의적인 이유가 바로 이점에 있다. 우리 민족의 한이 가지는 고유성을 자민족중심주의로 규정할 수 없는 것은 한은 민족 간의 대립을 넘어 화해를 지향하는 다문화적 에토스를 갖는다. 박용규는 김학철의 『격정시대』에서 나타나고 있는 탈민족주의적 시각을 다음과 같이 정리하고 있다. 주인공 선장이의 탈민족주의적 의식을 각성시키는 사건들은 원산 노동자들의 총파업에 동조하는 일본인 노동

---

23 위의 책, 424쪽.

자들의 모습을 보며 충격 받는 선장이의 모습, 황포군관학교에서 중국인 지리교관이 중국 중심의 민족주의적 관점에서 강의하는 것에 대해 조선 학생들이 반발하여 교관이 잘못을 인정하고 강의내용을 취소하는 장면, 조선의용군 대원이 인터내셔널가를 부르며 감격해 하는 모습, 태항산에서 중국팔로군이 조선의용군을 환영하는 집회를 열고 이에 대해 선장이는 민족을 초월한 동지애를 느끼는 장면 등등은 편협한 민족주의를 벗어나는 모습들이다.[24]

『격정시대』는 민족 해방을 위해 항일 투쟁을 하는 조선의용군의 일상과 투쟁사를 그린 것이다. 중국 조선인으로서 겪었던 한의 역사를 그린다. 하지만 조선의용군으로서 겪었던 수난과 한은 일본에 대한 복수심만으로 풀어내지 않는다. 선장은 일본인 가지 와다루 씨 부부를 만났는데, 이 부부는 제국주의 침략전쟁에 반대하는 반전 작가로 당국의 박해를 피해 중국으로 망명해 온 사람들이다. 선장은 이들 부부에게 동지적 사랑까지 느낀다. 한이 화해와 사랑으로 전환된다. 그리고 다리가 끊어져 피난을 가지 못하고 일본 정찰대의 무차별 공격에 당황하고 있는 중국 노인과 어린이들을 부축하거나 업어서 다리를 건너게 해주었다. 이와 같은 보편적 인류애를 지향하는 그의 작품 곳곳에서 형상화되고 있는 모습들은 우리 민족의 한이 결코 편협한 민족주의가 아님을 알 수 있게 해 준다.[25]

---

24 위의 책, 181쪽.
25 신사명, 앞의 책, 318쪽.

4. 작품 속의 한의 구조

1) 『해란강아 말하라』 - 怨恨에서 情恨으로

이 작품은 버드나뭇 골에서 일어난 반제 반봉건 투쟁사를 그리고 있다. 일제강점기하에서 먹을거리 없어 배를 주리는 농민들의 원한에 사무친 봉기이다. 농민들은 변절자를 적발하여 군중재판을 한다. 그 재판 석상에서 농민들은 자기의 원수인 지주들에게 자기의 손으로 복수를 갚았다.

> 자기가 발을 디딘 사랑스러운, 미더운 땅위에 이룩한 인간세상의 임자가 — 비록 잠시나마, 봄날의 꿈같이 덧없는 것이기는 하였으나, 그래도 — 되어 보았다. (…중략…) 야만의 적의 철제 아래서도 그런 날이 반드시 또 올 것을 기대하고, 확신하고, 그리고 그것을 위하여 끊임없는, 검질긴 꾸준한 투쟁을 계속하였다.
>
> — 27~28쪽.

농민들은 지주들에 대한 원한을 복수로 갚으면서 앞으로 다가올 새로운 세상에 대한 기대와 확신을 가진다. 야만의 시대에도 농민들은 인간 세상에 대한 기대를 가지고 있다. 이것은 중국공산당의 이념 노선에 충실한 사회주의 혁명관에 기초한 것이다.

이 작품의 무대인 '연변'은 작가가 남한과 북한 어디에서도 실현될 수 없었던 이상과 현실의 합치가 이곳에서 이루어질 수 있으리라는 희망을 가진 공간이었다. 그러므로 강한 정착의지를 가지고 제2의 고향으로, 아니 우리 민족의 고토였던 제1의 고향으로 생각하고 중국 속에서 민족의 자기정체성을 정립하려는 강한 의지가 녹아 있는 최초의 장편소설이 바로 『해란강아 말하라』이다. 해란구 버드나뭇 골을 중심으로 일어나는 1931년 가을부터 1932년 겨울까지의 반봉건 반제 투쟁을 객관적으로 그대로 기록한 것이다. 민족의 수난의 공간인 해란강 유역에서 일어났던 역사적 사실을 있는 그대로 기록하여 역사적 사실이 갖는 진리성을 일깨우고 있다. 그는 머리말에서 다음과 같이 쓴다.

> 내가 한 일이란 오직 허다한 자유를 사랑하는 사람들에 의하여, 심지어는 그것을 위하여 자기의 귀중한 생명까지를 내바친 선열들에 의하여 이미 엮어진 역사 사실을, 그도 극히 적은 일부분을 추려내어 정리하여 알기 쉽게 하였음에 불과합니다.

이 시기 해란강대학살사건과 같은 민족사적 수난을 겪으면서 연변에 정착하려는 강한 의지와 희망을 함께 그리고 있다. 이 작품이 『격정시대』와 비교하여 갖는 문제점들을 괄호 쳐 두고 본다면, 이 작품에는 민족의 수난사와 미래지향적인 희망의 역사가 함께 녹아 있음을 볼 수 있다.

『해란강아 말하라』를 단순히 정치적 현실주의로 볼 수 없는 것은 이 작품이 지향하는 것이 소수민족으로서의 조선족이 중국 역사 속에서 자신의 정체성을 새롭게 세우려는 강한 의지가 담겨 있기 때문이다. 8·15광복 이후 자신의 선택에 따라 귀국을 하는 자도 있었고 중국에 남아 있는 자도 있었다. 거의 반반 정도이다. 귀국을 포기하고 중국에 남아 있는 역사적 결단을 내린 조선족에게 연변은 현실과 미래의 삶의 터전이었다. 신중국 건설 이후 분배된 토지는 귀국을 포기하고 중국에 정착하려는 강한 의지를 갖도록 만들었다. 이러한 상황에서 중국에 남기로 결단한 조선족에게는 중국 소수민족으로서 자기

정체성을 확립하는 것이 무엇보다 중요한 과제였다. 그러면서 중국 공민으로서 자신의 지위를 확인하는 것 역시 중요하다. 항일 투쟁의 선봉에 서서 조선의용군의 최후 분대장으로 역사의 전선에서 투쟁해 온 김학철에게는 그의 작품을 통해 조선족으로서 당당하게 중국의 역사에 안전하고 원만하게 편입되어야 하는 것보다 중요한 과제는 없었다. 그러므로 『해란강아 말하라』를 당시의 관점에서 정당하게 평가하는 것이 중요하다.

만주에 정착한 조선인의 삶은 한탄스러움과 절망의 연속이다. 고향을 떠나옴에 대한 깊은 한(悔恨)이 깊게 침전되어 있다. 그러면서 신중국이 건설되면서 중국 소수민족정책에 의해 토지가 분배되었다. 농민협회의 반제 반봉건 투쟁은 지주들에 대한 원한을 자기 손으로 갚으면서 일제강점기하에서도 언젠가는 오게 될 인간 세상을 기대하고 있다.[26] 이 작품에서는 원한과 회한을 정한으로 전환하는 구조가 나타난다. 일제 신민에서 중국 공민으로 정체성을 전환하여 거주국을 제2의 고향으로 정을 붙이고 살아가야 한다는 기대와 욕망이 형상화되고 있다. 새로운 땅에 정착하려는 강한 지향성이 원한을 정한으로 전환시키는 계기인 것이다. 이 시기 그는 다른 조선인들과 마찬가지로 새로운 현실 공간을 긍정하면서 '중국 조선족'으로서의 정체성을 형성할 수밖에 없었다. 비록 타향이지만 제 2고향으로 인식하고 지난날의 고통과 한탄을 미래에 대한 새로운 희망으로 전환하면서 정한의 문학을 형성한다.[27] 『해란강아 말하라』는 중국 조선족으로서의 정체성을 형성해갈 수밖에 없는 민족의 현실을 그대로 드러내는 소설이다. 중국 공민인 중국 조선족으로서의 정체성을 확립할 수밖에 없는 현실이었다. 그는 간도의 민족의 고난사가 바로 중국 항일 투쟁의 역사의 일부

26 김학철, 『해란강아 말하라』, 풀빛, 1988, 27~28쪽.
27 박용규, 앞의 책, 170쪽.

임을 자랑스럽게 그려내고 있다.

그러나 『해란강아 말하라』에서는 한이 지나치게 계급 대립이라는 이분법적 구조에서 다루어진다. 그리고 혁명적 낙관론에 기초한 한의 이야기 역시 지나친 이념적 구조로 경직화되어 있다. 진부한 사회주의 강령이 한을 이념으로 옷 입혀 치장하고 있다. 당시 1950년대 단편소설들은 중국 공민으로서 연변에 정착하려는 모습들을 단편적으로 스케치한다. 『뿌리박은 터』에서 "고난에 찬 력사, 오늘의 행복, 래일에 찾아올 더 큰 행복"을 찬미하고 있다.[28] 역사적 변증법의 기초하에 당시 중국정부의 정치적 과업에 부응하는 정치적 현실주의자를 그리고 있다. 이 시기 새로운 사회인 중국의 공민으로 정착하려는 강한 의지가 새 사회에 대한 낭만적 환상으로 그려지고 있다.[29] 이 형상화 속에서 민족의 한 역시 현실을 떠나 지나치게 낭만적으로 형상화되고 있다. 한의 퇴행적 속성보다 긍정적인 밝은 모습으로만 이념적으로 포장되고 있다. 즉 현실을 의도적으로 긍정하려는 송가(頌歌) 속에서 한이 지나치게 일면적으로 미화되고 있다.

2) 『20세기의 신화』 - 정한(情恨)에서 원한(願恨)으로

이 작품은 1964년 봄에 시작하여 1965년 탈고한 원고이다. 1949년 신중국이 건설 된 이후 중국공산당의 정체성을 확립하기 위해, 1957년 '반우파 투쟁'에 이어진 '대약진', '인민공사'가 심해져 민심이 피폐해졌던 시기의 원고이다. 이 원고가 40년이 지난 1996년 한국에서 한

28 우상렬, 「김학철과 사회주의 사실주의의 虛와 實」, 『한국어문학연구』 제46집, 한국어문학연구회, 2006, 282쪽.

29 위의 글, 283쪽.

국어로 출판되었다. 김학철은 이 원고가 발각되어 1966년 12월에 체포되어 7년 남짓한 동안 미결수로 유치장에 갇혀 비인간적인 박해를 받다가 '현행반혁명범'으로 10년 형을 받고 단 하루도 곯지 않고 옹근 10년 동안 옥살이를 하였다.[30] 1977년 12월 만기출옥 이후에도 옹근 3년 세월 무직자 생활을 하다가 1980년 12월 5일 무죄 선고를 받았다. 하지만 이 원고는 이후에도 본인에게 돌려지지 않았다가 1987년 8월 16일 23년 만에 작가에게 반환되었다. 단 '발표 불허'라는 조건부가 붙어서이다. 이처럼 이 작품의 창작과 출판 과정 자체가 중국 소수민족으로서의 한을 그대로 말해 주고 있다.

이 작품은 "철조망으로 둘리지 않은 강제노동수용소에 또 봄이 왔다"로 시작한다. 철조망 없는 감옥 속에서 겪는 한 많은 삶을 그리고 있다. 이념에 의해 짓눌린 인간의 고귀한 가치들이 피폐해져 가는 참혹한 상황을 그려내고 있다. 공산주의 농장에 약 100여 명의 반우파 지식인들이 참혹하게 살아가고 있는 형상을 그리고 있다. 중국 장지신이 모택동을 비판하여 1975년 총살당하고, 1979년 봄 명예를 회복하였지만, 이보다 10년 앞서 모택동 일인숭배를 비판한 김학철은 1980년에야 복권되었다.

작가는 반우파로 몰린 심조광의 입을 빌어 모택동의 일인숭배하의 인민들의 피폐한 삶에 대해 고발한다. 안데르센의 동화에 나오는 벌거벗은 황제에 빗대어 모택동의 일인숭배를 우화화하고 있다. 작가는 반우파 투쟁을 모택동 일당독재하의 '분서갱유'와 '바돌로메의 학살'로 비유한다. 교조화된 사회주의 이념하에서 신음하는 인민들의 삶의 애환을 형상화한다. 작가는 좁은 민족주의자로서가 아닌 인본주의자로서 인간의 고귀한 가치가 실종당하고 있는 현실을 고발하고 있다.

---

30 김호웅, 「작가의 사명과 용기」, 『한국어와 문화』 제7집, 숙명여대 한국어문화연구소, 2010, 165쪽.

철도 자살을 한 여인의 삶은 당시 인민들의 참혹한 실상을 그리고 있다. 아픈 남편이 입원비가 없어 집에서 한숨을 짓고 세월을 보내고 있다. 아이는 배가 고파 밥을 달라 보챈다. 어미는 생산대의 벼 종자 한 바가지를 몰래 떠내다가 아이에게 밥을 지어 먹였다. 이 일이 탄로나 당 지부에서 동원된 여사원 100명으로부터 온갖 몹쓸 욕을 얻어먹고 이튿날 아이를 안고 기찻길에 뛰어들었다.[31] 일평의 탄식은 바로 인민들의 탄식이었다. 소위 약진표-시리즈는 모택동의 대약진을 풍자적으로 비꼬는 속어이다. 당시의 참혹한 현실을 해학적으로 그리고 있다.[32]

> 개인숭배의 우상의 그늘 밑에서 탐스러운 울금향은 피지를 못합니다. 거기서는 오직 핏빛의 독버섯만이 기를 펴고 번식할 따름이다.[33]

일평은 약혼녀 정숙과 결혼을 앞두고 반우파로 몰려 강제수용소에 들어왔다. 정숙이 면회 와 남기고 간 혈서 — 영혼불변심대군귀(靈魂不變心待君歸) — 를 보고 오열을 한다. 혈서를 깊이 간직한 채 정숙을 만나기를 고대하지만 세월이 흘러도 기약이 없다. 이러한 남녀지간의 비극은 모택동과 그 일당이 꽃 고운 저녁을 순주로 보내고 달 좋은 밤을 가무를 즐기는 바로 그 같은 시각에 이 땅의 수천만의 선량한 남녀들은 한숨으로 꽃을 맞이하고 눈물로 달을 달래야 하였다.[34] 돈이 없어 약을 쓰지 못해 아이를 죽이고 남편이 공산주의 농장에 붙들려 온 이후 아내는 3, 4년 만에 아이를 데리고 도망을 가기도 한다. 인간의 최하의 조건조차 충족시켜 주지 않는 곳이 공산주의 농장이며, "먹을

---

31 김학철, 『20세기의 신화』, 창작과비평사, 1996, 47~48쪽.
32 위의 책, 100~102쪽.
33 위의 책, 49쪽.
34 위의 책, 76쪽.

것이라는 말만 들어도 마음이 금세 성스러울 정도로 경건해지는 거룩한 곳이다."[35]

작가는 교조화된 모택동식 사회주의를 고발한다. 인민의 삶을 고통에 빠트리면서 자신의 이념을 정당화하려는 모택동 일당독재를 풍자적으로 그리고 있다. 이 풍자는 단순한 위트나 재치가 아니다. 현실을 초월하여 또 다른 세계를 지향하는 에토스가 담겨 있다. 가장 참혹한 현실 이후에는 반드시 새로운 세계, 즉 인민이 행복한 세계가 올 것이라고 확신한다. 1957년 이전까지와 이후의 작가의 삶은 급변한다. 『해란강아 말하라』에서 중국공산당과 모택동에 대한 숭배는 드높았다. 하지만 대약진 인민공사는 작가에게 일당독재로 교조화된 맑시즘에서 인본주의적 맑시즘을 희망하게 하였다. 작가는 교조화되기 이전의 인본주의철학으로서의 맑시즘으로 돌아가려고 한다. 작가는 "칼 맑스가 당신 사후에 이런 정치망나니가 세상에 나타날 줄을 알았더라면 '인민을 굶기는 자는 내 이름을 운운하지 말라'는 유언을 미리 남겼을 것"이라고 쓰고 있다.[36] 이 당시 작가는 비판적 사회주의의 방법을 사용하고 있다. 이전에 『해란강아 말하라』에서처럼 현실에 정치적으로 타협했던 자신에 대한 반성소설이 바로 『20세기의 신화』이다. 일평은 강제수용소를 나온 이후에도 계속 사회적으로 감시를 받는 자신에 대해 비애를 느낀다. 사상범을 마치 강도범처럼 취급하는 모택동의 사회주의에 대해 절망하고 분노를 느낀다. 하지만 곧 다가올 장래에 대한 신심이 분천같이 뿜어 올라 그 분을 삭인다. 우마와 같은 고역 속에서 단련된 혁명적 낙관주의가 그에게 있기 때문이다.

김학철의 『20세기의 신화』에서 그려지고 있는 일인숭배에 대한 비판은 중국의 소수민족의 작가로서 한족 중심주의에 대한 복수심을 그

35 위의 책, 106쪽.
36 위의 책, 126쪽.

린 것이 결코 아니다. 그는 탈민족주의적 시각에서 인민이 행복한 세계를 미래지향적으로 그리고 있다. 자민족중심의 한을 형상화하고 있지 않다. 민족의 수난사를 넘어 사랑의 인류공동체를 겨냥한 글로벌한 가치를 담고 있다.[37]

그는 항상 일당독재와 일인 우상숭배에 저항하며 그 체제 속에서 겪는 민족과 인민들의 원한을 묘사하고 있다. 그가 말하듯이 이 책은 예술성이나 문학적 가치로는 미달이다. 거의 자료집에 가까울 정도로 구체적 사실을 리포트하고 있다. 그는 이러한 점에서 한을 문예화하거나 미학적으로 승화하는 것보다 한의 실상을 있는 그대로 명백하게 드러내는 데 관심을 더 갖는다.[38]

> 고난의 시기가 닥쳐왔다. 6억 인민은 열에 들떴던 대가를 고스란히 치러야 했다. 썰물 뒤의 개펄은 어수산란하였다. 해는 빈혈증에 걸리고 달은 우울증에 걸렸다…… 기관에서는 집무를 중지하고 나무껍질을 벗기러 눈길을 헤치며 산으로 올라가야 하였고 또 공장에서는 작업을 중지하고 눈 속으로 묻힌 낙엽을 주우러 들판으로 나가야 했다. 갖가지 나무껍질과 가지각색 나뭇잎으로 죽 끓이고 떡 만드는 법을 전수하는 전습회들이 도처에서 열렸다. 아이고 어른이고 입은 바지가 자꾸 흘러내려서 혁대에 새 구멍을 뚫느라고 볼일을 못 모았다.
>
> —294쪽.

---

37 2011년 1월 중국 천안문 광장 동편 국가박물관에 천안문의 모택동 초상화보다 훨씬 큰 9.5미터 크기의 공자상을 세웠다. 자신의 정적인 임표가 공자를 의지한다는 이유만으로 비판했던 공자의 인 사상을 이제 글로벌한 가치로 새롭게 요청하고 있다. 인이 함의하고 있는 다문화적 함의나 이상적인 공동체 실현의 가치들이 새롭게 요청되고 있는 것은 김학철의 탈민족주의적인 세계관과 무관하지 않을 것이다.

38 김호웅・김태양 편저, 『김학철 평전』, 실천문학사, 2007, 291쪽.

이처럼 대약진운동과 이어지는 문화대혁명 시기 겪은 참혹한 고난도 제국주의를 넘어 새로운 시대가 올 것이라는 희망에 의해 유머와 해학으로 형상화되고 있다. 그에게 보편적 진리 이외에 민족적 차별이나 감정은 있을 수 없다. 여러 나라를 이주했던 삶도 바로 자유와 희망이 보장되는 새로운 세계를 위한 것이었다. 그에게 있어 민족적 감상주의는 철저히 배제되어 있다.[39] 그의 한은 제국주의적 이데올로기에 의해 차단되는 인간적 삶의 한이다. 그러기에 그 한은 민족의 경계를 넘어선다. 기대하고 희망을 가져야 할 미래 인간세계를 지향하는 한의 희망적 구조 안에서는 민족적 차별도 증오도 모두 화해의 정으로 증류된다. 그의 항일 투쟁적 삶에서는 중국 공민으로서의 정체성과 민족적 정체성 담론도 한갓 개념적 추상에 지나지 않을 것이다. 그는 일제 식민지 치하에서 조선인과 중국인의 민중적 연대를 강조한다.[40] 그의 한의 문학은 결국 민중의 한의 문학이다. '민중'이라는 보편적 인간이 존재하는 세계를 미래지향적으로 꿈꾸며 현실의 원한과 고난을 情恨과 願恨으로 승화시켜 나간다.

3) 『격정시대』 – 화해의 한

김명인은 머리말에서 "이 소설의 문학적 미덕은 일관된 혁명적 낙관주의에서도 나타난다. 이는 오늘 이 땅에서 이루어지는 선구적인 문학작품들이 늘 찌들리고 비극적인 이른바 '한'의 정서에 침윤되어 있다는 것과 좋은 대조가 된다. 이 소설은 읽는 이에게 끝없이 뿌듯한 민족적 자부심을 일깨운다"고 쓰고 있다. 즉 이 소설은 우리 민족의

39 위의 책, 382쪽.
40 위의 책, 384쪽.

한의 어둡고 퇴행적인 면이 아닌 미래지향적이 밝은 면을 그리고 있다. 서선장이가 함경도 원산에 태어나 태항산 조선의용군의 최후 분대장이 되기까지의 한의 역사를 그리고 있다.

중국공산당 팔로군통치구역인 해방구로 편입된 조선의용군은 일제와 이마를 맞대고 있다. 선장이는 오랜 친구 마덕산이를 잃는다. 그런 후 추도가를 지어 불렀다. 이러한 슬픔 속에서도 웃음을 잃지 않는다. 그것은 바로 혁명적 낙관주의는 언제나 조선의용군과 더불어 있기 때문이다. 일본군 지역으로 들어가기 위해서는 마을을 지나야 한다. 이 마을에는 일본군 스파이가 있을 수 있기 때문에 이 마을 통과하기 위해 모두 일본군으로 변신한다. 일본군복과 군모를 쓴 대원들이 서로 마주 보고 앙천대소한다. 곧 일본 토벌대 속으로 진군할 것임에도 항상 신명이 나서 웃음을 놓지 않았다. 이것이 바로 조국 독립이라는 미래의 희망 때문에 현실을 초월할 수 있는 것이다. 한탄을 희망으로 질적으로 전환할 수 있는 것도 진리에 대한 확신 때문이다. 죽은 적병이 조선 사람 학도병이란 걸 알고서 이역만리에서 동포를 죽여야 하는 민족의 한을 느낀다. 일본군 습격 때 붙들려 온 네 명의 위안부가 일본 여자가 아니고 조선 여자란 걸 알고 한동안 쓴 웃음을 지어야 했던 것은 망국의 한을 더욱 깊게 한 것이다.[41]

『격정시대』는 『해란강아 말하라』나 『20세기의 신화』와는 달리 그의 나이 70에 이른 후 자신의 삶을 되돌아보면서 젊은 날 이데올로기에 편중되었던 삶과 거리를 두고 있다. 『해란강아 말하라』는 1950년대 이주자 조선인으로부터 중국 공민인 조선족으로 지위가 전환되는 시기 중국공산당에 잘 적응하도록 이념적인 지도와 홍보를 하는 책이다. 그 후 모택동의 일인숭배가 지나쳐 인민의 삶을 황폐하게 만드는

---

41 김학철, 『격정시대』, 실천문학, 2006, 299쪽.

중국공산에 염증을 느끼면서 이념적으로 날카롭게 비판한 책이 바로 『20세기의 신화』(1965년 탈고)이다. 이에 반해 『격정시대』는 작가가 고향 원산을 떠나 무작정 상해로 이주한 이후 일제의 마지막 저항이 심했던 1942년까지의 국민당과 손을 잡았던 시기부터 공산당 팔로군으로 편입되어 해방구 태항산에서 치열한 항일 전쟁을 했던 시기까지 작가의 전기소설이며 성장소설이다. 작가는 이 『격정시대』에서 이념적 투쟁에 앞서 조국 독립을 향한 조선의용군의 일상적인 삶을 그리고 있다. 가장 치열한 전투 현장에서도 웃음을 잃지 않는 조선의용군 성원들의 일상적 이야기를 차분하게 그리고 있다. 민족의 한이 이념적으로 미화되거나 편중되게 묘사되지 않는다. 망국의 한을 해학적으로 승화시켜 나가는 일상적 모습들이 군더더기 없이 차분하게 형상화되고 있다. 이른바 '실록(實錄)적 사실주의'의 창작 방법이다.[42]

1980년 그의 나이 65세에 다시 글 쓸 수 있는 자유를 찾는다. 1986년 『격정시대』는 그의 만년 70 고령에 자신의 일생을 돌아보면서 쓴 자전적 글이다. 이념도 투쟁도 다 내려놓고 인간의 가치가 살아 있는 새로운 세계를 낙관적으로 그리고 있다. 이전의 이념적 글쓰기로부터 자유로워져 자신의 이전의 고난사를 기억하면서 다양한 이야기들과 일화들을 이야기하면서 가벼운 글을 쓴다. 민족 해방 투쟁에 함께 참여했던 인물들을 중심으로 잔잔한 일화나 사건들을 소개하듯 글을 쓴다. 작가를 대신하는 주인공 선장이를 통해 민족해방사에서 겪었던 일들을 재현한다. 『20세기의 신화』에서 보였던 이념적 글쓰기를 반성하면서 한에 관한 생활세계적 체험들을 한담형식으로 늘어놓는다.

중국 현실에 뿌린 내리는 과정에서 겪었던 다양한 일화들을 중심으로 순수했던 동료들의 이야기를 통해 민족의 정체성을 회복하려는 모

---

42 우상렬, 「김학철 사회주의 사실주의의 虛와 實」, 앞의 책, 289쪽.

습을 보인다. 기억을 통해 재현되는 이 시기는 민족의 정체성에 대한 희망을 그려낸다. 맑스주의적 구호와 논리적 강론 대신에 일상의 이야기들로 채워진 작품은 이미 죽어 돌아가야 할 원산 땅에 대한 노스탤지어가 꿈틀거린다. 하지만 작가에게는 이 돌아가야 할 물리적 공간은 원산이지만, 그의 이념적 공간은 민족 해방을 통한 이상적인 공동체의 구현이다. 20세기의 일인숭배 신화에 의해 이루어내지 못한 현실 바깥의 또 다른 현실 공간에 대한 미래지향적 한의 구조가 이 작품을 통해 형상화된다. 그 이념적 공간은 『격정시대』에서 '태항산'으로 형상화된다. 이 '태항산'은 탈식민주의와 탈제국주의의 공간으로서 현실적 공간인 '원산'을 넘어서는 더 근원적인 고향(Urheimat)이다. 그가 겪었던 민족의 한을 풀어낼 수 있는 해원(解怨)의 공간이요, 참혹한 현실에서 겪는 원한과 원망과 한탄과 체념들이 염원과 기대와 희망의 구조로 전환되게 하는 미래지향적 의미 공간이다.

> 밤새도록 기구한 산길을 더듬고 또 더듬은 끝에 마침내 먼동이 텄다. 그리고 얼마 오래지 않아 동녘하늘에 동적색 구름이 싸인 아침 해가 서서히 떠올랐다. 선장이는 비로소 산 아래 골짜기에 100명 정도 더 되는 초록색 군복을 입은 사람들이 의용대가 서 있는 산등성이를 쳐다보며 손을 흔들고 또 모자를 흔드는 것을 똑똑히 보았다.
> '오 저것은 팔로군 우리의 마중을 나온 팔로군이다!'
> 선장이는 난생처음 자유로운 땅을 디디였다. 왜냐면 그의 조국이 망하던 그해에 그의 어머니도 겨우 열다섯 살 홍안의 부끄럼타는 소녀였으니까.
> '아 태항산! 세상에서도 빈궁하고 또 세상에서도 부요한 태항산아. 우리는 그에네 품속에 뛰어 들었다!'[43]

43 김학철, 『격정시대』, 253~254쪽.

조선과 중국 그리고 북조선을 통해 잠시나마 가졌었던 이상적 공동체에 대한 꿈이 그의 원망과 한탄의 구조와 함께 짜여져 있다. 자기폐쇄적이고 자기중심적인 이데올로기가 아닌, 탈민족적 공동체를 이루어 함께 화해하면서 사랑하며 살려는 한의 지향적 구조가 재현되고 있다. 바로 이 지향적 구조 속에서 민족의 정체성으로 형상화된 한의 실상을 읽을 수 있다. 이 한의 실상은 바로 우리 민족의 역사적 상흔으로 침전되어 있는 것을 문학작품을 통해 형상화함으로써 개념의 옷을 입는다. 그러나 그의 작품은 신변잡기의 수필이나 여성 취향의 감각적인 미문투의 에세이와는 다르다. 그의 해학과 풍자는 단순히 개념적 미화의 수단이 아니라 현실에 대한 냉정한 비판이면서 동시에 현실을 초극하려는 경지에서 나오는 남성적인 에토스를 담고 있다. 그리고 "한때는 이념의 차이로, (…중략…) 미워하고 매도했던 사람들조차 용서하고 끌어안는 아량을 보이고 있다."[44]

5. 태항산과 지리산의 항전별곡

김학철의 고향 원산은 1876년 한일 수교 이후 5년 뒤인 1980년에 정식으로 개항하였고, 일본인 장사치들이 밀려들면서 급팽창한 도시이다.[45] 김학철이 청소년 시절 원산에서 겪었던 짧은 기억들이 그의 작품 곳곳에서 재현되고 있다. 『태백산맥』의 공간이 된 벌교는 일제 침

44 민영, 『격변의 시대의 문학』, 푸른사상사, 2012, 173쪽.
45 리호철, 「거인의 림종모습」, 『조선의용군 최후의 분대장 김학철』, 연변인민출판사, 2002, 329쪽.

조정래 대하소설 『太白山脈』 출판기념회에 참석한 김학철(1989.12)

략 전에는 변방의 작은 고을에 불과했다. 그러나 철도 건설에 따라 광주, 고흥, 순천을 잇는 교통 요충지가 되면서 일제하 식민지 자본주의의 전형적인 공간이 되었다.[46] 원산과 벌교는 작가 김학철과 조정래의 한을 기억하게 하는 원형 공간인 셈이다. 김학철의 『해란강아 말하라』의 '버드나뭇골'과 『격정시대』의 '태항산' 그리고 조정래의 '벌교'는 민족의 한이 형성된 역사적 공간들이었다. 해란강 버드나뭇골의 '영수'와 태항산의 '선장이' 그리고 지리산의 '염상진'은 민족의 한을 체험적으로 공유하는 인물들이다.

조정래의 『태백산맥』은 여순사건 직후인 1948년에서 1953년까지의 시간을 배경으로 하고 있다. 김학철은 해방되면서 서울로 돌아왔지만 그의 나이 30이던 해 1946년 11월 남로당이란 이유로 탄압을 받아 평

46 이우용, 「역사의 소설화 혹은 소설의 역사화」, 고은 외, 『문학과 역사와 인간－『태백산맥』의 소설적 성과와 통일문학의 전망』, 한길사, 1991, 220쪽.

양으로 간다. 이후 그의 작품의 배경은 태항산 항일 투쟁의 공간이었다. 『태백산맥』은 여수사건의 실패로 지리산으로 숨어들어 간 염상진을 중심으로 일어난 빨치산 활동을 주제로 다루고 있다. 염상진과 『격정시대』의 서선장은 각기 다른 해방구에서 사회주의 혁명 공간의 한을 형상화하고 있다.

김학철과 조정래는 민족의 '한'이라는 역사적 어휘로 소통할 수 있는 작가이다. 김학철과 조정래는 서울 보성고보 26기와 52기 선후배이다. 조정래는 『태백산맥』을 쓰던 중 『격정시대』를 읽고 큰 감동을 받았다. 조정래가 해방 이후 남한에서 일어났던 빨치산운동을 중심으로 썼다면, 김학철은 1930년대부터 해방까지의 항일 투쟁을 중심으로 하고 있다. 하지만 이 두 작가의 배경은 서로 분리될 수 없는, 멀리는 동학운동의 정신을 계승하는 민족 정체성의 중요한 배경이 되어 왔다.

물론 연변문학이 문학적 세련미는 부족하지만 역사적 진실성에 더 가까이 있다는 점이 무시될 수는 없다. 한국문학이 조선족문학에 비해 세련미는 더 있을지 모르지만 역사적 사실에 충실하려는 순결함은 다소 부족하다. 김학철의 순결함과 조정래의 세련됨을 서로 나누어 가질 때 서로에게 더욱 값진 선물이 될 것이다.[47]

조정래의 작품 배경인 '태백산맥'은 김학철의 작품 배경인 '태항산'을 기억하게 한다. 조정래의 『태백산맥』은 1983년 광주학살을 저지른 전두환 정권이 권력을 정당화시키기 위해 온갖 폭압을 자행하던 시기에 씌어졌다. 작가 스스로도 이런 상황에서 쓸 용기를 갖기가 힘들었을 것이다. 김학철의 『20세기의 신화』가 모택동의 권력이 극에 달했던 시기에 쓴 것과 궤를 같이 한다. 이 작품이 민족 분단의 상황 속에서 이념의 요구에 의해 은폐될 수밖에 없었던 역사의 한 장면을 소설적 형식

47 위의 책, 361쪽.

을 통해 객관화하였다는 것은 가히 충격이다.[48] 분단 이후 40년이 지나서야 가려졌던 역사적 진리가 문학의 옷을 입고 우리 앞에 나온 것 그 자체가 하나의 충격이다. 이것은 조선의용군의 역사를 체험적 수기의 형식으로 형상화한 김학철의 『격정시대』의 충격 못지않다.

『태백산백』에는 다양한 유형의 인물들이 많이 등장한다. 그중 염상진이 가장 중심에 있다. 작가는 김범우와 대립시키면서 염상진의 사회주의혁명가의 정체성을 창출한다. 지식인 김범우와 달리 염상진은 노비의 자손이다. 그가 작품의 중심에 있는 것은 이 작품이 지향하는 이념적 지향성을 읽을 수 있다.[49] 조선의용군 서선장이와 염상진을 나란히 읽을 수 있는 이유도 여기에 있다. 제1부에서 피워진 한의 모닥불이 마지막 4부에서 염상진의 주검 앞에서 그 한이 더욱 구체적으로 형상화된다. 염상진의 주검 앞에서 울부짖는 어머니 호산댁과 아내 죽산댁의 울부짖음은 해방 이후 6·25전쟁이 마무리되기까지 조선여인으로서, 어머니로서 겪어야 했던 여성의 한을 가장 구체적으로 형상화하고 있다. 그리고 이념적 대립 때문에 생긴 한은 생명 앞에서는 초극될 수 있음을 형상화한다. 원한과 원망도 인간의 주검 앞에서는 초극된다. 원망을 심어 준 원수에 대한 복수심도 그의 주검 앞에서는 스스로 삭여낼 수 있는 것이다. 그의 형의 목이 걸려 있는 현장에 나타난 염상구는 예상과는 달리 형의 목을 내놓으라고 분개하면서 "살아서나 빨갱이제 죽어서도 빨갱이여!"라고 외친다. 단순한 핏줄이라 그렇기도 하지만 생명은 이념에 앞서며 생명에 대한 사랑을 원한과 원망을 초극하여 삭일 수 있는 것으로 그리고 있다. 결국 민중의 한의 모닥불은 결국 풀 것이 아니라 삭일 것이라는 메시지를 담고 있다.[50]

---

48 권영민, 「『태백산맥』의 소설적 성과」, 고은 외, 앞의 책, 146쪽.

49 이동하, 「비극적 정조(貞操)에서 서정적 황홀까지 - 『태백산맥』의 마지막 부분에 대하여」, 위의 책, 162쪽.

『태백산맥』 제1부의 주제는 민중의 한의 실체를 규명하려는 것이다. 한이 바로 작품의 주제이다. 한이 단순한 정서가 아니라 역사의 불꽃으로 타오르는 '응집된 원소'와 같은 것으로 규정하면서 민족 특유의 정서를 민중성을 효과적으로 드러낼 수 있는 사투리를 사용하여 형상화하고 있다. 빨치산의 한이 혁명적 낭만주의에 의해 형상화되고 있다. 빨치산 투쟁이 현실적으로는 패배하지만 최후의 생존자 하대치는 염상진의 묘를 참배하고 아스라한 어둠 속으로 부하를 이끌고 사라진다. 현실적 패배의 원한과 회한을 하대치의 길, 어둠 다음에 오는 것에 대한 희망과 기대로 승화시켜 나간다.[51]

『격정시대』 마지막도 이와 유사하다. 선장이는 마점산 오델로의 주검 앞에서 참혹함을 느낀다. 그러나 그 참혹함 속에서도 미래를 향한 희망은 지속된다. 마지막 구절은 "태항산에서의 이와 같은 전투의 나날이 언제까지 계속될는지는 아무도 몰랐다"[52]이다. 이 부분이 조선의용군의 혁명적 낙관주의와 맞물리고 있다. 김학철의 태항산의 항전별곡이 조정래를 통해 벌교의 항전별곡으로 재현된다. '태항산'과 같이 '벌교'는 단순한 지리적 공간을 넘은 역사적 공간이다. 민족의 한이 모닥불이 되어 피어오른 공간이다. 민족의 분단을 초래한 비극적 상황을 형상화하고 있다. 민족의 한의 역사를 그린다. 그러나 분단의 비극적 체험만을 그리지 않는다. 분단 극복의 희망과 기대 섞인 한으로 승화되고 있다.

이동하는 염상진의 주검을 대하는 노인 한장수의 태도에 묻어 있는 한의 승화를 읽는다. 한의 어두운 면만이 아니라 언젠가는 오게 될 새

---

50 위의 책, 166쪽.

51 고은 외, 『문학과 역사와 인간—『태백산맥』의 소설적 성과와 통일문학의 전망』, 한길사, 1991 28~29쪽.

52 김학철, 『격정시대』, 378쪽.

로운 세계에 대한 희망이 함께 그려지고 있다고 말한다. 그는 한 장수 노인의 다음의 말을 길게 인용한다.

> 중도들판이 썰렁하게 비어버린 대신 포구에는 누렇게 변한 갈대밭이 풍성하게 펼쳐져 있다. 그 갈대밭은 찬 기운 서린 바람결리 스쳐갈 때마다 서로 몸을 부비되며 겨울 대숲이 우는 소리와 흡사한 소리를 포구의 물결 위로 실어 보내고 있었다. 포구에 물리 실리고 있었다. 밀물때는 물결이 커지고, 그 물결을 타고 작은 고기들이 몸을 실었다. 때맞추어 기러기떼가 갈대숲 여기저기에서 날아올라 끼륵끼륵 소리하며 정연하게 날기 시작했다.
>
> —제10권, 339~340쪽.

작가는 서로 몸을 부비대며 우는 소리를 내는 대숲을 민중의 한으로 상징한다. 서로 부대끼면서 추운 겨울과 같은 수난의 시대를 살아온 민중의 한이다. 동시에 기러기 떼의 비상은 새로운 세계에 대한 희망을 담고 있다. 원한과 원망 그리고 새로운 희망의 한(願恨)이 교차하고 있다.[53] 『태백산맥』의 역사적 배경인 전라도 사람의 한은 언제나 다른 지역 사람들의 곱절을 넘었다. 지배의 전통으로부터 항상 소외되고 주변화 되어 왔으며, 이에 대해 항상 저항하고 항쟁해 온 전통이 다른 어느 지역보다도 강하게 녹아 있다[54] 그 깊은 한을 남도 사투리로 형상화하고 있다. 민중의 생체언어인 사투리를 통해 한을 표현하고 풀었다. 남도 사투리로 표현되는 강한 욕설적 언어는 가장 민족적인 정서를 형상화하는 데 효과적 수단이다.

진한 남도 사투리는 때로는 정이 있는 구수한 사투리로, 때로는 복수와 원망의 칼날을 품은 날카로운 비수로, 때로는 한탄스러운 체념

53 이우용, 앞의 글, 169쪽.
54 박명림, 「『태백산맥』, '80년대' 그리고 문학과 역사」, 고은 외, 앞의 책, 88쪽.

으로, 때로는 기대와 희망을 품은 사투리로 형상화된다. 특히 사투리 못지않게 귀에 거슬리는 욕설이 많다. 특히 전라도 욕설은 어느 지방의 것보다 강하고 진하다. 전라도 사투리로 표현되는 욕은 속에 맺힌 한을 풀어내는 방법이다. 뼈 빠지게 농사지어 지주한테다 뺏기고 배 곯고 헐벗고 사는 억울함과 분함을 욕으로라도 풀어야 그나마 살아갈 수 있지 않겠느냐는 뜻이 담겨 있다.

조정래의 『태백산맥』의 무게중심이 염상진에로 모아져 있다는 일면적 해석이 다소 무리가 있을지는 모르겠지만, 한에 관한 많은 서술들이 혁명적 낙관주의에 기초하고 있는 것만은 사실이다. 한을 추상적인 정서가 아닌 역사발전의 원동력으로 구체적으로 형상화하고 있다. 이런 점에서 김학철의 혁명적 낙관주의와 궤를 같이 하고 있다.

> 우리가 혁명을 실천하는 데 있어서 주체로 삼고, 특히 기본계급을 중시하는 것은 무엇 때문입니까? 바로 그 체험적 사상의 덩어리에 분석적 이론화를 가하고, 실천적 논리화를 가하면 그들이 누구보다도 투철하고 열렬한 혁명세력이 되기 때문이 아닌가요? 그것이 바로 응축된 한의 폭발력입니다. 그러니까 한은 역사전환의 원동력인 것입니다. 그 증거로 갑오년 농민봉기는 동학사상을 불씨로 일어났고, 쏘련과 중국의 혁명 성취도 그 불씨만 다를 뿐 같은 맥락으로 파악하면 되지 않겠습니까. 그런데 한을 단순하게 '정서'라고 파악하고 정의해버리는 게 소위 지식인들입니다. 그건 지식인들이 한의 생성과정과 그 본질을 모르고 그저 '감정적 문제'로만 피상적으로 보기 때문에 저지르는 오륩니다. 그리고 그들이 그런 오류를 범하는 데는 그들 거의가 지배계급 출신이라는 점을 무시할 수 없을 것입니다.
>
> —7권, 240쪽.

조정래의 한의 공간은 벌교를 중심으로 한 지리산 일대이다. 작품의 배경이 되는 전라도는 대나무가 유난히 많다. 그는 대나무에 얽힌 한의 이야기를 다음과 같이 길게 이어간다.

옛날 어느 작은 마을에 마을 전체의 논밭을 가지고 있는 큰 부자가 있었다. 마을 소작인들은 흉년이 들어 할 수 없이 장리쌀(환곡)을 얻어 목숨을 부지했다. 그러나 계속 흉년이 들고 장리 빚을 갚기려니 굶을 죽을 지경이었다. 동네 사람들이 몇 차례나 굶어 죽을 수가 없어 지주를 찾아가 장리쌀을 풀어달라고 애걸했지만, 차갑게 거절당했다. 다음날 동네남자 세명이 지주 집 담을 넘었다가 부잣집 하인들에게 동네 사람들이 보는 앞에서 맞아 죽었다. 그러나 앉아서 굶어 죽기를 기다리지 않고 동네 여섯 남자는 지주집 창고를 향해 굴을 파기 시작하였다. 그러나 그들은 창고에 다다랐을 때 창고에 쌓인 쌀가마니 무게 때문에 굴이 무너져 깔려죽고 말았다. 이후 여기저기서 굶어 죽는 사람들이 늘어났다. 지주집에 몰려가 살려달라고 애원했지만 대문은 열릴 줄 몰랐다.

그러던 중 땅에서 이상야릇한 싹이 돋아나기 시작하였다. 잎도 줄기도 없는 괴상하게 생긴 싹이 돋아나 주인이 잘라 없애라고 호통을 쳤지만 소용이 없었다. 이 삯이 농토에 빽빽이 들어 차 농사를 지을 수 없게 되자, 부자가 마을을 턴다는 소문이 자자하고 소작인들도 마을을 떠나지 않을 수 없었다.

그러던 어느 날 동네 남자들은 꿈을 꾸었다. 맞아죽은 남자들이 꿈에 나타나 가슴에 맺힌 한을 풀길이 없어 나무로 환생을 했다고 했다. 먹을 것은 전부 부자놈한테 빼앗기고 배를 곯을 대로 곯아 겉모양만 사람이지 속은 텅텅 빈 대나무로 환생한 것이다.

꿈에 나타난 죽은 자들의 소원대로 마을 사람들은 이 대나무 한쪽을 뾰족하게 깎아 부자놈을 찔러 죽이고 나서 그 대나무 빈 통에 찬 부자의 피를 아홉 사람이 묻힌 자리에 뿌렸다. 그랬더니 며칠 뒤 농토에 노란 꽃이 피더니 그 꽃이 지면서 나무들도 죽어갔다. 그 노란 꽃은 한을 푼 넋들의 승천으로 생각했다. 이렇게 대를 물린 가난한 넋의 환생이란 의미로 이후 대나무로 불려지게 되었다.

—3권, 309~310쪽.

『태백산맥』에서 '전라도'는 한의 공간으로 묘사되고 있다. 조선족이 만주에서 겪었던 한의 역사를 전라도에서 동일하게 체험하고 있다. 대나무 전설에 함의되어 있는 한은 원한과 한탄의 정서이다. 그러면서도 그들이 꿈꾸는 행복한 세상에 대한 희망과 기대가 함께 엮여져 있다. 한을 풀은 넋들이 승천함으로써 그들의 해한(解恨)은 이루어진다.

니 팔자는 애비를 원망한다고 풀리는 것이 아녀. 피 타고남스로 매듭매듭 맺힌 한(恨)인디, 고걸 워쨰서 쓸거나. 한은 맺히기만 혔지 풀리는 것이 아닝께 한인 법인디. 고건 풀라고 발싸심허면 헐수록 헝클어진 실꾸리맨치로 얽히고 설키다가 종장에는 지 명(命)꺼정 끊어묵는 법인디…… .

—1권, 32쪽.

체세포 하나하나, 아니 뼛속 깊이 깊이까지 사무친 원한과 증오도 어느 정도는 풀릴 것 같았다.

—1권, 54쪽.

한이야 어디 그렇게 해서 풀려지나. 술 마시고 노래 불러 풀릴 한이라면 한이 아니지.

—5권, 312쪽.

이처럼 한은 어느 정도 풀릴 것도 있지만 그것이 스스로 제명이 다해 가슴 속에 증류되어진 한으로 가라앉는다. 한은 맺히기만 하지 풀리지 않는다. 풀려고 하면 할수록 더욱 얽히는 실타래와 같다. 한은 마치 풀 수 없는 실타래처럼 만지작만지작 거리다가 어느 새 색 바래고 증류된 물처럼 가슴 속으로 가라앉는 것이다. 마치 모닥불처럼 서서히 서서히 명이 다해 희망과 화해의 한이 되어 가라앉는다.

제6장 한의 아르케

1. 한의 뿌리

한국 여성의 한은 남존여비의 유교문화와 남성 중심의 가부장문화가 남겨 놓은 구조적 산물이다. 가부장적 가족제도 속에서 살아온 한국 여성의 한은 여자로 태어나는 것부터 한스러운 것이었다. 조선의 여자들은 바로 여자의 존재로 태어난 그 자체를 스스로 원망하고 슬퍼한 것이다.[1] 조선 시대 여성들의 한은 신분의 귀천이나 빈부의 차이에 관계없이 모든 계급과 여성들에게 공통된 사회구조적 문제이다.

한국인의 여성을 얘기하면서 남성 중심의 가부장적 제도 속에서 한 많은 존재로 묘사되어 온 조선 시대 여인의 한을 언급하지 않을 수 없다. 조선 시대 여인의 한은 한국인의 한 정서의 원형이라고 말할 수

1 이효재, 「한국여인의 한(恨)」, 서광선 편, 『恨의 이야기』, 보리, 1988, 236쪽.

있다.

특히 임진왜란과 정묘 및 병자호란을 겪으면서 침략자에게 당한 조선인 여성의 한은 한국인의 한의 심층에 가라 앉아 있는 원형적 정서이다. 조카 건문제의 왕위를 찬탈한 명나라 영락제 — 자신도 주원장의 후궁 고려 여인의 소생이면서도 — 의 후궁으로 조선에서 이끌려와 독살당하거나 참수 혹은 자진하거나 살아남아도 영락제와 함께 순장당해야 했던 조선 여인 다섯 명의 한이 이국의 한가운데 자금성에 회한(悔恨)이 되어 맴돌고 있다. 이 여성들뿐만 아니라 그들의 조선의 부모들까지 죽임을 당해야 했다.[2] 명나라의 속국인 조선 여인들이 당해야 했던 한이 민족의 역사적 트라우마로 고스란히 남겨져 있다.

국권을 상실하고 가난을 피해 만주로 이주하여 그곳에서 처절한 삶을 살아 온 만주 이주 여성들의 한은 우리 민족의 한이 가장 깊은 곳에서 발원하는 원형적 체험들이다. 어느 여성들보다 수난을 겪었지만 미래에 대한 의지만큼은 누구보다도 강했던 조선 여성들의 삶은 조정래의 아리랑에서 다양하게 형상화된다. 재만 조선인 여성들의 항일투쟁의 역사는 어느 민족에서도 찾을 수 없는 수난과 저항 그리고 과거와 미래의 변증법적 승화로 형상화될 수 있다.

만주항일투쟁의 공간에서 등장하는 여성들의 한과 그 한을 미래지향적으로 승화시켜 나가는 인물들은 조정래의 『아리랑』에서는 수국이나 보름이 자매 그리고 최현옥 등으로 형상화된다. 수국이와 보름이 자매는 시대에 희생당하며 수난의 삶을 살았던 여성들로 형상화되고 최현옥은 민족의 미래를 위해 능동적으로 산 여성으로 형상화된다. 수국이나 보름이는 감골댁이라는 하층민 가족의 구성원으로서 그 시대 가난을 운명으로 알고 살아야 했던 여성들이다. 얼굴이 반반하

2 김인숙, 『제국의 뒷길을 걷다』, 문학동네, 2008, 86~87쪽.

여 지주나 친일 세력의 성적 노리개로 시달림을 받아야 했던 원한과 한탄의 삶을 살았던 여성들의 형상이다.

그리고 최현옥은 성고문을 당해가면서도 조직의 비밀을 일제 앞잡이에게 발설하지 않고 스스로 목숨을 끊었다. 죽음을 택할지언정 조직의 비밀을 누설하지 않는다는 여성 단체 근우회(槿友會)의 일원으로서 당당하게 목숨을 끊은 것으로 형상화되는 최현옥은 수난을 미래를 위한 저항으로 승화시켜 나간 인물이다. 그녀의 한은 회한과 한탄만이 아니라 이를 초극하여 미래를 향한 기대와 희망으로 승화시켜 나가는 지향성이 강하게 작동하고 있다. 이외에도 정신적 지주로서 사랑했던 독립운동가 송수익을 따라 온 필녀와 송수익의 둘째 아들 송가원을 찾아 만주로 이주해 온 옥비의 삶은 수난의 한과 미래를 향한 기대와 희망의 한이 함께 녹아 있다. 응어리진 마음을 꼬옥 꼬옥 여며가며 안으로 삭여가다 끝내 아름다운 희생으로 꽃을 피워, 마치 눈바람을 견뎌낸 동백꽃과 같은 여성으로 그려지고 있다.[3]

조정래의 소설에서 한 많은 여인의 원형으로 형상화되는 존재는 바로 청산댁이다. 식민지 시대 가난과 고통을 짊어지고 살면서 여성으로서 지닌 신분적 제약을 넘어 서지 못한 채 비극적 삶으로 마무리하는 청산댁은 바로 식민지 시대 한 많은 여성들의 원형적 존재이다. 6·25전쟁과 남편의 죽음, 월남전에서의 자식의 전사 등에 의한 남성적 존재의 부재로 인해 이어지는 삶의 파멸을 형상화한다. 조정래가 말하는 감골댁이나 청산댁은 식민지 한국 여성들의 수난과 저항의 파노라마를 역사적 사실에 기초해서 그려진다.[4] 청산댁과 감골댁은 한이란 이름으로 추상되어 온 우리 민족의 삶의 실상을 형상화하고 있

3 박혜숙, 「국권 회복에 밑그림이 된 소설 『아리랑』의 여성들」, 조남현 편, 『조정래 대하소설 아리랑 연구』, 해냄, 1996, 183쪽.

4 권영민, 「역사적 상상력의 집중구조와 확산구조」, 위의 책, 280쪽.

다. 조정래는 한 개인과 가족의 수난사를 민족의 역사적 트라우마로 형상화하기 위해 여성들의 한 맺힌 삶을 그 실마리로 끌어 들인다. 조정래 소설을 관통하는 '한'이라는 기표에 함의되어 있는 역사적 의미 구조를 문학적 상상력에 의해 형상화하고 있다.

감골댁의 한 많은 가족사를 보자. 감골댁의 가족사에 함의되어 있는 민족의 수난사를 읽어보자. 민족의 수난사가 총체적으로 형상화되어 있는 여성으로서의 감골댁의 한의 역사는 식민 시대 우리 민족의 보편사로 재구성되고 있다. 작가는 한 가족의 수난사를 넘어 민족의 항일 투쟁사로, 한 개인의 복수심을 넘어 민족의 미래지향적인 투쟁사로 승화시키고 있다. 만주를 한 개인과 가족의 수난의 공간으로 읽기보다 민족의 투쟁과 해방의 공간으로 읽기를 주문한다. 한 여성의 한을 모티브로 민족의 한의 역사를 대하소설의 형식으로 구체화하고 있다.

감골댁의 한의 역사는 남편 방씨의 죽음에서 시작된다. 동학군으로 있다가 병들어 귀향하고 얼마 안 있어 죽는다. 이처럼 한국 여성의 한의 모티브는 남편 부재로부터 시작된다. 첫째 아들 방영근은 빚을 갚기 위해 하와이로 이민으로 팔려 간다. 20원의 빚을 갚기 위해 아들을 하와이로 보내지만 그 돈마저 일본앞잡이 장칠문에게 뜯긴다. 딸 보름이는 논 다섯 마지기를 받는 조건으로 김참봉의 첩이 될 뻔하다가 이를 피해 무주 산골로 시집을 보내지만 남편이 의병 첩자로 의심받아 일본토벌군에게 총살당한다. 시아버지는 땅을 빼앗으러 온 면서기의 가슴을 찍어 죽여서 총살당한다. 그 후 보름이는 장칠문, 서무룡, 일본 형사계장 등에게 강제로 몸을 빼앗기면서 온갖 고생을 한다. 그 둘째 아들 방대근은 만주로 가서 독립군 활동을 한다. 보름이의 동생 수국이도 언니 못지않게 파란만장한 삶을 산다. 수국이도 언니만큼 얼굴이 반반하여 헌병 보조원 백남일에게 처녀를 빼앗기고 난후 만주에서 일본 형사에게 고문 받던 중 강간당하기도 한다. 일본 정보원인

양치성과 동거하다가 그 정체를 알고 그를 칼로 찔러 죽이고 도망갔다가 나중에는 필녀를 따라 독립군에 가담하여 관동군과 싸우던 중 전사하고 만다.[5]

이 감골댁의 가족사에는 민족의 한의 파노라마가 겹겹이 녹아 있다. 수난의 한탄과 원망이 있으면서도 미래를 위한 투쟁과 희망이 섞여 있다. 수난과 저항 그리고 고향 상실과 고향 회복, 복수심과 민족의 해방을 위한 초월적 지향 등이 함께 짜여져 있다. 한의 소극적-부정적-과거지향적 구조와 적극적-긍정적-미래지향적 구조가 함께 얽혀 있다. 우리 민족 특유의 한의 다층적 구조가 녹아 있다. 개인이나 가족의 단순한 정서로 환원될 수 없는 우리 민족의 특유한 한의 의미구조가 감골댁의 가족사를 통해 형상화되고 있다. 작가는 아리랑이야기의 발상지인 군산에 갇혀 있지 않는다. 민족의 한의 역사를 만주 공간으로 확장하여 역사적 의미지평을 더욱 넓힌다. 디아스포라로서 겪었던 한민족의 수난사를 한을 모티브로 구체화하고 문학의 옷을 입힌다.

2. 항일 투쟁 공간에서의 한

『연변인민의 항일투쟁(자료집)』에 의하면, 연길시의 항일 열사 517명 중 여성 열사는 73명이나 되었다. 기타 지역에서도 마찬가지였다. 그리고 이들의 희생은 1932년과 1933년에 집중되었다. 만주사변이 일어난 시기 조선족에 의한 항일 투쟁이 그만큼 치열했다는 것을 말한

5 조남현, 「소설을 통한 역사와 민족의 새 독법」, 위의 책, 29쪽.

다. 조선족 여성 열사의 항일투쟁사는 주로 문화혁명 이후 소수민족 자치주가 성립이 되면서 중국공산당과 함께 신중국을 건설한 역사적 동반자의 입장에서 서술된다. 그중 『항일녀투사들』(연변조선족자치주부녀연합회 편저, 연변인민출판사, 1984)에 소개된 20명의 여전사들의 행적은 항일 여성 열사 연구에 좋은 자료가 된다. 하지만 주로 중국공산당사(中國共產黨史)의 입장에서 서술되었고, 소수민족의 성과를 계몽하는 성격을 띠고 있어 지나치게 미화되어 객관적 서술이 되지 못하는 부분들도 있다.

항일 열사로 소개되는 여성들 중 많은 사람들이 자기희생적인 엄호 전투로 혹은 적과의 격렬한 투쟁 중 체포되어 비참하게 죽은 것으로 기록되고 있다. 체포된 경우 온갖 모욕을 당하면서도 비밀을 누설하지 않으려고 혀를 깨물거나 적에게 참혹하게 살해당하였다. 이들은 전투에 참여하면서도 남성 대원들의 식사나 의복을 지원하는 역할을 담당했다. 그러면서도 이들은 전통적인 가부장적 남성 중심주의라는 봉건적 가치관 아래 주로 남성 대원들을 엄호하다가 죽거나 비밀을 누설하지 않으려는 희생정신이 끈질긴 투쟁력을 뒷받침한 것이다. 이들은 투쟁 공간에서도 유교적 전통하에 여성으로서 품었던 한을 그대로 간직하고 죽어 갔다. 해방될 조국을 위해 그리고 남성대원을 위해 기꺼이 목숨을 버려야 했던 여성 열사들의 한이 아직도 분단된 조국에서 이념의 옷에 가려 여전히 풀지 못한 채 떠돌고 있다.

임진왜란 중 열녀는 효자나 충신보다 훨씬 수가 많다. 열녀의 수는 남성 효자와 충신을 합한 수의 5배나 된다.[6] 그리고 여성은 정절을 지키며 죽어가는 것이 할 수 있는 전부였다. 일본군에게 저항할 힘이 없어 죽음을 택하고 이빨로 물어뜯고 돌로 쳐보기도 하지만 모두 무참

6 이효재, 앞의 책, 241쪽.

팔여투강기념비

하게 살해당한 것이 여성들이었다. 민족의 수난이 격심했던 임진왜란 이나 정묘·병자란 때 남편과 자식을 위해 굶어야 했고, 국란(國亂) 속에서 죽지 못해 일본군의 노예로 살아야 했던 여성들의 한은 바로 우리 민족의 한의 원형이다. 하지만 항일 투쟁 공간에서의 그 한은 좌절된 희망이기도 하지만, 동시에 언젠가는 다가올 조국해방을 위한 미래지향적인 희망의 한으로 승화되었다. 그 한은 민족의 해방을 앞당기는 민족의 에너지로 승화되었다. 목단강시 강변공원에 있는 '8녀투강기념비(八女投江記念碑)'는 항일 투쟁 여성들의 한을 상징적으로 말해주고 있다. 동북항일연군 제5군 예하 부녀전사단 제1사단의 여전사들은 1938년 10월 하순 일본군의 감시망에 포위되자 동료들을 구하려고 일본군의 시선을 한 곳으로 돌리기 위해 8명의 재봉부대 여전사들이 목단강에 뛰어 들었다.[7] 이 여덟 명 중 안순복과 리봉선이 조선족 여

7 박영희, 『만주를 가다』, 삶이보이는창, 2008, 185쪽.

인이었다. 이 두 여인은 100대 조선족 영웅 인물로 선정될 정도로 잘 알려져 있다.

다만 여성의 한이 친일 / 항일의 이분법적 구도 속에서 오로지 여성으로서 몸을 던져 조국의 해방을 지향하는 민족 영웅의 관점에서만 편중되게 읽혀질 경우, 조국의 해방이라는 민족서사 이전에 한 여성으로 꿈을 꾸었던 사랑의 서사가 가려지게 될 것이다.

1) 김정길

연변자치주의 인구는 217만 7,126명이고 그중 여성은 109만 2,343명으로 50.17%를 차지한다.[8] 식민지 시대 여성의 수난은 모질고 혹독하다. 남성의 부재 속에서 혼자 살아야 하는 여성의 삶은 지극히 모질다. 여성의 한은 모질수록 더욱 개인의 감정이나 복수심이 증류된 한으로 여과된다. 이 여과된 한은 민족의 해방을 위한 미래지향적 에너지로 승화된다. 재만 조선 여성의 항일투쟁사에서 드러나는 여성의 저항은 남성 못지않다. 남성을 따라 이주해 간 여성들은 만주에서 이중 삼중의 수난을 겪는다. 그들은 여성으로서의 모진 한을 조국해방을 위한 희망적 한으로 승화시키면서 죽어간다. 비록 여성의 투쟁이 남편에 대한 사랑의 감정으로 시작되기는 하지만, 그 감정은 민족적인 보편 정서인 한으로 깊어지고 승화된다.

3·1운동에 참여해 검거된 조선인이 1만 9천여 명이었고 그중 여성이 471명이었다. 이 숫자는 그 당시의 사회 환경에 비추어 적지 않은 수이다.[9] 연변 지구의 항일 열사는 2,726명인데, 이 중 여성 열사는

8 강순화, 「연변 과학기술과 녀성교육」(한국이화여대여성연구원 발표논문), 2004, 1쪽.
9 박혜숙, 앞의 책, 178쪽.

현재 연길 인민문화궁이 된 연길감옥 옛터

338명으로서 길림성 항일 여성 열사의 95%가 넘는다. 이러한 항일 투쟁의 성과에 따라 조선족 여성은 당당한 중국 공민으로서 정체성을 확보하게 된다.[10] 일제가 만주를 침입한 1931년부터 해방까지 14년 동안의 항일 투쟁 시기 조선족 여성은 수난의 역사를 해방을 향한 희망의 역사로 승화시키기 위해 투쟁을 하였다. 이중 김정길(金貞吉)이 대표적 인물일 것이다. 중국혁명역사박물관에 보관되어 있는 뜨개로 뜬 이불보가 있다. 여기에는 28자의 한자가 수로 놓여 있다.

延吉縣第四監獄金貞吉呻吟苦痛之結晶青年女子解放世界的高唱

즉 '연길현 제 4감옥에 갇힌 김정길이 고통으로 신음하면서 청년 여성의 일편단심을 이 이불보에 엮어 놓고 세계를 해방하자고 높이 부르짖는다'는 내용이다. 이 이불보는 감옥 안에서 돌려가며 보면서 서

10 박혜란, 「구술사를 통해 본 중국 조선족 여성의 삶」, 『여성학논집』 제11집, 이화여대 아시아여성학연구센터, 1995, 13쪽; 최성춘, 『연변인민의 항일투쟁사』, 민족출판사, 1999, 308쪽.

로 혁명의 의지를 북돋우는 데 사용된 것이다. 1931년 5월 공산당원이었던 김정길이 적에게 체포되어 1932년 3월 일제의 만주 침입 이후 정치범 사면정책으로 풀려났다. 그녀는 감옥 문을 나오자 바로 연길현 유격대를 찾아가 정치선전사업을 하였다. 1933년 겨울 일본 토벌대와 싸우던 중 전사하였다. 그때 그녀 나이 22세였다.

이 시기 많은 젊은 여성들이 항일 투쟁에 나서 남성 못지않게 투쟁하다가 죽어갔다. 조국의 해방을 위해 중국공산당의 편에서 항일 투쟁을 함으로써 신중국의 건설에 많은 기여를 하고, 그 대가로서 중국 공민으로서 당당하게 그 정체성을 확립할 수 있었다. 중국 여걸로 등재되어 있는 이 시기의 여성들은 거의 다 청년여성들이었다. 1930년대부터 건국 이전까지의 여걸들의 평균 나이가 21세였다. 건국 이후 문화혁명을 거쳐 1978년 개혁개방까지 여성들은 신중국 건설의 선봉이 되어 중국 공민으로서 주체적인 삶을 살아왔다.

2) 이화림

이화림(1905~1999)은 김정길처럼 전사하기까지 항일 투쟁의 선봉에서서 전투한 전사는 아니다. 하지만 그 역시 조선의용군 대원으로 태항산 근거지로 들어간다. 그녀는 혁명이론가도 민족운동의 중심인물도 아니지만 망국의 한을 풀기 위해 일신을 아끼지 않았던 당당한 투사였다. 그녀는 중국으로 온 초기에는 김구의 노선에서 활동했으나, 이후에는 김구와 김원봉 등과 결별하고 중국공산당 근거지인 연안 태항산으로 들어가 조선의용군에 합류한다. 그녀만큼 이념의 경계를 넘나들면서 오로지 조국해방을 위해 투쟁한 열사도 그리 흔치 않을 것이다. 그녀는 중국 상하이에서 후일 연안조선혁명군정학교 교장을 지낸 김두봉 선생을 만난 것을 시작으로 김두봉으로부터 김구 선생을 소개받았다.

그녀는 1905년 1월 6일 평양에서 태어났다. 그녀는 중산대학을 다닌 인텔리로 뒤에는 중국 혁명 공간인 연안에서 연안의대를 다니면서 의사로서 꿈을 펼치기도 하였다. 그녀는 만년에 하얼빈에서 의사 생활을 하였다. 그녀가 태항산에서 음악가 정률성에게 지어준 '미나리'라는 가사 속에 항일 투쟁 공간에서 여성으로 느꼈던 한이 고스란히 녹아 있다.[11]

이화림

미나리 미나리 돌미나리
태항산 골짜기의 돌미나리
한두 뿌리만 뜯어도
대바구니가 찰찰 넘치누나

남동무들은 곡괭이 메고
태항산 골짜기로 올라가서
한 포기 두 포기 드덜기 빼고
감자를 두둥실 심는구나

그녀가 조선공산당에 입당한 이후 국경을 넘어 안동(단동)에 다다른 것은 25살 되는 해였다. 상해로 가 김구가 이끄는 한인애국단에 소속되어 이봉창, 윤봉길과 핵심적 활동을 한다. 그녀는 조선민족혁명당

---

11 이이화, 『빼앗긴 들에도 봄은 오리니』, 김영사, 2008, 169~170쪽.

에 가입하여 거기서 김원봉의 부인 박차정과 최창익의 부인 허정숙과 함께 화북 태항산으로 들어가 조선의용군의 사기를 돋우어주고 의료 및 식량 지원을 해주는 일을 맡는다.

그녀는 호가장전투에서 동지를 잃고 김학철이 다리 부상을 당하는 참혹한 모습을 보았다. 태항산 공간에서 그녀는 어쩌면 남성들이 알 수 없는 여성으로서 겪어야 할 고통을 수없이 참아 내야 했을 것이다. 그녀는 망국의 한을 품고 중국으로 건너와 여성으로서 온갖 수난을 겪으면서도 오직 조국해방이라는 꿈과 희망을 안고 살아 왔다. 그녀는 공산당원이지만 이념보다는 조국해방이 더 절박하는 이유로 상해 임시정부의 김구 비서로 활동했다. 이런 이유로 그녀는 북한으로부터 김두봉과 함께 숙청되어 중국으로 되돌아와야 했다. 모든 민족운동가들이 그렇듯이 이화림 역시 자신의 조국으로부터도 축출되어 이국땅에서 그것도 소수민족의 설움을 안고 은둔생활로 생을 마감해야 하는 한을 품고 살았다. 한국 『중앙일보』는 1991년 3·1절 「85세 抗日여걸 찾았다」란 기사를 실은 적이 있다. 그녀는 중국정부로부터 대우를 받고 대련 양로원에서 지내고 있으며 곧 자서전을 출간할 계획이라고 쓰고 있다. 그녀는 1999년 향연 95세로 중국 대련에서 세상을 떠났다. 그녀의 전 재산 5만 위안은 유언에 따라 대련시 조선족학교에 기부되었다.

3) 허정숙

허정숙(1908~1991)의 경력은 다양하다.[12] 그녀의 본명은 허정자이다.

12 허정숙은 연변 항일 열사였던 허정숙과 동명이인(同名異人)이고 허성숙과도 이름이 비슷해 혼동될 수도 있다. 연변 항일 투사 허정숙과 허성숙은 각각 1933년과 1939년에 사망한 것으로 기록되어 있다. 특히 허성숙은 대표적인 항일 열사로 기록되어 있다(박

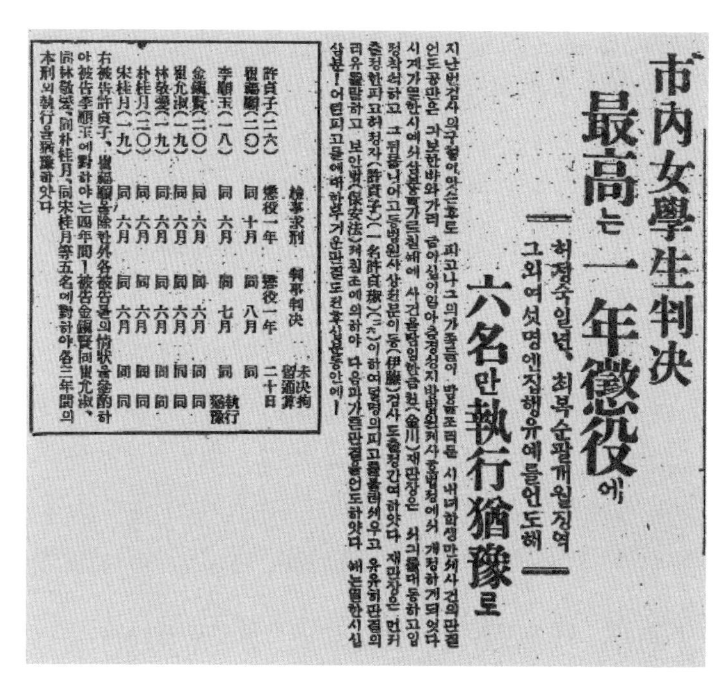

市內女學生判決

最高는 一年懲役에

六名만 執行猶豫로

—허정숙일년, 최복순팔개월징역 그외여섯명엔집행유예를언도해—

지난번검사의구형이잇슨후로 피고나그의가족들이 [illegible] 시내녀학생만세사건의판결언도공판은 가보한바와가티 금이십이일아츰경성지방법원제사호법정에서 개정하게되엿다 시계가 [illegible] 사건을담임한금천(金川)재판장은 서긔를대동하고입정착석하고 그뒤를나어고등법원사상검사 이등(伊藤)검사도출정간여하얏다 재판장은 먼저출정한피고허정자(許貞子)(一名許貞淑)(二六)이하여덟명의피고들을불러세우고 유유히판결의리유를말하고 보안법(保安法)저촉으로의하야 다음과가튼판결을언도하얏다 [illegible] 삼분! 어떤피고들에대한 [illegible] 동안에—

	檢事求刑	判事判決	未決拘留通算
許貞子(二六)	懲役一年	懲役一年	二十日
崔福順(二〇)	同 十月	同 八月	同
李順玉(一八)	同 六月	同 七月	同 執行猶豫
金[illegible]賢(二〇)	同 六月	同 六月	同 同
沈允淑(一九)	同 六月	同 六月	同 同
林敬愛(一九)	同 六月	同 六月	同 同
朴桂月(二〇)	同 六月	同 六月	同 同
宋桂月(一九)	同 六月	同 六月	同 同

右被告許貞子、崔福順을除한外各被告들의情狀을參酌하야被告李順玉에對하야는四年間ㅣ被告金[illegible]賢同沈允淑、同林敬愛、同朴桂月、同宋桂月等五名에對하야各三年間의本刑의執行을猶豫하얏다

『동아일보』(1930.3.23)

한국의 근우회에서 사회주의 여성학자로서 활동한 그녀는 중국 태항산 혁명 활동에 이르는 동안 유학, 세계 일주, 기자 생활 등등 화려한 경력의 소유자이다. 그리고 해방 후 북한으로 들어가 다소간의 부침은 있었지만 1991년 6월 5일 죽을 때까지 북한을 대표하는 여성 사회주의자였다. 하지만 1934년 최창익과 함께 시작한 중국에서의 항일 투쟁 공간에서는 오직 조국해방이라는 목표를 향해 걸었다.

그녀의 한은 참혹한 투쟁 공간에서 살아냈던 삶을 통해 들여다보아야 한다. 투쟁의 전선에서 동지들과 궁핍을 나누고 조국해방의 꿈을

용옥, 「1930년대 만주지역 항일 여전사 연구—30 여전사 전기들을 중심으로」, 『교육연구』 제29집, 성신여대 교육문제연구소, 1995, 209쪽 참조).

실현하기 위해 확신을 가지고 투쟁했던 삶을 들여다보아야 한다. 그 역시 중국 내 소수민족으로서 겪을 수밖에 없었던 고난과 투쟁 공간에서 겪어야 했던 원한과 회한의 삶을 살아야 했다. 그러면서도 그녀가 그 망국의 한을 미래에 대한 희망과 기대로 승화시켜나갔던 실존적 고민과 결단들을 함께 읽어야 한다. 국공내전 속에서 소수민족으로서 그리고 투쟁 공간에서 여성으로서 겪어야 했던 한을 총체적으로 읽을 때, 그녀의 한을 이념의 옷으로 은폐시켜 온 우리들의 역사적 미숙함이 새삼 부끄러울 뿐이다.

4) 박차정

박차정(가명 : 임철애(林哲愛))은 한국 부산 동래 출신의 여성 운동가요, 혁명 투사이다. 1910년 5월 7일 경남 부산 동래 복천동 417번지에서 아버지 박용한(朴容翰)과 어머니 김맹련(金孟蓮)의 3남2녀 중 넷째로 출생하였다. 그의 부친은 일찍부터 신(新)문물에 눈을 떠 한말 동래 지방의 신식학교인 개양학교와 보성전문학교를 졸업한 후 탁지부 주사를 역임한 측량기사였다. 하지만 경술국치 이후 일제의 무단정치에 비분강개하여 1918년 1월 유서 한 통을 남기고 자결한다. 그녀는 김원봉의 아내로서 중국에서 조국해방을 위해 싸우다 그곳에서 숨을 거두었다. 그녀는 항일의지가 강했던 부산 동래일신여학교를 다녔고 근우회 선전부장으로서 '근우회사건'으로 인해 검거되어 구속되기도 하였다. 그녀의 모친은 김두봉과는 사촌이었고, 박차정은 김두봉의 외조카였다.

그녀는 중국에서 의열단 활동을 하고 있는 오빠 박문희의 소식을 전해 듣고 바로 상해를 거쳐 북경으로 가 김원봉의 의열단에 합류한다. 그 다음해 1931년 3월 김원봉과 결혼한다. 이때부터 의용대 부녀

열사의 생가(현재 부산동래고등학교 교문 앞)와 남편 김원봉의 고향 경상남도 밀양시 부북면 송악리에 있는 열사의 묘

病床에서呻吟하는
朴次貞再檢擧
동래에서조리하다또잡혀
◇西大門署로護送

【동래】 경성학생동요격문사건(京城學生動搖檄文事件)으로경성서대문 경찰서에 검속되어취조를받다가 병이생겨 일시방면되엇든 근우회본부상무위원(槿友會本部常務委員)인박차정(朴次貞)양은 휴양코저 고향인동래에돌아와잇든바 지난 팔일열시경에돌연동래경찰에게검거되엇다는데 당국의처분리유를 들으면 경성서대문서(西大門署)의 수배로 금명간경성으로 호송하려라는바 박양은 목하신장염으로신음하는중임으로더욱우려된다한다

동아일보(1930.2.11)

김원봉과 박차정 부부

부장이 되어 여러 활동을 한다. 1938년 조선의용대가 결성되면서 부녀복무단(婦女服務團) 단장을 맡는다. 박차정은 1939년 2월 강서성 곤륜산전투에서 부상을 당하여 그 후유증으로 1944년 5월 27일 35세의 나이로 세상을 떠난다. 김원봉은 아내의 "핏덩이가 말라붙은 속적삼"을 가지고 귀국하여 고향 밀양 감천동 뒷산에 안장하고 그는 월북한다.[13] 그녀의 삶 역시 남편의 월북으로 인해 이념적 대립 속에서 그 한을 풀지 못하다가 세상을 떠난 지 51년 만에 조국에서 인정을 받는다.

13 이송희, 「박차정 여사의 삶과 투쟁」, 『지역과 역사』 제1호, 부경역사연구소, 1996, 107쪽.

5) 남자현

남자현(南慈賢, 1872~1933)은 1872년 경북 영양군 석보면 지경동에서 통정대부 남정한의 딸로 태어났다. 그는 50 고개를 바라보면서 서로군정서(西路軍政署)의 유일한 여성 대원으로 항일 투쟁을 했던 열사이다. 19세에 김영주와 결혼하지만 의병으로 싸우다가 결혼 6년 만에 전사한다. 그녀의 나이 46세 때 3·1운동이 일어나자 중국 통화현으로 이주해 중국 서로군정서에 가입하였다. 그녀는 청산리전투에 참여하고 부대가 밀산으로 옮겨 가자 그녀는 남은 부상자들을 치료하기 위해 독립적인 활동을 했다.

남자현은 1925년 사이토 조선 총독을 암살할 목적으로 국내에 들어왔으나 여의치 않아 만주로 다시 돌아가 활동을 했다. 1932년 7월 리튼조사단이 일제의 영토 확장 실정을 조사하러 하얼빈에 왔을 때, 그녀는 무명지 끝마디를 잘라 '조선독립원(朝鮮獨立愿)'이라 쓴 혈서와 함께 손가락 마디를 리튼조사단에 보냈다. 그리고 1933년 12월 27일 만주국건국 1주년 기념대회에 참가하는 일본 대사 다께오신기를 처단하려고 중국 할머니로 분장을 하고 하얼빈으로 떠났지만 일경에 체포되어 하얼빈 영사관에 다섯 달 동안 감금되었다. 그녀는 17일간의 단식투쟁 후 1933년 8월 22일 62세의 일기로 세상을 떠났다.

남자현의 묘는 하얼빈 남강구 동대직가 1호 남강 러시아공동묘지 서쪽 조선인 묘역에 묻혔다. 1958년 이곳을 문화공원으로 조성하면서 무연고인 열사의 묘는 패묘되었다. 인근의 소련 홍군의 묘역과는 대비가 되어 초라하게 남아 있는 조선인 묘역에도 묻히지 못한 한은 하얼빈 독립 투쟁의 어머니가 되어 여전히 맴돌고 있다.

남자현 열사의 생가터와 순국비(경상북도 영양군 석보면 지경리)

하얼빈 남강 외인묘지에 안장된 여사의 묘
(출처 : 박영랑, 『독립혈사』, 서울문화정보사, 1950)

6) 윤희순

윤희순의 시부(媤父)는 외당 유홍석(1841~1913) 의병장이다. 외당은 일제의 강제병합이 있은 후 자결하려고 했으나 아들의 권유로 만주로 망명하였다. 윤희순도 1911년 4월 고흥 유씨 대소가족과 친척, 제자, 문인 등 약 4~50가구가 중국 흔경현 평정산 난천자(暖泉子) 부근으로 이주했다. 사람이 살지 않은 오지라 그곳에 정착하자마자 풀죽으로 연명하면서 지냈다.

1912년 시아버지 외당이 세상을 뜨고, 1915년 10월에는 남편마저 죽는다. 이밖에도 여러 친인척들이 만주 땅에서 죽어갔다. 하지만 윤희순은 동창학교와 노학당을 세워 학교 교육에 전력을 다 하였다. 아들 유돈상은 어머니의 뜻을 따라 1926년 무순(撫順)에 조선독립단학교를 세워 교육하였다. 이처럼 윤희순의 가족은 전체가 독립운동을 하였던 대표적인 가족망명 집안이었다. 유돈상은 이후 일제에 체포되어

윤희순 의사 영정과 독립운동근거지였던 중국 취리두 남산 마을
(출처 : 사단법인 毅菴學會, 『尹熙順義士資料集』, 산책, 2008)

강원도 춘천시 삼천동 춘천시립도서관 후원, 1990.11.7 건립
(출처 : www.encyber.com)

1935년 순국하였다. 윤희순은 1935년 8월 1일 해성현 묘관둔에서 76세의 일기로 생을 마쳤다. 시아버지로부터 아들로 이어지는 3대의 조국해방의 꿈도 보지 못한 채 한을 품고 세상을 떠났다.

그녀는 망국의 한과 투쟁 공간에서 여자로서 겪어야 했던 한을 '신세타령'조로 다음과 같이 읊었다.

> 이역만리 찬바람에 발짝마다 어름이오
> 발끝마다 백서리라 눈썹마다 어름이라
> 수염마다 고드름이 눈동자는 불빛이라
> 부모처자 떨쳐놓고 나라찾자 하는 의병
> 불쌍하고 불쌍하다 물을 잃은 기러기가
> 물을 보고 찾아가니 맑은 물이 흙탕이요
> 까마귀가 앉았구나 슬프고도 슬프도다
> 슬프고도 슬프도다 이내신세 슬프도다

방울방울 눈물이라 맺히나니 한이로다.[14]

요령성[遼寧省] 해성현(海城縣) 묘관둔(苗官屯) 북산(北山)에 안장되었던 윤의사의 유해는 1994년 고국으로 봉환되어 춘천시 남면 관천리(冠川里) 선영에 남편과 함께 합장하였다. 춘천시립도서관에는 동상이 세워졌으며, 강원도 춘천시 남면 발산리의 생가터에는 '해주윤씨의적비', 묘소에는 '애국선열윤희순여사사적비' 등이 세워져 있다. 1990년 건국훈장 애족장이 추서되었다.

3. 모국 공간에서의 한

1978년 개혁·개방 이후 조선족 여성들은 세계로 눈을 돌리게 되었고, 1992년 한중 수교 이후 큰 꿈을 가지고 한국으로 대거 이주하였다.[15] 그러나 한국으로 이주해온 여성들은 생각과는 달리 이주 여성으로서 갖은 수난과 고통을 겪는다. 가난을 피하여 만주로 이주하여 그곳에서 겪었던 수난의 역사를 돈을 벌기 위해 조국을 찾아와 한국 가리봉동 공간에서 새롭게 수난의 역사를 쓰고 있다.

조선족 작가 강경애는 「소금」에서 이산의 땅에서 남편을 잃고 중국

14 박용옥, 「윤희순 의사의 의병운동과 항일독립운동」, 『의암학연구』 제5집, 의암학회, 2008, 53~54쪽.

15 2013년 1월 31일 현재, 재한 조선족은 448,663명이 체류하고 있다. 이는 중국인 이주자 708,522명의 63.3%이고, 총 체류자 1,422,575명의 31.5%이다(법무부 출입국·외국인정책 본부).

지주인 광둥에게 강간을 당하면서 가족의 해체와 불행을 겪는 봉염어머니의 삶은 식민지 시대 조선 이주 여성의 한이 형상화된 것이다. 중국인 지주에게 강간당하고 임신한 채 쫓겨 난 봉염어머니는 낯모르는 중국인 집 헛간에서 아이를 낳는다. 이후 남의 집 유모를 하다가 유모 집에서 쫓겨나지 않으려고 두 딸의 목숨도 지켜주지 못하고 잃어버린다. 「소금」에서 형상화되는 이주 여성 봉염어머니의 한 많은 삶이 허련순의 『바람꽃』에서는 공간을 옮겨 한국에서 재현된다. 조정래의 『아리랑』에서 보름이와 수국이 겪었던 한의 생애가 만주와 한국에서 재현되고 있다.

허련순의 『바람꽃』에 나오는 한국 이주 여성 지혜경은 남편의 치료비 때문에 한국인 강사장의 아이를 400만 원에 낳아 주기로 한다. 그녀는 이미 폐병이 심각한 상태였지만 남편의 치료비를 마련하기 위해 약을 먹지 않고 강사장의 아이만을 낳기를 기다린다. 그러나 지혜경이 이미 병이 깊어 강사장은 아이를 유산시킬 것을 강요한다. 그러나 지혜경은 비록 남편의 수술비 때문에 사랑 없이 가진 아이지만 아이에게 해로울 까봐 약을 먹지 않고 낳을 때를 기다린다. 그녀는 남편과 강사장의 계속되는 유산 요구 앞에 아이를 죽게 할 수는 없다는 생각으로 서울 도심 12층 건물에서 투신자살을 한다. 이와 같이 지혜경은 고국인 한국에서 값싼 노동력이나 성 상품으로 전락되는 한국 이주 여성들의 한 많은 삶을 상징하는 인물로 형상화되고 있다.

이와 같이 허련순의 『바람꽃』은 한국에서 살아가면서 겪는 조선족 여성의 한스러운 삶을 그리고 있다. 한국에 돈을 벌기 위해 막연하게 이주해왔지만, 가당찮은 욕망, 지나친 갈구로 불행을 자초하고 재난을 안게 된다.[16] 지혜경은 「소금」의 봉염어머니가 겪었던 조선족 여

16 최우길, 「중국조선족 여류작가의 작품에 나타난 한국—허련순과 리혜선을 중심으로」, 『국제어문학회』 학술대회자료집, 국제어문학회, 2008, 14쪽.

성의 삶을 고국 땅에서 재현한다. 조선족 여성들이 한국에서 겪는 한스러운 삶에는 고국에 대한 원망과 회한이 깊이 베여 있다.

> 조선족연합회 유봉순 회장은 "생계를 위해 빚을 내가며 꿈에 그리던 모국을 찾은 중국동포들을 '불법체류다발국가'로 지정해 불법체류자로 낙인찍어 강제 출국시키거나, 감당하기 힘든 비용을 부담하면서 기술교육 등의 방법으로 동포들을 옥죄는 것은 '신 노예제도'와 다를 바 없다"며 "중국동포들을 단순노무에 종사하지 못하게 하거나 재외동포로서 자격을 제한하는 현행 방침은 명백한 차별이고 헌법을 위반한 것"이라고 주장했다.[17]

오경희는 여성학자로서 1930년대 만주 이주 여성의 삶과 1990년대 전지구적 자본주의 시대의 중국 조선족 이주 여성 노동자의 삶을 비교한다. 그는 강경애의 「소금」과 허련순의 『바람꽃』에서 형상화되어 있는 여성의 주변인으로서의 삶을 비교한다. 양자에는 60년이란 시간 흐름이 있었지만, 이주 여성으로서 젠더화된 삶이 동일하게 형상화되어 있는 것으로 비교한다. 디아스포라 여성으로서 겪는 고난과 한의 실상이 젠더적 관점에서 비록 그 양상은 다를지라도 구조적 순환을 반복하고 있는 것으로 밝혀 주고 있다. 이산의 주체는 조선인과 조선족이며 이산의 과정은 「소금」에서는 조선 땅에서 간도로, 『바람꽃』에서는 연변에서 한국으로이다. 1930년대 가난을 피하여 만주로 이주한 이산의 고통과 1990년대 말 조선족으로서 뿌리를 찾기 위해 또는 부를 이루려는 꿈을 안고 '한국'으로 이주해와 성적 대상으로 타자화 되어 온갖 역차별을 당하며 살아가는 삶의 순환을 주목하고 있다.[18]

---

17 김도균, 「중국동포 울리는 한국정부의 동포취업정책」, 『세계한인신문』, 2010.12.9, 조글로사이트 인용.

18 오경희, 「민족과 젠더의 경계에 선 여성의 이산—강경애의 「소금」과 허련순의 『바람꽃』 비교」, 『아시아여성연구』 제46권 1호, 숙명여대 아시아여성연구소, 2007, 187쪽.

허련순이 스스로 '바람꽃'이라 부른 이 제목에서 연상할 수 있듯이 조선족은 이곳에도 저 곳에도 머물 수 없는 이중적 정체성을 지닌 바람꽃과 같다. 한국과 같은 단일문화적 관행이 깊은 곳에서는 조선족의 이중적 정체성은 어디에도 정착할 수 없는 떠도는 신세로 전락한다. 중국 조선족으로 살면서 중국에 쉽게 동화되지 않고 지켜온 이중 정체성이 한국 사회에서는 오히려 정착하는 데 걸림돌이 된다.

한국에 이주해와 온갖 차별과 고통을 겪고 살지만 이들에게는 희망과 기대가 있다. 그들은 방황도 하지만 희망도 갖는다. 한에는 퇴행적인 원한(怨恨)도 있지만 간절한 미래지향적 바람(願恨)도 있다. 그들의 한탄과 회한에는 미래에 대한 기대와 희망이 함께 녹아 있다. 이제 한국은 그들의 단순한 모국이 아니라, 자신의 꿈을 이루는 공간이다. 그들은 스스로 정체성에 혼란을 겪으면서도 결국은 중국 국민으로서의 정체성을 확인하고 한국에 대한 과도한 꿈이 불행을 가져 오게 된다는 자기성찰을 한다. 그들은 한국 사회에서 국제적 경험이 있는 문명화된 주체로 스스로를 정체화한다.[19] 조선족 여성은 한국에서의 경험을 중국집에 가서 자유롭게 살 수 있다는 희망을 실현할 수 있는 것으로 의미를 부여한다.[20]

1992년 한중 수교 이후 불어 닥친 한국 이주 바람이 조선족 여성들뿐만 아니라 한국인들도 그들을 값싼 노동력이나 성(性) 상품으로 인식했던 단계로부터 벗어나 차분히 상대를 통해 스스로 자신을 성찰할 수 있는 긍정적인 기회를 갖게 된다. 조선족 여성들은 한국에서의 경험을 통해 연변에서 전통적으로 지켜온 성이나 노동의 규범을 초월하여 글로벌한 정체성을 긍정적으로 형성해 가는 계기를 만들어 가고

19 이해응, 「한국 이주 경험을 통해 본 중국 조선족 기혼여성의 정체성 변화」, 『여성학논집』 제22호 2호, 이화여대 아시아여성학센터, 2005, 120쪽.
20 위의 책, 121쪽.

있다. 한국으로의 갑작스러운 이주가 중국 조선족 사회의 가족을 해체한다는 부정적 평가를 넘어 이제 조선족 여성들 스스로 자신의 정체성을 국제적 지위에 맞추어 살 수 있는 자아로 확장하는 좋은 계기가 만들어 진 것이다.[21] 그들은 한국에서의 이주 경험이 중국 내부에서의 부유계층으로 상승하는 과정으로 생각한다.

조선족 여성 작가 리혜선은 조선족 여성들의 이러한 자기성찰과 자아의 재인식의 필요성을 강조하면서, 조선족 여성의 미래지향적 정체성 확립의 필요성을 젊은 유학생들의 긍정적인 삶을 통해 확인한다. 그녀는 자기정체성 문제와 관련하여 혼란을 겪고 있는 불법체류자의 문제도 한국적 입장에서 이해하고, 자신들의 조국에 대한 과도한 열망을 성찰적으로 재인식해야 한다고 말한다. 자신들의 이중적 정체성 때문에 벌어지는 불법체류에 대한 지나친 감상을 벗어나 냉정하게 자신들의 정체성을 이해해야 할 필요성을 강조한다.

리혜선은 이런 점에서 "조선족이 스스로 고국을 이해하는 입장이 돼 보면 어떨까?"하고 자문한다. 동시에 한국정부 역시 조선족 여성의 인권이나 복지를 최우선으로 하는 법적 제도를 만들 필요가 있다. 2011년 한국정부는 복수국적을 제한적으로 허용하는 법과 10년 이상 장기체류자들을 구제하는 방안을 마련해 시행하고 있다. 이러한 상호 이해의 지평에서 조선족 여성은 모국을 원망이 아닌 감사와 자신들의 미래를 가꾸기 위한 희망의 땅으로 재인식할 것이다.[22] 특히 리혜선은 젊은 유학생들이 탈민족주의적 시각을 가지고 글로벌한 세계의 리더로 성장하려는 희망의 메시지를 그의 보고서에서 강조하여 담고 있다. 그들은 중국과 한국의 경계선에서 바람꽃처럼 부유하는 과거지향적 존재가 아니라 글로벌한 세계의 리더가 되기 위한 미래지향적 희

21 위의 책, 138쪽.
22 최우길, 앞의 책, 22쪽.

망을 실천하는 당당한 중국의 조선족 여성이다.

1930년대 만주에서 민족의 해방을 위해 중국공산당과 연합하여 탈민족주의적 시각에서 항일 투쟁에 적극적으로 활동하였던 청년 여성들의 삶이 한국에 이주하여 자신의 삶을 능동적으로 일구어 내는 청년 여성들의 삶으로 재현되고 있다. 이처럼 조선족 여성의 한의 역사에는 만주 이주 초기 강경애의 「소금」의 봉염어머니, 허련순의 『바람꽃』의 한국 이주 2세대 지혜경 그리고 리혜선의 『코리안 드림—그 방황과 희망의 보고서』에서 만난 이주 3세대 조선족 유학생들의 삶을 통해 怨望과 恨歎과 情恨과 그리고 기대와 희망의 願恨이 함께 얽혀 있는 한국적 한의 파노라마를 읽을 수 있다.

개방과 혼종의 도시 상해가 올드 상하이에서 새로운 상하이로 전환되는 과정에서 민족주의와 항일서사로부터 여성 서사로 옮겨지고 있다. 여성의 한을 지나치게 민족주의서사의 텍스트 안에만 묶어 둘 수 없다. 1950년에 쓴 장아이링(張愛玲, 1920~1995)의 소설 「색・계」가 친일의 이데올로기로부터 자유롭지 못했지만, 리안 감독이 만든 영화 〈색・계〉는 항일 / 친일의 경계를 넘어 한 여성(주인공 왕지아쯔)의 친일 남성에 대한 사랑의 테마를 다루고 있다. 민족주의 / 항일 투쟁의 거대담론을 넘어 몸의 서사로 전환되고 있다.[23] 새로운 상해의 모던 걸이 재한 조선족 여성들에게도 투영되어 있다. 이제 조선족 이주 여성들은 '민족주의'란 이름으로 치러야 했던 과거의 한을 여성의 서사로 다시 쓰고 있다. 특히 젊은 유학생들에게 한국은 가난했던 할아버지의 나라가 아닌 근대적 경험의 산실이요, 성적 주체성을 지켜가면서 떳떳하게 여성으로서의 정체성을 형성해 가야할 꿈과 미래의 공간이다.

23 이욱연, 『중국이 내게 말을 걸다』, 창비, 2008, 99쪽.

제7장
한의 글로벌리티

1. 한의 치유

저자는 하얼빈에서 약 40㎞ 떨어진 아성(阿城)구에서 조선족 어르신 네 분을 만났다. 저자 일행을 배려하여 예약해 둔 조선식 식당인 평양관 고려촌에서 만났다. 거제가 고향인 신용관(申容官, 81세)씨는 세 살 때, 경주가 고향인 전성(全盛, 83세)씨는 여섯 살 때 중국에 들어왔다고 자신들을 소개했다. 그리고 충남 대전이 고향인 오일만(吳日滿, 79세) 씨와 전주가 고향인 이용천(李龍天, 64세) 씨가 동석했다.

저자가 듣고 싶은 것은 조선족으로 중국에 살면서 모국인 한국에 대해 어떤 생각을 하고 있는가 하는 것이다. 주로 전성 어르신이 많은 얘기를 했다. 일반적으로 조선족에 관한 얘기를 잘 안 하는데 하면서 자신의 평소의 생각을 늘어놓는다(얘기를 잘 안 하는 이유는 이득보다 해가 더 많기 때문이라고 한다). 조선족 동포에 대한 한국의 정책이 개방 초기

얘기를 하고 있는 전성 어르신(중앙)

에 비해 현재는 많이 좋아졌다는 것을 인정하면서도, 평소 한국정부에 대한 불만 섞인 한을 털어 놓는다.

세계2차대전 후 일본인이 어린 자식들을 중국에 버리고 본국으로 돌아갔지만, 이후 국교가 열리면서 버리고 간 고아들을 여비를 주어 일본 고향에 데려가 구경시켜 주고, 본인이 요구할 때는 무조건 국민으로 받아들였다. 그런데 재중 동포에 대한 한국정부의 정책은 시각이 맞지 않다. 재중동포의 존재가 패전국의 국민이 아니라, 다만 망국 시대 먹고 살기 위해서 건너왔다가 길이 막혀 못나간 것이다. (…중략…) 그런데 한국정부는 조선족 동포를 내국민이라고 생각하지 않는다. 개방 이후 (재한) 조선족을 감옥에 처넣고 때리고 한다. (…중략…) 한국에 갔다 와서는 한국 선생, 한국분, 한국 사람이 아니고 한국 놈들이 어떻고 한다 …… .

재외동폰가 해외동포법인가 국회에서 법을 만들면서 국회에서 공공연하게 고려인과 재중 동포를 제외하는 법을 만들었다. (…중략…) 요즘 많이 나아졌다. 하지만 이것은 중국의 경제력 성장과 국제형세의 변화라는 삼각관계에 의해 그렇게 된 것이다.

한은 풀려서 치료될 수 없다. 아무리 풀려고 해도 한은 여전히 한으로 남는다. 민족의 역사적 상흔으로서의 한은 외침(外侵)과 일제식민하에서의 영구적 절망이 낳은 체념・비애의 정서이다.[24] 이렇게 전승되어 온 민족의 한을 어떻게 치유할 수 있는가? 한은 치료가 아니라 극복해야 할 무형의 묘체이다. 왜냐하면 한은 실체가 아니라, 구조의 산물이기 때문이다. 한이 민족의 퇴행적 속성으로 남아 있지 않고 질적 전환을 통해 미래지향적인 새로운 가치로 승화될 때에만 비로소 극복되고 치유될 수 있다. 한을 맺고 푸는 한풀이의 한계를 넘어 새로운 역사를 위한 투자로 한이 승화되어야 한다.[25] 풀이라는 놀이에 의해서는 한의 발산, 처리밖에 아무런 보람이 없다.[26] 일회적인 한풀이 놀이는 여전히 한을 한으로 소모시키는 것 이외의 다른 것이 아니다. 원한이 한풀이를 통해 발산되고 난 후 원한으로 돌아가지 않고 민족의 미래지향적인 에너지로 승화시켜 나갈 때 비로소 치유될 수 있다. 한이 쌓일수록 한에 불과하다는 숙명론적 허무를 극복하고 새로운 시대의 가치로 질적으로 전환할 때 비로소 한은 치유될 수 있다. 따라서 한에 대한 과도한 민족주의적 접근은 오히려 한을 더욱 한스럽게 만든다. 따라서 임진왜란이나 병자호란에 대한 민족의 역사적 트라우마를 스스로 극복하기 위해 글로벌한 관점으로 승화시켜나가야 할 것이다.[27]

24 고은, 앞의 글, 58쪽.
25 위의 책, 55쪽.
26 위의 책, 57쪽.
27 역사학자 이이화는 이런 맥락에서 임진왜란과 병자호란을 국제교류사적 관점에서 보다 합리적으로 읽어야 한다고 주장한다. 임진왜란을 일본 민족을 얕잡아 보는 '왜

조선족의 한 역시 극복해야 할 역사적 상흔이다. 고향을 떠나 이국땅에서 식민의 비애와 슬픔을 이중삼중으로 겪어온 조선족의 한이 고국에 대한 원한으로만 남아 있지 않으려면, 미래지향적으로 승화시켜나갈 때 비로소 스스로 치유될 수 있다. 한이 조선족이 극복해야할 역사의 잔재라고 한다면, 그 극복의 주체는 바로 조선족이어야 한다. 조선족 스스로 자기초월의 주체가 되어야 한다. 민족에 대한 원한과 원망을 민족을 위한 사랑으로 승화시켜나갈 때 비로소 치유될 수 있다. 고국에 대한 원한이 원한으로 되풀이 될 때 한은 그저 한으로 소모될 뿐이다.

한은 한민족의 보편적 정서이다. 망국의 한을 공유하고 이국땅에서 겪었던 수난과 고통 그리고 희망과 기대의 한은 민족이 서로를 이해하고 서로를 치유해줄 수 있는 민족 고유의 특이한 정서이다. 나라 잃은 민족이 겪어야 했던 한의 역사를 공유한다는 것은 서로의 고통을 치유할 수 있는 상호주관적 경험을 공유하고 있다는 것이다. 조선인-조선족-조선족 동포로서 겪어왔던 한의 역사는 그들만의 유아론적(唯我論的, solipsistic) 역사가 아니라 우리 민족의 상호주관적 경험의 역사이다. 그렇기에 디아스포라의 한을 뼈저리게 체험한 조선족 동포의 역사적 상흔과 수난의 트라우마를 달래고 치유해줄 사람도 바로 우리 한민족이다. 한민족은 역사적 아프리오리로 전승되어 온 민족의 생활세계적 경험을 토대로 감정을 나누고 서로를 이해해야 할 역사적 정언명령을 위임받고 있다.

일제에 의해 나라를 빼앗기고 가난을 피해 만주로 이주해갔지만 그

(倭)'가 일으킨 난으로, 병자호란은 '북방오랑캐가 일으킨 난리'라는 뜻이 담고 있는 민족차별의 역사관을 극복할 필요성을 강조한다. 그는 임진왜란을 '조-일전쟁'으로 병자호란을 '조-청전쟁'이라는 중립적 용어로 서술할 것을 강조하고 있다(이이화, 『역사를 쓰다』, 한계레출판, 2001, 372쪽).

곳은 여전히 일제 치하에서 온갖 고통을 감수해야만 했다. 그러나 타인에 의해 상실된 생활세계를 회복하려는 희망을 가지고 살았다. 탈세계화로 인한 정신적 위기로서의 한의 부정적이고 퇴행적인 계기들이 아직은 아니지만 언젠가는 돌아가야 할 생활세계의 회복에 대한 기대와 희망의 한을 동시에 간직하고 살았다.

하지만 떠났던 고향을 다시 찾아왔지만 조선족 동포에겐 타자의 공간이다. 고향은 이제 색 바랜 고국으로 바뀌었고, 한국인들은 조선족을 주변인으로 경계 짓는다. 하지만 시간이 지나면서 조선족 동포와 한국인 사이에는 한민족으로서의 정체성을 회복해야 할 당위성에 직면한다. 조선족은 모국의 근대화를 그리고 한국인은 조선족이 지켜온 민족적 정체성을 상호 이해하면서 글로벌 시대에 걸맞은 새로운 정체성을 형성해 가야 한다. 이런 맥락에서 2012년 12월 7일 〈아리랑〉이 유네스코에 의해 인류무형유산으로 등재된 것은 중요한 의미를 갖는다. 다만 한국과 중국 조선족의 아리랑을 넘어 글로벌한 유산으로 승화될 때 비로소 참된 의미를 가질 수 있다. 민족주의와 식민지 시대를 뒤로 하면서 세계는 경계를 넘어 글로벌한 정체성을 새롭게 형성하도록 질서지어지고 있다. 그야말로 다문화 시대라는 새로운 가치가 국제적 질서를 구획하는 규범으로 작동하는 시대이다. 이제 단일민족이라는 근대적 유산에 예속당하지 않고 새로운 글로벌한 정체성을 형성하지 않으면 문화적 자폐에 빠질 수밖에 없다.

조선족과 한국인 사이의 가치론적 이항대립은 결코 바람직하지 않다. 순수하고 소박한 조선족과 약고 돈만 아는 한국인이라는 이항적 대립은 한민족의 정체성을 새롭게 형성하는 데 있어 바람직하지 않다. 김재국은 『한국은 없다』에서 조선족 동포의 한을 한국을 알게 된 것이 불행이라는 말로 표현할 수밖에 없었다. 할아버지 세대가 만주에서 겪었던 민족적 한을 그 할아버지의 나라 한국에서 후손들이 '동포'란 이름으로 되새김질하고 있다. 하지만 급변하는 시대에 민족과 국민의 이원적 구분 역시 바람직하지 않다. 중국 공민으로서의 조선족과 한민족으로서의 조선족의 이중적 정체성을 조선족의 글로벌한 정체성으로 긍정적으로 읽는 것이 중요하다. 그들의 이중적 정체성을 다문화 시대에 필요한 초국적 정체성으로 긍정적으로 존중하는 것이 중요하다.

한중 수교 초기 양자 사이의 길항관계는 상호문화적으로 치유되어야 한다. 한국 다문화제도가 가지고 있는 조선족 동포에 대한 차별 / 배제의 논리를 지양해야 한다. 그리고 끊임없이 타자화 되고 있는 조선족 동포 사회를 한국의 주류 사회에 포용하는 정책들이 마련되어야 한다. 현재 한국 다문화제도는 조선족 중 결혼 이주자만을 지원함으로써 조선족 사회 내에서 중심 / 주변의 논리가 작동하고 있다. 재중 조선족의 4분의 1이 넘는 조선족 동포가 한국에 체류하고 있다. 이들은 이제 한국에 체류하고 있는 여러 외국인들 중 하나가 아니다. 한국 다문화 사회의 중요한 구성원으로 자리를 잡을 수 있도록 배려하고 존중하는 상호문화적 정책이 요구되지 않을 수 없다.

서로를 동일화하지 않으면서 그리고 서로를 타자화하지 않으면서 상호주관성을 형성하는 것이 조선족 사회의 문제를 이해하는 가장 바람직한 접근방식이다. 이것은 바로 타자를 '나'라는 주체 속으로 편입될 수 없는 주체로 인정하고 존중하는 대화이다. 이 대화의 길이 최근 한국정부의 복수국적 허용과 10년 이상 장기체류자 구제방안의 법제화이다. 물론 이것이 한국의 낮은 출산율과 노령화를 극복하기 위한 한국정부의 '한국인 늘리기 프로젝트'의 소극적 수단으로만 머물러서는 안 된다. 아직 제도적으로는 충분하지는 않을지라도, 조선족 동포가 한국 사회 내에 잘 적응할 수 있도록 지속적으로 지원하는 것이 그들의 모국에 대한 원한을 달래 주는 길이다.

조선족 사회와 한국은 과잉민족주의의 지평을 넘어 냉정하게 보면, 양자 사이에 근원적인 길항관계가 존재한다. 조선족 사회는 중국 공민으로서 한국전쟁에 참여한 이념적 적대자였다. 그러면서도 한민족이라는 오래된 유전자를 공유하고 있다. 양자 간에는 서로 동일화될 수 없는 차이가 존재한다. 동시에 차이를 절대화할 수 없는 보편적 가치도 공유하고 있다. 그러므로 양자는 차이를 넘어 진정한 소통으로 나아가야 한다. 이 진정한 소통으로 나아가기 위해 조선족 사회와 한국 모두 한(韓)민족중심주의로부터 자유로워져야 한다. 다만 타문화와의 소통을 전제로 한 자민족중심주의로 나아가야 한다. 소통이 전제되지 않은 자민족중심주의는 '문화적 정초주의(cultural foundationalism)'[28]와 '문화적 유아론(cultural solipsism)'에 지나지 않는다. 조선족 사회와 한국은 민족주의적 동행을 포기할 수 없다. 양자는 서로의 차이를 존중하면서 소통을 통한 연대(solidarity)를 추진하는 방향으로 나아가야 할 글로벌 시대의 파트너이다. 서로 서로 존중을 위한 존중이 아니라 이해를 통한 진정한 존중으로 나아가야 한다. 상호 이해는 존중의 어머니이기 때문이다.

2. 조선족 정체성 담론의 새로운 지평

조선족 『흑룡강신문』 2011년 「사설」에서 박일 부총편집인은 다음과 같이 쓰고 있다.

28 이와 관련된 논의는 다음을 참조. 이선, 「문화 간의 철학적 대화를 위한 문화적 패러다임」, 『철학연구』 제108집, 대한철학회, 2008.

우리에게는 중국어와 한국(조선)어를 모두 잘하는 이중 언어우세가 있고, 반도를 제외한 그 어느 나라 한겨레에게도 없는 대면적의 경작지를 장구하게 붙일 수 있는 엄청 큰 밑천이 있고, 또 중국의 기타 민족과 비교해 보면 우리는 해외와의 접촉이 많아 남보다 앞선 글로벌 의식이 있게 되었고 반도의 한겨레와 비교해 보면 꼭 같이 조상들의 총명하고 사유가 민첩한 기질을 물려받은 데다 중화민국의 속이 깊고 멀리 보는 우수한 품성도 그대로 배워 익힌 민족이다.

—『흑룡강신문』 사설, 2011.1.1.

중국 조선족 학자들 사이에서 조선족의 정체성을 어떻게 규정해야 하는가 하는 문제로 논쟁이 뜨겁다. 조선족은 민족으로 보면 한민족이고 국적으로 보면 중국 국민이다. 거주국인 중국과 모국인 한국 사이에서 어느 입장에서 조선족의 정체성을 논해야 하는가의 문제는 입장의 차이에 따라 다양한 의견이 제시될 수 있을 것이다. 조선족의 정체성을 이중적으로 해석하는 것이 일반적 견해이다. 정판룡이 '시집온 며느리론'으로 중국 조선족의 이중적 정체성을 논한 이후 중국 조선족의 정체성이 갖는 이중성을 논의하는 것이 일반화되어 있다. 중국 조선족은 한국을 친정으로 두고 중국에 시집온 며느리이다. 며느리로서 중국에 살고 있지만 친정에 대한 그리움을 항상 품고 살아가는 것이 중국 조선족의 정체성이라는 사실을 정판룡은 말해 주고 있다. 연변 시인 석화(石華, 1958~)는 「연변」이라는 연작시에서 중국 조선족의 정체성을 '사과배'로 은유하고 있다.

사과도 아닌 것이 / 배도 아닌 것이 / 한 알의 과일로 무르익어 가고 있다 / 백두산 산줄기 줄기져 내리다가 / 모아산이란 이름으로 우뚝 멈춰 서 버린 곳 / 그 기슭을 따라서 둘레둘레에 / 만무라 과원이 펼쳐지었거니 / 사과도 아닌 것이 / 배도 아닌 것이 / 한 알의 과일로 무르익어 가고 있다 / 이 땅의 기름기 한껏 빨아올려서 / 이 하늘의 해살을 가닥가닥 부여잡고서 / 봄에는 화사하게 하얀 꽃을 피우고 / 여름에는 무성하게 푸름 넘쳐 내더니 / 9월, / 해란강 물결처럼 황금이삭 설렐 때 / 사과도 아닌 것이 / 배도 아닌 것이 / 한 알의 과일로 무르익어 가고 있다 / 우리만의 『식물도감』에 / 우리만의 이름으로 또박또박 적혀있는 / '연변사과배' / 사과만이 아닌 / 배만이 아닌 / 달콤하고 시원한 새 이름으로 / 한 알의 과일이 무르익어 가고 있다.

석화는 중국 조선족을 '사과배'라는 메타포로 은유하고 있다. 연변의 상징으로 여기는 사과배는 함경남도 북청의 배나무가리를 베여다가 연변의 돌배나무 뿌리에 접목시켜 만들어낸 새로운 과일 품종이다. 중국 조선족은 사과배처럼 중국과 모국, 거주국과 떠나온 모국 사이의 과경(跨境)민족으로서 이중성을 갖는다. 모든 문화는 자족적일 수 없다는 관점에서 보면 중국 조선족의 정체성 역시 디아스포라가 갖는 이중성을 갖고 있다.

김호웅은 황유복의 '100% 조선족론'을 비판하면서 중국 조선족 역시 디아스포라가 갖는 다문화성의 관점에서 접근할 필요가 있다고 주장한다.[29] 그는 황유복의 '100% 조선족론'은 중국 조선족과 모국 사이의 문화적 연계를 인위적으로 차단함으로써 중국 조선족의 민족적 정체성 인식에 불필요한 혼란을 초래하고 있다고 비판한다. 중국 조선족의 이중성은 중국과 모국 사이의 과경민족으로 살아왔다는 소극적 의미를 넘어 선다. 민족의 정체성을 거주국의 국가 정체성과 모순되는 것으로 이해할 필요가 없다. 중국 소수민족의 하나로서 조선족의

29 김호웅, 「중국조선족과 디아스포라」, 『한중인문학연구』 제29집, 한중인문학회, 2010 참조.

정체성과 거주국의 국가적 정체성이 양립할 수 있어야 한다. 미국 다문화교육학자인 J. A. Banks는 소수민족과 거주국의 정체성 사이를 상호 영향을 주고받는 변증법적 관계로 설명한다.[30]

김호웅은 이런 맥락에서 중국 조선족의 이중성이 중국과 모국의 문화가 마치 1 : 1의 관계로 이루어져 있는 것처럼 이해하는 것은 의미 없다고 말한다. 중국 조선족은 자신만의 고유한 민족적 정체성을 간직하면서 중국 주류민족의 장점을 받아들여야 한다고 주장한다. 다문화주의적 관점에서 말하면 소수문화와 다수문화, 비주류문화와 주류문화의 이분법적 경계를 넘어 조선족의 고유한 문화와 중국문화를 가로 질러 새로운 다문화적 가치를 창조하는 것이 중요하다. 만약 자기의 민족적 정체성을 잃고 주류문화에 동화되어 버린다면 이보다 더 큰 비극은 없다고 김호웅은 주장한다. 조선족의 이러한 이중적 정체성은 글로벌 사회의 구성원으로 살아가는 데 필수적인 다문화적 역량으로 긍정적으로 이해되고 있다.

김호웅의 이런 주장은 조성일의 조선족문화 이중성이론에 대한 황유복의 반박글에 대한 반박에서 나온 것이다.[31] 황유복은 조성일의 조선족 문화이중성론에 대해 이러한 이론은 오히려 혼란만을 초래할 뿐이라고 반박한다. 황유복은 조선족은 이중성민족이 아니며, 세상에 이중성민족은 없다고 말한다. 즉 조선족은 100% 조선족이다. 조선족은 디아스포라가 아니며, 한반도에서 이주해온 이민들이나 그들 후예로 구성된 소수민족 일원이라는 의미 이상을 추론해서는 안 된다고 주장한다.

황유복은 '조선족'이란 개념은 중국 국적을 취득한 이민자 혹은 그들 후대 중에서 중국 행정당국의 승인을 거쳐 '조선족'으로 분류된 자

30 J. A. Banks, 김용신 · 김형기 역, 『다문화 시민교육론』, 교육과학사, 2008, 51쪽.
31 조성일과 황유복의 관련된 글은 조글로사이트(zoglo.net) 참조.

로 정의한다. 따라서 개념적으로 보면 '조선족'을 이중성민족으로 보는 것은 모순이라는 것이다. 황유복은 '이중성'의 사전적 의미를 '하나의 사물에 서로 겹쳐 있는 두 가지의 성질이나 상호 모순되는 두 가지의 속성'으로 정의한다. 이런 정의에 의하면 중국 조선족은 중국 국민이면서 동시에 조선민족이라는 이중성을 갖는다는 조성일의 주장은 논리적으로 문제가 있다는 것이다. 왜냐하면 중국 공민은 국적과 관련된 개념이고 조선민족은 민족과 관련된 개념이라 서로 다른 두 개념을 함께 싸잡아 이중성을 이야기할 수 없다는 것이다. 즉 국민과 민족은 하나의 사물이 가지고 있는 두 가지의 성질이나 속성은 아니기 때문에 조선족 이중성론은 개념적으로 문제가 있다는 주장이다. 이에 대해 조성일은 조선족은 중국 공민으로서 중화민족의 구성원인 동시에 조선반도의 국민과 동일선상에 있는 조선민족의 일부분이라고 말한다. 따라서 조선족은 이중성을 갖는다.

모든 문화가 자족적일 수 없다는 점에서 조선족의 문화 역시 중국문화의 영향을 받지 않을 수 없다. 그렇다고 해서 조선족문화가 중국문화로 동화되어버리는 것은 가능하지 않다. 중국 내 어느 소수민족보다도 전통문화를 잘 계승해 온 민족이 조선족이다. 조선족의 주거형태나 의복 그리고 전통 제례 의식이나 민족놀이와 세시풍습에는 다소의 변이와 변용은 있지만 대체로 원형을 잘 보존하고 있다. 중국 조선족이기 이전에 조선인으로서 전통문화의 원형을 잘 보존하면서 중국의 현대문화를 수용해 온 다문화적 역사를 가지고 있다. 우리 민족과의 역사적 동질성을 차단한 채 중국문화에 쉽게 동화되어야 된다고 주장하는 것은 우리 민족의 역사와 전통을 배제하는 몰역사적인 주장이다. 조선족 역시 중국의 소수민족이라는 점에서는 조선족과 중국문화의 차이를 인식하는 것은 중요한 일이다. 그러나 그 차이를 지나치게 절대화하는 것은 민족의 정체성마저 쉽게 포기하는 무제약적 다문화주의로 갈 위험성이 있다. 민족 고유의 전통이 갖는 정체성을 전제로 하면서 조선족문화와는 다른 중국문화의 차이성을 존중해야 한다. 무조건 우리 민족문화의 전통을 고수해야 한다는 것도, 다른 한편 전통을 무시하고 거주국의 문화에 쉽게 동화되어야 한다는 것도 모두 잘못된 것이다.

재일(在日) 조선족 학자 김문학의 '신조선족론'은 중국 조선족의 정체성 문제를 이해하는 중요한 관점을 제시하고 있다. 한마디로 그는 조선족의 민족적 정체성에 집착하기에는 너무나 많은 이질적 요소들이 연변 사회에 혼융되어 있다는 것이다. 개혁・개방 이후 조선족의 삶의 양식이나 생활세계는 초기 이주 시기나 항일 투쟁을 하던 시기로 환원하여 다루기에는 많은 한계를 갖는다는 것이다. 포스트식민주의가 끝나고 글로벌한 가치관이 주류를 이루고 있는 다문화 시대, 조선족의 정체성 역시 새롭게 조명될 필요가 있다는 점에서 그는 '신조선족론' 혹은 '조선족 문화개조론'을 이야기 한다. 그에 의하면 '신조선족'이란 새로운 생활 문화권에서 삶을 영위하고 있는 새로운 의식과 가치관, 시각을 갖춘 조선족의 새로운 패턴의 탄생을 의미한다.

조선족의 삶의 거주지가 연변을 떠나 한국으로 그리고 세계로 이동하고 있다. 이제 조선족을 문화적 동일성이나 순혈주의적 단일민족으로 한 틀 속에 가두어 두기에는 너무나 많은 이질적인 것들로 혼융되어 있다. 김문학은 혼융, 잡종 등의 개념이 주가 되고 있는 다문화 시대에 걸맞는 조선족의 정체성 담론을 디아스포라, 즉 문화적 경계인으로 살고 있는 조선족으로 확인하려고 한다. 아직까지 조선족의 정체성을 조선족문화 안에서 정리하려는 보수적인 학자들을 비판하면서, 온 세계 제국의 경계를 넘어 호모 노마드(Homo nomad)로서 살아가는 조선족의 위상을 새롭게 인식하지 않으면 안 된다는 것이 그의 주장이다.

연변을 중심으로 논의되었던 정체성 이론을 탈연변의 관점에서 새롭게 이해하지 않으면 안 된다. 이런 맥락에서 김문학은 이른바 '황-조'논쟁에 대해서 황교수의 입장을 대변하는 듯하다. 말하자면 조선족문화의 이중성을 강조하면서 중국 내에서의 조선족문화의 동일성과 동질성을 집요하게 주장하는 조성일의 입장에 대해서는 '반디아스포라적'이라는 비판적 입장을 취하고 있다. 특히 김문학은 미국에서 연구를 한 황 교수의 미국적 시각을 옹호하고 있다. 이미 조선족은 '한국계 중국인'으로서 정체성이 확고한데, 이에 대해 새롭게 정체성 논쟁을 벌이는 것은 오히려 혼란을 초래하는 것이라는 황 교수의 입장을 '신조선족론'의 이론적 토대로 인용을 하고 있다. 조선족 역시 세계 어디에 가든지 '-계 조선인'으로서 확고한 정체성을 갖고 살아가야 한다는 것이다. 김문학은 소위 '중국이 없는 중국 조선족'을 주장하는 근대적 정체성론을 비판하면서, 조선족의 정체성은 바로 '중국'이라는 타자를 통해 상호문화적 지평에서 새롭게 이해해야 한다는 다문화적 시각을 강조하고 있다. 김호웅 역시 '황-조논쟁'을 디아스포라적 관점에서 접근한다. 하지만 김호웅의 입장에서는 김문학의 3국동시 체험론이 정체성을 위협하는 논조라고 여겨질 것이다. 김문학이 말하는 3국동시 체험론의 사례이다.

> 아침 식사는 북경의 레스토랑에서 우롱차에다 기름빵을 먹는다. 그리고 정오에는 김포공항에 내리자마자 서울 시내로 달려가서 삼계탕에 들큰한 동동주 한사발을, 저녁은 어느새 도쿄에 날라와서 신선한 생선회에 기린 생맥주를 벌컥벌컥 들이킨다.

우리 민족의 한은 타자와의 화해를 겨냥하는 타자지향성을 함의하고 있다. 그 대상이 동지든 적이든 어떤 민족이든 인간으로서 사랑하고 그와 화해를 이루려는 근원적 지향성을 함의하고 있다. 우리 민족의 한은 자민족중심주의에 탐닉하지 않는다. 민족과 이념을 넘어 인간에 대한 사랑과 화해의 에토스를 함의하고 있다. 이런 맥락에서 조선족의 정체성 역시 자민족중심주의의 울타리를 벗어나 다문화 시대에 걸맞은 정체성으로 전환해 가지 않으면 안 된다. 물론 저자 역시 김문학의 이러한 다문화적 접근이 조선족의 정체성을 새롭게 인식하는 데 있어 중요한 방법이라고 생각한다. 조선족의 정체성을 조선족 안에서 정립하려는 근대적 시각을 탈피하여 '중국'이나 그 밖의 타자와의 관계 속에서, 타자 중심적 시각에서 새롭게 논의하지 않으면 안 된다.

저자는 이상의 조선족 정체성 담론에 대해 다음과 같은 문제점을 제기하지 않을 수 없다.

우선 황유복 교수의 '조선족 100%론'은 중국 내의 소수민족으로 살아온 조선족의 역사와 문화적 특이성을 간과하고 미국적 다문화주의의 시각을 빌어 성급하게 판단한다. 처음부터 주류 사회가 없이 다민족-다인종 사회로 출발하면서 다문화 사회가 된 미국은 '-계 미국인'으로서 살기 위한 시민권을 얻는 것이 바로 미국인으로서의 정체성을 법적으로 인정받는 것이다. 물론 중국 역시 1949년 신중국이 수립되면서 '중화민국'이라는 개념이 중국인으로서의 정체성을 담보해주는 법적 요인이 되었다는 점에서는 마찬가지이다. 그러나 미국과 중국은 근본적으로 다르다.

첫째 미국은 건국된 지 이제 240년이 채 되지 않은 국가로서 외부로부터 유입된 이민자들에 의해 만들어진 국가이다. 따라서 '종족'이란 개념이 국가라는 개념과 아무런 제한 없이 '-계 미국인'이라는 시민으로 살아 갈 수 있는 나라이다. 하지만 중국은 오랫동안 각자의 문화를 만들고 서로 영향을 주고받으면서 지속해온 국가이다. 특히 1980년대 개혁・개방 이후 중앙과 소수민족 사이의 거리가 생기자 소위 '소수민

중국 정주 하남성박물관에서 찍은 사진

족 자치구'를 허용하여 각 소수민족의 문화와 언어를 보호해주는 정책을 해왔다. 미국과는 달리 중국의 소수민족은 집단거주지를 형성하여 자신만의 문화적 전통을 지킬 수 있도록 정책적인 배려를 해왔다. 이른바 페이샤오통(費孝通)의 '중국민족다원일체론(中國民族多元一體論)'은 소수민족과 주류문화 사이의 문화적 교류와 융합정책을 지속해왔다. 조선족 역시 소수민족 보호정책에 의해 어느 소수민족보다 많은 지원을 받는 민족이다. 소수민족 보호정책에 의해 조선족의 문화와 전통을 지킬 수 있었던 것이다. 이런 맥락에서 보면 황유복 교수의 '조선족 100%론'은 중국과 미국의 문화적 특이성을 간과하고 미국적 시각에서 정체성의 문제를 다룬 것이라는 한계를 벗어날 수 없을 것이다.

그리고 조성일의 '조선족 문화이중성론' 역시 조선족의 문화적 정체성을 고집하기 위한 이론적 근거로만 작동한다면, 문화교류사적 관점에서 많은 문제점을 노출하지 않을 수 없을 것이다. 문화의 이중성은 바로 조선족의 문화는 중국이라는 타자를 통해 형성되어 온 문화이고 중국 역시 조선족의 문화를 통해 주류문화를 형성해왔다는 상호문화적 관점에서 이해하는 것이 중요하다. 만약 이중성론이 조선족문화의 정체성을 담보해내기 위한 전략적 개념으로 작동을 한다면, 이것은 가능하지도 않고 필요하지도 않는 어중간한 개념일 뿐이다. 문화의 이중성은 바로 주체의 문화가 타자의 문화를 통해 형성된다는, 그래서 모든 문화는 자족적일 수 없다는 다문화적 관점에서 읽는 것이 고정된 정체성이론의 한계를 벗어날 수 있는 길이다. 연변을 중심으로 형성된 조선족문화는 이제 탈연변의 새로운 지평에서 새롭게 타자와의 관계 속에서 다시 읽혀질 필요성이 바로 여기에 있다.

바로 이런 맥락에서 저자는 김문학의 '조선족문화개조론'이나 '신조선족론'에 많은 의미를 두고 싶다. 왜냐하면 이주가 유령처럼 밀려오고 밀려가는 다문화 시대의 흐름을 조선족 역시 피할 수는 없는 것이기 때문이다. 조선족의 이주의 역사가 월경(越境)에서 시작되었고 지금 조선족이 중국내의 대도시와 한국 그리고 온 세계로 흩어져 경계인으로 살고 있다. 이런 점에서 경계인으로서의 신조선족이라는 개념은 지극히 필요한 인식이다. 이에 대해 조선족의 정체성을 허무는 것이라고 혹평을 하는 것은 바람직하지 않다. 그러나 저자가 보기에는 김문학의 다문화적 접근, 예컨대 자신의 3국 동시체험적 삶을 이론적 근거로 조선족문화의 개조를 언급하기에는 다소 성급하다는 생각이 든다. 자신의 디아스포라적 삶을 신조선족론의 이론적 근거로 삼기에는 한계가 있다. 물론 정체성에 대한 디아스포라적 접근이 정체성 이원론자들에게는 많은 시사점을 준다. 모든 문화는 그 나름의 가치가 있다는 다문화주의적 시각에서 보면, 이제 조선족의 정체성을 타자와의 관계 속에서 새롭게 읽지 않으면 안 된다. 특히 조선족과 중국 그리고 조선족과 한국과의 관계를 이분법적으로 접근하여 중국적인 것과 한국적인 것의 거리를 둠으로써만 비로소 '조선족인 것'이 정립될 수 있다는 자민족중심주의는 많은 문제를 노출하지 않을 수 없다. 조선족만의 자민족중심주의를 주장하는 것은 문화 분열을 초래한다. 또한 디아스포라적 접근이 민족의 정체성 자체를 허무는 데까지 나아가면 소통을 뒤로 한 채 여러 개의 문화가 병존하는 '문화 복수주의(cultural pluralism)'의 형태를 띤다. 이것은 결국 문화적 발칸화와 분리를 가능하게 하는 이데올로기가 된다.

특히 현재 중국에 쉽게 동화되면서 모국과의 거리를 두고 나아가 문화적 적대감까지 드러내고 있는 조선족과 모국인 한국 사이의 관계를 새롭게 정립하기 위해 상호문화적 지평을 확인하는 것은 매우 중요하다. 문화적 분열을 초래하면서까지 문화 다원주의적 지평을 확대하는 것도 그리고 동시에 문화적 동질성을 자신의 문화 속에서 정립하려는 문화 일원론적 시각도 모두 잘못된 것이다. 바로 이러한 이유에서 조선족과 한국의 상호문화성이 '한'이 함의하는 타자지향적 화해구조를 통해 근거지어져야 한다. 상호성에 근거한 우리 민족의 보편성을 전제로 하지 않을 경우, 조선족은 우리 안에 그들로서 '영원한 타자'로 남을 것이다.

중국 조선족은 이미 중국과 상호문화적 관계 속에서 자신들의 정체성이 형성되어 왔다. 김호웅은 석화의 시를 인용하면서 조선족과 중국의 문화적 혼종성을 강조한다. 조선족은 중국의 문화 속에 쉽게 동화되지 않으면서 공존하는 형태로 존재하고 있다.

> 기차도 여기 와서는 / 조선말로 붕 — / 한족말로 우[嗚] — / 기적 울고 / 지나가는 바람도 / 한족바람은 펴~엉[風] 불고 / 조선족바람은 말 그대로 / 바람 바람 바람 분다 / 그런데 여기서는 / 하늘을 나는 새끼들조차 / 중국노래 한국노래 / 다 같이 잘 부르고 / 납골당에 밤이 깊으면 / 조선족귀신 한족귀신들이 / 우리들이 못 알아듣는 말로 / 저들끼리만 가만가만 속삭인다 / 그리고여기서는 / 유월의 거리에 넘쳐나는 / 붉고 푸른 옷자락처럼 / 온갖 빛깔이 한데 어울려 / 파도를 치며 앞으로 흘러간다.
>
> — 「기적소리와 바람」.

이처럼 석화 시인은 중국내 조선족의 문화가 중국의 주류문화와 공존하고 있는 다문화적 상황을 적절한 메타포로 잘 표현해주고 있다. 호모 노마드(Homo nomad)로서 조선족은 이주 100년의 역사 속에서 주류문화와 조화를 이루어 왔다. 조선족의 문화와 전통을 어느 소수민족보다 강하게 지켜오면서 주류문화와 상호문화적으로 조화를 잘 이루어 왔다. 조선족은 중국 주류문화에 쉽게 동화되지 않으면서 자신의 정체성을 지켜왔다. 동시에 자신의 정체성을 고집하면서 중국에 동화되기를 거부하지 않았다. 이런 면에서 '변하는 환경에의 적응과 민족 정체성의 유지'가 조선족 공동체의 특징이라고 말할 수 있다.[32]

3. 조선족 디아스포라의 위기와 기회

1) 조선족 사회의 해체?

2010년 7월 17일부터 8월 2일 사이에 필자는 동북 지역의 부분 조선족 농촌에 대한 방문에 나섰다. 연변 도문시 월청향, 흑룡강성 해림시 신안진, 상지시 하동향으로 거친 방문을 통하여 도시화 과정 속에서 조선족 농촌이 얼마나 빠른 속도로 해체되고 있는 가를 실감할 수 있었다. 이들 지역에서 인구 유출이 심한 마을은 실제 거주 인구가 호적인구의 1 / 8도 되지 않았으며, 많이 남아있는 마을도 호적인구의 1 / 3을 넘지 못하고 있었다. 그나마 남아있는 사람들도 50세 좌우가 젊은 층으로 분류될 정도로 노년인

32 권태환 외, 『중국 조선족 사회의 변화』, 서울대 출판부, 2005, 273쪽.

구위주로 되어 있어 조선족 농촌은 완전히 '노년생활형' 마을로 변화되어 있었다.

— 박광성, 「조선족농민 10년 후 자기땅 어딘지 모를수도」, 조글로사이트, 2010년 8월 13일.

'코리안 드림'의 형태로 이루어진 한국 이주는 조선족 사회에 남아 있는 가족의 해체라는 고통을 감당하지 않으면 안 된다. 한국으로 간 사람 대신 빚을 갚거나 사기를 당해 자살로 이어지기까지의 고통을 감수하지 않으면 안 된다. 한국으로 이주한 자의 삶도 고통이다. 물론 시간이 지나면서 한국정부의 다문화정책에 의해 좀 나아지기는 하지만, 조선족은 여전히 다문화지원정책의 사각지대로서 소외를 받고 있다. 취업 현장에서 부상을 당하거나 직업병을 얻어도 이에 상응하는 조치를 보장받을 수 없다. 더욱이 한국으로 돈 벌러 간 아내가 소식을 끊어버려 배신감에 빠진 남편은 고통을 그대로 떠안는다. 남은 자와 떠난 자 모두 고통을 감수해야 하고 이로 인한 조선족 사회의 해체는 심각한 문제를 야기하고 있다. 민족의 공동체 의식이 희박해지면서 온갖 자본주의의 부정적인 모습들을 그대로 답습하는 상황이 민족의 정체성을 지극히 혼란스럽게 하고 있다.

한국 사회에 이주한 조선족 동포 사회가 다른 이주자들에 비해 상대적으로 소외되고 있다는 소리는 어제 오늘의 이야기가 아니다. 물론 현재의 한국 다문화정책이 한국 남성과 결혼한 여성 이주자뿐만 아니라 이주 근로자나 탈북자 등에게도 지원을 하고 있다. 하지만 주로 한국 남성과 결혼한 여성들에 대한 지원으로 표준화되어 있다. 이런 맥락에서 조선족이 의사소통이 된다는 이유로 척박한 노동 현장에 고용되고 있지만, 인격적인 면에서나 복지적인 면에서 부당한 대우를 받는 경우가 많다. 한국 사회에서 조선족은 슬럼화되어 가고 있다.

'동포'의 차원에서 대하는 것이 오히려 다른 체류자들에 비해 상대적으로 역차별을 하는 경우가 되고 만다.

조선족 사회는 1970년대 말 개혁·개방 이전까지는 폐쇄된 공동체를 유지해왔다. 이주 이후 한반도의 동향 사람들이 모여 씨족 사회형태를 유지하면서 민족공동체를 자연스럽게 형성·유지해 왔다. 조선족 마을은 주로 일제의 강제집단이주의 형태로 그리고 1949년 신중국 건설 이후는 소수민족 자치주 형태로 외부의 영향을 받지 않으면서 고립된 공동체 형태를 유지해 왔다. 이러한 환경에서 자연스럽게 민족의 동질성과 문화적 전통을 유지할 수 있었다. 이후 문화대혁명의 시기에는 민족의 전통을 고수하려는 공동체 의식이 잘 유지되어 왔다.

이주 후 조선족은 주로 논농사를 중심으로 마을을 형성하여 왔다. 그러나 차츰 조선족의 논농사가 경쟁력을 잃어가면서 새로운 돌출구를 찾지 않으면 안 되었다. 조선족의 논농사에 비해 한족이나 만주족은 밭농사를 지어오면서 다각적인 영농 방법을 개선하는 데 반해, 조선족의 논농사는 상대적으로 다른 영농 방식을 찾는 데는 한계가 있었다. 이런 시기 개혁·개방은 조선족이 시장경제에 눈을 뜨게 만들었다. 특히 1992년 한중 수교 이후 한국바람은 조선족 사회의 엄청난 변화를 수반했다. 조선족 사회의 인구이동과 그에 따른 사회적 변화는 조선족의 정체성을 새롭게 논의하지 않으면 안 될 정도이다.

'한국바람'은 조선족 사회의 가치관을 크게 바꾸어 놓았다. 조선족이 만난 한국과 한국인은 이제 더 이상 조국의 모습이 아니었다. 이주 이후 개혁·개방정책 이전까지의 조선족의 정체성은 자연스럽게 민족공동체를 형성하는 토대가 되어 왔다. 어느 민족 못지않게 민족 의식이 강했고 교육열도 높았고 높은 도덕적 수준을 유지해왔다. 한국으로 꿈을 가지고 이주해왔던 조선족은 한국에 대한 실망감으로 한국은 고국으로 마치 멀리 있는 관계처럼 소원해져 간다. 김재국의 『한국은 없다』가 조선족 사회에 큰 영향을 준 것도 이런 이유에서이다. 중국 내에서 조선족의 정체성을 잘 유지해왔지만, 한국과의 수교 이후 오히려 중국에 더욱 동화되는 경향을 보인다. 정판룡의 '며느리론' 역시 "1백 년의 중국 조선족의 역사는 그 실질에 있어서 이민해온 조선민족이 점차 중국의 조선족으로 전변해 온 역사"라고 말한다.[33] 이주 초기 민족의 정체성에서 중국 공민으로서의 국민정체성으로 옮겨오지 않을 수 없었다. 소위 이중정체성의 혼란이 심화된다. 민족 정체성과 국민정체성으로서의 혼란이다. 한국에 대한 실망이 중국에의 동화를 강화하는 경향을 띠면서 조선족의 정체성혼란이 가속화된다. 그러나 이주에 따른 조선족 사회의 '해체(de-construction)'는 말 그대로 파괴가 아닌 파괴 이후의 재구성이다. 한중 수교 이후 일시적 현상으로 나타났던 조선족 사회의 해체는 새로운 시대로 나아가는 민족정체성의 재구성의 과정으로 읽어야 한다.

2) 새로운 가능성 - 글로컬리즘

물리적 경계의 넘나듦은 이제 보편적 현상이 되었다. 조선족 사회 역시 이주는 보편적 현상이 되었다. 농촌에서 도시로, 연변에서 중국 관내로, 그리고 한국으로 이주는 급증한다. 문화대혁명 이후 개방정책 고수와 1992년 한중 국교 정상화 이후 조선족의 탈연변 현상이 두드러진다. 비교적 1990년까지만 해도 안정적이고 폐쇄된 집단을 이루고 있었던 조선족은 개혁・개방 이후 봇물처럼 탈연변 한다.[34] 지금

33 최우길, 「중국 조선족의 정체성 변화에 대한 小考」, 『재외한인연구』 제8집, 재외한인학회, 1999, 201쪽.
34 권태환, 앞의 책, 1쪽.

까지 조선족의 정체성의 메카로 상징화되었던 '연변'은 이제 더 이상 조선족의 정체성을 묶어둘 수 있을 만큼 폐쇄적이지 않다. 특히 조선족 인구의 급격한 저하는 공동체의 위기 의식을 더욱 부추긴다. 조선족 인구는 신중국 건설 이후 꾸준히 성장하다가 1990~2000년 사이 1,924,000명으로 성장이 멈추었다. 연변 지역의 조선족 인구는 1996년 이후 마이너스로 돌아섰다.[35] 예를 들어 민족대학인 연변대학의 학생 구성원 비율도 조선족보다 한족 학생의 수가 더 많아지고 있다.

연변으로부터 타 지역으로의 이주 현상은 중국 타 지역으로 그리고 한국으로의 이주가 두드러진다. 연변을 중심으로 한 조선족의 집단주거 형태가 중국 여러 곳과 한국으로의 분산된다. 조선족의 공동체가 급작스럽게 해체되고 조선족 가족이 분산되어 각 곳으로 흩어지면서 일종의 디아스포라적 정체성으로 전환되고 있다. 월경인으로서 자발적으로 간도 땅으로 이주해서 지금까지 이주의 역사의 주체로서 살아온 조선족은 세계 어느 민족보다 유목민적 근성이 강한 디아스포라이다. 1990년대 이후 조선족의 정체성의 변화는 한편으로는 민족 공동체의 위기로 보이지만 다른 한편 변화하는 정치-사회적 환경에 적절히 잘 적응해왔다는 것을 말한다. 현대와 같은 글로벌 시대에 조선족 역시 정체성의 변화를 자연스럽게 겪지 않을 수 없다. 조선족은 죽음을 무릅쓰고 월경하여 만주 벌판에서 자신들의 삶을 일구어온 대표적인 디아스포라 민족이다.

예컨대 중국 청도의 경우 2010년 12월 말 현재 조선족이 13만 4,400명으로 이들 중 소수이기는 하지만, 한국에서의 경험을 바탕으로 성공적인 사업가로 변신하였다. 1952년 연변자치주 전체 인구의 62%에 해당하던 조선족이 2010년 말에는 36%에 머물 정도로 수가 줄어들었

---

35 위의 책, 33쪽.

다(〈9시뉴스〉, KBS, 2012.1.23). 하지만 이런 현상이 겉으로 보기에는 조선족 사회의 해체이지만 다른 한편으로는 글로벌 조선족 네트워크를 형성해 가는 과정으로 보아야 한다. 현재 중국 관내로 진출한 조선족이 약 5~60만여 명으로 추산된다. 이에 따라 상대적으로 조선족 자치주라는 구조적인 틀이 해체되는 것처럼 보이지만, 이것은 새로운 글로벌 사회에 대처해가는 조선족의 역량으로 읽어야 할 것이다. 우리는 조선족 사회의 이러한 변화를 지나치게 민족주의적 시각에서 바라볼 필요는 없다. 탈민족주의와 탈식민지주의를 시대적 가치로 인정하는 글로벌한 시대, 조선족의 정체성 변화를 다문화적 정체성으로 긍정적으로 읽는 것이 필요하다. 이주 초기부터 해방이전까지의 식민지하의 조선족의 정체성을 그대로 인정하고 유지하려는 것은 극단적인 자민족중심주의이다.

조선족은 정치적으로나 사회적으로 중국 국민으로 살아온 그들만의 고유한 역사를 가지고 있다. 한국 역시 조선족으로서는 경험하지 못한 이질적인 역사를 가지고 있다. 이러한 상황에서 양자의 역사를 가로 질러 만날 수 있는 우리 민족만의 고유한 보편적 가치가 무엇인가? 이것은 우리 민족이 일제하의 식민지로서 경험해온 역사, 특히 민족의 생활세계 속에서 전승되어 온 보편적 정서인 '한'의 역사이다. 물론 이 '한'을 민족의 정체성으로 새롭게 이해하려는 것은 일종의 순혈주의나 단일문화의 관점에서 자민족중심주의적 정체성으로 논의하려는 것은 아니다. 탈식민지주의와 탈민족주의를 통해 내셔널리즘에서 글로벌리즘으로의 전환이 요청되는 시기에, 저자는 이 한이 함의하고 있는 다문화적 가치를 새롭게 읽어야 할 필요성을 강조한다. 한은 우리 민족만의 특이한 정서이면서도 다른 문화와 관계 속에서 역사적으로 전승되어 온 것이다.

우리 민족에게 한은 단순한 감정이 아니라. 민족의 역사 속에서 다른 민족과의 관계를 유지하면서 형성해 온 그 자체 민족적 기질이면서도 타자에 열려있는 개방적 정서이다. 우리가 민족주의와 글로벌리즘을 양립할 수 없는 모순적 관계로 보는 것은 지나치게 형식논리적이다. 우리 민족에 있어서 한은 타자에 대한 원망과 한탄도 담고 있지만, 타자에 대한 정과 기원 그리고 사랑과 화해의 에토스도 담고 있는 타자지향적인 정서이다. 타자에 대한 복수나 증오만을 담고 있는 서구의 르쌍티망과 같은 주관적 감정만이 아니다. 따라서 우리 민족의 한은 폐쇄된 민족주의의 산물이 아니다.

만약 한을 일제와 중국공산당의 정치적 패권하의 고난과 투쟁의 역사 속에서 형성된 자민족 중심의 민족주의의 분비물로만 생각한다면, 한은 결국 "서로가 서로를 배제하고 타자화 시키면서 동시에 서로가 서로를 살찌우고 강화"시키는 동아시아 민족주의의 산물 이상이 아니다.[36] 만약 이러한 논의가 가능하다면 "제국주의침략에 대한 식민지 민족의 해방투쟁의 역사는 제국주의의 침략성과 배타성을 닮아가려는 욕망"에 지나지 않는다.[37] 이것은 저항민족주의를 침략민족주의와 동일하게 취급하는 오류를 범하는 것이다. 왜냐하면 한은 일제 침략하에서 우리 민족만이 살아남기 위한 폐쇄적 민족주의의 유산만이 아니라, 일본과 중국공산당의 이중적 억압 속에서 그들에 대한 원망과 자신들의 무능함에 대한 한탄을 꿈과 행복과 화해와 사랑으로 새롭게 구성해 낸 민족의 지향적 역동성의 산물이기 때문이다.

세계화를 논하는 시대에도 우리 민족의 식민지 경험이 증류되어 있는 한의 정서를 논하는 것은 한이 함의하고 있는 다층적 구조, 즉 주체와 객체를 초월하여 보편적 가치를 구성하려는 초월적 구조 때문이

36 나종석, 「탈민족주의 담론에 대한 비판적 성찰」, 『내셔널리즘에서 글로컬리즘에로』, 영남대 인문과학연구소, 2009.10.30, 44쪽.
37 위의 책, 45쪽.

다. 우리가 한의 초월성을 강조할 경우 이 '초월성'이란 항상 주체를 넘어 타자에게로 향해져 있다는 '지향적' 구조를 의미한다. 바로 이러한 맥락에서 한의 지향적 구조는 세계화의 흐름 속에서 세계개방적인 구조로 새롭게 읽혀지지 않으면 안 된다. 만주로 미래의 꿈을 가지고 이주해서 거기에서 온갖 고난을 이겨내고 지켜온 조선족의 정체성은 바로 타자와의 관계 속에서 형성된 디아스포라적인 신조선족의 정체성으로 읽혀져야 한다. 우리가 우리 민족의 한에 함의되어 있는 세계사적 의미를 간과한다면, 인류의 보편적 과제를 완수할 수 있는 다문화적 역동성을 인식할 수 없을 것이다.

우리 민족의 한의 역사를 뒤로 한 채 성급하게 요청되는 글로벌리젠이션은 그 자체 또 하나의 공허한 담론에 그치기 십상이다. 따라서 우리 민족의 역사적 원형으로 주어진 한의 공동체를 유지하면서 세계화를 지향하는 이중적 과제를 수행하지 않으면 안 된다. 민족의 특이성에 기초한 공동체적 의식을 공유하면서 세계시민의 이상을 지향해 가야 한다. 한국인과 조선족 사이의 이질성을 서로 존중하면서 동시에 민족 공동체 구성을 위한 연대성을 소홀히 하지 말아야 한다.

조선족의 정체성의 위기를 조선족문화의 순수성을 회복함으로써 극복할 수 있다는 논의에는 또 다른 위기를 숨기고 있다. 모든 문화는 자족적인 것이 없다는 다문화적 명제에 비추어 봐도, 중국문화에 동화되는 것이 바로 우리 문화의 순수성을 훼손하는 것으로 규정할 수 없다. 물론 중국문화에 동화되는 현상 자체가 바람직한 것은 아니지만, 일정 부분 동화를 인정하지 않을 수 없다. 모든 유형의 동화주의(同化 : assimilation)를 절대악으로 보는 것은 본질적으로 잘못된 것이다. 주류 사회의 문화에 동화되는 것은 당연한 현상이다. 그렇다고 해서 조선족의 정체성이 위기에 다다를 정도로 전통문화를 무시하는 것 역시 또 다른 위기이다. 주류문화에의 동화를 바로 소수문화의 정체성의 훼손으로 보는 것은 지나친 이분법적 접근이다.

김강일은 중국문화에의 적응을 바로 민족문화의 순수성의 훼손으로 보는 입장을 비판하면서, '민족문화의 순수성'을 회복함으로써 위기를 극복할 수 있다는 논의 자체가 또 하나의 위기를 초래한다는 분석을 한다. 그러면서 그는 조선족문화의 이질화를 오히려 새로운 시대의 문화적 역동성으로 이해해야 한다고 말한다. 조선족문화와 중국문화의 결합을 문화적 장점으로 이해해야 한다는 것이다. 문화의 순수성이라는 것은 근본적으로 있을 수 없다는 논의를 제시한다.[38]

물론 조선족문화 해체 혹은 위기론에 대응하는 논리를 문화의 순수성으로 돌아가자는 논리로 제한해서는 안 된다. 김강일의 지적처럼, 이조 시대로 돌아가자는 형식논리적 접근으로 대응할 수는 없다. 그럼에도 불구하고 조선족문화의 위기를 극복하는 대안으로서 민족의 정체성 회복을 논의하지 않을 수 없다. 다만 중국문화를 배제한 조선족문화의 복권을 의미하는 것은 결코 아니다. 저자 역시 모든 문화는 타문화와의 관계 속에서 형성될 수 있다는 다문화적 명제를 전제한다. 타문화와 분리된 우리 문화를 논리적으로 추출하기는 근본적으로 불가능하다. 그럼에도 불구하고 위기 대응논리로서 한민족의 정체성의 복권을 이야기하는 것은, 한민족의 정체성 역시 중국과 일본 등과의 역사적 관계 속에서 형성되어 온 다문화적 정체성이라는 사실 때문이다. 한민족의 정체성이 타민족과의 역사적 관계 속에서 형성되어 왔다는 사실을 고려한다면, 우리 민족의 정체성은 바로 역사적으로 전승되어 온 것이다. 특히 저자가 조선족의 위기에 대응하는 논리로서 조선족의 한의 역사를 언급하는 것은, 조선족에게 있어서 한은 타자에 대한 복수와 증오를 넘어 타자지향적인 관계 속에서 형성되어

38 김강일, 「중국조선족사회 지위론」, 『아시아태평양지역연구』, 전남대 아시아태평양지역연구소, 2000, 10쪽 이하 참조.

온 상호문화적이고 상호주관적인 체험이기 때문이다. 한의 실체는 따로 존재하지 않는다. 따라서 한을 개념적으로 정의하기 힘들다. 다만 한은 관계 속에서 형성된 민족의 체험의 다발이다. 우리 민족의 생활세계 속에서 타민족과의 투쟁과 조화를 통해 형성해온 민족의 역사적 분비물이다. 이것은 일제의 강제병합 이후 국가를 상실했던 한민족이 만주와 한반도에서 공유했던 역사적 분비물이다. 이 한의 역사 속에 침전되어 있는 민족의 정체성을 새롭게 이야기함으로써 조선족과 한국 사이의 상호문화적 지평을 확인하는 것은 새로운 시대 요구되는 민족의 과제이다. 순혈주의가 죄악처럼 여겨지는 탈민족주의 시대에, 조선족과 한국인 사이의 단순한 동포로서의 동질성을 넘어 다문화 시대의 새로운 정체성을 모색하는 것은 시대적 요청이다. 예를 들어 한국에 와 있는 조선족을 단순 동포로서만 대할 경우, 그들은 다른 외국인들보다 상대적으로 더 소외를 당한다고 말한다. 조선족이 한국정부에 대해 다른 외국인들과 동등하게 대해 달라는 요구도 이런 맥락에서 이해할 수 있다.

그러므로 다문화 시대 '동포'로서의 순수한 동질성을 논의하는 것 자체가 가능하지 않을 뿐더러 단일문화라는 신화에 예속당할 뿐이다. 우리 민족의 한은 다원성을 배제하는 무제약적 보편성이 아니라 타문화와의 관계 속에서 형성된 절차적 보편성을 담고 있다. 동아시아적 가치들 속에서 형성되어 온 우리 민족의 보편적 체험이고 정서이다. 우리가 조선족의 문화의 이중성을 중국과 모국 사이의 경계문화로 소극적으로 읽기보다 중국 주류문화와 소수민족문화의 상호문화적 융합으로 읽는 것이 중요하다. 민족 대 민족 사이의 상호문화적 융합이다. 정치적으로는 중국에 동화될 수밖에 없지만 민족으로 가지는 문화적 생존권을 유지하면서 문화적 융합을 슬기롭게 이루어 왔다. 민족의 정체성을 잘 유지하면서 중국에 잘 적응해왔다. 김강일은 조선족의 이러한 문화적 역동성을 '변연문화(邊緣文化)'로 정의하면서 민족의 문화적 우세이고 가장 보귀한 문화자원이라고 말한다.[39] 한국과 중국의 경계를 가로 질러 상호문화적 지평에서 양자를 융합하는 문화적 역동성은 바로 글로벌 시대 '신조선족'으로 정체성을 형성해 갈 수 있는 민족공동체 의식의 원형이다. 저자는 바로 이 원형을 우리 민족의 한의 역사 속에서 확인하려고 한다.

우리는 중국 조선족의 정체성의 급격한 변화에 대해 낙관적으로 혹은 비관적으로 생각할 수 있을 것이다. 개혁·개방 이후 급격한 산업화와 도시화에 따른 자연스런 변화가 탈연변의 새로운 정체성을 형성한 것이라는 긍정적인 시선이 있는가 하면, 조선족은 결국 중국에 전적으로 동화되어 탈연변은 결국 연변자치주의 해산으로 이어질 것이라는 견해도 있다.

하지만 이러한 이분법적 접근에 앞서 정체성이란 개념은 고정된 것이 아니라 관계개념으로서 다른 문화와의 관계 안에서 자연스럽게 형성되어 오는 것이라는 점을 인식할 필요가 있다. 개혁·개방 이전 거주국과의 관계 속에서 조선족의 공동체는 상황적으로 자연스럽게 유지될 수 있었다. 하지만 개혁·개방 이후 한중수교를 통한 새로운 관계, 예컨대 도시화와 산업화 그리고 글로벌화의 상황하에서는 새로운 정체성, 즉 글로벌한 정체성으로 전환되지 않을 수 없다. 새로운 조선인, '신조선인'으로서의 디아스포라적 정체성을 자연스럽게 형성할 수밖에 없다.

물론 조선족의 정체성에 대한 관계론적 접근이 조선족의 정체성 자체의 파기를 의미하지는 않는다. 근대 민족주의적 정체성의 해체는 결국 새로운 구성을 위한 전략적 해체이다. 이것은 조선족의 집거지

39 위의 책, 15쪽.

가 도시로 옮겨 오고 나아가 전세계적으로 흩어져 사는 시대에 새로운 집거문화인 '신촌운동'이나 다문화적 정체성을 가지고 문화적 경계를 자유롭게 넘나드는 '신월경인'으로 형성해가는 과정으로서의 해체이다. 그러므로 조선족 공동체의 해체는 매우 생산적이다. 중국으로의 완전한 동화는 불가능하다. 조선인은 결코 멋진 중국인은커녕 중국인도 될 수 없다. 왜냐하면 한 나라의 문화가 다른 나라의 문화로 흡수되는 방식의 동화는 이데올로기이기 때문이다. 중국으로의 동화가 아니라 조선족은 중국과의 관계 속에서 중국에 적응하면서도 거리를 두는 상호문화주의적 입장을 견지해야 한다.

이제 조선족의 문화는 중국문화에 예속되어 있는 주변문화가 아니다. 문화논의에 있어 중심-주변의 이분법적 논의는 옛 시대의 산물이다. 조선족문화는 중국의 예속문화가 아니라 오히려 중국의 문화와의 차이성을 유지하면서 동시에 중국문화의 정체성을 형성하는 데 중요한 역할을 해왔다. 그러므로 조선족의 정체성은 중국문화와의 차이성을 유지하면서 다문화적 관점에서 자신의 정체성을 새롭게 형성해 가야 한다. 동시에 한국과의 관계 역시 중심과 주변이라는 낡은 관계를 청산하고 한민족의 고유한 정체성을 회복해야 할 것이다. 이 정체성의 원형을 한민족의 한의 역사 속에서 새롭게 확인해야 할 이유도 바로 이것이다. 이를 위해 조선족 교육 역시 지나간 폐쇄적인 정체성 교육을 벗어나 개방적이면서도 글로벌 리더로서 성장할 수 있도록 진행되어야 한다. 한국과 조선족은 이제 글로벌 리더로서 새로운 역사를 만들어 가야 한다. 그 힘과 에너지는 바로 우리 민족 고유의 정체성인 한의 역사에서 찾아야 한다.

그러므로 급격한 변화에 따른 조선족의 정체성의 변화를 위기로 성급하게 재단할 필요는 없다. 다만 민족주의의 시각에서 논의되었던 정체성의 문제를 탈민족주의적 시각으로 옮겨 논의해야 한다. 조선족

100년의 역사 속에 함의되어 있는 우리 민족의 보편적 가치를 발굴하고 그것을 토대로 21세기 글로벌 사회에 걸맞게 형성해가야 한다. 왜냐하면 글로벌한 가치와 로컬한 가치를 융합하여 글로컬리즘(glocalism)의 다문화적 가치로 창조해야 하기 때문이다.

3) 만주 드림에서 글로벌 드림으로

중국 조선족 작가 리혜선의 『코리안 드림－그 방황과 희망의 보고서』에서 형상화된 조선족 3세인 젊은 유학생들의 미래지향적 삶 속에서 기대와 희망의 원한(願恨)의 에토스를 읽는다. 만주항일투쟁에서 지켜왔던 자랑스러운 조선인 여성 영웅들의 한의 지향사가 자신들의 정체성을 글로벌 시대의 새로운 정체성으로 형성해 가려는 미래지향적인 조선족 동포 이주 여성들의 삶 속에 원형으로 함의되어 있다. '간도', '태항산', '연변' 그리고 '구로'로 한의 공간은 변해왔지만 한의 역사는 우리 민족의 원형적 정체성으로 전승되어 왔다. 일제하 일본군에 의해 만주로 이주하도록 강요를 받기도 했지만 어쨌든 그곳에서는 가난만을 피할 수 있을 것이라는 '만주드림'의 희망을 갖고 찾아 갔다. 하지만 온갖 고난을 겪을 수밖에 없었다. 그럼에도 그 척박한 공간에서도 원한의 역사를 정한의 역사로 그리고 새로운 기대와 희망의 원한의 역사로 민족의 정체성을 일구어왔다.

그 '만주 드림'이 이제 '코리안 드림'으로 바뀌면서, 한국은 조선족 동포들에겐 더 나은 삶을 위한 꿈의 공간이 되었다. 하지만 만주 땅에서 일본인과 중국인들로부터 받았던 차별과 고통스러운 삶을 고국 공간에서 되풀이할 수밖에 없다. 상상 속의 동포와 고국으로부터 받는 차별과 고통은 어쩌면 만주벌판에서 받았던 상처보다 더 깊은 것일지도 모른다.

하지만 이제 코리언 드림을 넘어 글로벌 드림으로 넓혀가야 한다. 이런 차원에서 한중 수교 이후 급증하는 한국 이주에 따른 연변조선족 공동체의 해체를 소극적으로 보지 말자는 김문학의 주장은 일리가 있다. 조선족은 근본적으로 정착민이 아닌 Homo nomad(유목민)이었다. 유목민으로서의 조선족의 삶은 글로벌한 시대를 살아가는 데 필수적인 덕목을 갖추고 있다. 이런 점에서 김문학은 말한다.

> 국내 많은 지식인과 유지들은 이 대월경적 移動에 대해 '민족집단공간의 해체'라는 네거티프한 우려를 자아내는 목소리를 내고 있다. 이 같은 목소리는 지극히 지당한 '민족위기'에 대한 우려이며 전조선족의 심사숙려의 과제이기도 하다. 그런데 필자는 시점을 달리하여 보면 이것 자체가 네거티프한 것만은 아닌 것이라 보고 싶다. 네거티브한 이미지와는 달리 포지티브하게 文化모험을 감행하는 時代적 조류이라면 그것을 단지 소극적으로만 평가할 수는 없다. 우리가 이미 월경의 민족으로서 신월경으로 다시 새로운 복수의 文化와 사회, 공간에 소속하면서 그 모두와 어울리거나 거리를 둔채 여러 갈래의 價値觀을 갖고 자유롭게 '경계'를 살아가는 라이프 스타일은 고착된 '디아스포라'에 신선한 공기를 주입한 것으로도 통한다. 아니 새로운 삶의 경계를 재구축한 그것이다.
>
> —「'구조'로서의 조선족 越境」, 조글로포럼, 2010.7.4.

그는 조선족 공동체의 해체를 위기로만 보지 않고 새로운 시대에 맞는 글로벌한 정체성을 형성해가는 과정으로 이해한다. 그 정체성의 형성은 월경인(越境人)으로서의 조선족의 다문화적 의식에서 찾을 수 있을 것이다. 저자는 바로 이 다문화적 의식을 바로 우리 민족의 역사적 정체성이 담겨 있는 한의 역사를 통해 읽을 수 있다고 생각한다.

그러므로 조선족 동포와 한국인 사이의 이항적 대립을 넘어 글로벌한 정체성으로 승화시켜나갈 수 있는 에너지도 한의 지향적 역동성에 기인한다. 조선족 동포와 한국인 사이의 문화적 차이에 따른 대립을 극복하고 다문화적 정체성을 형성할 수 있는 것도 우리 민족의 한이 가지는 타자지향적 구조 때문이다. 사랑과 화해를 이루어 공존하려는 한의 지향적 구조는 바로 조선족 동포와 한국인 사이의 이항적 대립을 넘어 글로벌 정체성을 형성할 수 있는 민족의 에너지이다.

탈연변과 탈조선족중심주의는 글로벌 시대 세계시민으로서 조선족이 성정할 수 있는 토대가 된다. 물론 탈조선족중심주의가 조선족의 고유한 문화적 및 민족적 정체성을 파괴하면서까지 글로벌한 정체성으로 성장하자는 의미는 아니다. 조선족 공동체 마을과 문화적 정체성을 유지하면서도 동시에 한국인으로서 그리고 세계 시민으로서 다양하게 정체성을 변양시켜가자는 의미이다. 연변이나 기타 도시로 이주로 인한 조선족 농촌 마을의 붕괴는 심각한 문제를 야기 시킨다. 흑룡강성 233개(2007년 기준) 조선족촌 가운데 토지경영권을 100% 양도한 조선족촌도 있을 정도로(「특별기획－조선족 농촌 토지 확보 대안은 어디에」, 『흑룡강신문』, 2010.8.29) 조선족 공동체의 붕괴는 민족의 정체성을 위기에 몰아넣는다. 그러나 수전(水田)농사를 중심으로 마을이 유지하기 힘들게 되고 농촌에서 도시로의 이주가 급증하면서 이를 막을 방법이 없다. 이러한 상황에 조선족농촌 마을을 민족문화유산으로 관광화 한다든가 민족공동체 마을로 재구성을 하는 방식으로 유지・보존하려는 새로운 방식을 모색해야 한다.

이러한 민족문화의 보존이 한국이주와 해외이주를 통한 글로벌한 정체성을 형성하는 것과 전혀 모순적이지 않다. 오히려 민족문화의 유지와 보존이 글로벌한 정체성을 형성하는 데 밑거름이 된다. 가장 민족적인 것이 세계적인 것이라는 glocalism의 구현은 바로 민족정체성과 세계시민으로서의 정체성이 양립가능하다는 것을 의미한다. 그러므로 '이주(移住)'라는 글로벌한 현상에 대한 지나친 대응은 오히려 자민족중심주의에 빠지게 만든다. 탈민족주의의 거대한 시대적 흐름 속에서 조선족의 이주는 또 다른 세계를 향한 위대한 월경(越境)이 될 것이다.

이러한 거대한 흐름 속에서 조선족 유학생이나 젊은 학생들이 글로벌 리더로서 성장할 수 있는 잠재력이 중국의 어느 소수민족보다 크다. 중국내 소수민족은 거의 다 소수민족 언어를 잃어버리고 중국의 한어(漢語)에 동화되어 있다. 이에 비해 조선족은 조선어를 지켜오면서도 한어에도 능통한 이중언어 사용 능력을 가지고 있다. 만주 일제치하에서도 만주족과는 달리 조선어를 지켜왔다. 물론 지금은 조선어를 사용하는 조선족이 상대적으로 줄어들긴 하지만 그래도 다른 소수민족에 비하여 이중언어에 능통하다. 하나의 예로 길림성 훈춘시 방천(防川)은 조선과 중국 그리고 러시아 접경지대로서 국제적인 언어감각과 능력을 갖추기에 적합한 지역성을 띠고 있다.

'접경지대'라는 지역적 특성과 한민족의 높은 교육열이 합해져 이 지역에서는 국제무대에 뛸 수 있는 기본 자질을 갖춘 인물이 많이 나왔다. 조선족 대부분은 중국어와 조선어를 동시에 모국어로 사용하는 이중 언어 사용자다. 조선족 학생들은 중학교 때부터 제2외국어로 일본어 또는 러시아어(흑룡강성 등 러시아 접경지대)를 배웠고 최근에는 영어 열풍까지 가세했다. 조선족 식자층 가운데선 3개 언어를 구사하는 다중언어 구사자를 드물지 않게 볼 수 있다. 조선족 가운데 3개 이상의 언어를 사용하는 비율을 정확히 알 수는 없지만 세계 어느 민족과 견줘도 언어 강점을 가진 것은 분명하다. 이런 언어 능력을 갖추는 것은 쉽지 않은 일이다. 일각에서는 소수민족으로 중국에서 살면서 2개 이상의 언어를 습득하는 걸 별로 대수롭지 않다고 여긴다. 하지만 위

중국 훈춘 방천에 세워진 러시아와 중국 국경선(2011.12.23 방문)

구르족 같은 소수민족은 중국어에 그리 능통하지 않다. 중국 내 어느 소수민족과 견줘 봐도 조선족만큼 자신의 언어와 중국어를 두루 능숙하게 구사하는 경우는 많지 않다.

이처럼 조선족은 인구가 약 625배나 많은 12억 명의 한족과 함께 살면서 한족문화와 언어를 배척하지도, 민족문화와 민족어를 잃지도 않았다. 한족화(化)를 볼 수 있는 핵심지표인 한족과의 통혼(通婚)율에서 조선족은 7.95%(2000년 인구센서스)로 이슬람교를 믿는 소수민족 일부를 제외하곤 최저 수준이다.

최근 연길에서 열린 '제2회 조선족 고위층 경제포럼'에는 많은 조선족 사업가가 모였다. 이들 중 상당수는 언어적 강점을 활용해 한국과 중국, 조선과 중국, 중국과 일본의 가교 역할을 하고 있다. 이번 포럼의 주제는 지난해 중국 중앙정부가 국가급 개발계획으로 비준한 장춘과 길림, 도문을 잇는 두만강유역 개발계획이었다(이현진 『동아일보』 베이징특파원, 「주목받는 조선족의 국제성」, 조글로포럼, 2010.8.27).

이와 같이 민족의 정체성 유지는 바로 세계화 시대의 자산이 된다. 조선족 젊은 학생들의 다중언어구사능력은 글로벌 시대 리더로서 성장할 수 있는 문화적 자산이 아닐 수 없다. 조선족은 이제 더 이상 한국에서의 영주권을 원치 않는다. 다만 자유롭게 경제적으로 이주하고 체류할 수 있는 기회를 제공해 줄 것을 기대한다. 민족적인 관대함을 기대하며 영주권을 희망하기보다는 합법적 노동 이주를 가능하게 하는 제도적 장치를 요구한다. 한국은 더 이상 모국이 아니라 근대화된 조국이며 이 근대화된 조국에서 경제적인 기회를 많이 얻는 것이 목적이다.

이제 조선족은 더 이상 '동포'라는 정체성에 연연해하지 않는다. 오히려 '동포'라는 개념은 그들을 예속하는 또 다른 굴레로 작용한다. 한국정부에서 골치 아픈 불법체류자로 살기보다는 중국으로 귀환하여 조선족의 새로운 부활을 꿈꾸는 운동이 번지게 되었다. 중국 공민으로서 중국 내 '조선족 집중촌(선양의 만융촌이나 헤이룽장성의 하이린시 신합촌 등)'[40]을 만들어 새로운 삶의 공간을 만들자는 운동으로 전개된 것이다. 이제 조선족은 민족주의적 틀을 벗어나 글로벌한 정체성을 스스로 형성해가지 않으면 안 된다는 시대적 요구에 따른 운동이었다. 중국 조선족의 이중적 정체성을 글로벌한 정체성으로 확장시켜 인류공영에 이바지하는 초국적 공동체로 거듭 나야 한다는 시대적 요구에 따른 정체성의 변화이다.

만융촌은 1934년 일제의 압제를 피해 온 평안도 머슴 출신 조선인 정(鄭)씨 일가들에 의해 개발되기 시작하였다. 이 땅은 만주인이 버린

---

40 전형권, 「모국의 신화, 노동력의 이동, 그리고 이탈」, 『한국동북아논총』 제38집, 한국동북아학회, 2006, 151쪽.

만융촌

1995년 개발된 450가구, 1350명이 거주하는 조선족 집중촌 '화원신촌'(심양시 소가툰구 영춘가 188호). 지금은 80%의 조선족이 살고 있음

황무지였다. 땅을 신앙처럼 여기는 조선인들은 거기에 물길을 내고 모를 심었다. 중국인들이 비웃었지만 물기 흠뻑 머금은 두툼한 토층(土層)에선 이삭이 토실하게 익어갔다. 1945년 광복 때 조선인 수가 400호(戶)에 달했다. 6,000호가 살았던 이곳은 현재는 많이 줄어 2,000가구가 살고 있다. 법적으로는 100%의 조선족이 살고 있다. 현재 만융촌을 이끌고 있는 이문길 공산당 서기는 아버지의 고향이 평안북도이고 어머니는 한국 전남 장흥이다.[41] 그는 중국 최대의 코리아타운

을 꿈꾸고 추진하고 있다.

4) 초국적 정체성

현재 재중 조선족 중 4분의 1인 50~55만여 명이 중국 연해도시로 이주하고 있으며, 국외 진출 중 절대 다수가 한국으로 이주하고 있다. 현재 연변조선족인구는 80만여 명으로 전체 인구 217만 9천 명의 36.7%에 불과한 것이다. '연변조선족자치주'란 이름을 떼고 연길시로 바꾸어야 할 만큼 인구 이동이 공동체를 해체할 정도로 심각하다(『연합신문』, 2010.9.20).

국외진출 조선족 인구 상황[42]

국가	진출 인구	진출 시기	목적
한국	44만여 명	1990년대 초기	노무, 혼인, 유학
일본	5~6만 명	1990년대 중반기	유학, 취직, 혼인
북미	8만여 명	1990년대 후반	노무, 유학, 취직
러시아	2~3만 명	1990년대 초기	상 업
기타	1~2만 명	1990년대 중반기	노무, 유학, 상업
합계	60~65만 명	—	—

하지만 이러한 현상을 글로벌 시대 민족의 초국적(transnational) 정체성을 형성하는 긍정적인 계기로 보아야 한다. 탈연변에 의한 민족의

41 문갑식,「문갑식의 세상읽기－그 '골수 공산당'은 왜 한국에 반했을까」, 『조선일보』, 2011.6.27.

42 박광성,「초국적인 인구 이동과 중국 조선족의 글로벌 네트워크」,『재외한인연구』 제21집, 재외한인학회, 2010, 362쪽.

재집결과 글로벌 네트워크는 바로 조선족의 디아스포라적 정체성을 긍정적으로 인식하게 한다. 이를 박광성은 "일정 지역 내의 집중 거주"에서 "초국적 범위의 분산거주"로 특징짓는다.[43] 이제 조선족은 중국과 한국 사이에서 민족/국가의 정체성 담론에 머물고 있을 수 없다. 대표적인 디아스포라인 '월경인'으로서의 조선족의 초국성은 글로벌 시대 민족의 특질이며 장점이다. 조선족의 초국적 사회공동체는 사회적 네트워크의 형식으로 형성된다. 물론 이 사회적 네트워크는 조선족의 혈연과 지연을 기초로 하여 사회적 관계에 따른 새로운 공동체로 형성된다. 연변의 조글로사이트(www.zoglo.net)와 미국의 조선족이 운영하는 니카(www.nikca.com) 등이 대표적인 네트워크이다.

조선족 사회의 해체를 위기로 보는 것보다는 기회로 보는 것이 더 타당하다. 조선족의 이주와 인구 이동을 집거지의 해체로 보고 이것을 중국의 동화현상으로 읽는 것은 지나친 민족주의적 시각이다. 조선족의 초국적 분산거주는 글로벌 경제와 생활세계의 변화에 따른 기능적 분화이다. 따라서 조선족의 가족분산은 가족해체와는 다르다.[44] 분산이 해체를 가져 오지 않는 것은 분산에 의한 가족기능의 분화는 초국적인 정체성을 형성하는 긍정적인 계기가 되기 때문이다.

저자가 방문한 조선족 가정은 중국 길림성 유하현(柳河縣) 세기화원 아파트에 살고 있는 고영길 씨(68세) 가정이다. 고영길 씨는 아버지를 따라 북한 평안북도로 가 그곳에서 태어난 분이다. 이후 만주로 이주해 왔다. 1989년 북한에 친척방문으로 다녀 온 적이 있다. 이들 가족의 자발적 이산은 결코 불행이 아니다. 이들 모두는 더 나은 미래와 각자의 아름다운 희망을 위해 잠정적인 이별을 하는 것으로 현실을

43 위의 책, 364쪽.
44 박광성, 『세계화 시대 중국조선족의 초국적 이동과 사회변화』, 한국학술정보, 2008, 297쪽.

고영길 씨와 살고 있는 아파트

고영길 씨의 손자와 손녀(등교하기 직전)

긍정하고 있었다. 비록 하룻밤 머물렀었지만, 저자의 눈에는 그들의 가정은 매우 행복하게 보였다. 고영길 씨의 장녀와 사위는 한국 경기도 안산에서, 차녀인 고춘분 씨는 경상남도 양산에서 일하고 있으며, 3녀 고춘화 씨는 한국 남편과 결혼하여 경상북도 의성에서 행복하게 살고 있다.

저자가 중국의 대표적인 경상도 마을인 오상시 민락향을 찾은 것은 2012년 7월 23일이었다. 민락향은 지역 인근의 역 이름(安家鎭)을 따

왼쪽에서 두 번째가 현 노인협회회장인 로삼봉(60세, 경남 함양출신) 씨고, 네 번째가 전 회장 김원경 씨이다

안가농장으로 불렸던 곳이다. 이 민락향 역시 다른 조선족 마을과 마찬가지로 많은 주민들이 한국이나 중국 내 기타 지역으로 이주해 나가면서 마을 전체의 인구가 격감하면서 가족의 해체와 같은 문제들이 드러나고 있다. 저자가 방문한 마을에는 몇 분의 노인들이 문구(門球, 게이트볼)를 즐기고 있었다. 오상시 민락향 전 노인회장 김원경(강원도 금화출신, 75세) 씨는 원래 100호 이상이던 가구가 현재는 10가구, 노인 18명으로 줄어들었다고 전한다. 민락향 노인협회는 창립된 지 올해로 20주년이 될 정도로 활발하게 활동을 해왔지만, 갈수록 그 수가 줄어든다. 한때 민락중심소학교 학생수가 1,000명이던 것이 지금은 폐교가 되었다. 저자보다 8년 전에 이곳을 방문했던 정근재[45]가 소개했을 때보다 지금은 더욱 심각한 인구 감소를 겪고 있었다.

45 정근재, 『그 많던 조선족은 어디로 갔을까?』, bookin, 2005, 155쪽 이하.

자신들이 사들인 넓은 들판 앞에 선 심홍섭 · 송광화 부부

하지만 이러한 현상은 민락향 조선족 마을이 미래지향적으로 더욱 발전하기 위한 긍정적인 과정으로 보아야 한다. 이 마을의 젊은 지도자들은 지난 역사 속의 원한과 회한의 공간이었던 '만몽회사'의 안가농장을 글로벌 시대의 희망의 공간으로 전환해 가기 위해 많은 노력을 기울이고 있다. 하얼빈에서 번 돈으로 고향으로 돌아와 고향을 지키면서 이곳의 질 좋은 오상(민락)쌀을 인터넷을 통해 중국 여러 대도시로 그리고 한국과 같은 국외로 판매할 네트워크를 구상하고 있는 심홍섭 · 송광화 부부가 그들이다. 예전 공진항(孔鎭恒, 1900~1972)이 세웠던 만몽회사에서 일본군 군량미로 생산했어야 했던 쌀을 조선족의 글로벌 브랜드로 만들 꿈을 꾸고 있는 젊은 부부에게서 민족의 희망을 읽는다.

조선족 사회에서 조선족 집중촌과 글로벌 네트워크는 조선족 해체를 위한 인위적 대안이 아니라,[46] 글로벌 시대 요구되는 경제적 유동성에 부합하는 자연스러운 현상이다. 1992년 한중 수교 이후 급증한 조선족의 대이동은 글로벌한 경제구조의 급변에 따른 자연스러운 현상일 뿐 민족의 정체성의 해체로 볼 필요는 없다. 문제는 이러한 급변하는 조선족 공동체의 해체가 자칫 민족의 정체성을 혼란에 빠뜨릴 수 있다는 것이다. 조선족 사회 역시 글로벌 시대에 부응하는 정체성을 형성해야 한다. 그러면서도 글로벌 시대의 리더가 되기 위해서는 민족의 고유한 정체성을 유지하는 것이 필요하다. 다양한 문화적 흐름에 역동적으로 대응하는 것도 중요하지만, 민족의 보편적 정체성을 유지하는 것 역시 중요하다. 민족의 보편적 정체성에 고집하는 것은 근대 민족주의의 달갑지 않은 유산이다. 하지만 다양성에 대한 탈근대의 시나친 예찬 역시 민족 공동체의 해체를 통한 문화분리주의를 낳는다.

이러한 점에서 한민족의 보편적 가치 기반을 확인하고 유지하면서 글로벌 시대 역동적으로 대응하는 민족 공동체의 구성은 매우 중요한 과제가 아닐 수 없다. 그러므로 조선족 사회의 초국적 분산은 조선족의 지연공동체를 통한 결속과 함께 진행되어야 한다. 글로벌 시대에 맞는 다중적 정체성을 자연스럽게 형성해 가면서도 한편으로 '중국 조선족'으로서의 정체성의 기반을 해체해서는 안 된다. 조선족은 글로벌 시대의 리더로 성장하기 위해 연변과 한국의 경계를 넘다드는 초국적 정체성을 갖추어 가지 않으면 안 될 것이다.

46 이승률, 『동북아시아시대와 조선족』, 박영사, 2007, 18쪽.

4. 다문화적 주체로서의 조선족

재만 조선인은 문화적 소수자로서 다민족국가인 거주국에서 다양한 경험을 했다. 청제국 강희(康熙)-옹정(雍正)-건륭(乾隆)으로 이어지는 130년에 이르는 태평성대 시기 동안 거주국의 '대일통(大一統)'의 다민족정책 속에서 동화-반(反)동화의 경험을 했는가 하면, 일제강점기 만주국의 '오족협화'라는 허울 좋은 제국주의 일제하에서 일제 신민으로서 이중 삼중의 수난을 겪어야만 했다. 병자호란 이후 청에 끌려가 그곳에서 돌아오지 못하고 정착하여 살았던 조선인들은, 겨우 15만 명 남짓의 만주족이 1억 5천여 명의 한족(韓族)을 268년간 지배할 수 있었던 거주국의 다문화적 역량을 경험했다. 명말청초 주자학이 강했던 한족 문화를 61년간 융화의 통치로 다문화제국으로서의 청의 기반을 다졌던 강희제의 역량이 후대 역사적으로 가장 훌륭한 황제 중 한 사람으로 평가받게 한 것이다. 예컨대 강희제가 개발한 '만한전석(滿漢全席)'과 같은 요리는 소외된 한족을 껴안는 다문화적 정책의 한 사례이다.[47] 강희제는 한족의 문화를 이해하기 위해 스스로 유가경전을 열심히 공부했고, 사회정치적 제도에도 유가적 가치를 적절하게 잘 융합하였다.[48] 특히 한족 지식인들을 청정부에 끌어들이기 위한 국가편찬사업과 열린 과거제도 등을 세워 융합하는 다문화정책을 다양하게 구축해 놓았다.

하지만 이후 만주족 중심주의의 전제군주국인 청이 한족에 대한 박해를 가속화시켜 만주족과 한족 사이의 갈등이 심화되면서 한족에 의해 청제국이 무너지는 것 역시 조선인은 거주국의 소수자로서 경험했다. 미개인이었던 만주족이 한족 지식인에 대한 '문자옥(文字獄)정책'[49]

---

47 야무구찌 오사모, 남혜림 역, 『중국사, 한 권으로 통달하다』, 행담출판, 2006, 202쪽.
48 조관희, 『중국사강의』, 궁리, 2011, 324~326쪽.

을 과도하게 실행하여 결국은 한족에 의해 멸망하는 수난을 겪어야 했던 청제국의 다민족정책의 실패를 함께 경험했던 소수민족 중 하나가 조선인이었다. 청 역시 겉으로는 소수민족에 대한 지원정책을 실행했지만, 이는 바로 만주족 자체가 한족에 비해 상대적으로 갖는 무능함을 안으로 감추기 위한 외형적 전략에 지나지 않았다. 만주족 중심의 절대군주국가를 세우는 데 급급했던 천자(天子) 청은 결국 서구 열강으로 나아갈 수 있는 초국적 정체성을 스스로 포기하고, 오랑캐라 무시했던 바로 그 오랑캐에 문을 열어 주고 말았다. 외국을 번국(藩國)으로 여기는 청의 차별-배제형 동화주의정책은 결국 글로벌국가로서 성장할 수 있었던 청제국의 역량을 스스로 포기한 셈이 되고 말았다. 민족적 치욕을 되갚고 한족을 부흥시켰던 손중산이 주도한 신해혁명(1911~1912)으로 제국 청은 중화민국의 뒤안길로 사라졌다. 이후 만주족은 거의 다 한족으로 동화되어 중국 지도 내몽고 자치구 변방과 몽골과의 접경 지역에 '만주리'라는 지명으로만 연명하는 소수민족으로 전락되고 만다.

조선족 디아스포라가 얻은 가장 값진 교훈은 명말청초 강희제의 융화정책이 효력을 잃어가면서 결국은 한족에게 그 운명을 맡겨야 했던 청의 역사적 부침(浮沈)을 소수자로서 체험했던 것이다. 중앙집권적인 동화주의정책을 고수한 진(秦)이 단명으로 사라진데 반해, 청이 300년 가까운 짧지 않은 세월 장수국으로 연명할 수 있었던 것도 청초 융합정책 때문이라는 소중한 경험을 한 것도 조선족 디아스포라에게는 다문화적 역량의 주요한 자산이다. 청으로 노예로 끌려가야 했던 조선인의 굴욕의 이주사를 다문화적 역량의 역사로 새롭게 읽을 수 읽어야 할 이유도 여기에 있다.

---

49 '문자옥'은 중국 왕조 시대 사상 통제정책의 하나로, 자신이 쓴 문장 때문에 화를 당하는 것이다. 반대파 학자들이나 관료들을 제거하는 수단으로 악용되기도 했다.

1) 소수자-주체로서의 역량

만주국은 재만 조선인의 다문화적 역량을 다음과 같이 하찮은 것으로 보고 있다. 1935년 발표된 만주국의 「재만조선인교육개선안」에서 조선인에 대한 만주국의 시선이 잘 나타나 있다.

> 재만조선인은 국제적 훈련이 결핍되고 도덕 수양이 부족하다. 새로운 국가를 건립한 후 일본과 우리 국민[만주국인-저자] 간의 융합은 걱정할 것이 없으나 백만밖에 되지 않는 조선인의 융합은 상당히 어렵다. 조선민족은 새 국가의 우환이 될 것이다.[50]

만주국은 '오족협화'의 구호 아래 다민족국가를 건설하려고 했지만, 어디까지나 포섭-배제형 동화주의를 주창하였다. 즉 만주국의 다민족국가 건설이라는 형식적 구호와는 달리 조선인의 수전능력은 포섭하면서도 일본인이나 만주인과 동등한 자격을 부여하는 데는 배제하는 동화주의정책을 사용하였다. 필요에 의해 조선인을 포섭할 때는 '2등국민'으로 그리고 그럴 필요가 없을 경우는 비일본인으로 만주인보다 못한 3등국민으로 차별하였다. 이러한 무늬만 다민족국가였던 만주국에서 조선인은 때로는 부분적으로 그들과 타협하면서 때로는 자신들만의 정체성을 유지하면서 디아스포라-소수자로서 다문화적 역량을 키워왔다.

한중 수교 이후 조선족문학에 있어 '디아스포라 담론'이 부각되고 있다. 특히 연변의 대표적인 학자 김호웅은 조선족의 이중정체성이 조선족의 특이성이고 장점이며, 이것은 글로벌 시대 역사의 중심에

---

50 박성진, 「만주국 조선인 고등 관료의 형성과 정체성」, 『동양정치사상사』 제8권 1호, 한국동양정치사상사학회, 2009, 216쪽 재인용.

설 수 있는 다문화적 역량으로 규정한다. 그러면서 그는 경계인으로서의 조선족은 경계를 자유자재로 넘나들 수 있는 문화적 혼종성을 지니고 있다고 말한다. 경계인의 삶은 경계의 안팎을 자유롭게 넘나들 수 있는 다문화적 주체로서의 문화적 역동성을 갖는다. 이 문화적 역동성을 통해 연변을 중심으로 한 문화적 화해와 융합이 가능할 것이라는 진단을 하고 있다. 김호웅은 경계문학으로서 조선족문학이 갖는 문화적 혼종성은 "상이한 것들이 갈등 없이 공존"할 수 있는 문화적 역동성이 될 수 있으리라는 진단을 한다. 소위 '빛나는 변두리론'을 주장한다.

이러한 논의는 바로 민족의 한의 원형 공간이었던 만주에서 소수자로서 경험한 다문화적 감수성에 기초하고 있다. 조선인과는 질적으로 다른 민족들의 융합 공간이었던 만주에서 소수자로서 겪었던 이산의 수난과 새로운 세계에 대한 희망에 기초하고 있다. 다민족 독립국가였던 만주에서 체험한 조선인의 근대화 경험과 오족협화(五族協和)의 이념하에서 경험했던 다문화적 경험들이 조선족의 다문화역량을 이루어 온 역사적 원천이었다.

그러나 이에 대해 임유경은 김호웅의 글에서 역사의 '주변인' 혹은 '경계인'으로 살아왔던 연변 조선족이 세계의 중심으로 향해 가야할 당위성을 미학적으로 승화시키고 있는 과잉민족주의가 작동하고 있다고 비판한다. 또한 조선족의 이주의 역사를 지나치게 주변화하고 소수자화함으로써 자기연민의 문학을 재생산한다[51]고 비판한다. 그러면서 그는 조선족의 한을 르쌍티망이나 노스탤지어의 재생산으로 조선족의 고유한 정체성을 확대・재생산하고 있다는 비판을 한다. 결국 임유경은 김호웅의 '빛나는 변두리론'은 느슨해진 민족의 정체성을

51 임유경, 「디아스포라 정치학－최근 중국 조선족문학 비평을 중심으로」, 『현대문학의 연구』 제36집, 한국문학연구회, 2008, 205쪽.

강화하기 위한 또 하나의 균질적 공동체를 주조해내는 문학적 혹은 미학적 카타르시스에 지나지 않는 것으로 비판적으로 이해한다. 차이가 생산해내는 문화적 갈등과 모순을 드러내기보다는 문화적 동질화를 추구하면서 근대민족주의 담론을 재생산해내고 있다는 것이 임유경의 비판이다. 김호웅의 글쓰기가 거대담론의 지속적 해체를 통한 디아스포라적 사유의 천착이 아쉬운 것은 바로 근대 이분법적 경계를 자유롭게 넘나들지 못하고 안/밖의 경계를 더욱 강화하고 있다는 점이다. 끊임없이 차이를 재생산하면서 그 어떤 동일화도 근대의 유산이라는 리오타르식의 글쓰기가 결여되어 있다는 지적이다.

이에 대한 저자의 견해는 다음과 같다. 우선 임유경이 여성으로서 남성 중심의 글쓰기가 결국 경계의 안/밖을 강화시키는 거대담론의 확대·재생산이라는 생각을 전제하고 있을지도 모른다는 생각이 든다. 임유경은 김호웅의 '빛나는 변두리론'은 소수자로서의 조선족의 정체성을 지나치게 미화함으로써 노스탤지어와 르쌍티망의 감상적 다아스포라담론이 되고 만다고 지적한다.[52] 잃어버린 고토에 대한 끝없는 향수와 애상의 정서를 유발하는 감상적 민족주의에 취해있다는 점을 시사하는 표현이다. 그러나 조선족문학에서 형상화되는 조선족의 한은 향수와 애상과 같은 과거지향적이고 퇴행적인 속성만 함의하는 것이 아니라, 미래지향적이고 진취적인 속성도 함의되어 있다. 만주 공간에서 민족의 해방을 염원하면서 동시에 만주 땅에서 정을 붙이고 살아야 할 자신의 처지를 긍정적으로 받아들여 이 땅에서 진정한 행복을 이루어내려는 기대와 희망의 한이 함께 함의되어 있다. 따라서 '빛나는 변두리론'을 지나치게 수동적이고 퇴행적으로 읽을 필요는 없다. 그리고 임유경이 디아스포라적 사유를 의미와 정체성의 안정성에 대한 모

52 위의 글.

든 주장들을 의심하는 포스트구조주의적 기원을 드러내는 것으로 조작적으로 규정하면서, 조선족의 정체성담론을 기원에로의 소급을 통한 근대적 의미의 동일성을 회복하려는 근대민족주의적 담론으로 읽는 것은 문제가 있다. 왜냐하면 서구 근대 이후 표출된 포스트구조주의적 시각으로 조명할 수 없는 조선족만의 특이성(singularity)을 간과하기 쉽기 때문이다. 특수성(particularity)과는 다른 이 특이성은 보편으로 동화될 수 없는 조선인만의 특질을 의미하는 것이다.[53] 이러한 조선족의 특이성이 한의 구조 안에 함의되어 있다. 조선족의 한이 가지는 민족주의적이면서도 탈민족주의적인 역동성, 자기중심적이면서도 동시에 타자지향적인 이중성 그리고 과거지향적이면서도 동시에 미래지향적인 이중성이 바로 조선족의 한의 정서 속에 다층적으로 구조화되어 있다.

우리가 조선족의 정체성 논의를 합의와 동일성의 근대적 욕망으로 비판하는 것은 조선족의 정체성을 서구적 전략으로 성급하게 재단하고 해체하는 과오를 범하기 쉽다. 따라서 소수자에 대한 환대(hospitality)를 강조하는 레비나스적 대안이나 독일민족주의에 대한 트라우마를 표출하는 프랑스 포스트구조주의자들의 시각으로 조선족의 정체성담론을 분석하는 것은 조선족의 한의 실상을 있는 그대로 서술할 수 없게 한다. 저자는 이러한 맥락에서 조선족의 정체성 논의를 현상학-해석학의 상호문화적 지평에서 읽어야 한다고 주장한다. 왜냐하면 김호웅의 '빛나는 변두리론'은 중심에 대한 자기비하의 논조도 아니며, 다수자에 대한 복수와 저항의 담론도 아니기 때문이다. 조선족은 중국의 역사적 파트너로서 당당하게 항일 투쟁과 국공내전에 참여하여 신중국 건설의 주역이 되었다. 그에 대한 보상으로 연변조선족자치주를 형성하여 중국과 대등한 문화적 주체국으로서 당당하게 살아왔다. 이러한 점에서 조

53 차성연, 「디아스포라 서사의 윤리—만주 이주민 소설과 중국조선족 소설을 중심으로」, 『국제한인문학연구』 제6호, 국제한인문학회, 2009, 139~140쪽.

선족문학을 자기비하나 자기연민의 르쌍티망문학으로 폄훼하는 것은 오류이다. 조선족은 민족공동체를 구성하여 거주국의 당당한 파트너로 살아왔다는 점에서 주체국과 주체국 사이의 상호문화적 관계를 형성해 온 것이다. 김호웅은 다음과 같이 말한다.

> 우리는(조선족) (…중략…) 폐쇄된 지역에 갇혀있다는 고독감, 상실감, 좌절감을 떨쳐버리고 두 개 이상의 문화를 아우를 수 있는 '빛나는 변두리'에 살고 있다는 자각을 가져야 할 것이다. (…중략…) 자기의 민족적, 지역적 우세를 변증법적으로 살려 우리문화의 토속(土俗)적 성격, 다른 문화형태와의 갈등과 공존의 실존적 상황을 형상적으로 다룰 때 비로소 우리문화의 독특한 가치를 창조할 수 있을 것이다.[54]

저자가 보기에 다만 이러한 희망이 자민족중심주의의 변론으로 그리고 조선족의 한에 대한 문학적 카타르시스로 들리지 않게 하기 위해서는 조선족의 정체성이 형성되어 온 한의 역사를 개념에 앞서 그리고 문학적 미화나 미학적 승화와 거리를 두면서 한의 실상을 있는 그대로 드러내는 현상학적 기술(記述)이 중요하다. 특히 조선족의 한을 자민족중심주의나 현실순응적이고 타협적인 소극적-퇴행적 속성에만 무게중심을 두는 오류를 범해서는 안 된다. 동시에 한을 일제하의 억압-풀림의 이원적 구조로만 제한적으로 해석함으로써 식민 디아스포라의 트라우마로 환원하는 것 역시 한의 다층적 구조를 놓치게 될 것이다. 조선족의 기나긴 역사 속에서 그리고 생활세계 속에서 전승되어 온 한을 역사 외적인 시각으로 굴절시키는 것은 문학적 카타

54 김호웅, 「디아스포라의 삶과 문학적 형식미에 대한 탐구—『2006년 중국조선족우수작품집』을 중심으로」, 『해방 전 중국 조선 민족 문학 연구』(제2회 중국 조선 민족 문학 국제학술회의), 2007, 116~117쪽.

르시스에 지나지 않을 것이다. 조선족만의 고유한 특이성을 서구적 대안으로 혹은 성급한 글로벌한 시각으로 자칫 왜곡시킬 가능성에 노출되어서는 안 된다. 디아스포라로서 조선족의 특이한 정체성이 형성된 배경을 오상순은 다음과 같이 말한다.

> 정든 고향을 떠나면서 느끼는 실향의식과 거칠은 만주땅에서 느끼는 망향의식, 망국노가 되고 이국민이 되고 2중 3중의 압박과 착취, 멸시와 수모를 당해야 하는 운명에서 오는 한의 정서, 부패하고 혼란하고 암흑한 만주생활에서 느끼는 불안과 공포 및 그 속에서 적응하며 살아야 하는 순응의식, 낯선 이국땅의 어려운 역경 속에서도 제2고향을 건설하려는 강한 정착의지와 생명의식, 일제에 대한 불타는 증오와 반항심, 나라 잃고 망국노가 된 울분과 고뇌와 절망 등 그야말로 이 시기 우리 이주민들의 다양한 계층, 다양한 인간들의 복잡하고 다층차적인 정신세계를 끈질기게 파헤치고 생생하게 펼쳐보임으로써 이주민 시기 우리 민족의 정신사적 역할을 하였다고 할 수 있다.[55]

오상순은 해방 전 만주 조선족 문학을 평가하면서 디아스포라 조선인의 정신세계를 서술하고 있다. 오상순에 의해 서술된 바와 같이 조선인은 세계 어느 민족 못지않은 디아스포라적 삶의 원형이다. 조선인의 이러한 복합적이고 다층적인 정신세계는 바로 한의 문학으로 형상화된다. 한은 조선인에게 고유한 민족정체성이고, 그들의 역사 속에서 일구어 온 정신세계 그 자체이다. 이처럼 조선인의 한에는 원망과 원한과 한탄 그리고 회한이 있는가 하면 정한과 원한이 있다. 그리고 타자에 대한 복수가 있는가 하면 그것을 자신에 대한 책임으로 돌

55 오상순, 「광복 전 재만 조선인 문학의 성격 및 특성－소설문학을 중심으로」, 『현대문학연구』 제18집, 한국문학연구학회, 2002, 368쪽.

려 삭이고 나아가 타자와의 화해와 사랑으로까지 승화하는 지향적 구조가 함의되어 있다.

이러한 한의 다층적 구조를 간과하고, 한국인의 한을 자기연민의 감성적 차원으로 읽거나 복수의 모티브를 진하게 깔고 있는 피식민의 피해 의식으로만 읽음으로써, 레비나스의 타자에 대한 환대와 책임으로 논의구조를 이끌어 가는 것은 자칫 조선인의 특이한 정체성을 근대민족주의의 자민족중심주의 담론으로 희석시킬 가능성이 크다. 레비나스의 타자에 절대적 환대는 독일민족주의로부터 당한 역사적 상흔에 대한 반대급부로서 소수자, 즉 과부와 고아와 같은 사회적 소수자에 대한 절대적 환대를 강조하는 유대 자민족중심주의가 전제되어 있다. 하지만 한민족의 한은 현실타협적인 면을 전적으로 부정할 수는 없지만 현실을 자신의 탓으로 돌리고 자신 안에서 그 현실을 극복하려는 자기초월의 '삭임'의 구조를 갖고 있다. 르쌍티망의 외부원인을 찾아 그에게 복수함으로써 풀려는 서구적 한풀이와는 달리, 한민족의 경우는 한의 책임도 한풀이의 주체도 모두 자기 자신일 뿐이다. 이런 점에서 한민족, 특히 디아스포라 조선인의 한을 성급하게 포스트구조주의의 주제로 삼는 것은 한의 실상을 왜곡 내지는 굴절시킬 위험이 있다.

동시에 조선족의 정체성을 소수자 / 여성에 자리매김하고 남성 중심주의에 대한 여성주의적 글쓰기의 주제로 접근하는 것도 자칫 실상을 놓칠 위험이 있다. 왜냐하면 만주 이주자로서의 조선족은 비록 중국 내 마이너리티로서 삶을 살았지만 자치주를 형성하고 당당하게 민족 공동체를 이루어 살아왔기 때문이다. 중국 13억 인구에서 55개 소수민족의 인구가 8%이고 그중 조선족인구는 겨우 0.16% 정도이다.[56]

---

56 오상순, 「이중 정체성의 갈등과 문학적 형상화」, 『현대문학의 연구』 제29집, 한국문학연구학회, 2006, 62쪽.

이주자의 수로는 소수자 중의 소수자이지만, 어느 소수민족보다 민족의 정체성을 강하게 유지하고 있는 민족이다. 조선족은 어느 민족보다도 거주국에서 정주하려는 지향성이 강한 민족이었다.[57]

2) 조선족의 다문화역량

만주의 스펙트럼은 다양하다. 만주는 초국적(transnational) 현상이 지배하는 다문화적 공간이다. 일제에게는 제국 건설의 거점인 동시에 조선 농민들에게는 궁핍을 극복할 수 있는 신천지였다. 조선과 중국의 항일 투쟁가들에게는 조국 독립을 위한 희망의 공간이기도 했다. 다민족의 협화를 이념적으로 지향했던 만주국에서의 재만 조선인의 경험은 민족을 초월한 초국적 경험을 통한 다문화적 역량을 갖추었던 공간이기도 하였다. 만주의 다문화적 혼종성을 이한림(李翰林)은 다음과 같이 묘사하고 있다.

> 당시 만주의 무한한 개척의 여지와 야성적인 풍광, 대륙성 기후, 뚜렷하게 중국적인 것만도 아닌 혼합민족적 요소는 묘한 매력으로 작용되는 것이었다. (…중략…) 야생적이고 야만적인 면이 있지만, 텍사스적인 열기, 짙은 투전판의 분위기, 겨울밤의 눈보라와 눈썰매, 독한 고량주, 일본 한국어 노어 중국어의 혼합, 우글거리는 강도단, 비적 만적단의 횡행 등 강렬한 남성적 약동성이 살아 있었던 것이다. 이러한 만주 당의 특징은 소년 시절에서 청년기로 접어드는 가장 감수성이 예민한 나에게 소극적인 것, 우유부단한 것, 엉거주춤한 중간과 기질을 혐오하도록 만들었고, 강렬한 것, 적

57 차성연, 「만주 이주민소설의 주권 지향성 연구」, 『국제어문』 제47집, 국제어문학회, 2009 참조.

극적인 것, 분명한 것을 열망하도록 변화시켰다.[58]

이런 점에서 재만 조선인의 삶을 민족주의적 시각으로 재단하여 일제의 제국주의적 침탈에 의한 한탄과 회한의 삶으로만 조명하는 것은 한을 지나치게 이념적으로 재단하는 경우가 된다. 물론 조선인의 한을 궁핍과 망국의 한을 이야기 하지 않고서는 논의할 수 없을 것이다. 하지만 조선의 한에는 만주라는 새로운 세계에서 근대화의 역량을 키우고, 건강한 마이너리티로서 글로벌한 경험을 쌓았던 다문화적 공간이었음도 부정할 수 없다. 특히 월경인으로서 겪어야 했던 경험들을 글로벌한 시대의 조선족의 역량으로 새롭게 인식하는 것은 매우 의미가 있다. 왜냐하면 만주는 "영토 면에서는 구 중국, 청의 판도였으나, 20세기 중반까지 주인이 확정되지 못한 채 중국인・러시아인・일본인・조선인・몽고인 등 다민족이 잡거하던 특이한 공간이었기"[59] 때문이다.

이런 점에서 조선인의 한에 대해 민족주의적-이념적 접근 이전에 그들의 생활세계적 경험에로 돌아가 한의 실상을 다시 이해할 필요가 있다. 그들의 생활세계는 민족주의자와 항일 투사들의 한이 이념적으로 경색되기 이전의 생생한 한의 경험 공간이다. 일제와 만주국 '사이'에서 상호문화적 정체성을 유지하면서 초국적 정체성을 형성해온 조선인의 다문화적 감수성을 인식하는 것은 한의 다층적 이해를 위해서도 필요한 것이다. 재만 조선인의 만주와 일본과의 역학관계를 정치적-경제적 혹은 사회적 관점에서 논의된 연구성과들이 대부분이다. 하지만 오족협화를 이념으로 내건 다민족국가의 소수자-조선인으로

58 이한림,『세기의 격랑』, 팔복원, 1994, 19쪽.
59 강진아,「중국과 소련의 사회주의 공업화와 전후 만주의 유산」, 한석정・노기식 편, 『만주』, 소명출판, 2008, 157쪽.

서 타문화의 관계 속에서 상호문화적 정체성을 어떻게 형성해왔는가에 대한 인식은 아직 드물다.

만주는 조선인의 위대한 항일 공간 아니면, 일본제국주의의 지배 공간으로 이분화 될 수 없는 다양한 정체성을 가진 초국적 공간이었다. 항일 투쟁을 통해 조국 독립의 한을 풀었던 공간이도 하지만, 당시 근대화된 만주국에서 근대적 경험을 할 수 있었던 꿈의 공간이기도 했다. 일본과 만주 그리고 조선의 역학구조하에서 다수자 일제의 교묘한 통제수단에도 불구하고 소수자로서 정체성을 형성할 수 있었던 조선인의 다문화 의식을 증진시켰던 초문화적 장이기도 하다. '오족협화'를 일본중심주의의 다수자논리로만 편중되게 인식하기보다 다수-소수의 상호문화적 소통의 공간으로 읽을 수 있어야 한다. 적어도 문화적 측면에서만큼은 만주국하의 어느 문화도 자족적일 수 없었다. 타문화의 관계 속에서 비로소 자민족의 문화가 가능했던 다문화 공간이 바로 초국적 공간인 만주국이었다. 중화인민공화국의 입장에서는 '괴뢰만주국'이었지만, 조선인에게는 일본적인 것과 중국적인 것 그리고 다양한 것들을 경험할 수 있었던 글로벌한 공간이었다. 조선인은 2등국민으로서 만주인에 대해서는 다수자였고 동시에 법적으로는 일본신민이지만 실질적으로는 거주국의 주변인으로 살아야 했던 다문화적 경험을 가지고 있다.

오족협화의 형식적 슬로건 아래 법적으로는 준·일본인으로서 다수자였지만, 실제로는 소수자로서 겪어야 했던 다문화적 경험과 그 역량들은 이제 한국 내 소수자로 와 있는 조선족 동포의 — 다수자 한국인과 소통하고 다문화적 정체성을 형성해가는 — 글로벌 역량으로 승화되어야 한다. 조선인의 만주드림을 조선족의 코리안 드림으로 승화하는 다문화적 역량이 중요하게 인식되어야 한다. 갈등의 공간인 만주가 빚어내는 일제와 만주국 그리고 조선인 사이의 문화적 동화/

반동화를 통해 형성된 조선인의 상호문화적 정체성이 한국과 조선족 동포 사이의 문화적 길항관계를 극복하는 역동성이다.

다민족국가인 만주국에서 겪었던 조선인의 다중적 정체성의 형성은 과잉민족주의에서는 정체성의 혼란이지만 탈민족주의적 관점에서는 다문화적 역량이다. 조선민족으로서 그리고 일본 제국의 신민, 만주국의 국민 등의 정체성의 혼종은 초국적 정체성을 형성하는 배경이 되었다. 일제의 신민으로서는 만주인에 대해 다수자이면서 비록 법적으로 일제 신민이지만 실질적으로는 일제에 대한 소수자로 이중적 정체성을 띠었다.

조선인은 일본인에 이어 2등국민으로 지위를 갖고는 있었지만 이것 역시 중국인과 조선인의 사이를 이간질하기 위한 일제의 전략적 제스츄어일 뿐, 실질적으로는 조선인과 중국인은 부분적으로는 마찰을 일으키기도 했지만 부분적으로는 소통을 하고 서로를 이해하려 했다. 만주국의 인적 구성이 일본인이 중국인이나 조선인에 비해 적은 수이긴 했지만 실질적으로는 만주국의 주요자리를 일본인이 차지하고 있었기에 다수자였다. 중국인은 아무리 수가 많아도 조선인과 마찬가지로 소수자에 불과한 것이다.[60] 이러한 소수자들 사이의 이해와 연민이 소통의 이유가 된 것이다.

다민족국가인 만주국의[61] 오족협화의 사각지대에 있었던 조선인은

---

60 우리가 다문화주의의 맥락에서 사용하는 다수자 / 소수자의 정의는 다음과 같다. 다수자와 소수자는 단순히 양적인 크기로만 구분하는 관계개념이 아니다. 양적 크기와는 무관하게 문화적인 주류계층을 다수자로 그리고 비주류계층을 소수자로 구분한다. 예컨대 남아프리카 공화국의 경우 백인은 10%밖에 안 되지만 다수자이며—물론 지금은 흑인이 다수자로 변해가고 있지만—, 청제국의 경우 역시 15만여 명 남짓한 만주족이 1억 5천의 한족을 지배한 다수자였다.

61 1940년 만주국의 총인구는 4,300만 명이고, 그중 한족이 3,700만 명(86%), 만주족이 270만 명(6%), 회족(이슬람족)이 200만 명(55), 몽고족이 100만 명(2%), 조선인이 150만 명(3%), 일본인이 82만 명(2%), 러시아인이 7만 명이었다(윤휘탁, 「'만주국'의 '민족협화' 운동과 조선인」, 『한국민족운동사연구』 제26집, 한국민족운동사학회, 2000, 144쪽).

소수민족 중에서도 사회통합의 걸림돌과 같은 존재로 여겨졌다. 거주국의 주변인으로서 철저히 타자화된 삶을 살았다. 이것은 조선인이 협화의 이념에 무관심해서 그렇다기보다는 일본중심주의가 여전히 작동하고 있는 상황에서 다수자에로의 동화를 거부한 것으로 보아야 한다. 만주국의 입장에서 조선인이 귀찮은 존재로 보인 것은 그만큼 당시의 만주국의 구조가 일본인 외의 소수민족을 철저히 주변화시킨 정책 때문이다. 말하자면 '오족협화'는 무늬만 다문화주의일 뿐이며, 구조적으로 조선인을 철저히 타자화한 만주국을 앞세운 일제의 동화주의정책 때문이다. 그러므로 조선인이 오족협화의 이념에 무관심하거나 자신들만의 욕심 때문에 타민족과의 화해를 거절한 것은 아니다. 다만 일제의 일방적 동화주의에 저항하여 소수자로서의 정체성을 지키기 위한 문화적 역량을 키워온 것이다.

그러나 일제의 만주 침략이 가속화되면서 중국인과 조선인 사이는 벌어지기 시작하였다. 그것은 중국인들에게는 조선인이 일제의 침략을 위한 첨병으로 보였기 때문이었다. 중국인에게는 일제 침략의 앞잡이로 일본인에게는 조선의 영구지배를 위한 만주 침략의 교두보인 조선인은 양국 사이에서 탄압과 수탈을 당해왔다. 제국신민과 만주국 국민으로서의 이중적 정체성을 강요받았다. 조선인은 중일전쟁 이전의 민족협화와 전쟁 이후의 내선일체(內鮮一體) 사이에서 정체성의 혼란을 겪어왔다. 중일전쟁이 일어나기 이전에는 독립국가인 만주국의 국민으로서 그리고 전쟁이 일어나면서는 전쟁에 동원되기 위한 일제의 황민으로 정체성이 바뀌었다. 이 모든 정체성의 혼란은 일제가 만주를 제2의 일본으로 만들려는 제국주의적 음모에 의해 기획된 것이다.

만주는 만주를 구성하고 있는 모든 민족들에게는 낯선 땅이고 꿈의 땅이었다. 일본에게 만주는 조선의 안정적인 영구지배를 위한 필수불가결한 땅이었지만, 조선에게는 망국의 한을 달래고 가난을 벗어나기

장춘 공안국

위만주국 국무원 옛터

위한 곳이었다. 뿐만 아니라 중앙아시아에서 도망쳐 온 회족에게도 러시아 10월 혁명으로 소련에 탄압을 받던 백계(白系) 러시아인들에게도 구원의 공간이었다.[62] 서로의 이해관계가 다른 집단들이 모여 이루어진 다민족국가인 만주국은 다양성의 공간이기도 했지만 일제로서는 지배를 위한 동화가 필요했던 공간이었다. 일본은 만주를 다양성이 공존하는 제국으로 이념을 내걸었지만 실질적으로는 제국주의의 형태를 벗어날 수 없었다. 만주의 토착민이었던 몽고족과 만주족 그리고 회족을 주변화함으로써 일본의 제국주의적 지배가 구체화되기 시작한 것이다. 로마가 다수자와 소수자의 공존을 지향했던 다문화 제국이었던 데 반해, 만주는 다수자였던 일제가 지배하는 제국주의 공간이었다. 만주국 수도였던 옛 신경(장춘) 거리에는 제국주의의 잔재가 그대로 남아 있다.

오족협화는 일본인의 자민족중심주의가 강하게 작동하고 있어 이질적인 것의 공존이라는 다문화주의와는 거리가 멀었다. 오히려 '협화'란 다름 아닌 동질성에 대한 복종이었다.

> 실로 우리 야마토민족은 안으로 우수한 자질과 탁월한 실력을 가지고 있고, 밖으로 관대함과 인자함으로 타민족을 지도·유액(誘掖)하고 그 모자란 부분을 보충하도록 편달하며, 복종하지 않는 자를 복종시킴으로써 도의(道義) 세계의 완성으로 함께 가야 할, 하늘이 준 사명을 가지고 있다.[63]

일제에 의한 만주지배의 이데올로기인 오족협화는 형식적으로는 민족 간의 유대를 강조하면서 민족 자체의 정체성도 유지하는 다문화

---

62 윤휘탁, 「침략과 저항의 사이에서－일·중 갈등의 틈바구니에 낀 재만조선인」, 『한국사학보』 제19호, 고려사학회, 2005, 300쪽.
63 야마무로 신이치, 윤대석 역, 『키메라 만주국의 초상』, 소명출판, 2009, 271쪽.

주의의 이념을 그대로 담고 있다. 말로는 '협화'가 용광로(melting pot) 이론이 아닌 셀러드이론인 다문화주의의 형태를 띠고 있다.[64] 그러나 실질적으로는 차별·배제형 동화주의였고 무늬만 다문화주의였다. 만주 이민 3세인 시인 윤동주는 제국의 동화주의에 맞서 소수민족의 다원주의적 공존을 추구하였다.

사이좋은 正門의 두돌기둥끝에서
오색기와 태양기가 춤울추던날,
금(線)을끟은地域의 아이들이즐거워하다,
아이들에게 하로의乾燥한學課로,
해ㅅ말간 勤怠가기뜰고,
「矛盾」두자를 理解치몯하도록
머리가 單純하엿구나

—「이런날」 부분, 1936.6.10.

윤동주는 이 모순을 극복함으로써 소수자들의 다원주의적 공존이 가능하다는 다문화적 감수성을 일깨워주고 있다. 이런 점에서 일제하에서 만주의 다문화적 상황에서 소수자로서 겪었던 조선인의 다문화적 체험을 조선인의 다문화적 역량으로 승화될 수 있는 잠재력으로 보아야 한다. 소수자로서 만주의 다문화적 상황을 포착하고 깊이 있게 성찰한 작품들이 있었다.[65]

만주를 다민족 복지국가로 구상하면서 일제가 내건 오족협화는 결국 일제가 다수자인 오족의 지도자인 반면, 조선인은 겉으로는 일제

64 정우택, 「재만 조선인의 혼종적 정체성과 윤동주」, 『어문연구』 제37권, 한국어문교육연구회, 2009, 225쪽.
65 김신정, 「다문화 공간의 형성과 '이주'의 형상화」, 『국어교육연구』 제26집, 서울대국어교육연구소, 2010, 138쪽.

만주국 국기는 만주족을 상징하는 황색 바탕에 빨강의 일본, 파랑의 한족, 흰색의 몽골, 검정색의 조선족으로 순으로 배치되어 있다.

의 신민이었지만 만주국인보다 차별을 받는 소수자에 지나지 않았다. 비록 일제의 신민이라는 형식적 위상 때문에 일제가 조선인을 차별할 수 없었다고 할지라도, 실질적으로는 조선인에 대한 차별적 대우를 한 것이다. 일제의 만주침략이 조선을 영구히 안정적으로 지배하기 위한 기획이라는 점에서 일제의 조선인 신민화는 포기할 수 없는 것이다. 그렇다고 조선인을 일본인처럼 특별 대우도 할 수 없다. 오족협화의 원리에 맞지 않기 때문이다. 일제가 조선인을 통제하기 위해 보호막으로 만든 것이 조선인에 대한 치외법권의 인정인데, 만주국이 설립되면서 오족협화의 원리에 따라 치외법권이 철폐되면서 조선인은 더욱 주변화 되고 차별받는 소수자가 되었다.[66]

결국 일제에 의해 인위적으로 만들어진 인형 다민족국가인 만주국의 다문화주의는 실패하고 말았다. 그것은 일제의 차별・배제적 동화주의가 다수자와 소수자의 분리를 초래했기 때문이다. 그러나 다민족국가인 만주국의 소수자로서 겪었던 재만 조선인의 다문화적 경험은 이후, 중화인민공화국의 소수민족으로서 그리고 한국의 조선족 동포로서, 나아가 글로벌 시대 리더로 성장할 수 있는 다문화 역량의 원형이 되었다.

탈민족주의와 초국적 글로벌리티가 주제가 되고 있는 현재의 시점에서 기억에 떠오른 다민족국가였던 괴뢰국가 '만주국'이 진정한 국가인가라는 논의는 덧없어지는 것 같다. 비록 '인형(puppet)' 혹은 '괴뢰'라는 딱지가 붙었지만 만주국은 독립국으로의 국가 효과를 충분히 가

66 이에 대한 구체적 논의는 다음을 참조. 신규섭, 「'만주국'의 치외법권철폐와 재만 조선인에 대한 인식」, 『대동문화연구』 제43집, 성균관대 유교문화연구소, 2003, 77쪽 이하.

지고 있었다. 적어도 형식상으로는 1934년 부의(溥儀)가 만주제국의 제1대 황제로 즉위하면서, 청과의 연대성을 끊고 독립국가임을 강조한다.[67] 더욱이 일제의 만주국 건립 의도를 괄호 쳐두고 보자면, 만주국은 진정한 다문화주의를 이루어내려고 했던 국가였음을 부정할 수 없다. '만주국 시기를 저항과 지배의 이원론으로 단순화시키지 않으면서',[68] 만주국 조선인이 다문화 역량을 키울 수 있었던 문화적 공간으로 인식하는 것도 중요하다. 왜냐하면 만주는 식민지 조선에서 철저하게 주변화 된 소수자로 살 수밖에 없었던 조선인들이 만주로 대거 이주한 것은 만주가 수난과 저항의 공간이기도 하지만, 거주국의 준(準)－다수자로서 지위를 가질 수 있었던 지배의 공간이기도 했기 때문이다. 이 공간에서 조선인은 일제의 신민이라는 소수자로서 동시에 2등국민이라는 지위로 중국인에 대해서는 다수자로, 만주국 시기에는 만주국의 국민으로서 일제 신민과 만주 국민 틈새의 다수자 / 소수자로서 겪었던 다중적 정체성이 형성된 다문화 공간이었다. 지배와 저항의 이원론적 접근을 넘어 만주국의 문화적 다양성을 인식함으로써, 만주국에서 겪었던 조선인의 한의 문화가 함의하는 다중적 스펙트럼을 함께 인식하는 것이 의미 있는 일이다. 특히 현재 한국에 체류하고 있는 다문화구성원의 대다수가 동아시아에서 왔다는 점을 고려한다면, 동아시아의 '블랙박스'[69]였던 만주, 특히 만주국에서의 겪은 조선인 디아스포라의 한은 타자와 소통과 공존을 이루어내는 역사적 자산이다. 그러므로 재만 조선인의 이중정체성, 즉 일본인이면서 동시에 만주인이었던 다중적 정체성을 글로벌 역량으로 승화시켜나가

67 임성모, 「일본제국주의와 만주국－지배와 저항의 틈새」, 『한국민족운동사연구』 제27권, 한국민족운동사학회, 2001, 166쪽.

68 위의 책, 157쪽.

69 한석정, 『만주국 건국의 재해석－괴뢰국의 효과(1932~1936)』, 동아대 출판부, 1999, 143쪽.

는 것이 중요하다. 만주국의 조선인을 일본인도 아니고 만주인도 아닌 회색의 주변적 존재로 소박하게 읽기보다 일본인이면서 만주인으로서 겪었던 다문화적 경험을 소중하게 새롭게 읽어내는 것이 더욱 중요한 의미를 가진다. 왜냐하면 재만 조선인에게 "만주는 이산, 정착, 유리(遊離)와 탈출, 방황으로 점철된 무수한 다중적 정체성이 형성되고 경험되어 왔던"[70] 다문화적 공간이었기 때문이다.

조선인의 한이 가장 짙게 침전되어 지금까지 전승되어 오는 한의 원형은 바로 만주사변 이후 만주국이 세워진 후 해방까지의 시기라고 말할 수 있다. 가난과 망국의 한을 풀려고 건너간 만주는 생각만큼 조선인에게 신천지만이 아니었다. 그곳에서 조선인이 겪었던 한의 역사는 우리 한민족의 한의 원형이다. 특히 다민족국가로 세워진 만주국에서 일제와 중국 사이의 길항관계 틈새에서 자신의 정체성을 형성해 왔던 곳이다. 일제의 강한 동화주의에 때로는 적응하고 때로는 저항하면서 민족의 정체성을 지켜왔다. 그 정체성은 다름 아닌 재만 조선인이 공유하고 있는 수난과 희망의 한이었다. 다양한 문화들이 혼재하는 만주에서 겪었던 삶의 체험들이 한에 그대로 녹아 있다. 만주는 십여 민족들이 혼재하였던 공간이었다. 특히 하얼빈은 50개 이상의 민족집단들, 45개의 언어가 혼재했던[71] 다문화 공간이었다. 비록 "실패로 끝났지만 만주국이 표방한 민족 공존과 다문화주의, 국제성은 오늘날 지구화 시대 뭇 나라의 정책을 연상시키는, 시대를 앞선 담론이라 할 수 있다."[72]

---

70 김경일 외,『동아시아의 민족이산과 도시－20세기 전반 만주의 조선인』, 역사비평사, 2004, 31쪽.

71 한석정 · 노기식 편,『만주, 동아시아 융합의 공간』, 소명출판, 2008, 6쪽.

72 위의 책, 10쪽.

만주국 시기 하얼빈의 민족별 인구추이(1932~1940)[73]

연도	조선인	일본인	중국인	소련인	무국적인	기타외국인	합계
1932	3,245	5,582	345,365	21,893	26,234	2,532	404,797
1933	5,207	9,096	342,332	24,908	29,346	2,497	413,386
1934	5,631	15,655	420,922	20,801	34,178	3,339	500,526
1935	6,066	27,399	389,430	7,348	29,493	2,288	462,060
1936	6,679	32,472	388,658	6,561	27,992	2,450	464,812
1937	4,355	26,347	393,157	5,578	25,751	2,792	457,980
1938	5,056	28,238	394,540	4,457	25,366	2,549	460,206
1939	6,330	38,197	439,491	2,548	28,103	2,458	517,127
1940	8,962	51,448	549,536	1,845	31,346	2,394	645,531

출전 : 『哈邇濱市志』, 黑龍江人民出版社, 1999, 537~538 · 509~514 · 532쪽

하얼빈은 러시아 둥칭[東淸]철도의 기지가 되면서, 교통의 중심지가 되고, 이에 따른 다양한 문화들의 혼입과 교류들이 일어났다. 거리에서 보는 러시아풍의 건축양식들에서도 문화적 혼종성이 느껴진다. 물론 20세기 초 국제도시인 상하이는 여러 민족들이 서로의 간섭 없이 정체성을 지니고 살았던 모자이크세계였던 데 반해, 하얼빈은 일제의 용광로에 뒤섞일 수밖에 없었던 곳이었다.[74] 다양한 문화적 혼종성이 차츰 일본중심주의로 단일화 되어가는 곳에서 겪어야 했던 조선인의 소수자 경험은 오히려 글로벌 시대 다문화 역량으로 승화될 미래의 가능성으로 유산되었다.

연변조선족문화발전추진위원회 회장인 조성일은 다음과 같이 조선족의 다문화적 역량을 독려하고 있다.[75]

중국에는 '화이부동(和而不同)'이란 말이 있습니다. 우리 조선족문화는

73 김경일 외, 앞의 책, 292쪽 재인용.
74 신경진, 「중국 도시 이야기－동북 제2의 도시 하얼빈」, 『중앙일보』, 2012.2.22.
75 리연화, 『연변일보』, 2011.1.14.

세계화에 동참해야 합니다. 아울러 중국의 주류문화와 조화를 이루는 동시에 타민족문화와도 조화를 이루어야 하며 이 와중에 자신만의 개성을 잃지 말아야 합니다. 그래야만 세계 각 민족문화는 하모니를 이루며 인류의 거창한 심포니를 연주할 수 있습니다.

제8장
한의 에필로그

한민족, 특히 조선족의 한을 단순히 자민족중심주의의 정서로 읽을 수 없는 이유는 무엇인가? 저자는 한의 지향적 구조를 강조해왔다. '지향성(Intentionalität)'이란 바로 항상 '자기 자신을 넘어서는(über sich hinaus)' 자기초월적 행위이다. 자신을 넘어 항상 타자에로 향해가려는 주체의 합목적적 활동을 일컫는 말이 '지향성(志向性)'이다. 한국인의 한이 함의하는 '삭임'의 지향성은 바로 자신을 넘어 타자와 화해하고 공존하려는 지향이 함의되어 있음을 일컫는 것이다. 따라서 한국인의 한을 민주족의의 정서로만 읽는 것은 한이 갖는 타자지향적 모티브를 간과할 위험이 있다.

디아스포라 조선인은 거주국 내에서 자신의 정체성을 유지하면서 살아왔다. 비록 소수민족으로서 소수자 중의 소수자로서 살아왔지만 어느 소수민족보다 특이한 정체성을 유지하고 있으면서 거주국과의 상호문화적 관계를 형성해왔다. 1932년 일제의 만주국이 건국되면서 일본인, 조선인, 한족, 만주족, 몽고족 등 오족협화를 건국이념으로 표방하였다. 만주국의 오족협화라는 구호 아래 재만 조선인은 어느 민족보다 일찍 문화적 혼종성(hybridity)을 경험한 디아스포라였다.[1] 만주 공간에서의 조선인의 다양한 체험들은 조선인의 정체성을 복합적이고 다층적으로 형성되게 하였다. 식민 조선인으로서 그리고 문화적 마이너리티로서 제국주의의 동화와 배제에 의해 느꼈던 설움과 한탄이 그리고 조국에 대한 기대와 희망이 함께 짜여져 있다.

이러한 조선인의 특이한 정체성은 중국과 한국과의 관계에서도 당당하게 쌍방의 상호문화적 관계를 형성하는 주체가 되게 하였다. 비록 조선인은 소수자로서의 이주자의 삶을 살아왔지만, 조선인은 중국과 한국이라는 다수자의 당당한 문화적 동반자로서 그 역할을 해왔고 앞으로 해 가야할 문화적 주체이다. 그러므로 조선인을 고아나 과부와 같은 역사적 주변인으로 취급하여 절대적 환대가 필요한 문화적 약자로 접근하는 것은 문제가 있다. 물론 동시에 조선인의 한을 자기 중심적인 문화적 자폐로 규정하여 타자에 대해 배타적인 태도를 취하는 단일문화적 정서로 읽는 것도 문제가 있다.

그러므로 만주 공간에서의 조선인의 삶은 거주국과 두고 온 고향 사이에서 자신들의 정체성을 형성해 온 상호문화적인 삶이었다. 한편으로는 거주국에 저항하면서도 다른 한편으로는 협력하지 않으면 안 되는 그들의 삶의 이중성이야말로 조선인이 타 문화와의 관계 속에서 이루어낸 상호문화성이다. 이 상호문화성의 역사가 바로 한의 역사이다. 왜냐하면 한은 주체와 타자라는 이분법 이전의 / 너머의 지향적 활동의 산물이기 때문이다. 한은 조선인 / 조선족의 생활세계적 경험이다. 만주 공간에서 조선인의 삶은 각자 다른 방식으로 살았지만, 그 당시 조선인만의 역사적 삶이라는 공동체적 삶의 지평인 생활세계라

1 정우택, 「재만조선인의 혼종적 정체성과 윤동주」, 『어문연구』 제37권 3호, 한국어문교육연구회, 2009, 218~220쪽.

는 공동적 기반 위에서 영위된 삶들이었다. 이 조선인의 생활세계적 경험은 '세계'라는 보편지평에 대해서는 특이한 세계경험이었다. 비록 조선인들만의 특이한 경험이기는 하지만, 이것 역시 '세계'라는 보편지평 위에서 가능한 경험이다. 이런 이유로 조선인의 문화는 거주국인 중국의 문화지평과 서로 얽혀 있음으로써 비로소 가능한 특이한 경험이었다.

우리가 조선인의 문화를 상호문화성의 차원에서 논의하는 것은 타방인 중국문화의 고유성과의 근본적인 이질성을 인정하지 않는 한, 조선인의 문화 역시 가능하지 않다는 점에서이다. 왜냐하면 나와 타자는 모두 '세계'라는 보편적 지평을 구성하고 있는 동역자이기 때문이다.[2] 동시에 조선인의 특이한 세계는 바로 고국 한국의 특이한 세계와 상호 공동적으로 보편세계를 구성하는 동역자이기도 하다. 물론 이 경우 '보편세계'라는 것은 우리의 일상적 삶의 공간이 주위세계와는 달리 물리적으로 경험할 수는 없지만, 여러 특수한 세계를 가능하게 하는 선험적 지평이다. 이 선험적 지평은 일상적인 지각을 통해서 경험되지는 않지만 지각 속에 그 배경으로 이미 주어져 있으며 지각적 경험을 가능하게 하는 지평으로 주어져 있다. '지평'은 시계(視界)를 벗어나 있으면서도 시계를 가능하게 하는 기반이다. 이 기반은 근대 이후 자민족중심주의를 가능하게 한 문화제국주의에 의해 망각되었다.

조선인은 만주 공간에서 민족문화를 지키면서 다른 한편으로는 중국에 적응해야만 하는 특이한 삶을 살았다. 그러면서도 그들의 삶을 가능하게 한 고국의 토착문화와의 상호문화적 연계가 있었다. 어떤 문화도 완전하고 자족인 것은 없다. 모든 문화는 타문화와의 상호문화적 연계 없이는 가능하지 않다. 그 상호문화적 연계를 가능하게 하는 것

2 윤병렬, 「문화의 위기 및 상호 문화성과 반-상호문화성—그 위협에 관한 현상학적 고찰」, 『철학과 현상학연구』 제13집, 한국현상학회, 1999, 77쪽.

이 바로 '세계'라는 보편적 지평이며 구조이다. 마치 보이는 것을 통해 보이지 않는 것을 해석할 수 있을 뿐인 그러한 지평으로서의 세계이다. 이 세계가 바로 특이한 세계들의 선험적 토대인 '생활세계(Lebenswelt)'이다. 모든 사람들에게 먼저 주어져 있는 세계이다. 이 생활세계는 우리 모두의 상호주관적 세계이며, 나를 위해서만 아니라 타자를 위해서도 그리고 모든 사람에 대하여 거기에 존재하는 세계이다.[3] 이것은 공존의 세계이며 화해와 사랑의 공동체이다. 타문화에 대한 포용은 바로 자문화가 타문화와의 관계망 속에서 비로소 가능하다.

이러한 문화적 관계망을 강조하는 현상학, 특히 후설의 현상학은 타문화에 대한 절대적 환대를 강조하는 레비나스(Emmanuel Levinas)의 타자중심주의와 궤를 달리 한다. 그리고 이 관계망의 보편적 구조를 성급하게 해체하고 극단적인 문화상대주의로 치닫는 포스트구조주의는 진정한 문화적 공존(共存)보다는 병존(竝存)의 형태를 띤 문화다원주의를 지향한다. 따라서 단일문화, 문화제국주의, 자문화중심주의 등은 역사적으로 전승되어 온 문화공동체인 생활세계의 망각으로 인한 문화적 유아론(唯我論)의 유산들이다. 따라서 한중 수교 이후 '한국바람'과 '코리안 드림' 열풍 속에서 생긴 조선족 사회와 한국의 문화적 길항관계는 이 생활세계의 보편지평하에서 서로에 대한 배려와 존중의 관계로 나아갈 때 치유될 수 있다. 자신에 대한 성찰을 전제로 서로 간의 같으면서도 다름을 차별로 배제하지 않는 진정한 다문화공동체를 구성하는 데로 나아가야 한다. 같은 민족이면서도 다른 길을 걸어오면서 형성된 각자의 특수세계들을 우리 민족의 생활세계를 회복함으로써 상호문화적으로 연계하는 것이 중요한 과제이다. 이것은 바로 한민족의 한의 역사 속에 전승되어 온 생활세계를 복권하는 것으

---

3 위의 책, 90쪽.

로부터 가능할 것이다. 저자는 조선인의 생활세계적 경험으로서 역사적으로 전승되어 온 한의 지평 속에 중국과 한국 사이의 상호문화적 에토스가 깔려 있음을 강조한다. 한이 조선족과 한국인 개개의 정서이면서도 동시에 민족의 보편적 문화지평일 수 있는 것은 바로 한이 선험적 지평으로 이미 주어져 있기 때문이다.

이 생활세계의 복권을 철학적 테마로 설정한 에드문드 후설의 현상학은 바로 유럽중심주의를 문화의 위기로 고발하는 것으로 시작하여 그것을 극복할 수 있는 선험현상학을 정초하는 데 온 힘을 다 한다. 저자가 조선족의 한의 실상을 현상학적으로 해명하는 것은 근대화를 이루어 상대적으로 잘 사는 한국인의 시선 속에 조선족 동포가 주변인으로 혹은 값싼 노동 상품으로 물화(物化)되고 있는 현상을 문화적 위기로 진단하기 위한 것이다. 이것은 또한 조선족 동포에 자본제국주의로 노출된 '한국인상(像)'을 거울삼아 자신들의 모습을 돌아보는 자기성찰을 통해 타자—한국에 대한 배려로 이어질 것이라는 희망 때문이기도 하다.[4] 이 희망은 조선족 동포들이 고국에 대한 원망을 벗어나 자기성찰을 통해 고국에 대한 배려로 승화시키나갈 수 있는 한의 지향성에서 가능한 것이다.

중국 조선족은 한국인과는 다른 역사적 배경 속에서 자신의 정체성을 형성해왔다. 그러므로 조선족과 한국인의 정체성을 과거 식민지하의 민족주의적 정체성에 호소하여 '같음'으로서의 정체성(idem-identity)에만 묶어 둘 수 없다. 시간 흐름에도 불구하고 영원불변하는 정체성은 근대 민족주의하에서 요청된 이데올로기였다. 조선족의 정체성이 다양한 관계망과 구조 속에서 생성된 역사적 산물이라는 점을 인식한다면, 조선족의 정체성과 한국인의 정체성을 '같음—정체성(idem-identity)'으로

4 차성연, 「디아스포라 서사의 윤리」, 『국제한인문학연구』 제6호, 국제한인문학회, 2009, 145쪽.

동일화할 수 없다. 이것은 과거 식민지하에서 일제에 의해 강요되었던 동일성-이데올로기이다. 해방 이후 그리고 중국의 문화대혁명과 개혁·개방 그리고 한중 수교 이후 조선족의 정체성은 다양한 관계, 차이와 모순과 갈등 속에서 생성되어 온 특질을 갖는다. 이것을 리쾨르(Paul Ricoeur)는 idem-identity와 구분하여 ipse-identity로 규정한다. 즉 전자가 동일성의 정체성이라면 후자는 자기성의 정체성이다. 양자는 동일성(la mêmeté)과 자기성(l'ipséité)의 구분에 의한 정체성의 두 가지 형태이다.[5] 전자가 엄밀한 의미의 동일성으로서 초시간적인 동일성을 의미한다면, 후자는 시간 속의 지속성 혹은 항존성인 동일성으로서 초시간적 동일성보다는 느슨한 의미이다. 이것은 시간의 흐름과 더불어 지속하는 '자기성'으로 보편에 동화되어야 하는 특수성과는 다른 것이다.[6] 왜냐하면 자기성으로서의 동일성은 반복이라는 지속성을 갖지만 '같음(sameness)' 혹은 '하나임(oneness)'으로 동화될 수 없는 특이성(singularity)이기 때문이다. 조선족이 역사적 내러티브(narrative) 내에서 역할을 통해 형성해 온 자기성으로서의 정체성은 그만의 특이성, 즉 타자에 동화되고 배제될 수 없는 그만의 특질이고 특이한 정체성이다. 이처럼 리꾀르는 근대적 의미의 민족주의적 정체성의 문화제국주의적 폐단을 넘어서 다문화적 정체성으로 전환하기 위해 '자기성으로서의 정체성'을 이끌어 들인다.

이 자기성으로서의 정체성이 동화와 배제의 대상일 수 없는 것은 인간은 사물처럼 동일화될 수 없는 자기만의 실존적 체험을 가지고 있기 때문이다. 조선족의 정체성은 그들만의 실존적 체험을 통해 형

---

5 김정현, 「배제의 정체성을 넘어서－열린 문화적 정체성 구축을 위한 모색으로서 서사적 정체성 연구」, 『철학논총』 제61집 3권, 새한철학회, 2010, 236쪽.

6 칼빈 슈라그, 문정복·김영필 역, 『탈근대적 자아를 넘어서』, 울산대 출판부, 1999, 56~57쪽.

성된 것이기에 그들의 고국 한국과 공유할 수 없는 차이들이 많다. 왜냐하면 체험(Erlebnis)은 타자에 의해 객관화될 수 있는 경험이 아니기 때문이다. 각자마다 주어진 내러티브 속에서 자기의 역할(character)을 가지고 있듯이, 조선족은 고유의 문화적 정체성을 형성해왔다. 조선족은 '한민족'이란 이름으로 하나가 될 수 없는 차이성을 간직하면서 서사적 주체(Homo narrans)[7]로 지속해왔다. 그리고 이 이야기(서사)의 구조가 바뀌면 이야기의 주체의 정체성 역시 바뀐다. 이것은 정체성은 항상 바뀌고 혼성적이며, 미완의 것임을 말하는 것이다. 조선인으로서 그리고 조선족과 조선족 동포로서의 정체성은 역사적 내러티브가 바뀌면서 이질성이 생기고 그러는 가운데 지속되어 온 것이다. 물론 이 이질성 역시 내러티브 안에서 생성되었다가 사라져버린다. 동일성이든 이질성이든 '관계 안'에서 형성되었다가 그 관계가 바뀌면 사라져 버린다.

> 완전히 통합되고, 완성되어 있고, 확실하고 일관된 정체성이란 환상이다. 그 대신 의미와 문화적 재현의 체계가 늘어감에 따라 우리는 어리둥절하게 재빨리 지나가는 여러 개의 정체성들과 마주치게 된다. 간혹 그 중 하나와는 동일시할 수도 있지만, 그것도 잠깐이다.[8]

조선족과 한국인은 서로 다른 역사적 배경을 가지고 정체성을 형성해왔지만, 이러한 시간적 흐름 속에서 지속적으로 유산으로 전승되어 온 공동 어휘가 있다. 그것이 바로 '한'이라는 민족의 보편적 정서이다. 이 한의 지평 속에서 민족의 정체성이 형성되고 유지되어 왔다.

---

7 위의 책, 61쪽.

8 김정현, 앞의 책, 251쪽.

▎참고문헌

단행본

강덕상, 홍진희 역, 『조선인의 죽음』, 동쪽나라, 1995.
강 옥, 『김학철문학연구』, 국학자료원, 2010.
고구려연구재단, 『연변 조선족 사회의 과거와 현재』, 동북아역사재단, 2006.
고영일 외, 『중국항일전쟁과 조선민족』, 백암, 2002.
고 은 외, 『문학과 역사와 인간』, 한길사, 1991.
곽승지, 『동북아시아 시대의 연변과 조선족』, 아이필드, 2008.
권태환 외, 『중국 조선족사회의 변화』, 서울대 출판부, 2005.
김관웅・김호웅, 『김학철 문학과의 대화』, 연변인민출판사, 2009.
김도형 외, 『식민지시기 재만조선인의 삶과 기억』, 선인, 2006.
김동훈, 『김학철・김광주 외』, 보고사, 2007.
김상철・장재혁, 『연변과 조선족－역사와 그 현황』, 백산서당, 2003.
김열규, 『恨脈怨流－한국인, 마음의 응어리와 맺힘』, 主友, 1981.
김 영, 『근대 만주 벼농사 발달과 이주 조선인』, 국학자료원, 2004.
김영모, 『중국조선족 사회연구』, 한국복지정책연구소 출판부, 1992.
김재국, 『한국은 없다』, 흑룡강조선민족출판사, 1998.
김종국 편, 『중국 조선족사 연구』 I, 연변대 출판사・서울대 출판부, 1996.
김 진 외, 『한의 학제적 연구』, 철학과현실사, 2004.
김춘선・김철수 외, 『중국조선족통사』 상・중・하, 연변인민출판사, 2009.
김학철 외, 『우정 반세기』, 창작과비평사, 1991.
김학철, 『무명소졸』, 료녕출판사, 1998.
______, 『누구와 함께 지난날의 꿈을 이야기하랴』, 실천문학사, 1994.

______, 『우렁이 속같은 세상』, 창작과비평사, 2001.
______, 『해란강아 말하라』 上・下, 풀빛, 1988.
______, 『항전별곡』, 거름사, 1986.
______, 『20세기의 신화』, 창작과비평사, 1996.
______, 『최후의 분대장』, 문학과지성사, 1995.
______, 『격정시대』, 실천문학, 2006.
______, 『사또님 말씀이야 늘 옳습지』(김학철전집 3), 연변인민출판사, 2010.
______, 『태항산록』(김학철전집 4), 연변인민출판사, 2011.
김학철문학연구회, 『조선의용군 최후의 분대장 김학철』, 연변인민출판사, 2002.
______________, 『로신과 김학철』, 연변인민출판사, 2011.
김형규, 『민족의 기억과 재외동포소설』, 박문사. 2009.
김호웅・김해양 편저, 『김학철평전』, 실천문학사, 2007.
김호웅, 『재만조선인문학연구』, 국학자료원, 1998.
______, 『문학비평방법론』, 료녕민족출판사, 2002.
김호웅・김관웅, 『동서방비교문화의 향연』, 중국 동북조선민족교육출판사, 1995.
네쯔까 나오끼, 『중국의 연변조선족』, 학민사, 2000.
님 웨일즈, 조우화 역, 『아리랑』, 동녘, 1984.
독립기념관 한국독립운동사연구소, 『북간도지역 한인민족운동』, 역사공간, 2008.
리광인, 『인물조선족항일투쟁사』 1~4, 한국학술정보, 2005.
리혜선, 『코리안 드림－그 방황과 희망의 보고서』, 아이필드, 2003.
______, 『두만강의 충청도아리랑』, 좋은날, 2001.
림무웅, 『중국 조선민족 미술사』, 시각과 언어, 1993.
박경식 지음, 박경옥 역, 『조선인 강제연행의 기록』, 고즈윈, 2008.
박규원, 『상하이 올드 데이스』, 민음사, 2003.
박광성, 『세계화시대 중국조선족의 초국적 이동과 사회변화』, 한국학술정보, 2008.
박문일 편, 『중국 조선족사 연구』 II, 연변대 출판사・서울대 출판부, 1996.
박영희, 『만주를 가다』, 삶이보이는창, 2008.
박충록, 『김학철 문학 연구』, 이화, 1996.
박　환, 『만주지역 항일독립운동 답사기』, 국학자료원, 2001.
서광선 편, 『한의 이야기』, 보리, 1988.
徐紘一・東巖 편저, 『間島史新論』 上・下, 우리들의편지사, 1993.
손춘일, 『"만주국"의 在滿韓人에 대한 토지정책 연구』, 백산자료원, 1999.

스즈키 쓰네카쓰, 이상 역, 『상해의 조선인 영화황제』, 실천문학사, 1996.
신주백, 『만주지역 한인의 민족운동사(1920~45)』, 아세아문화사, 1999.
심여추, 『20세기 중국조선족력사자료선집』, 중국조선민족문화예술출판사, 2002.
쑨테, 이화진 역, 『중국사 산책』, 일빛출판사, 2011.
야마무로 신이치, 윤대석 역, 『키메라 만주국의 초상』, 소명출판, 2004.
여영준 구술, 한태악 정리, 한홍구 해설, 『준엄한 시련 속에서』, 천지, 1988.
연변대학교 조선문학연구소, 김동훈 외 주편, 『김학철・김광주 외』(연세국학총서 73), 보고사, 2007.
연변조선족략사편찬조, 『조선족략사』, 논장, 1989.
염인호, 『조선의용군의 독립운동』, 나남출판, 2001.
______, 『조선의용대・조선의용군』, 독립기념관 한국독립운동사연구, 2009.
윤병석, 『해외동포의 원류』, 집문당, 2005.
______, 『1910년대 국회황일운동 Ⅰ－만주・러시아』, 독립기념관 한국독립운동사연구, 2009.
류동수, 『윤희순의사항일독립투쟁사』, 춘천시, 2005.
이광규, 『격동기의 중국 조선족』, 백산서당, 2002.
이구홍, 『한국이민사』, 중앙일보, 1979.
이규태, 『한국인의 정서구조』, 신원문화사 1994.
이 민, 『내어린 시절』, 지식산업사, 2010.
이승률, 『동북아시아시대와 조선족』, 박영사, 2007.
이이화, 『중국역사기행－조선족의 삶을 찾아서』, 웅진출판, 1993.
______, 『역사를 쓰다』, 한겨레출판사, 2011.
이정식・한홍구 편, 『항전별곡－조선독립동맹 자료』 I, 거름, 1986.
이종한, 『정율성평전』, 지식산업사, 2006.
이진우, 『한국 인문학의 서양콤플렉스』, 민음사, 1999.
이해영, 『청년 김학철과 그의 시대』, 역락, 2006.
이훈구, 『만주와 조선인』, 성진문화사, 1979.
인하대학교 한국학연구소 편, 『범월과 이산－만주로 건너간 조선인들』, 인하대 출판부, 2010.
임계순, 『우리에게 다가온 조선족은 누구인가』, 현암사, 2003.
장윤수・김영필, 『한국 다문화 사회와 교육』, 양서원, 2012.
전성호, 『중국 조선족 문학예술사 연구』, 이회, 1997.

정근재, 『그 많던 조선족은 어디로 갔을까?』, bookin, 2005.
정설송 편, 『작곡가 정률성』 1・2, 형상사, 1992.
정신철, 『중국 조선족 그들의 미래는』, 신인간사, 2000.
조남현, 『조정래 대하소설 아리랑 연구』, 해냄, 1996.
조정래, 『태백산맥』(3판), 해냄, 2003.
______, 『아리랑』, 해냄, 1994.
______, 『한국소설문학대계 67－불놀이 외』, 동아출판사, 1995.
조한나, 「7차 교육과정 한국근현대사 교과서의 자유시 참변 서술 연구」, 성신여대 석사논문, 2007.
주성화, 『중국 조선인 이주사』, 한국학술정보, 2007.
______, 『중국 조선인 이주 사진첩』 ①, 한국학술정보, 2009.
중국문학예술연구소 편, 『김학철론』, 흑룡강조선민족출판사, 1990.
진용선, 『중국 조선족 아리랑 연구』, 정선군, 2008.
채영국, 『1920년대 후반 만주지역 항일무장투쟁』, 2007.
천수산, 『조선족 역사의 새탐구』 上・下, 신성출판사, 2005.
천이두, 『恨의 구조 연구』, 문학과지성사, 1993.
최길성, 『한국인의 한』, 예진, 1991.
최성춘, 『연변인민 항일투쟁사』, 민족출판사, 1999.
칼빈 슈라그, 문정복・김영필 역, 『탈근대적 자아를 넘어서』, 울산대 출판부, 1999.
탁석산, 『한국의 정체성』, 책세상, 2000.
한국정신문화연구원, 『새천년 한국인의 정체성』, 제11회 한국학 국제학술회의 논문집, 2001.
한명기, 『정묘・병자호란과 동아시아』, 푸른역사, 2010.
한석정, 『만주국 건국의 재해석』, 동아대 출판부, 1999.
한석정・노기식 편, 『만주, 동아시아 융합의 공간』, 소명출판, 2008.
현규환, 『韓國流移民史』 上, 어문각, 1967.
현룡순・리정문・허룡구 편저, 『조선족백년사화』 1・2・3, 료녕인민출판사, 심양, 1985.

논문

강대민, 「박차정의 생애와 민족해방운동」, 『문화전통논집』 제4집, 경성대 향토문화연구소, 1996.
강 옥, 「중국과 한국에서의 김학철문학 연구」, 『한국여성교양학회지』 제13집, 한국여성교양학회, 2004.
강찬모, 「조정래 대하소설 『아리랑』에 나타난 한민족 디아스포라 연구」, 『비평문학』 제33권, 한국비평문학회, 2009.
강학순, 「하이데거에 있어서 실존론적 공간해석의 현대적 의의」, 『하이데거연구』 제14집, 한국하이데거학회, 2006.
고명철, 「중국의 맹목적 근대주의에 대한 조선족 지식인의 비판적 성찰－중국조선족 작가 김학철의 「20세기의 신화」의 문제성」, 『한민족문화연구』 제22집, 한민족문화학회, 2007.
고인환, 「중국 조선족 디아스포라 문학의 한 가능성－김학철의 「20세기의 신화」에 나타난 작가의식을 중심으로」, 『한국문학논총』 제56집, 한국문학회, 2010.
구연상, 「체념의 현상학」, 『철학연구』 제62집, 철학연구회, 2003.
권영조, 「조선민족의 이주와 중국 동북일대 근대 벼농사의 개척」, 『재외한인연구』 제2집, 재외한인학회, 1992.
권영필, 「한락연(1898~1947)의 생애와 예술－한・중 회화사의 위상을 중심으로」, 『한국학연구』 제5집, 고려대 한국학연구소, 1993.
김강일, 「연변조선족문화의 보존과 전망」, 『역사와 사회』 제12집, 국제문화학회, 1993.
______, 「중국조선족사회 지위론」, 『아시아태평양지역연구』 제3권 1호, 전남대 아시아태평양지역연구소, 2000.
김광재, 「조선의용군과 한국광복군의 비교 연구」, 『사학연구』 제84호, 한국사학회, 2006.
김기훈, 「일제하 '만주국'의 이민정책 연구 시론」, 『아시아문화』 제18호, 한림대 아시아문화연구소, 2002.
______, 「만주국 시대 재만 조선농민의 경제 상황」, 『만주연구』 제8집, 만주학회, 2008.
김도형, 「한말・일제하 한국인의 만주 인식」, 『동방학지』 제144권, 연세대 국학연구원, 2008.
김신정, 「다문화공간의 형성과 '이주'의 형상화」, 『국어교육연구』 제26집, 서울대 국어교육연구소, 2010.
김명인, 「어느 혁명적 낙관주의자의 초상」, 『창작과비평』 제115호, 창작과비평사, 2002.
김열규, 「怨恨思想」, 『사목』 제50호, 한국천주교중앙협의회, 1977.3.
______, 「한국인의 원한론－그 이야기의 정체」, 『코리안이마고』 제2권, 한국라깡과현대정신분석학회, 1998.7.
김영필, 「'恨'的現象學分析」, 『朝鮮－韓國文化的歷史與傳統』, 흑룡강출판사, 2005.
김왕배・이수철, 「1930년대 만주의 조선족 마을 공동체」, 『동방학지』, 연세대 국학연구원,

2008.
김용범, 「한낙연 연구 서설」, 『민족학연구』 제2집, 한국민족학회, 1997.
김용숙, 「한국 여류문학의 특질－그 恨의 운명론적 분석－」, 『아세아 여성연구』 제14집, 1975.
김윤식, 「항일빨치산문학의 기원－김학철론」, 『실천문학』 겨울, 실천문학사, 1988.
김인식, 「「서편제」의 한과 한민족의 정서」, 『우리문학연구』 제22집, 우리문학회, 2007.8.
김정현, 「배제의 정체성을 넘어서－열린 문화적 정체성 구축을 위한 모색으로서 서사적 정체성 연구」, 『철학논총』 제61집 3권, 새한철학회, 2010.
김재철, 「공간과 거주의 현상학」, 『철학논총』 제56집, 새한철학회, 2009.
김재훈, 「'제도'로 본 한국인의 만주지역 정착」, 『사회연구』 제6권, 한국사회조사연구소, 2003.
김정하, 「중국 조선족의 정체성 고찰」, 『국제해양문제연구』 제19집, 한국해양대 국제해양문제연구소, 2007.
김종주, 「한의 정신분석」, 『코리언이마고』 제2집, 한국라깡과현대정신분석학회, 1998.
김주용, 「만주 지역 한인 '안전농촌' 연구」, 『한국근현대사연구』 제38집, 한국근현대사학회, 2006.
______, 「1940년대 항일무장단체의 실상－한국광복군, 조선의용군, 동북항일연군의 활동을 중심으로」, 『동국사학』, 동국사학회, 2007.
______, 「만주지역 도시화와 한인이주 실태」, 『한국사학보』 제35호, 고려사학회, 2009.
김준연, 「로만 잉가르덴의 문학과 현상학」, 『철학논총』 제23집, 새한철학회, 2001.
김　진, 「한의 희망철학적 해석」, 『철학』 제78집, 한국철학회, 2004.
김형규, 「중국 조선족 소설과 소수민족주의의 확립－1960~70년대 단편소설을 대상으로」, 『현대소설연구』, 한국현대소설학회, 2009.
김형자, 「'한'의 문체」, 『국어교육』, 국어교육학회, 1986.
김호웅, 「중국조선족과 디아스포라」, 『한중인문학연구』 제29집, 한중인문학회, 2010.
______, 「작가의 사명과 용기」, 『한국어와 문화』 제7집, 숙명여대 한국어문학연구소, 2010.
류연산, 「중국에 동화되는 조선족문제의 심각성」, 『역사비평』 제21집, 역사비평사, 1992.
리광인, 「'경신년 대토벌'과 연변조선족 군중의 반'토벌'투쟁」, 『한국학연구』 제4집, 인하대 한국학연구소, 1992.
리혜선, 「김학철과 정률성」 제177호, 작은책, 2010.
문정일, 「중국에서 싸운 조선의용군의 항일전쟁」, 『역사비평』 제12집, 역사문제연구소, 1990.

민경준, 「「만주국」 조선인의 '皇國臣民化'관－1930년대 후반을 중심으로」, 『역사와 경계』, 부산경남사학회, 2009.
민성길, 「한(恨)의 정신병리학(精神病理學)」, 『코리안아미고』 제2권, 한국라깡과현대정신분석학회, 1998.7.
박광성, 「초국적인 인구이동과 중국조선족의 글로벌 네트워크」, 『재외한인연구』 제21집, 2010.
박선영, 「기억·만주성위·만주국－만주성위 기억과 기록의 합주곡으로 본 만주국 생김새」, 『학술대회보』, 만주학회 2004.
______, 「중화인민공화국 동북지역에 거주하는 조선족의 역사적 정체성」, 『고구려연구』 제29집, 고구려발해학회, 2007.
______, 「중화인민국화국의 조선족 역사적 정체성 만들기」, 『동국공정과 한국학계의 대응논리』, 고구려발해학회, 2008.
박성진, 「만주국 조선인 고등 관료의 형성과 정체성」, 『동양정치사상사』 제8권 1호, 한국동양정치사상사학회, 2009.
박용규, 「동북아 20세기와의 대결－김학철의 민족해방사」, 『비평문학』 제32호, 한국비평문학회, 2009.
박용옥, 「丙子亂被擄人贖還考」, 『사총』 제9집, 고대사학회, 1964.
______, 「丁卯亂 朝鮮被擄人 刷·贖還考」, 『사학연구』 제18집, 한국사학회, 1964.
______, 「1930년대 만주지역 항일 여전사 연구」, 『교육연구』 제29집, 성신여대 교육문제연구소, 1995.
______, 「1902·30년대 항일여성 의열·무장투쟁」, 『성신사학』 제12집, 성신여대 사학회, 1995.
______, 「윤희순 의사－이 의병운동과 항일독립운동」, 『의암학연구』 제5호, 의암학회, 2008.
박진숙, 「중국 조선족문학의 디아스포라적 상상력을 통해 본 디아스포라의 의미」, 『민족문학사연구』, 민족문학사학회·민족문학사연구소, 2009.
박창욱, 「조선족의 중국이주사 연구」, 『역사비평』 제17집, 역사문제연구소, 1991.
박혜란, 「구술사를 통해 본 중국 조선족 여성의 삶」, 『여성학논집』 제11집, 이화여대 아시아여성학센터, 1995.
배주영, 「1930년대 만주를 통해 본 식민지지식인의 욕망과 정체성」, 『한국학보』 제112집, 일지사, 2003.
서도식, 「존재의 토폴로지－M. 하이데거의 공간이론」, 『시대와철학』 제21집 4호, 한국철학사상연구회, 2010.
서명훈, 「17세기 중국의 조선인 이민」, 『사회와 역사』 제48집, 한국사회사학회, 1996.
손승회, 「만보산사건과 중국공산당」, 『동양사연구』 제83집, 동양사학회, 2003.
손장권 · 김응렬 · 유지열, 「중국 및 중국인에 대한 사회인식－한국인과 중국조선족의 가치비교」, 『한국학연구』 제6집, 고려대 한국학연구소, 1994.
손춘일, 「중국 조선족 역사의 上限과 遼寧, 河北의 朴氏人들」, 『이화사학연구』 제22집, 이화여대 이화사학연구소, 1995.
______, 「滿洲事件 前後 在滿朝鮮人 問題와 그 困境」, 『정신문화연구』 제24권 2호, 한국학중앙연구원, 2001.
______, 「광복 후 중국동북지역에서 조선의용군의 개편과 변천과정」, 『정신문화연구』 제28권 4호, 한국학중앙연구원, 2005.
송한용, 「鄭律成의 사상형성과 지향－1945년 이전 중국에서의 활동을 중심으로」, 『역사학연구』 제29집, 호남사학회, 2007.
송현호, 「김학철의 「격정시대」에 나타난 탈식민주의 연구」, 『한중인문과학연구』 제18집, 한중인문학회, 2006.
신경림, 「민중생활사의 복원과 혁명적 낙관주의의 뿌리」, 『창작과비평』 가을, 창작과비평사, 1988.
신규섭, 「'만주국'의 치외법권철폐와 재만 조선인에 대한 인식」, 『대동문화연구』 제43집, 성균관대 유교문화연구소, 2003.
신사명, 「김학철의 『격정시대』와 주체적 민족주의」, 『한국어문학연구』 제46집, 한국어문학연구학회, 2006.
신승모, 「식민시기 일본어문학에 나타난 '만주' 조선인상」, 『한국문학연구』 제34집, 동국대 한국문학연구소, 2008.
신주철, 「이산의 문학적 체험과 다문화 인식 지평 확장」, 『한국문학이론과 비평』 제47집, 한국문학이론과비평학회, 2010.
신재홍, 「자유시참변에 대하여」, 『백산학보』 제14호, 백산학회, 1973.
안신호, 「恨－한국인의 負的 感情?」, 『심리과학』 제6권 2호, 서울대 심리과학연구소, 1997.
양희석, 「정율성 오페라 〈望夫雲〉의 내적 의미」, 『중국인문과학』 제39집, 중국인문학회, 2008.
염인호, 「중국 연변 조선족의 민족정체성에 대한 일고찰(1945.8~1950.말)」, 『한국사연구』 제140호, 한국사연구회, 2008.
예동근, 「공생을 만드는 주체로서의 조선족－'제3의 정체성' 형성에 대한 논의」, 『재외한인

연구』 제19집, 재외한인학회, 2009.
오경희, 「민족과 젠더의 경계에 선 여성의 이산」, 『아시아여성연구』 제46권 1호, 숙명여대 아시아여성연구소, 2007.
오상순, 「개혁개방과 중국 조선족여성들의 의식변화」, 『민족과 문화』 제9집, 한양대 민족학연구소, 2000.
_____, 「광복 전 재만 조선인 문학의 성격 및 특성－소설문학을 중심으로」, 『현대문학연구』 제18집, 한국문학연구학회, 2002.
_____, 「이중 정체성의 갈등과 문학적 형상화」, 『현대문학연구』제29집, 한국문학연구학회, 2006.
오양호, 「윤동주 시에 나타난 고향의 의미」, 『어문학』 제49호, 한국어문학회, 1988.
우상열, 「김학철과 사회주의 사실주의의 하와 실」, 『한국어문학연구』 제46집, 한국어문학연구학회, 2006.2.
윤병렬, 「문화의 위기 및 상호 문화성과 반－상호문화성－그 위협에 관한 현상학적 고찰」, 『철학과 현상학연구』 제13집, 1999.
윤병석, 『간도의 역사』, 국학자료원, 2003.
윤휘탁, 「'만주국' 시기 일제의 치안숙정공작이 농민에게 미친 영향과 그 결과」, 『역사학보』 제147집, 역사학회, 1995.
_____, 「중국의 '만주국' 사회경제사 연구성과와 과제」, 『중국현대사연구』 제8집, 중국근현대사학회, 1999.
_____, 「「만주국」의 '민족협화' 운동과 조선인」, 『한국민족운동사연구』 제26집, 한국민족운동사학회, 2000.
_____, 「민국시기 중국인의 만주 이주와 귀향」, 『중국사연구』 제63집, 중국사회학, 2009.
_____, 「근대 조선인의 만주농촌체험과 민족의식－조선인의 이민체험 구술사를 중심으로」, 『한국민족운동사연구』 제64집, 한국민족운동사학회, 2010.
이 바오중, 「조선인의 이주와 중국 동북지역의 논 개발」, 『농업사연구』 제3권 2호, 한국농업사학회, 2004.
이이화, 「천재음악가 정율성」, 『월간 사회평론』 제92집 3권, 사회평론, 1992.
이지영, 「19세기 말 청조의 대 간도조선인정책」, 『명청사연구』 제32집, 명청사학회, 2009.
이청준, 「삶의 과정으로서 한(恨)」, 『코리언이마고』 제2집, 한국라깡과현대정신분석학회, 1998.
이해영, 「「해란강아 말하라」의 창작방법 연구」, 『한중인문학연구』 제11집, 2003.
_____, 「1950~1960년대 중국 조선족 장편소설의 두 양상」, 『한중인문학연구』 제13집, 한

중인문학회, 2004.
______, 「한국 이주 경험을 통해 본 중국 조선족 기혼여성의 정체성 변화」, 『여성학논집』 제22집 2호, 이화여대 아시아여성학센터, 2005.
______, 「다문화제도화의 포함, 배제논리와 조선족－중국동포의 위치성」, 『미드리』, 이주동포정책연구소, 2010.
이현정, 「조선족의 종족 정체성 형성 과정에 관한 연구」, 『비교문화연구』 제7집, 서울대 비교문화연구소, 2001.
이호열, 「'恨'의 의미연구」, 『국어국문학연구』 제14집, 원광대 국어국문학과, 1991.
이호철, 「연변 조선족 소설에 드러나 있는 한국여성상」, 『한국문학연구』 제19집, 동국대 한국문학연구소, 1997.
임성모, 「일본제국주의와 만주국－지배와 저항의 틈새」, 『한국민족운동사연구』 제27권, 한국민족운동사학회, 2001.
______, 「중일전쟁 전야 만주국·조선 관계사 소묘」, 『역사학보』 제201집, 역사학회, 2009.
______, 「만주농업이민정책을 둘러싼 관동군·조선총독부의 대립과 그 귀결」, 『일본역사연구』 제29집, 일본사학회, 2009.
임유경, 「디아스포라 정치학」, 『현대문학의 연구』 제36집, 한국문학연구학회, 2008.
임채완, 「지구화시대 디아스포라의 초국가적 활동과 모국」, 『국제정치논총』 제48집, 한국국제정치학회, 2008.
임채완·김경학, 「중국 연변 조선족의 민족정체성 조사 연구」, 『대한정치학보』 제10집 1호, 대한정치학회, 2002.
장세윤, 「해방 전후시기 만주지역 조선의용군과 동북항일연군의 동향」, 『한국민족운동사연구』 제16집, 한국근현대사학회, 1997.
장영우, 「「농군」과 만보산사건」, 『현대소설연구』 제31집, 한국현대소설학회, 2006.
전성현, 「일제시기 '만주' 개념의 역사성과 부정성」, 『石堂論集』 제47집, 동아대 석당학술원, 2010.
전형권, 「모국의 신화, 노동력의 이동, 그리고 이탈」, 『한국동북아논총』 제38집, 한국동북아학회, 2006.
정금철, 「恨의 정서와 시학」, 『인문과학연구』 제21집, 강원대 인문과학연구소, 2009.
정기철, 「다문화 시대에 정체성을 위하여」, 『해석학연구』 제25집, 한국해석학회, 2010.
정대현, 「恨의 개념적 구조」, 『한국어와 철학적 분석』, 이화여대 출판부 1985.
정미라, 「여성주의와 다문화주의」, 『철학연구』 제107집, 대한철학회, 2008.
정백수, 「'한(恨)' 담론의 자민족중심주의」, 『문학과 사회』 제19권 제2호, 문학과지성사,

2006.
정병일, 「북·중 관계에 미친 연안파의 위상 재조명-정치·군사적 평가를 중심으로」, 『사회과학연구』, 서강대 사회과학연구소, 2010.
정우택, 「재만조선인의 혼종적 정체성과 윤동주」, 『어문연구』 제37권, 한국어문교육연구회, 2009.
정현숙, 「강경애 소설과 간도 디아스포라」, 『아시아문화』 제24호, 한림대 아시아문화연구소, 2007.
조동걸, 「조선의용군 유적지를 찾아서 태항산·연안을 찾아서」, 『역사비평』 제20호, 역사비평사, 1992.
_____, 「1920년 간도참변의 실상」, 『역사비평』 제45집, 역사문제연구소, 1998.
진용선, 「중국 조선족 삶의 소리 '아리랑'」, 『북한』, 북한연구소, 1995.5.
차성연, 「디아스포라 서사와 윤리」, 『국제한인문학연구』 제6호, 국제한인문학회, 2009.
_____, 「만주 이주민 소설의 주권 지향성 연구」, 『국제어문』 제47집, 국제어문학회, 2009.
천연희, 「강경애의 『어머니와 딸』과 에디스 워튼의 『연락(宴樂)의 집』에 나타난 어머니의 유산-'삭임'과 허영의 문제를 중심으로」, 『신영어영문학』 제24집, 신영어영문학회, 2003.
최길성, 「한국인의 恨-한승원의 「한」을 읽고」, 『先淸語文』 제18집, 서울대 국어교육과, 1989.
최봉룡, 「기억과 해석의 의미-'만주국'과 조선족」, 『만주연구』 제2집, 만주학회, 2005.
_____, 「연변 조선족자치주의 역사와 현황 및 그 전망」, 『단군학연구』 제7호, 고조선단군학회, 2002.
최상진, 「한국인의 심정심리학」, 『사회과학연구』 제7권, 중앙대 사회과학연구소, 1994.
_____, 「한국인의 심정심리학-情과 恨에 대한 현상학적 한 이해」, 『대외심포지움』, 1993.
최우길, 「중국 조선족의 정체성 변화에 관한 小考」, 『재외한인연구』 제8집, 재외한인학회, 1999.
_____, 「중국 조선족 여류작가의 작품에 나타난 한국-허련순과 리혜선을 중심으로」, 『국제어문학회 학술대회 자료집』, 국제어문학회, 2008.
한명기, 「병자호란 시기 조선인 포로문제에 대한 재론」, 『역사비평』 제85호, 역사문제연구소, 2008.
한상도, 「조선의용군과 일본인 반전운동집단의 관계」, 『한국근현대사연구』 제42집, 한국근현대사학회, 2007.

한홍구, 「대한민국에 미친 만주국의 유산」, 『중국사연구』 제16집, 중국사학회, 2001.
홍경완,「사회적 고난 체험으로서의 한」, 『신학과 철학』 제15집, 서강대 신학연구소, 2009.
홍완표 · 윤희탁, 「조선인의 만주농업이민과 동아시아의 민족관계 연구」, 『한경대학교논문집』 제36집, 한경대, 2004.
홍종필, 「일제의 재만조선인 통제를 위한 鐵嶺안전농촌에 대하여」, 『명지사론』 제9호, 명지사학회, 1998.